RETRATO POLÍTICO DE LOS PAPAS

Edición, con estudio preliminar, a cargo de Gérard Dufour

JUAN ANTONIO LLORENTE

RETRATO POLÍTICO DE LOS PAPAS

Edición, con estudio preliminar, a cargo de Gérard Dufour

IER Instituto de Estudios Riojanos

Logroño, 2025

Llorente, Juan Antonio

Retrato político de los papas / edición con estudio preliminar a cargo de Gérard Dufour.- Logroño: Instituto de Estudios Riojanos, 2025.- 358 p.: il.col.; 24 cm. - (Ciencias Históricas; 57).

D.L. LR 710-2025. - ISBN 978-84-9960-186-1

Llorente, Juan Antonio. I. Título. II. Dufour, Gérard. III. Serie.

946"18"

929 Llorente, Juan Antonio

Primera edición: junio, 2025

IER, C/ Portales, 2 - 26001 Logroño
www.larioja.org/ier

Fotografía de cubierta: "Juan Antonio Llorente", de Francisco de Goya, c. 1810. Museu de Arte de Sao Paulo (Brasil).

Depósito Legal: LR 710-2025

ISBN: 978-84-9960-186-1

Diseño gráfico e impresión: Gráficas Solana, S. A. U. - La Fortuna - Leganés (Madrid)

Impreso en España. Printed in Spain.

Índice

ESTUDIO PRELIMINAR

I. De estado, clérigo; historiador de vocación

Juan Antonio Llorente, autor del *Retrato político de los papas* que reeditamos en el bicentenario de su fallecimiento y de la publicación de esta obra fue, indudablemente, el historiador europeo más célebre y controvertido de su tiempo. A su muerte, entre una amplísima bibliografía, contabilizaba 20 libros sobre temas históricos (entre los cuales uno en francés, tres que se beneficiaron de reimpresiones y seis que fueron traducidos a distintos idiomas, especialmente al francés y al italiano) y dejó numerosos manuscritos consagrados a Clío, de los cuales solo unos pocos han podido ser rescatados[1]. Así que el *Retrato de los papas* es el fruto de una nutrida experiencia del oficio de investigador y de una trayectoria vital nada común, cuyas principales características vamos a presentar antes de analizar esta obra, hoy olvidada, pero que en su tiempo y durante casi todo un siglo suscitó grandes controversias[2].

1. Sobre la bibliografía de Llorente, véase Emil Van Der Vekene, "Obras impresas de Juan Antonio Llorente", Juan Antonio Llorente, *Noticia biográfica (Autobiografía). Con una 'Nota crítica' de Antonio Márquez y un 'Ensayo bibliográfico' de Emil Van Der Vekene,* Madrid, Taurus, 1982, pp. 29-46 y Gérard Dufour, "Bibliographie llorentine", *Hommage à Monsieur le Professeur Claude-Henri Frèches à l'occasion de son départ à la retraite,* Aix-en-Provence, Publications de l'Université de Provence, 1984, pp. 73-97. Además de algunas reediciones publicadas posteriormente a la publicación de estos trabajos, conviene añadir *Los procesos de la Inquisición. Discursos sobre el orden de procesar en los tribunales de la Inquisición, de Juan Antonio Llorente. Edición crítica de Enrique de la Lama Cereceda*, Pamplona, Ediciones Eunate, 1995.

2. Cuatro investigadores se han dedicado al estudio de la vida de Llorente. O sea, por orden cronológico: Gérard Dufour, *Juan Antonio Llorente en France (1813-1822). Contribution à l'étude du Libéralisme chrétien en France et en Espagne au début du XIX*e *siècle,* Genève, Droz, 1982 ; Enrique De la Lama Cereceda, *J. A. Llorente, un ideal de burguesía. Su vida y su obra hasta el exilio en Francia (1756-1813),* Pamplona, Ediciones Universidad de Navarra, 1991; Francisco Fernández Pardo, *Juan Antonio Llorente, español maldito. Presentación: Ignacio Tellechea Idigoras; prólogo: Miguel Artola Gallego,* San Sebastián, 2001; Enrique De la Lama Cereceda, "La sucesión a los bienes de Juan Antonio Llorente en París", *Hispania sacra*, n° 55 (2003), pp. 133-235; Gérard Dufour, *Juan Antonio Llorente, el factótum del rey intruso,* Zaragoza, Prensas universitarias de Zaragoza, 2014; Gérard Dufour y François Magne, *Los últimos años de vida de Juan Antonio Llorente,* Alicante, Publicacions Universitat d'Alacant, 2021.

FORMACIÓN Y PRIMEROS PINITOS DE HISTORIADOR

Juan Antonio Llorente nació el 30 de marzo de 1756 en Rincón de Soto, hoy municipio de la comunidad autónoma de La Rioja, pero que entonces era una de las villas eximidas de la provincia de Soria que, 21 años más tarde, cuando el censo de Floridablanca, contó con 621 habitantes[3]. Era el quinto hijo de don Juan Francisco Llorente y Alcaraz y de doña María González Mendizábal, que, según el propio Llorente, eran ambos "miembros de unas familias nobles desde tiempo inmemorial, pero no ricos, porque solo eran propietarios de una moderada hacienda que administraban y cultivaban por sí mismos como labradores honrados hijos-dalgo del pueblo"[4]. Antes de un mes de edad, se quedó huérfano de padre y a los diez años de madre, con lo cual se encargó de su educación uno de sus tíos, don Josef González y Mendizábal, presbítero beneficiado de las iglesias parroquiales unidas de la ciudad de Calahorra y sus anejas, que fue para él "un segundo padre".

Después de cursar gramática latina en Aldeanueva de Ebro, pasó en 1770 a estudiar filosofía en Tarazona, donde le acogió un amigo de su tío, don Manuel de Medrano y Álbarez de Arelano, natural de Calahorra, arcediano de Calatayud y dignidad de la catedral de Tarazona. El mismo año de 1770, el 21 de diciembre, el obispo de Calahorra y la Calzada, Mgr. Juan de Luelmo y Pinto, a solicitud de Josef González y Mendizábal y de Manuel de Medrano, le confirió la primera tonsura clerical, que le permitía opositar en caso de vacante, como ocurrió para tres de ellos en 1772, a los beneficios patrimoniales fundados por antepasados suyos.

En 1773, pasó a estudiar leyes en Zaragoza, donde solo se enseñaba derecho romano y al cabo de tres cursos (cuando lo normal eran cuatro) se graduó en 1776 de bachiller en leyes al mismo tiempo que fue aprobado a dos beneficios patrimoniales en Calahorra. Al año siguiente, recibió las cuatro órdenes menores y la del subdiaconado.

En 1777, empezó a estudiar derecho canónico en la universidad de Zaragoza; ordenado de diácono en 1778, lo fue de presbítero en mayo de 1779, con dispensa

3. Para los antecedentes históricos de la comunidad autónoma de La Rioja, véase Francisco Javier Díez Morrás, *El Nacimiento de la provincia de Logroño. Hacia la construcción de la Rioja contemporánea*, Logroño, Instituto de Estudios Riojanos, 2022, pp. 62-99.

4. *Noticia biográfica de D. Juan Antonio Llorente, o Memorias para la historia de su vida escritas por él mismo*, París, en la imprenta de Bobée, calle de la Tablerie, nº 9, 1818, XXIV-239 p.; p. 54 de la edición "con una 'Nota crítica' de Antonio Márquez y un 'Ensayo bibliográfico' por Emil Van Der Vekene", Madrid, Taurus, 1982. Salvo indicación contraria, seguiremos esta autobiografía en las líneas siguientes.

pontificia por tener tan solo 23 años y dos meses, y se le concedió la licencia para administrar a los hombres el sacramento de la Penitencia.

En 1780, en lugar de graduarse de bachiller y doctor en cánones en Zaragoza se pasó (sin duda por motivos económicos y quizás por ser menos exigente) a la entonces menos prestigiosa de Valencia, donde obtuvo el título de bachiller el 15 de abril y el de doctor cinco días después. En cambio, no pudo conseguir la canonjía doctoral a la que opositó en Tarazona.

El 26 de noviembre de 1781, la Real Academia Eclesiástica de Sagrados Cánones, Liturgia e Historia Eclesiástica de España, conocida como de San Isidro, le admitió como uno de sus miembros y leyó con este motivo en ella una "disertación histórica, ilustrando las decretales del código de Gregorio IX, libro V, título de *Clericis pugnantibus in duello*"[5]. Al mes siguiente, se graduó de abogado por el Real y Supremo Consejo de Castilla[6].

Sería exagerado decir que, a lo largo de su formación universitaria, Juan Antonio Llorente recibió una sólida formación histórica puesto que solo se le enseñó derecho romano en Tarazona y el derecho canónico que estudió en Zaragoza estaba esencialmente fundado en las falsas decretales que no dejará de denunciar en su obra *Retrato político de los papas*. Pero, aunque no podía alardearse de ser doctor *in utroque* (o sea, en derecho canónico y civil), había recibido una formación de jurista, para quien la historia era más que una ciencia auxiliar, sino el fundamento mismo del conocimiento, ya que la sola justificación de lo que había de ser era el origen de lo que se examinaba.

EL PRINCIPIO EN CALAHORRA DE UN *CURSUS HONORUM* ECLESIÁSTICO PROMETEDOR

En 1782, Juan Antonio Llorente fue nombrado promotor fiscal general eclesiástico de la diócesis de Calahorra y la Calzada, y al año siguiente provisor y vicario general interino, dos empleos, subrayó el interesado en su *Noticia biográfica,* "de

5. Además de lo indicado en la *Noticia biográfica*..., disponemos *del Libro I.° de Secretaría de la Academia de Ciencias Eclesiásticas de San Isidoro de Madrid,* (fol. 89), citado por Antonio Risco, "Sobre la noción de 'Academia' en el siglo XVIII español", *Cuadernos de Estudios del siglo XVIII,* n°10-11 (1983), p. 45.

6. La información dada por Llorente en su *Noticia biográfica* puede completarse por el dossier conservado en el Archivo Histórico Nacional, *Consejos,* 12 140, leg. 114: "Abogados. / Llorente".

tanto más grande importancia y consideración cuanto más vasto es el obispado pues comprend[ía] 913 pueblos en Rioja, Navarra, Álava, Guipúzcoa y Vizcaya"[7]. Pero, a la muerte de Mgr. Luelmo y Pinto, se le quitó el cargo, pasando a ser tan solo sustituto del titular, el canónigo Manuel de la Barra.

Por influencia de un literato que residía entonces en Calahorra (y al que no nombró porque "inconvenientes políticos" le impusieron el silencio) abandonó para siempre "los principios ultramontanos sobre la jurisprudencia, los escolásticos para los puntos teológicos, y los peripatéticos en orden a la filosofía y ciencias naturales"[8].

En 1785, el tribunal del Santo Oficio de la Inquisición de Logroño le nombró comisario suyo en Calahorra, y tres años después, el nuevo obispo de la diócesis, Pedro Luis de Ozta y Muzquiz, le designó para formar parte de los examinadores sinodales de los presbíteros que pretendían licencia de predicar el Evangelio. Pero, por prometedores que fuesen estos cargos, debieron de parecerle poco e intentó llamar la atención del gobierno con obras históricas que, creía, podrían serle de alguna utilidad. Así, dirigió a Floridablanca, primer secretario de Estado, el plan de un tratado que se proponía escribir en latín para sustituir "a los Comentarios de *Arnoldo Vinnio*, para que los españoles estudiasen las leyes del reino en lugar de las romanas"[9]. Pero, lejos de comisionarle para semejante trabajo, Floridablanca no manifestó ningún interés por el asunto, y le hizo contestar que escribiera el libro y lo sometiera al juicio del Consejo de Castilla. Con lo cual, decepcionado, Llorente renunció al proyecto.

Al año siguiente, en 1786, la Real Sociedad de Amigos del País de la ciudad de Tudela de Navarra le hizo "socio de mérito" pero no consiguió la dignidad de canónigo doctoral de la iglesia metropolitana de Burgos a la que opositó. Como seguía con la ilusión de llamar sobre sí la atención de las más altas autoridades del reino, se puso a redactar un tratado titulado *Preferencia de los embajadores de España a los de Francia en los Concilios generales, en la Corte de Roma y en otras asambleas diplomáticas,* en la cual pretendía zanjar la cuestión dejada pendiente por el Concilio de Trento y enmendar lo escrito sobre el tema en tiempos de Felipe III por Diego Valdés en su obra *De Dignitate regum Hispaniae*. Pero renunció a hacer imprimir este docto trabajo porque, apenas hubo acabado la

7. *Noticia biográfica,* ed. cit., p. 65.

8. *Ibid.*, p. 67.

9. *Ibid.*, p. 69.

última revisión, estalló la Revolución francesa, que hizo inoportuna semejante publicación[10].

Llorente fue designado en 1787 como miembro de la Real Junta de Caridad de Calahorra como representante del cabildo de beneficiados parroquiales. Este mismo año, puso también sus talentos de investigador al servicio de su diócesis, redactando una obra de 269 páginas en 4°, que publicó, con licencia, en 1789 en Pamplona, en la imprenta de J. A. Castilla bajo el larguísimo, pero muy explícito, título de *Discurso Histórico-Canónico sobre el origen y naturaleza de los beneficios patrimoniales del obispado de Calahorra y la Calzada. Primera parte. Demuéstranse los títulos del derecho que los Cabildos de dichas Iglesias poseen de presentar sus Beneficios; y pónense por apéndice copias literales de los instrumentos comprobantes. Obra necesaria para los mismos Cabildos, y útil a los Beneficiados y demás Clérigos de la Diócesis. Su autor, el Dr. Don Juan Antonio Llorente, Presbítero. Y la dedica a los Señores Abades, Cabildo y Beneficiados de la Universidad de Parroquiales recíprocamente unidas de y San Andrés de la ciudad de Calahorra*. Fue la oportunidad para nuestro clérigo-historiador de estudiar a fondo el archivo de la catedral de Calahorra, del que se acordó cuando escribió el *Retrato de los papas*[11]. Y si no llegó a darse a conocer en Madrid como aspiraba, al menos su fama se extendió hasta Azcoitia, puesto que fue recibido en 1788 en la Sociedad de Amigos del País Vasco como miembro de la clase de "socios literatos".

EN MADRID: NUEVOS DESTINOS, NUEVAS INVESTIGACIONES HISTÓRICAS

Llorente se dejó entonces seducir por un ramo de la historia que tenía entonces gran aceptación entre los eruditos: el estudio de las antigüedades o arqueología[12]. Así que se entusiasmó hasta tal punto por el descubrimiento de una lápida sepulcral cerca del circo romano de Calahorra que mandó hacer, a expensas suyas,

10. *Ibid.*, p. 70. Sobre la preferencia de embajadores, véase Blas Casado Quintanilla, "La cuestión de la precedencia España - Francia en la tercera asamblea del Concilio de Trento", *Hispania Sacra,* vol. XXXVI, n° 731 (1984), pp. 195-214.

11. P. 51 de esta edición.

12. Sobre el interés, e incluso la pasión, que suscitaron entonces las antigüedades, véase Rosario Die Maculet, *El conde de Lumiares en la España ilustrada. Vida, relaciones intelectuales y epistolario,* Alicante, Publicaciones de la Universidad de Alicante, 2021.

excavaciones para sacar y conservar la piedra, que se depositó íntegra en el ayuntamiento, así como para descubrir los acueductos que abastecían el anfiteatro para naumaquias[13].

La muerte en 1789 de la duquesa de Sotomayor, que el año anterior, había designado a Llorente como uno de sus albaceas y tutor de su sobrino, le llevó a Madrid a donde consiguió el traslado de su título de comisario del Santo Oficio, logrando incluso el empleo de secretario supernumerario del tribunal de la Inquisición de Corte.

Aprovechó su estancia en la capital para llamar la atención del conde de Floridablanca logrando del todopoderoso primer secretario de Estado que aceptase la dedicatoria muy halagadora de la obra que publicó bajo el título de *Monumento romano descubierto en Calahorra a 4 de marzo de 1788. Con cuya ilustración se demuestra el uso del cómputo de la era española antes de la venida de los godos, y aun del Redentor. Lo ilustra en cinco diálogos el Doct. D. Juan Antonio Llorente, presbítero*[14]. En realidad, las conclusiones sacadas por Llorente de su lectura de la lápida eran erróneas (lo que luego, reconocerá con toda buena fe[15]), y el bibliotecario mayor de la biblioteca real, Francisco Pérez Bayer, puso sobre aviso al conde de Floridablanca. Pero este se contentó con apostillar la nota que se le había remitido al respecto con este comentario: "!Solo es grave para los anticuarios! ¡A mí no me importa nada!"[16].

Como albacea de la duquesa de Sotomayor, tuvo el honor de ser admitido en la real Cámara y los reyes le premiaron el celo con el que cumplía su cargo y desempeñaba su papel de tutor del sobrino de la finada, haciéndole canónigo de la catedral de Calahorra, con dispensa de residencia[17].

La defensa de los derechos de su pupilo llevó a Llorente a hundirse en un ramo de la historia poco estimado entonces (como la biografía en nuestra juventud en tiempos del marxismo triunfante) por producir solo "el fruto de fomentar la vanidad, el orgullo y las ideas erróneas acerca del mérito de los hombres y de su verdadero valor": la genealogía. Resultado de estos desvelos fue una *Historia de los pleitos de la casa de Sotomayor sobre señoríos de pueblos y otros derechos desde el siglo*

13. *Noticia biográfica*, pp. 75-76.

14. En Madrid, en la oficina de don Blas Román, año de MDCCCLXXXX, 101 p. en 4°.

15. *Noticia biográfica*, p. 76.

16. Gérard Dufour, *Juan Antonio Llorente en France*..., *op. cit.*, pp. 6-7.

17. *Noticia biográfica*, pp. 76-77.

XIII[18]. Comprobó la utilidad de semejantes trabajos, e incluso no vio inconveniente en transformarse en negro para otras personas bajo cuyo nombre salieron a la luz papeles impresos como *Memorial ajustado* o *Papel en derecho*[19].

Llorente era ya todo un personaje de la república de las letras, y en 1790 integró el número de censores del Consejo de Castilla que, durante dos años, le encargó el examen de varios opúsculos y algunos libros. Mientras tanto, se le hizo miembro honorario de la Academia de bellas letras de Sevilla a la que remitió una *Disertación sobre el sitio en que estuvo la antigua Segóbriga*[20], que ubicó en Cabeza del Griego, sin convencer a su amigo Joaquín Lorenzo Villanueva, que siguió opinando que Segóbriga era la actual Segorbe[21]. Asimismo, fue invitado a participar en la gran manifestación intelectual que organizaron en Madrid los Reales Estudios de San Isidro los 23, 24 y 25 de septiembre de 1790, por orden de Floridablanca, que quiso mostrar así al resto de Europa el valor de la crítica española tanto en literatura como en historia y leyó, en esta circunstancia, una disertación sobre los méritos comparados de Casiodoro, Alcuino, e Isidro de Sevilla[22]. El mismo año de 1790, publicó una nueva versión del *Fuero-Juzgo, o Colección de las leyes promulgadas por los Reyes Godos de España,* en la que corrigió varios errores de la edición anterior, y que hizo preceder por una "Declaración de palabras del siglo XIII" y un "Discurso preliminar"[23].

Sin embargo, Llorente distaba mucho entonces de ser un gran historiador. Las conclusiones de sus disertaciones sobre los descubrimientos de Calahorra y Cabeza del Griego eran más que temerarias: erróneas. Pero había sacado todo el partido que podía de sus desvelos de investigador, tanto desde el punto de vista jurídico en su papel de tutor del joven duque de Sotomayor, como desde el de su *cursus honorum* eclesiástico ya que había logrado llamar la atención del inquisidor gene-

18. *Ibid.*, p. 75.

19. *Ibid.*, p. 80.

20. "Disertación sobre la verdadera situación de Segóbriga por los descubrimientos hechos en Cabeza del Griego por J. A. Llorente", *Memorias literarias de la Real Academia Sevillana de Buenas Letras*, Sevilla, II, 1843, pp. 181-194.

21. *Viaje literario a las iglesias de España; Lo publica con algunas observaciones Don Joaquín Lorenzo Villanueva, capellán de honor y predicador de S. M.*, Madrid, en la imprenta Real, año de 1804, III, p. 3.

22. *Noticia biográfica…*, p. 78-79; Gérard Dufour, *Juan Antonio Llorente en France*, pp. 8-9.

23. *Leyes del Fuero-Juzgo o Recopilación de las leyes de los wisigodos españoles; titulada primeramente liber judicum, después Forum judicum y Últimamente Fuero-Juzgo. Segunda edición del texto castellano, mejor que la primera. Precede un Discurso preliminar y una declaración de voces anticuadas, por el doctor don Juan Antonio Llorente, presbítero, canónigo de la Iglesia catedral de Calahorra,* en Madrid por don Isidro de Hernández Pacheco, Notario del Santo Oficio, calle de los Tudescos, 1792, 297 p. en 8°.

ral Agustín Rubín de Celis, quien, a principios de 1790, le propuso un puesto de inquisidor en Cartagena de Indias, que no aceptó por preferir seguir beneficiándose de las rentas del canonicato de la catedral de Calahorra[24].

DE NUEVO EN CALAHORRA: UNA HISTORIA DEL TIEMPO PRESENTE FRUSTRADA

A fines de 1791, Llorente, fastidiado de las preocupaciones que le causaba su papel de tutor del duque de Sotomayor, abandonó la Corte y volvió a Calahorra donde sus compañeros de coro, alegando su ausencia, se negaban a que percibiera las rentas que le correspondían. Como era el único sacerdote de la ciudad que sabía hablar el francés (idioma que, en realidad, dominaba mucho menos de lo que creía), al año siguiente fue encargado por el corregidor de Calahorra y el tribunal del Santo Oficio de Logroño de inspeccionar los equipajes de los numerosos clérigos franceses que, rechazando la constitución civil del clero y huyendo del Terror, vinieron a refugiarse en la diócesis de Calahorra y la Calzada. Se le confió asimismo el confesar a estos clérigos mientras no se libraron a algunos de ellos las licencias necesarias. Pero se distinguió sobre todo procurándoles socorros de toda clase, como pudo atestiguar luego, en 1817, uno de ellos, Étienne Fraisneau, simple clérigo tonsurado cuando Llorente le albergó en su propia casa, y que, después de volver a Francia, ascendió a obispo de La Rochelle. No contento con esta acción caritativa, Llorente descubrió entonces lo que llamamos hoy la "historia del tiempo presente" y redactó en 1793 una *Historia de la emigración de los clérigos franceses a España* que mandó al Consejo de Castilla para obtener la licencia de impresión. Pero se le avisó que el manuscrito se había "extraviado" y Llorente entendió que se consideraba como inoportuna semejante tipo de publicación y no insistió[25].

Mientras tanto, proseguía su *cursus honorum* eclesiástico, siendo nombrado juez subdelegado del tribunal de la Cruzada del obispado de Calahorra. El tiempo que no dedicaba a sus obligaciones eclesiásticas, lo consagró a investigaciones genealógicas. Redactó así para Antonio Castejón y Medrano un árbol genealógico que fue avalado por un ilustre abogado del Consejo de Castilla, y un *Alegato en derecho* que el mismo letrado publicó bajo su nombre. Obsequió asimismo con sus respectivos árboles genealógicos a las familias de Castejón de Agreda, de Medrano, de Cárdenas, y de

24. *Noticia biográfica*, p. 78.

25. *Ibid.*, pp. 82 sig.; Gérard Dufour, *Juan Antonio Llorente en France*, pp. 10 sig.

Jiustiniani[26]. El estudio del pasado de familias ajenas le permitía a Llorente preparar su propio futuro, estrechando vínculos con amigos o conocidos suyos.

A LA BÚSQUEDA DE UN POTENTE PROTECTOR

En 1793 también, Llorente aprovechó un viaje particular a Madrid para volver a participar en las sesiones del tribunal del Santo Oficio de Corte (del que, pese a su ausencia de Madrid, seguía siendo secretario). El nuevo inquisidor general nombrado el año anterior, Manuel Abad y la Sierra, le mandó redactar una memoria sobre el origen del modo de procesar de la Inquisición, que Llorente le remitió el 19 de junio. Pero entendiendo que la voluntad del purpurado "jansenista" era reformar este modo tan peculiar de proceder del Santo Oficio, al remitirle el manuscrito (que conocemos hoy gracias a los desvelos del profesor De la Lama Cereceda[27]) le hizo oralmente unas observaciones y propuestas de cambio[28]. Historiográficamente hablando, Llorente había pasado el Rubicón: estaba dispuesto a poner su pluma y sus talentos de investigador al servicio de quienes, en el poder, la necesitasen. Algo que, como veremos, pudo costarle caro.

No tardó Llorente en dar otro paso (más decisivo aún) en esta dirección escribiendo en 1795 al todopoderoso "amigo de los Reyes", Manuel Godoy, príncipe de la Paz[29], para proponerle redactar una *Historia de las provincias vascongadas* en la cual refutaría la validez de los *fueros* en nombre de los cuales los vascos se negaban a participar en el empréstito obligado decretado por el valido. Este hizo saber a Llorente el 2 de junio de 1796, que el tiempo no era propicio para tales publicaciones, pero no por ello desistió del proyecto nuestro canónigo que creía entonces pasar dentro de poco a obispo, puesto que fue incluido en la "terna" propuesta al rey para la mitra de Michoacán[30].

Hecho miembro de la Real Sociedad patriótica de Aragón en 1797, Llorente manifestó su agradecimiento a esta institución mandándole un discurso sobre la na-

26. *Noticia biográfica*, pp. 85-86.

27. *Los procesos de la Inquisición. Discursos sobre el orden de procesar en los tribunales de la Inquisición, de Juan Antonio Llorente, op. cit.*

28. Gérard Dufour, *Juan Antonio Llorente en France*, p. 11.

29. Véase Emilio La Parra, *Manuel Godoy. La aventura del poder. Prólogo de Carlos Seco Serrano,* Barcelona, Tusquets-editores, 2002.

30. *Ibid.*, p. 12.

vegación del Ebro. El porvenir le parecía radioso, cuando se vio involucrado en una intriga cortesana de la cual solo salió salvo gracias a la protección del Príncipe de la Paz. En efecto, habiéndose enterado Nicolás de los Heros de que Llorente había hablado en 1793 al entonces inquisidor general Manuel Abad y la Sierra de posibles reformas del modo de proceder de la Inquisición, le pidió las formulara por escrito y se las comunicara para que pudiera transmitirlas a su hermano, el conde de Montarco, secretario del Consejo de Estado que las presentaría a este organismo. Sin pensar que se podía tratar de una treta para comprometerle, Llorente cumplió con lo pedido. Y al darse cuenta de que el conde de Montarco no estaba ni siquiera al tanto del asunto, atemorizado, informó del asunto al Príncipe de la Paz. Siguiendo sus consejos, pudo recuperar el manuscrito del que se apresuró a hacer dos copias, una para González de Laso, obispo de Palencia, otra para Jovellanos, ministro de Gracia y Justicia[31].

Tan entusiasmado por el trabajo de Llorente se mostró Jovellanos que lo utilizó ampliamente para la representación sobre la Inquisición que dirigió entonces al rey. Más aún, le llamó a Madrid para que redactara la historia de las provincias vascongadas que había propuesto en 1795 al Príncipe de la Paz. La obra fue evidentemente aprobada por el Consejo de Castilla y Jovellanos prometió a Llorente que sería publicada por la imprenta Real y que vería su celo premiado por la dignidad de deán del cabildo de la catedral de Calahorra que dejaría su titular, Antonio Carrillo Moral que sería elevado a obispo. Pero la dimisión por supuestos motivos de salud de Jovellanos de su cargo de ministro de Gracia y Justicia dejó tales promesas sin realizarse[32].

Llorente tuvo entonces otra oportunidad de lucirse formando parte de la Junta eclesiástica de Bienes reales, presidida por su tío Patricio de Busto, comisario general de Cruzada, y para la cual formó un *Plan económico para extinguir anualmente Vales Reales y acreditar los existentes* que fue recibido con tanto entusiasmo por el gobierno que el ministro de hacienda, Cayetano Soler lo hubiera mandado imprimir si el propio Llorente no le hubiera hecho observar que convenía previamente obtener la aprobación de los obispos. Pero no dudó ni un instante para aceptar el encargo que le hizo el Primer secretario de Estado, Mariano Urquijo de traducir la obra del portugués Pereira de Figueroa que en 1769 había publicado

31. Véase Gérard Dufour, "Lettres de Llorente au Prince de la Paix (1795-1797)", *Cahiers du CRIAR*, n° 1 (1981), Publications de l'Université de Rouen – PUF, pp. 113-145.

32. Gérard Dufour, *Juan Antonio Llorente en France*, p. 12.

en Lisboa una *Demostração, canónica e histórica* y que Llorente trasladó bajo el título de *Demostración del derecho de los metropolitanos a la confirmación de los obispos comprovincianos*. El asunto no era baladí: se metía de lleno a lo que se llamó, con mucha exageración, el cisma de Urquijo que quería poner término a la dependencia económica de la iglesia española respecto de la curia romana y cuya principal medida fue el decreto del 5 de septiembre de 1799 que estipulaba que los prelados "usen de toda la plenitud de sus facultades conforme a la antigua disciplina de la Iglesia para dispensas matrimoniales y demás que les competen." Pero una vez más, sus esfuerzos para "arrimarse a los buenos" resultaron contraproducentes, puesto que la caída de Urquijo en 1800 y el giro copernicano que dio su sucesor, Cevallos, en materia de política religiosa no solo impidieron la impresión de la traducción de la obra de Pereira, sino que hicieron "vehementemente sospechoso" de "jansenismo" a su autor[33].

Efectivamente, la Inquisición no tardó en acusarle de aconsejar a la condesa del Montijo, figura señera del "jansenismo" español[34], sobre los medios de eludir su vigilancia y le condenó por ello a una retirada de un mes, en junio y julio de 1801 en el convento de recoletos de San Antonio de la Cabrera, a nueve leguas al norte de Madrid. Aprovechó esta estancia forzada para traducir una obra dedicada a Urbano VIII por el P. Segundo Lancelotti de Perusa, *Hoggidio overo non peggióre ne più calamitoso del pasato* a la cual hubiera añadido unos comentarios si hubiera conseguido publicar este trabajo[35].

La sentencia era bastante indulgente, y sin duda hay que prestar fe al Príncipe de la Paz cuando declara en sus memorias que, sin su intervención, Llorente hubiera sido condenado a una reclusión de ocho años en un convento[36]. Con lo cual, pese a esta desavenencia, siguió recibiendo varios testimonios de aprecio, como su nombramiento en 1802 como miembro de la "junta de policía urbana" de Calahorra, especie de Sociedad de Amigos de País creada por el corregidor y el ayuntamiento. En 1804, se le hizo miembro correspondiente de la Real Academia de la Historia, y fue también designado por el obispo de Calahorra y la Calzada, Mgr. Aguiriano y Gómez, como representante del distrito de Calahorra en la Real

33. *Ibid.*, pp. 14-15.

34. Sobre la condesa del Montijo, véase Paula de Demerson, *María Francisca de Sales Portocarrero, condesa del Montijo. Una figura de la Ilustración*, Madrid, Editora nacional, 1975.

35. *Noticia biográfica*, pp. 109 sig.

36. Manuel Godoy, *Memorias*, Emilio La Parra y Elisabel Larriba (eds.), Publicaciones de la Universidad de Alicante, 2008, p. 800.

Sociedad de Económica de la Rioja[37]. En ella, leyó el 3 de septiembre de 1805 una *Disertación para demostrar cuál debía ser la extensión de la Rioja* que quedó inédita, pero tuvo su importancia cuando la remodelación territorial de España realizada por las Cortes en 1822[38]. Tal fue el aprecio del que se benefició Llorente dentro de esta institución que, dos años después, esta le confió el examen de un plan de desarrollo económico elaborado por Santiago del Barrio, dándole motivo a redactar un *Dictamen sobre el Código Rural de Rioja* que firmó el 12 de agosto de 1807[39].

Abordando una nueva faceta de la historiografía, que hoy llamamos antropología, redactó entonces una *Disertación sobre el origen de la fiesta de las doncellas en la villa de Carión* que quedó inédita. Pero sobre todo fue comisionado en 1805 para pasar a la Corte para preparar la edición de sus *Noticias de las provincias vascongadas* que salieron de las prensas de la imprenta Real en cuatro volúmenes entre 1806 y 1808[40]. La obra suscitó la ira de los vascos y no faltaron eruditos (vascos o no) para denunciar los "errores de Llorente". Así, Fr. Domingo de Lerín y Clavijo, natural de Cádiz pero párroco de Bolívar de Álava, redactó una *Notas crítico-históricas sobre la obra intitulada* Noticias Históricas de las tres Provincias Vascongadas que no tuvo los honores de la imprenta[41], lo que no fue el caso de la *Demostración del sentido verdadero de las autoridades de que se vale el doctor Llorente en sus* Noticias históricas de las tres provincias vascongadas que hizo imprimir en Madrid Francisco Aranguren y Sobrado en 1807[42]. Llorente, que, como premio a su erudición y ductilidad, había sido nombrado a la dignidad de

37. *Noticia biográfica*, p. 106.

38. Francisco Javier Díez Morrás, *El Nacimiento de la provincia de Logroño, op. cit.*, pp. 214 y 222-231.

39. *Ibid.*, p. 238.

40. *Noticias históricas de las tres provincias vascongadas en que se procura investigar si el estado antiguo de Álava, Guipúzcoa y Vizcaya, y el origen de sus fueros, por el dr. D. Juan Antonio Llorente, presbítero, canónigo de la Santa Iglesia primada de Toledo académico correspondiente de la Real Academia de la Historia. Parte I. Estado civil antiguo. Tomo I*, Madrid, imprenta real, 1806, XXXV-156 p.; -- *Parte II. Origen de sus fueros. Tomo II*, Madrid, imprenta Real, 1807, 480 p.; -- *Parte III. Apéndice o colección diplomática, por el sr. D Antonio Llorente, presbítero, dignidad de maestrescuelas y canónigo de Toledo, caballero de la Orden de Carlos III, académico de la Historia. Tomo III*, Madrid, imprenta real, 1807, 485 p.; *Tomo IV. Contiene ciento y doce escrituras del siglo XII, casi todas inéditas*, Madrid, imprenta Real, 1808, VII-391 p.; *Tomo V. Contiene la respuesta a la imputación del tomo primero a la impugnación del tomo primero, hecha por el señor Aranguren, y documentos comprobantes*, Madrid, en la imprenta de don Luciano Vallin, 1808, VIII-587 p.

41. El manuscrito, conservado en el monasterio de San Millán de la Cogolla fue publicado en 2015 por José María Gorordo en *Obras de Fray Domingo de Lerín y Clavijo*, Juntas Generales de Biskaia.

42. *Demostración del sentido verdadero de las autoridades de que se vale el doctor Don Juan Antonio de Llorente, canónigo de la catedral de Toledo, en el tomo I de las Noticias históricas de las tres provincias vascongadas, y de lo que en verdad resulta de los historiadores que cita, con respecto solamente al muy noble y muy leal señorío de Vizcaya.*

canónigo maestrescuelas de la catedral de Toledo en 1806 y caballero de la Orden de Carlos III al año siguiente[43], no se olvidó de mencionar estos títulos con los de presbítero y académico de la Historia en los cuatro tomos de sus *Noticias* así como en el quinto que publicó en 1808 como respuesta a Aranguren. Pero este último volumen no salió de las prensas de la imprenta Real, como los cuatro primeros, sino de las de Luciano Vallín[44]: el problema de los fueros (y de las subsecuentes exenciones tributarias) era vidrioso y Godoy, que ya sufría los ataques de los partidarios del Príncipe de Asturias[45], no quiso manifestar un apoyo indefectible al autor de una publicación tan desfavorable a los vascos.

AL SERVICIO DE "LOS NAPOLEONES"

Llorente estaba pues a dos pasos de ser promovido a obispo cuando, en 1808, la invasión de España por las tropas de Napoleón y las subsiguientes renuncias al trono de Carlos IV y Fernando VII en Bayona supusieron un auténtico terremoto político. Frente a esta situación, fue de los primeros en ofrecer sus servicios al lugarteniente del emperador, Murat, gran duque de Berg, y, a partir de esta fecha, unió su suerte a la del "Ogro corso" y de su hermano José[46].

Conforme con un sistema que tan buenos resultados le había dado hasta entonces, todo a lo largo de este período puso su erudición al servicio de los nuevos amos. En 1808, como diputado a la Asamblea de Bayona, leyó un *Discurso heráldico...* que, dadas las circunstancias tan solo se publicó en 1809, pero que sirvió para la creación del escudo de armas que adoptó José I[47]. Como consejero de Estado, tuvo un papel destacado en las reformas que afectaron al clero, y las justificó desde un punto de vista legal con trabajos históricos como la *Colección diplomática de*

Por D. Francisco de Aranguren y Sobrado, del Consejo de S. M., alcalde del crimen honorario de la Chancillería de Valladolid, Madrid, en la imprenta de Vega y Compañía, calle de Capellanes, 1807, [IV]-288 p. en 4°.

43. *Noticia biográfica*, p. 110.

44. *Noticias históricas de las tres provincias vascongadas [...] Tomo V. Contiene la respuesta a la impugnación del tomo primero, hecha por el señor Aranguren, y documentos comprobantes*, Madrid, en la imprenta de don Luciano Vallín, año de 1808, VIII-588 p. en 4°.

45. Véase Emilio La Parra, *Manuel Godoy. La aventura del poder, op. cit.*, p. 333 sig.

46. Sobre este período de la vida de Llorente, véase Gérard Dufour, *Juan Antonio Llorente, el factótum del Rey Intruso*, Zaragoza, Prensas de la Universidad de Zaragoza, 2014.

47. *Discurso heráldico sobre el escudo de armas de España, leído en la Asamblea nacional española que se celebró en la ciudad de Bayona, imperio de Francia, en el mes de julio del año 1808. Lo publica su autor d. J. A. L. para ilustración del Real decreto de S. M. relativo al mismo objeto,* Madrid, imprenta de don Tomás Albán y compañía, 1809, XII-2742-8 p. en 8°.

varios papeles antiguos y modernos sobre dispensas matrimoniales y otros puntos de disciplina eclesiástica que dio a luz en 1809, "con permiso superior"[48], así como, al año siguiente, una *Disertación sobre el poder que los reyes españoles ejercieron hasta el siglo duodécimo en la división de obispados ...*[49].

Como propagandista del régimen, aprovechó su conocimiento de los archivos del Santo Oficio y las oportunidades que le dio su calidad de "director de bienes suprimidos" para tener acceso a ellos para ensalzar la medida más emblemática de la regeneración de España por los Bonaparte: la abolición de la Inquisición. La justificó, pidiendo "loores a los autores de tanto bien" primero en una *Memoria histórica sobre cuál ha sido la opinión nacional de España acerca del Tribunal de la Inquisición,* que leyó primero en la Academia de la Historia y luego tuvo una amplísima difusión, con dos ediciones en 1811: una sin indicación de impresor, y otra realizada por el madrileño Sancha[50]. Pero no contento con ello, emprendió una monumental historia del Santo oficio que publicó bajo el título de *Anales de la Inquisición de España,* primera versión de lo que sería su celebérrima *Historia crítica de la Inquisición.* El primer tomo salió de las prensas de Ibarra en 1812, y el segundo no vio la luz antes de 1813, cuando José I, después de haber tenido que evacuar Madrid y retirarse a Valencia, pudo volver a la capital del reino[51].

En las orillas del Turia, Llorente prosiguió su labor propagandística a base de trabajos históricos, con un opúsculo titulado *Observaciones sobre las dinastías de España*[52], en

48. Madrid, imprenta de Ibarra. Tal importancia concedió el gobierno Josefino a esta obra que la publicó también en la *Gazeta de Madrid* entre el 10 y el 23 de julio de 1809.

49. *Disertación sobre el poder que los Reyes españoles ejercieron hasta el siglo duodécimo en la división de obispados y otros puntos conexos de disciplina eclesiástica, con un apéndice de escrituras en que constan los hechos citados en la Disertación. Su autor Don Juan Antonio Llorente, Consejero de Estado, caballero comendador de la Orden Real de España y Director General de Bienes nacionales,* Madrid, imprenta de Ibarra, 1809, XVI-266 p. en 4°.

50. *Memoria histórica sobre cuál ha sido la opinión nacional de España acerca del tribunal de la Inquisición, leída en las Juntas ordinarias de los días 25 de octubre, 1, 8 y 15 de noviembre para ser admitido en la clase de Académico de número,* s. l. n. f.; *Memoria histórica sobre cuál ha sido la opinión nacional de España acerca del tribunal de la Inquisición, leída en la Real Academia de la Historia por el Excelentísimo Señor Don Juan Antonio Llorente, Consejero de Estado, Dignidad de maestrescuelas y canónigo de Toledo, caballero comendador de la Orden Real de España, comisario general apostólico de Cruzada,* Madrid, imprenta de Sancha, 1812, 324 p. en 8°.

51. *Anales de la Inquisición de España. Su autor D. Juan Antonio Llorente, Consejero de Estado, Comisario General de Cruzada, Comendador de la Orden Real de España. Tomo I. Desde el establecimiento de la Inquisición hasta el de 1550,* Madrid, imprenta de Ibarra, 1812, XXX-488 p. en 16; *Tomo II. Desde el año de 1509 hasta el de 1550,* Madrid, imprenta de Ibarra, 1813, 473 p. en 16°.

52. *Observaciones sobre las dinastías de España. Su autor el Exmo Sor. D. Juan Antonio Llorente, Consejero de Estado, Comisario general apostólico de la Santa Cruzada, Comendador de la Orden Real de España, Academia de la Historia y supernumerario de la lengua española,* Valencia, Esteban, 1812; segunda edición, corregida y aumentada, Zaragoza, oficina de Miedes, 1813, 60 p en 16°

el cual puso en evidencia los precedentes de la ocupación del trono de España por un francés. Y no contento con ello, a sugerencia de uno de sus sobrinos, Alexandro Fernández de Ruidíaz, se hizo historiador de sí mismo y redactó una *Carta biográfica*[53].

Más bien que volver a Madrid con José I, a finales de octubre de 1812, Llorente, con otros muchos dignatarios del régimen, prefirió acercarse a la frontera francesa y formó parte de una columna que, bajo protección militar, ganó Zaragoza. Allí, prosiguió su labor propagandística y, evidentemente, consagró sus ocios a la investigación histórica. Así, para satisfacer la curiosidad de un erudito, redactó una "carta crítica sobre si el templo del Pilar fue construido fuera o dentro de las murallas romanas de la ciudad"[54]. Pero, sobre todo, prosiguió sus estudios sobre el Santo Oficio, consiguiendo hacerse con gran parte de los documentos del archivo del tribunal de la ciudad.

UN APASIONADO POR LOS MANUSCRITOS Y LIBROS ANTIGUOS

Sacerdote de oficio, Llorente era historiador de vocación y su apasionamiento por esta disciplina le llevó a constituirse una preciosa biblioteca de libros antiguos y manuscritos de unos 4.000 volúmenes que tuvo que dejar en Madrid, confiados a amigos de confianza (mitad al visitador de la fábrica de licores de Madrid, Antonio Regás, mitad a María de Therán, esposa de Francisco Amorós), cuando en agosto de 1812, frente al avance de Wellington después de la batalla de los Arapiles, tuvo que seguir al "rey errante" en su huida a Valencia[55].

Para reunir tan valiosa colección, no había dudado en usar y abusar de las facilidades que le daban sus cargos de colector y luego de director de bienes suprimidos, así como de consejero de Estado para hacerse con alguna que otra obra (por no decir robarla)[56]. La más preciosa fueron los cuadernos en chino impresos a mano en 1630 por el misionero jesuita Manuel Díez, un ejemplar único en Europa que el propio Llorente valoró en 1816 en más de 1.260 libras esterlinas, o sea unos 31.500 francos (una cantidad astronómica ya que correspondía a más de 25 años de los subsidios que,

53. *Carta biográfica. La da a luz d. Alexandro Fernández de Ruidiaz,* Valencia, imprenta de Ferrer, 1812, VIII-46 p. en 16°..

54. *Noticia biográfica,* p. 122.

55. Gérard Dufour, François Magne, *Los últimos años de vida de Juan Antonio Llorente,* p. 33.

56. Sobre los expolios de Llorente, véase Francisco Fernández Pardo, *Juan Antonio Llorente, op. cit.,* capítulos XIV: "Llorente, político e incautador de bienes eclesiásticos", pp. 479-540 y XXIII: "Perfil ético de Llorente", pp. 604-634.

como refugiado, percibía entonces del gobierno francés). Llorente debió de tomarlo "prestado" de la biblioteca de la Real Academia de la Historia y, cuando tuvo que huir de Madrid en agosto de 1812, lo llevó en su equipaje, primero a Valencia, luego a Zaragoza, y por fin a Francia donde está hoy día en la biblioteca municipal de Nantes[57].

Llorente no ignoraba que los libros raros y los manuscritos podían constituir un valor refugio tan seguro como el propio oro. Por esto, durante su estancia en Zaragoza en 1813, se obstinó, pese a la resistencia del archivero general de la Audiencia de Aragón, Manuel Rodríguez, en que se trasladase a su domicilio gran cantidad de procesos del tribunal del Santo Oficio que se llevó, en 15 cajas, a Francia cuando el avance de las tropas de Mina obligó a las tropas imperiales a evacuar la ciudad. Se había constituido así, con estos documentos históricos excepcionales, un botín de guerra del que sacaría luego un doble provecho: primero, hallando en estos legajos la materia de un libro que conoció el mayor éxito; y luego vendiendo una gran parte de ellos, o más bien malbaratándolos puesto que en 1821 cedió a la Biblioteca Real en París 20 volúmenes por solo 2.000 francos cuando los estimaba en más de 4.000[58]. A la calidad de erudito, como se decía entonces, o de investigador, como decimos hoy día, llegó pues Llorente a añadir la de saqueador de bibliotecas y archivos y de traficante del patrimonio nacional.

EN EL MUNDO DESPIADADO DE LA LIBRERÍA PARISINA

Como todos los josefinos que habían seguido al ejército imperial en su retirada a Francia, estuvo persuadido de que no tardaría en volver a España. Pero la caída de Napoleón hizo añicos del Tratado de Valençay que preveía en su artículo nono que los afrancesados recobrarían sus cargos y honores y el decreto firmado por Fernando VII el 30 de mayo de 1814, que los condenaba al exilio y la confiscación de sus bienes, dio la puntilla a sus esperanzas.

Llorente no tuvo pues más remedio que apañarse con los socorros que el gobierno imperial, y luego el de Luis XVIII concedieron a los refugiados, y la pequeña cantidad que cobró, cuando se instaló en París en marzo de 1814, por la misa

57. Véase Gérard Dufour, François Magne, *Los últimos años de vida de Juan Antonio Llorente*, "Apéndice IV. Una joya bibliográfica...", pp. 225-230.

58. Gérard Dufour, *Juan Antonio Llorente en France*, p. 293.

diaria que celebraba, como clérigo adscrito, en la parroquia de Saint-Eustache. No era esta una situación económica catastrófica. Pero así le pareció, acostumbrado como estaba a las pingües rentas de un canonicato de la catedral de Toledo, y a lo que cobraba como director general de Cruzada así como (cuando las finanzas lo permitían), sus emolumentos como consejero de Estado.

Como ninguna de las súplicas y representaciones que dirigió a Fernando VII surtió efecto, decidió recurrir de nuevo a la historia para hallar otra fuente de ingresos. Pero el oficio de historiador que se disponía a ejercer no tenía nada que ver con el que había practicado en España. En efecto, hasta entonces, había puesto su erudición al servicio de un mecenas, las más de las veces en la cumbre del poder, que se encargaba de publicar su obra en las mejores condiciones. Ahora, debía escribir para un público variopinto, y sobre todo meterse en el mundo despiadado de la librería parisina, tan magistralmente descrito por Balzac en *Illusions perdues* y en el que un autor tenía esencialmente tres opciones: conseguir que un librero-impresor o librero-editor (como algunos empezaron a denominarse) le comprase su manuscrito; confiar su obra a un librero que lo hacía imprimir y le daba algún porcentaje sobre las ventas; o por fin, correr con los gastos de impresión y depositar ejemplares en librerías que se dignaban aceptarlos. El literato que quería vivir de su pluma debía también ser un negociante avisado.

En sus primeros pasos por este mundillo, Llorente hizo prueba de discernimiento al constatar que dos públicos distintos podrían interesarse por la historia reciente de España: el que constituían sus 12.000 compatriotas refugiados en Francia como él, y el de los propios franceses, fascinados por la heroica lucha de un pueblo que había sabido vencer al ejército más potente del momento y salvar a Europa del yugo napoleónico. Con ello, se apresuró en redactar unas *Memorias para la historia de la revolución española con documentos justificativos* que publicó separadamente, en español y en francés bajo el anagrama de Nellerto en 1814. No tuvo dificultad en hallar un "impresor-librero", J.-G. Dentu, para la edición del primer tomo de la versión francesa de la obra. En cambio, este último se negó a proseguir la publicación y el segundo volumen, como la totalidad de la obra en castellano, salió de las prensas de Plassan, por cuenta de Llorente. Sin embargo, no se equivocó el antiguo factótum de José I respecto al interés que podía suscitar semejante publicación entre sus compatriotas refugiados puesto que a los dos primeros volúmenes, añadió un tercero en

1816[59]. Había acertado a la primera tentativa, demostrando así notables cualidades comerciales no tan corrientes en la República de las Letras.

Sin embargo, el sistema al que había tenido que recorrer Llorente para las *Memorias para la historia de la revolución española*, y que consistía en depositar ejemplares en las librerías que lo aceptasen, no debía de ser muy ventajoso para el autor puesto que el periódico *La Pandore* declaró que era lo que había que desear a un enemigo[60]. Así que no quiso correr el mismo riesgo con la monumental obra sobre la Inquisición de España que se proponía escribir a partir de sus *Anales*... y de los documentos que se había llevado de Zaragoza. Con lo cual, para hallar un editor, hizo saber su intención a través de la prensa, y especialmente de la prestigiosa *Revue Encyclopédique*[61]. Pero se quedó desilusionado por la total indiferencia con el que el mundillo de la librería parisina acogió su ofrecimiento de servicios.

Sin embargo, no renunció Llorente a su proyecto y, dos años después, en 1816, se puso en contacto con la afamada casa Longman and C°, que se mostró interesada, pero le propuso condiciones económicas que no aceptó nuestro literato, y prefirió romper las negociaciones y esperar mejores tiempos[62].

JUGANDO A DOS BARAJAS CON LA HISTORIA

Si ponía Llorente toda su esperanza en el éxito que le proporcionaría algún día su obra sobre la Inquisición de España, sabía que podía seguir contando con el público que constituían sus compatriotas refugiados en Francia como él. Con lo cual, en 1816, hizo imprimir par Plassan (que declaró una tirada de 500 ejemplares, lo que solía ser lo normal para una edición comercial[63]), una *Defensa canónica ... contra injustas acusaciones de fingidos crímenes* que declaró, en el propio título,

59. *Memorias para la historia de la revolución española con documentos justificativos, recogidas y compiladas por D. Juan Nellerto,* tomos I y II, París, 1814, VIII-418 p. en 8°; tomo III, Paris, imprenta de Plassan, 1816, IX-382 p. en 8°; *Mémoires pour servir à l'histoire de la révolution d'Espagne, avec des pièces justificatives, Par M. Nellerto,* tome premier, Paris, J. G. Dentu, imprimeur-libraire, 1814, XI-350 p.; tome second, Paris, imprimerie de Plassan, 1815, VIII-404 p. en 8°.

60. *La Pandore. Journal des spectacles, des Lettres, des Arts, des mœurs et des modes,* [París], Imprimerie de Carpentier-Méricourt, rue de Grenelle, n° 59, 11 de noviembre de 1823, n° 119, p. 3.

61. Gérard Dufour, *Juan Antonio Llorente en France,* p. 56.

62. Véase Nancy Vogeley, "Llorente's readers in the Americas", *American Anticuarian Society*, 2007, pp. 375-393 y, a partir de este trabajo, Gérard Dufour, François Magne, *Los últimos años de vida de Juan Antonio Llorente,* pp. 57-59.

63. Aline Vauchelle-Haquet, *Los ouvrages en langue espagnole publiés en France entre 1814 y 1833,* Aix-en-Provence, Publications de l'Université de Provence, 1985, p. 100.

trascendental en varios puntos al mayor número de españoles refugiados en Francia. Esta transformación de unos elementos de su existencia particular en prototipo de la historia reciente del colectivo (como decimos hoy día) que constituían los expartidarios de José I no era, sin duda, la manera más hábil de conseguirse la clemencia de Fernando VII. En cambio, era un método seguro para poner en el mercado un libro sin correr grandes riesgos de arruinarse y, en el mejor de los casos, sacar algún provecho económico de su pluma.

Como historiador, Llorente estaba dispuesto a abordar todos los períodos, desde la época medieval, hasta lo más contemporáneo, y todos los géneros, y hasta a jugar a dos barajas con la historia dirigiéndose al público de los refugiados en Francia por un lado, y por otro al propio soberano que los había condenado al exilio. Así, al mismo tiempo que denunciaba públicamente las injusticias de las que había sido víctima a causa de su afrancesamiento, le dirigió, por el intermediario del ministro Pedro Cevallos, una Ilustración del Árbol genealógico de S. M. Fernando VII con motivo de sus bodas con María Isabel de Braganza y que, creía, por lo obsequioso que se mostraba con el destinatario, debía abrirle las puertas del perdón regio. Pero otra vez, sus esperanzas se vieron defraudadas[64].

EL DÍA DE GLORIA HA LLEGADO

Mientras tanto, Llorente seguía al acecho de cualquier oportunidad que le permitiría publicar la obra en la que ponía las mayores esperanzas de éxito económico: la historia de la Inquisición de España. La suerte se presentó cuando, interviniendo en la discusión del presupuesto de 1817 en la Cámara de los diputados, uno de ellos, Clausel de Coussergues, conocido por una exaltación (por no decir estupidez) tal que sus propios compañeros ultrarrealistas temían sus propuestas estrafalarias, pidió que se suprimieran los socorros que el Gobierno proporcionaba a los refugiados españoles, portugueses y egipcíacos. La propuesta fue rechazada por unanimidad, menos el voto del propio Clausel de Coussergues que, sin embargo, no perdió la oportunidad de hacerse alguna propaganda mandando imprimir su discurso que se benefició así de una amplia difusión. Llorente lo leyó con la suficiente atención como para notar que, a fin de reforzar su argumentación, el furibundo representante de la nación había afirmado que los españoles podrían volver a su país sin el menor problema, puesto que no tenían nada que temer de la

64. Gérard Dufour, *Juan Antonio Llorente en France*, pp. 106-107.

Inquisición que ya no era sino un tribunal lleno de mansedumbre que se limitaba a la censura de los libros.

La cuestión para los refugiados, no era la existencia o no del Santo Oficio en España, sino el que no podían volver a su país por haber sido desterrados por el rey. Pero, lejos de centrarse en este punto, con excelente olfato comercial, Llorente redactó inmediatamente una carta a M. Clausel de Coussergues para refutar su visión idílica de la Inquisición, especialmente por el cómputo (tan aproximado como eficaz) de sus víctimas que presentó, junto con el catálogo de los documentos originales que estaban en su poder, como botón de muestra de la obra que se proponía escribir sobre esta monstruosa institución[65].

La polémica surtió todos los efectos deseados por Llorente, que halló en los prestigiosos libreros Treuttel y Würtz (que tenían tiendas en París, Estrasburgo y Londres) al editor que buscaba. Una primera tirada, efectuada en 1817-1818 (declarada por el impresor en nada menos que 2.000 ejemplares, el cuádruple de lo acostumbrado) fue inmediatamente seguida por otra de igual importancia[66]. Las reseñas publicadas en los periódicos dieron lugar a violentísimos enfrentamientos entre liberales y ultrarrealistas y, a partir de ellos, Llorente fue clasificado, *volens, nolens*, entre los primeros que lo exaltaron, mientras que los segundos le anatemizaron, como el arzobispo de París que le suspendió *a divinis*, privándole de su calidad de clérigo adscrito en la parroquia de Saint-Eustache y del pequeño recurso económico que suponía la misa cotidiana que rezaba en esta iglesia[67].

Indudablemente, la *Histoire critique de l'Inquisition d'Espagne* fue el mayor éxito de librería de la primera mitad del siglo XIX: rápidamente, se tradujo al alemán, al italiano, al inglés, al neerlandés, y se publicó en cuanto fue posible en español, sin hablar de las versiones abreviadas que se hicieron después de la muerte de su autor. Tan célebre se hizo Llorente por toda Europa que incluso se le pidió su

65. *Lettre à M. Clausel de Coussergues sur l'Inquisition d'Espagne*, Paris, chez Delaunay, 1817, 42 p. en 8°.

66. *Histoire critique de l'Inquisition d'Espagne depuis l'époque de son établissement par Ferdinand V jusqu'au règne de Ferdinand VII, tirée des pièces originales de la Suprême et de celles des tribunaux subalternes du Saint-Office. Par D. Jean-Antoine Llorente, ancien secrétaire de l'Inquisition de la Cour, Dignitaire-Ecolâtre et Chanoine de l'Eglise primatiale de Tolède ; Chancelier de l'Université de cette ville, Chevalier de l'Ordre de Charles III, Membre des académies roy. de l'Histoire et de la Langue esp. De Madrid, de celle des Belles-Lettres de Séville, des sociétés patriotiques de la Rioxa, des provinces basques, de l'Aragon, de la ville de Tudèle en Navarre, etc. Traduite de l'espagnol sur le manuscrit et sous les yeux de l'auteur par Alexis Pellier,* tomes I et II, Paris, Treuttel et Würtz, XIV-493 y XI-552 p. en 8°; -- tomes III et IV, Paris, Treuttel et Würtz, 1818, III-497 p. y III, 500 p., en 8°.

67. Gérard Dufour, *Juan Antonio Llorente en France*, pp. 111-162.

biografía desde Alemania, lo que dio origen a la *Noticia biográfica* que publicó en París en 1818. A partir de entonces, la sencilla mención de "autor de la historia crítica de la Inquisición" bastó y sobró para acreditar sus publicaciones cerca de los liberales y de desacreditarlas para los ultrarrealistas o serviles. Era ya el historiador más célebre, y al mismo tiempo más denigrado, de Europa.

EL VERDADERO COMPROMISO DE LLORENTE

La publicación de la *Histoire critique de l'Inquisition d'Espagne* había transformado a Llorente en "aliado objetivo" de los liberales franceses. Fue el primer paso de un camino que había de llevarle a reconciliarse sin la menor reserva con sus antiguos enemigos que habían promulgado en Cádiz en 1812 aquella constitución que había combatido con tanto vigor[68].

Tamaña evolución fue fundamentalmente el fruto de sus opiniones respecto a la disciplina eclesiástica, o sea un antiultramontanismo virulento, que se plasmaba en el episcopalismo y el regalismo, con la erección de iglesias naciones, en las que los obispos recobrarían todo el poder que les había quitado la Santa y el clero, asimilado a empleados públicos, estaría al servicio de la nación[69].

La cuestión era para él tan fundamental que no dudó en hacer imprimir en 1818 dos colecciones de documentos históricos al respecto: una en francés, *Monuments historiques concernant les deux pragmatiques sanctions de France, avec des notes, suivis d'un catéchisme sur la matière des concordats*[70], y otra en castellano, que publicó, sin indicación de lugar ni de impresor, bajo el seudónimo de don Astreófilo Hispano, *Consultas del Real y Supremo Consejo de Castilla y otros papeles sobre atentados y su real jurisdicción*[71]. Con la primera, ofrecía material para reflexionar sobre el nuevo concordato que el gobierno de Luis XVIII estaba negociando con Roma; y la segunda, aseguraba Llorente en el propio título, era "*muy útil a los abogados y jueces, como también a los aficionados a la historia de España*". Compuso

68. Gérard Dufour, *Juan Antonio Llorente, el factótum del rey Intruso,* pp. 214 sig.

69. Gérard Dufour, "Las ideas político-religiosas de Juan Antonio Llorente", *Cuadernos de historia contemporánea,* n° 10 (1988), pp. 11-22.

70. *Par M. Llorente, auteur de l'Histoire critique de l'Inquisition d'Espagne,* Paris, imprimerie de A. Bobée, 190 p. en 8°.

71. Aline Vauchelle-Haquet, *Les ouvrages en langue espagnole publiés en France entre 1814 et 1833,* p. 107, aclaró que la obra había sido realizada en París, en la imprenta de A. Bobée.

entonces el *Retrato político de los papas*, objeto de esta reedición. Como veremos en la segunda parte de este estudio preliminar, no debió de hallar entonces ni editor ni librero dispuesto a aceptarlo depositado en su tienda. Como tampoco lo halló para *Monuments historiques* o *Consultas del Real y Supremo Consejo de Castilla,* obra de la que el impresor A. Bobée declaró una tirada de 1.000 ejemplares[72], una cantidad muy sorprendente para una obra que no se benefició de ningún anuncio, ni en Francia ni, por supuesto, en España. De dejarse guiar por intereses meramente económicos, Llorente hubiera debido dar la preferencia a la publicación del *Retrato político de los papas*, que era más susceptible de llamar la atención del gran público. Y, sin embargo, hizo imprimir las otras dos obras, menos amenas, pero de mayor peso "científico" (como diríamos hoy día).

LA INTENSA Y VARIOPINTA ACTIVIDAD HISTORIOGRÁFICA DEL TRIENIO LIBERAL

La creación de iglesias nacionales no era entonces sino una utopía en países como Francia y España cuyos reyes solo podían pretender justificar su legitimidad proclamándose soberanos por derecho divino, con lo cual no tenían otra opción que portarse en hijos predilectos y obedientes de la Iglesia católica, apostólica, y sobre todo romana. En cambio, la situación era totalmente distinta con las naciones "nuevas" nacidas en América a la luz de su independencia y Llorente, que tan solo se presentó entonces como editor de la obra, no dudó en publicar, ya en 1819, unos *Discursos sobre una constitución religiosa, considerada como parte de la civil nacional*[73] que no tardó en suscitar una amplia polémica en España cuando la revolución de 1820 puso fin a la alianza del Trono y del Altar[74].

Con estas circunstancias, Llorente pasó el Rubicón y manifestó su adhesión total al liberalismo moderado publicando desde París un periódico político titulado *Diálogo entre Cándido y Prudencio sobre el estado actual de España*[75]. Pero no aprovechó la amnistía que, después de agrias controversias las Cortes acabaron por conceder a los afrancesados, porque un poderoso motivo le mantuvo en París:

72. *Ibid.*

73. *Su autor: un Americano. Los da a luz D. Juan Antonio Llorente*, París, imprenta de Sthal.

74. Véase Gérard Dufour, *Juan Antonio Llorente en France*, pp. 207-217 y 260-278.

75. Véase Gérard Dufour, "Juan Antonio Llorente, collaborateur de journaux français et espagnols, rédacteur des "*Conversaciones entre Cándido y Prudente sobre el estado actual de España*", *El Argonauta español,* n° 6 (2009), https://doi.org/10.4000/argonauta.720

el nacimiento el 23 de septiembre de 1820 de una hija, Antonieta, "hija sacrílega" que tuvo con una vendedora de frutas, una tal Madame Houllier[76].

Llorente, para quien había "clérigos cautos, pero castos, no", no huyó de sus responsabilidades y a partir de este momento su preocupación principal, y casi exclusiva (que se refleja por ejemplo en el testamento que redactó entonces), fue el asegurar el mantenimiento y el porvenir de la pequeña Antonieta. Desgraciadamente, su situación económica iba de mal en peor: no solo, después de la publicación de su historia de la Inquisición, su condición de sacerdote suspenso *a divinis* le privaba de la limosna que conllevaba la misa diaria que rezaba en la parroquia en la que estaba adscrito, sino que, habiendo las Cortes aprobado de la amnistía a favor de los exjosefinos, con toda lógica el gobierno francés suprimió los socorros a los refugiados. Su única fuente de recursos consistía pues en su pluma y no tuvo más remedio que multiplicar las publicaciones de todo tipo, entre las cuales destacaron por supuesto las de carácter histórico.

El restablecimiento de la libertad de imprenta consecutivo a la revolución de 1820 le abría de par en par las puertas del mercado del libro español que, por supuesto, le había sido cerrado durante el sexenio absolutista. Así, hizo imprimir en París, por Didot, con una tirada declarada de nada menos que 2.500 ejemplares, la versión original de su *Historia crítica de la Inquisición española,* aunque se indicó en la portada que la edición había sido realizada por la imprenta de El Censor en Madrid[77]. Incluso, volvió a reeditar en 1822 obras que había redactado para justificar la labor reformadora de José I en materia de disciplina eclesiástica: la *Colección diplomática* [...] *sobre dispensas matrimoniales* que salió de las prensas de Albán, y la *Disertación sobre el poder que los Reyes españoles ejercieron hasta el siglo duodécimo en la división de obispados*, impresa por Ibarra. Pero, sobre todo, vio el partido que podía sacar de temas que interesaban en ambos lados de los Pirineos y hasta en "ambos hemisferios" como decía la *Constitución de la monarquía española*. Así publicó, en francés y en español un estudio de historia literaria titulado *Observaciones críticas sobre el romance de Gil Blas de Santillana,* en el cual se esforzó por demostrar que "Mr. Le Sage lo desmembró de 'El Bachi-

76. Enrique De la Lama Cereceda, "La sucesión a los bienes de Juan Antonio Llorente en París", *Hispania sacra,* n° 55 (2003), pp. 133-235 y Gérard Dufour, François Magne, *Los últimos años de vida de Juan Antonio Llorente,* capítulo I, "Nada casto, algo cauto", pp. 13-24.

77. *Historia crítica de la Inquisición de España, obra original conforme a lo que resulta de los Archivos del Consejo de la Suprema, y de los tribunales de provincias. Su autor Don Juan Antonio Llorente, antiguo secretario de la inquisición de Corte, académico y socio de muchas Academias y Sociedades literarias nacionales y extranjeras,* Madrid, imprenta del Censor, 1822, 10 vols. en 18. Sobre la atribución de esta edición al famoso impresor parisino Didot, véase Aline Vauchelle-Haquet, *Les ouvrages en langue espagnole publiés en France entre 1814 et 1833,* p. 128.

ller de Salamanca' entonces manuscrito español inédito"[78]. En Francia, dado el chovinismo de sus habitantes, fue todo un desastre comercial para Llorente, pero no en España[79]. Sobre todo, su sistema funcionó de maravillas con la publicación, otra vez, en francés y en castellano de las obras de don Bartolomé de las Casas, "defensor de la libertad de los americanos", que despertó el mayor interés tanto en Francia como en España y sus territorios (o exterritorios) de ultramar[80].

EL *RETRATO POLÍTICO DE LOS PAPAS* Y LA EXPULSIÓN DE FRANCIA

Llorente se disponía a seguir la misma estrategia editorial con el *Retrato político de los papas*, redactado en 1816 pero todavía inédito. Pero tan solo tuvo tiempo para sacar la versión en francés de esta obra. En efecto, apenas se acabó la impresión del libro en dos tomos que se benefició de una tirada declarada de 1 500 ejemplares, Llorente se vio significar por la prefectura de policía de París su expulsión inmediata de Francia. Estuvo persuadido -y persuadió a sus amigos y a todos los liberales- de que la medida era el fruto de la intervención del Nuncio apostólico o del propio Vaticano ofendido por sus revelaciones sobre los sucesores de San Pedro.

---

78. *Observaciones críticas sobre el romance de Gil Blas de Santillana, en las cuales se hace ver que Mr. Le Sage lo desmembró de 'El Bachiller de Salamanca' entonces manuscrito español inédito*, Madrid, imprenta de Albán, 1822, 309 p en 4; *Observations critiques sur le roman de Gil Blas de Santillane, par J. A. Llorente, auteur de l'Histoire critique de l'inquisition et autres ouvrages. On y fait voir que le roman de Gil Blas n'est pas un ouvrage original, mais le démembrement des 'Aventures du Bachelier de Salamanque', manuscrit espagnol, alors inédit, que M. Le Sage dépouilla de ses parties les plus précieuses*, Paris, Moreau imprimeur, 1822, VIII-309 p. en 4°.

79. Véanse Gérard Dufour, *Juan Antonio Llorente en France*, "Le champion de l'honneur national espagnol : la polémique sur le Gil Blas de Llorente», pp. 305-316 y Gérard Dufour, François Magne, *Los últimos años de vida de Juan Antonio Llorente*, pp. 60 sig.

80. *Colección de las obras del venerable obispo de Chiapa don Bartolomé de las Casas, defensor de la libertad de los Indios con: 1°/ Dos obras inéditas de que no había noticia exacta. 2°/ Traducción de otra que había escrito en latín y no pudo imprimir en España sobre los derechos de las naciones para limitar el poder de los Reyes., la cual obra impresa en Alemania es ya muy rara. 3°/ Cuatro disertaciones sobre si el venerable Las Casas tuvo parte o no en la introducción y el fomento de Negros en América. 4°/ Notas críticas y apéndices históricos del editor sobre las obras del venerable Las Casas. 5°/ Retrato del autor y su vida escrita por el editor. Da todo esto a luz el doctor don Juan Antonio Llorente, presbítero, abogado de los tribunales nacionales, autor de varias obras, individuo de muchas academias y sociedades literarias españolas y extranjeras*, París, en casa de Rosa, 1822; 2 vols. en 8° XIV-190 y 533 p.; *Oeuvres de Don Barthélémi de Las Casas, Evêque de Chiapa, Défenseur de la liberté des naturels de l'Amérique, précédées de sa vie, et accompagnées de notes historiques, additions, développements, etc, …avec portrait, par J. A. Llorente, auteur de l'Histoire critique de l'Inquisition d'Espagne, membre de plusieurs sociétés savantes de l'Europe, etc. …, dédié à M. le comte de Las Cases*, Paris, Alexis Emery, libraire-éditeur, et à Bruxelles, chez de Mat, imprimeur, 1822, 2 vols., CX-409 y 503 p. La edición de las obras de *Las Casas* por Juan Antonio Llorente ha sido objeto de la atención de los profesores Mariana Rosetti (de la universidad de Buenos Aires) y Pablo Martínez Gramulla (de la universidad de Navarra) que publicarán en breve un trabajo sobre este tema.

En realidad, como atestigua la correspondencia del nuncio en París, Mgr. Macchi, conservada en el Archivo Secreto Vaticano, el papado no tenía nada que ver con la decisión del gobierno francés. Contrariamente a su homólogo en Madrid, Mgr. Giustiniani, quien tuvo por sistema señalar a Roma la más mínima publicación ofensiva a la religión y a la Iglesia, Mgr. Macchi había hecho saber al secretario de Estado Gonzalvi que salían cada día demasiadas publicaciones escandalosas para que pudiera señalarlas. Con lo cual, no avisó a Roma de la publicación del *Portrait politique des papes* y la curia, que no estaba al tanto, no intervino para nada cerca de las autoridades galas. En cambio, la medida se debía al hecho de que la policía había descubierto que Llorente se correspondía con un redactor del *Diario constitucional de Barcelona* (Guillem de Monzón): ello bastaba y sobraba para acusarle de conspiración y expulsarle tal y como se había hecho unos días antes con Bertran de Lis hijo, Corradi y otro liberal español[81].

Llorente no tuvo más remedio que ponerse en marcha para Madrid, el 14 de diciembre de 1822, en pleno rigor de un invierno tan inclemente que aquellos días el Sena se quedó helado en París. Con toda evidencia, un viaje en tales condiciones debilitó un organismo de 66 años ya afectado por disturbios cardíacos o neurológicos como atestigua el temblor de su letra desde hacía ya algún tiempo. El 5 de febrero de 1823, sufrió un ataque que, en media hora, le llevó a la tumba. No tuvo tiempo para publicar la versión original del *Retrato político de los papas*.

81. Gérard Dufour, *Juan Antonio Llorente en France*, pp. 335 sig.

II. *"La verdad de esta verdadera historia"*

UNA PUBLICACIÓN PÓSTUMA

El 1 de mayo de1823, el *Diario de la capital* publicó el anuncio siguiente:

> Retrato político de los papas desde S. Pedro hasta Pío VII inclusive, con expresión del principio y fin de cada pontificado, y reflexiones críticas en los que dan ocasión a ello; formado con presencia de las historias eclesiásticas escritas por el cardenal Fleury, Natal Alejandro y otras muchas acreditadas de muy acreditadas entre los literatos más críticos por Don Juan Antonio Llorente. En este resumen cronológico de la vida de los papas procura el autor manifestar los medios por donde ha llegado la corte de Roma a mantener el poder temporal de un Estado con esplendor y autoridad, a expensas de los tributos que ha impuesto por la dispensación de varias gracias eclesiásticas. Este asunto, aunque apoyado en graves autoridades, le suscitó al autor una gran persecución en París por parte de la curia romana, de cuyas resultas se le mandó salir de Francia, lo que le ocasionó la muerte poco después. En atención a las circunstancias actuales toda la impresión se ha distribuido entre Sevilla, Cádiz y la Habana, y solo ha quedado en Madrid tan corto número, que apenas bastarán para satisfacer la curiosidad de las muchas personas que esperaban con ansia su publicación. Es excusado añadir para recomendar esta obra la aceptación con que fue recibida en París, donde se publicó en lengua francesa el año pasado de 1822. Véndese en la librería de Antorán, frente a la fuente de la puerta del Sol: dos tomos en 8° a 24 rs. en rústica.

Seis días después, Madama Gaceta (como *La Tercerola* denominaba la *Gaceta de Madrid*[82]) comunicó a sus lectores, el mismo aviso, o casi, ya que una errata de bastante bulto transformó Pío VII en Pío VI, que se utilizó una mayúscula más respetuosa que la minúscula para los papas, y se omitió la ubicación de la librería de Antorán.

Como resaltaba el redactor del artículo, los tiempos no eran nada favorables para este tipo de publicación. Los Cien Mil Hijos de San Luis que habían pasado el Bidasoa el 7 de abril, acompañados por el ejército de la fe, marchaban sobre Madrid y se decía entre los liberales que los "feotas" restablecían la Inquisición a su paso[83]. En el caso (muy previsible) de que se apoderasen de la capital, la posesión de una obra tan claramente antipapal y anticurial constituiría un indicio manifiesto de liberalismo que podría tener funestas consecuencias, lo que justificaba totalmente la decisión de mandar la mayor parte de la edición a zonas todavía controladas por los constitucionales.

UNA EDICIÓN DESALIÑADA

La obra había salido de las prensas de Albán y compañía, una de las imprentas más afamadas de Madrid[84]. Llorente había utilizado sus servicios ya en 1809 cuando dio a luz su *Discurso heráldico sobre el escudo de armas de España,* y durante el Trienio le confió la impresión de la mayoría de lo que publicó en España: en 1822, la *Colección diplomática de varios papeles antiguos y modernos sobre dispensas matrimoniales*... y la *Disertación sobre el poder que los reyes españoles ejercieron hasta el siglo duodécimo en la división de obispado*..., (dos obras del tiempo en el que era consejero de Estado de José I), las *Observaciones críticas sobre el romance de Gil Blas de Santillana*... (salidas anteriormente en París en versión francesa) así como la *Apología católica del proyecto de constitución religiosa*..., y, finalmente, en 1823 sus *Notas del dictamen de la Comisión Eclesiástica encargada del arreglo definitivo del clero de España*. Pero no fue él quien confió a Albán el manuscrito del *Retrato político de los papas*.

82. *La Tercerola. Antes Zurriago intermedio*, n° 1, Madrid, impr. A cargo de don J. Fernández, p. 4.

83. *Diario constitucional político y mercantil de Barcelona,* imprenta de Narcisa Dorca, 14 de mayo de 1823, n° 134, p. 4: "los franceses, o mejor dicho los feotas han establecido ya la inquisición, tanto en Gerona, en que han sacrificado ya alguna víctima, como en Vich".

84. Véase Manuel Morán Orti, "Don Tomás Albán, impresor en Madrid a principios del siglo XIX", *Cuadernos de Ilustración y Romanticismo: Revista Digital del Grupo de Estudios del Siglo XVIII*, 2018, 24, pp. 41-66.

En efecto, Llorente solía mostrarse muy atento, por no decir puntilloso, cuando se trataba de editar sus trabajos y no reparaba en esfuerzos suyos y ajenos para conseguir la pulcritud de lo que ofrecía al público[85]. Así que nunca hubiera entregado un manuscrito sin revisarlo y dejando un error tan burdo como el que podemos constatar acerca de Pío VII, a propósito del cual se lee en la versión en español que vivía "ahora mismo en la edad de setenta y cuatro años". En realidad, Barnaba Niccolò Maria Luigi Chiaramonti, futuro Pío VII, había nacido el 14 de agosto de 1742 y cuando salió la edición realizada por Albán del *Retrato político de los papas*, se acercaba a los 81 años. Llorente no lo ignoraba y, en la edición en francés publicada seis meses antes, había actualizado el dato, indicando que el actual sumo pontífice había cumplido los 80 años[86].

Los 74 años atribuidos al papa reinante no constituían, pues, un error por parte de Llorente, sino que correspondían a la edad que tenía el papa cuando el historiador redactó el *Retrato de los papas*, o sea en 1816. Y si hubiera alguna duda al respecto, el declarar en el texto, refiriéndose al restablecimiento de los jesuitas por la bula *Sollicitudo ómnium ecclesiarum* firmada el 31 de julio y promulgada en 7 de agosto de 1814, que Pío VII "*acaba*[*ba*] de publicar otra nota que le dará mala nota en la historia"[87], confirmaría lo que es más que hipótesis, certidumbre.

Llorente, al revisar el texto, tampoco hubiera dejado los burdos errores que constituye la utilización, en la misma noticia consagrada a un sumo pontífice, de dos grafías distintas para designar al mismo personaje (como Nicolás I y Nicolás II, así designados en el texto, pero nombrados Nicolao en el índice del primer tomo[88]). Además, es poco probable que, para dar más lustre a su obra, hubiese sacado a relucir, como aparece en la versión impresa por Albán, los títulos de "caballero de la orden de Carlos III, canónigo y dignidad de maestrescuelas en la Santa iglesia metropolitana de Toledo, primada de las Españas", y no, como hizo para la traducción, su calidad de autor de la *Historia crítica de la Inquisición de España* que le había hecho celebérrimo en España.

85. Véase Gérard Dufour, François Magne, *Los últimos años de vida de Juan Antonio Llorente*, p. 64.

86. *Portrait politique des papes, considérés comme princes temporels et comme chefs de l'Eglise. Depuis l'établissement du Saint-Siège à Rome, jusqu'en 1822 par Juan Antonio Llorente, ancien secrétaire de l'inquisition ; auteur de l'Histoire critique de l'Inquisition en Espagne*, Paris, chez Béchet aîné, libraire, quai des Augustins, n° 57 ; à Rouen, chez Béchet jeune, rue Grand-Pont, n° 73, au Salon littéraire, 1822, II, p. 295.

87. *Ibid.*, II, p. 302. El subrayado es nuestro.

88. Pp. XV y 251, y XVI y 331 del primer tomo de la edición realizada por Albán.

¿QUIÉN MANDÓ IMPRIMIR EL *RETRATO POLÍTICO DE LOS PAPAS*?

Todo deja suponer, pues, que el manuscrito del *Retrato político de los papas* fue remitido al impresor madrileño, después de la muerte del autor, por un familiar suyo que lo encontró entre sus papeles. Pero ¿dónde? ¿en París o en Madrid? En París, después de la muerte de su tío político, María Nieves Vinuesa, viuda del sobrino de Llorente, Antonio Rubio, consiguió hacerse, de forma totalmente ilegal, con manuscritos inéditos que intentó vender luego, pero sin éxito dada la vigilancia de la policía en un ambiente nada propicio al liberalismo en general y, al español, en particular después de la intervención militar más allá de los montes en 1823. Por sus actividades comerciales, estaba en contacto con España y hubiera podido mandar el texto a Madrid. Pero la campaña militar llevada por el duque de Angulema dificultaba los intercambios ya complicados desde el establecimiento del cordón sanitario en la frontera y el hecho parece poco probable[89]. Más verosímil nos parece pues que Llorente, que pensaba editar en español el *Retrato de los papas*, hubiera traído consigo el manuscrito cuando tuvo que salir de París con la intensión de publicarlo en Madrid, pero que no tuvo tiempo para revisarlo y entregarlo al impresor. En este caso, dos hombres pudieron hacerse con la versión original de la obra: Eugenio Santos Gutiérrez, su fiel secretario que, tal como le había acompañado en el exilio, le siguió en la vuelta a la patria y era uno de sus albaceas, y su tocayo Juan Antonio Llorente, uno de sus sobrinos, negociante en Cádiz, quien se había encargado de organizar el entierro de su tío[90].

Gutiérrez, que también tenía sus puntos de literato puesto que había publicado una traducción de la obra libertina *Aventures du barón de Faublas* (que, con la mayor mala fe del mundo, se atribuyó a veces a Llorente[91]), sabedor de las modificaciones introducidas por su patrón y amigo en la versión francesa, nunca hubiera confiado a un impresor un texto no revisado y tampoco hubiera aceptado que este saliera sin que se corrigieran las galeradas, como manifiestamente fue el caso por las muchas erratas que se pueden constatar. Así que lo más verosímil es que fue el sobrino de Juan Antonio Llorente el que hizo realizar la impresión. Tenía un

89. Véase Gérard Dufour, *Juan Antonio Llorente en France*, pp. 355-356 y Gérard Dufour, François Magne, *Los últimos años de vida de Juan Antonio Llorente*, pp. 133 sig.

90. Gérard Dufour, François Magne, *Los últimos años de vida de Juan Antonio Llorente*, en particular, p. 18, y 35 sig.

91. *Ibid.*, p. 52.

negocio de transportes de mercancías y fondos en Cádiz, lo que pudo facilitar la decisión de transferir una gran parte de los ejemplares a Sevilla y esta ciudad. Al decir verdad, no era trigo limpio, puesto que intentó estafar a su primo Fernández de Ruidíaz, reclamándole 3.000 francos por los gastos de los funerales del tío cuando, ni siquiera había desembolsado 800[92]. Si, como creemos, fue el que se puso en contacto con Albán para la impresión del libro, debió de estar más interesado por la ganancia que por la pulcritud del trabajo y su contenido. Ello explicaría la utilización, sin la más mínima corrección, del manuscrito de 1816 y la ausencia del elogio ditirámbico (¿sincero o dictado por consideraciones diplomáticas?) de las virtudes de Pío VII como hombre, y no como sumo pontífice, con el que acaba el texto publicado en París[93].

DELENDA EST ROMA

Al escribir en 1816 el *Retrato político de los papas*, Llorente quería intervenir – como hizo con *Monuments historiques concernant les deux pragmaiques sanctions* – en el debate que suscitó la negociación del nuevo concordato entre Francia y la Santa Sede que había de ser firmado el 11 de junio del año siguiente. Desde este punto de vista, la publicación llegaba tarde y era totalmente inútil. En cambio, había adquirido otro tipo de interés por las relaciones entre Roma y Madrid, muy tensas todo a lo largo del año de 1822, con la obstinación de Pío VII y de su secretario de estado Hercule Gonzalvi en negarse a nombrar a los obispos preconizados por el gobierno español, el rechazo de Joaquín Lorenzo Villanueva como embajador de España en la corte romana, y la expulsión de España del nuncio apostólico en Madrid, Mgr. Giustiniani, que había tenido que trasladarse a Burdeos, en Francia[94].

Además, el *Retrato político de los papas* constituía para los liberales españoles una valiosa reliquia de un Llorente entrado en el panteón liberal por su muerte como víctima de la inhumanidad de los Borbones y de la venganza

92. *Ibid.* pp. 117-118

93. *Ibid.* II, p. 303: "Enfin, Pie VII, considéré comme individu, est personnellement très bon, très vertueux, très honnête, rempli de prudence et des qualités les plus dignes d'éloges ; mais comme pape il s'est laissé gouverner par des hommes qui ont montré plus d'amour pour la politique mondaine, que pour la doctrine de l'Evangile".

94. Véase la obra clásica de Manuel Revuelta González, S. J. *Política religiosa de los liberales en el siglo XIX. Trienio constitucional,* Madrid, 1973, y la de Maximiliano Barrio Gozalo, *La Santa Sede y los obispos españoles en el Trienio Liberal y el inicio de la reacción (1820-1825),* Roma, Iglesia nacional española, 2017.

del papado. Como ya vimos, este último no había tenido ninguna parte en la expulsión de Francia del autor del *Retrato político de los papas*. Pero por errónea que fuese, esta opinión estaba acreditada por el contenido de la obra, que constituía un virulento alegato en contra de la inmensa mayoría de los sumos pontífices.

Por cierto, Llorente no había incurrido en el torpe error de condenarlos todos indiscriminadamente. Se había negado a dar crédito a lo que consideraba como calumnias en contra de Gregorio VII[95] y Agapito II[96]; había sabido reconocer los méritos de pontífices como Eugenio II, cuya "moderación ha sido el obstáculo por el cual no ha sido canonizado" cuando lo hubiera merecido "infinito mejor que algunos, puestos en el catálogo de los santos por aquel tiempo"[97], de Martín III, del que dijo que dejó "fama de buen pontífice, limosnero y pacífico, que se puede contar por milagro en aquellos tiempos"[98]; de Inocencio XI[99], Benito XIV[100], Clemente XIII[101], Pío VI[102], incluso si deploraba su política en materia de poder temporal. Sobre todo, había aprobado la canonización de Benito XI[103] y había alabado sin la menor reserva a Marcelo II, "bueno, justo y deseoso del honor verdadero de la Iglesia", que por ello, afirmaba, había muerto envenenado[104] así como a Inocencio XII, que merecía todos los elogios, y había hecho prueba del "mérito heroico de sustituir los pobres de Jesucristo a los nepotes para distribuir los dineros del erario pontificio"[105]. En cuanto a Celestino V y Nicolás V había declarado que el primero fue "tal vez el único santo verdadero que hubo entre los papas desde muchos siglos antes"[106], y el segundo "uno de los mejores y más santos papas que hubo en todos los siglos y no está canonizado"[107].

95. P. 220 de esta edición
96. *Ibid.*, p. 196.
97. *Ibid.*, p. 172.
98. *Ibid.*, p. 196.
99. *Ibid.*, p. 328.
100. *Ibid.*, p. 333.
101. *Ibid.*, p. 336.
102. *Ibid.*, p. 341.
103. *Ibid.*, p. 268.
104. *Ibid.*, p. 311.
105. *Ibid.*, p. 330.
106. *Ibid.*, p. 264.
107. *Ibid.*, p. 293.

Llorente supo, pues, no ceder a su resentimiento contra la Santa Sede cumpliendo con las exigencias expresadas en esta declaración algo grandilocuente que hallamos al principio de la obra, en el capítulo consagrado a san Pedro:

> La verdad es una cosa divina tan respetable que Jesucristo mismo dijo: *Yo soy la verdad, el camino y la vida*. El que no sigue la verdad no sigue a Jesucristo: quien escriba historia oponiéndose a la verdad, lo hace oponiéndose a Jesucristo[108].

El homenaje de Llorente a las virtudes de estos 12 sumos pontífices (de un total de 201, exceptuando a los doce primeros papas, los únicos que, según él, cumplieron perfectamente con la misión que les había confiado Jesucristo[109]) constituía pues, para parafrasear a Cervantes, la prueba de la verdad de su verdadera historia de los papas, cuyo propósito había claramente manifestado en el prólogo declarando:

> Una de las armas poderosas para con el vulgo con que los romanos suelen esclavizar a las naciones es la pretendida santidad de los papas y la asistencia del Espíritu Santo en su elección y en el gobierno: por lo cual he formado proyecto de ilustrar a los ignorantes de buena fe, haciéndoles ver el error en que se las ha procurado imbuir[110].

Así que, todo a lo largo de la obra – en nada menos que en 29 ocurrencias[111] – Llorente insistió en la ausencia del Espíritu Santo en los concilios, coincidiendo en ello con la opinión de los protestantes a los que no cesó de aproximarse al final de su vida[112]. Por lo tanto, puso especial empeño en demostrar que la mayoría de los papas que figuran en el santoral (Silverio, Gregorio II, Gregorio III, Pascual I, Martino IV) distaban bastante (y a veces mucho) de haber sido "virtuoso[s] en grado heroico"[113] como exigían los cánones para una canonización. Y no dudó en exponer con cierta complacencia los vicios infames de numerosos sucesores de san Pedro. No solo no perdió la oportunidad de denunciar las prácticas sodomitas de Pío II, Julio II y Julio III así como la complacencia de Sixto IV para con "el pecado nefando" sino que insistió en el que otros muchos (una docena) tuvieron mancebas y reprochó a Juan X, Pío II y Paulo III, mantener "hijos sacrílegos". Por supuesto, cuando

---

108. *Ibid.*, p. 75.

109. *Ibid.*, p. 161.

110. Ibid., p. 73.

111. *Ibid.*, pp. 72, 73, 101, 106, 107, 112, 118, 131, 135, 137, 138, 146, 157, 162, 166, 179, 192, 198, 200, 228, 230, 239, 272, 279, 287, 318, 320, 328, 339.

112. Gérard Dufour, *Juan Antonio Llorente en France,* pp. 213 sig.

113. Pp. 138, 160, 161, 171 y 261 de esta edición.

redactó el *Retrato político de los papas* en 1816, ignoraba que, cuatro años después, él también sería padre de una hija natural[114]. Pero cuando publicó la versión francesa en 1822, no estimó necesario modificar el texto y mantuvo la expresión tan denigrante de "sacrílego" para designar a los hijos de Juan X y Paulo III[115] y, sin duda, hubiera hecho lo mismo si hubiera tenido tiempo para revisar el manuscrito para Albán. Sin embargo, que un hombre como Llorente, que afirmó que había "sacerdotes cautos, pero castos no"[116], que era mujeriego y por lo visto muy apreciado del bello sexo[117], utilizara el argumento del no cumplimiento del voto de castidad por parte de algunos sumos pontífices para descalificar al papado, en general, resulta como mínimo atrevido y, de conocer los "romanos" (como decía) su situación personal, no hubieran dejado de achacarle su hipocresía. Pero tan solo unos pocos íntimos suyos, muy seguros, estaban al tanto de la existencia de la pequeña Antonieta Llorente y pudo sin riesgo achacar a los demás su propia depravación.

UNA OBRA DE GRAN ERUDICIÓN

La desacralización de la figura del sumo pontífice por la revelación de los vicios y crímenes de varios (o los más) de ellos no era para Llorente sino un medio muy seguro para persuadir de que "jamás los papas han querido recibir la luz de la verdad, de que solo tienen derecho a mezclarse en el punto de dogma, moral y disciplina universal, como los doce primeros papas, siendo usurpado lo demás que se toleró a los sucesores"[118], en particular en lo relativo al poder temporal y sus pretensiones a la supremacía sobre los soberanos. Pero los más de los lectores prestaron mayor atención a los argumentos que a la tesis y, como se subrayó en la reseña de la versión francesa de la obra en la revista *Nouvelles annales des voyages, de la géographie et de l'histoire*[119], consideraron que las aserciones de Llorente sobre la mala vida de los papas estaban avaladas por la inmensa erudición en la que se fundaba la obra.

---

114. Véase de la Lama Cereceda, "La sucesión a los bienes de Juan Antonio Llorente, en París", *Hispania Sacra*, n.° 55 (2003), pp. 133-235 y Gérard Dufour, François Magne, *Los últimos años de vida de Juan Antonio Llorente*, pp. 13-24.

115. Pp. 299 del tomo I y 206 del tomo II de la versión francesa.

116. Gérard Dufour, François Magne, *Los últimos años de vida de Juan Antonio Llorente*, pp. 13 sig.

117. *Ibid.*, pp. 21-24.

118. P. 325 de esta edición.

119. *Nouvelles annales des voyages, de la géographie et de l'histoire, ou Recueil des relations originales inédites, communiquées par des voyageurs français et étranger ; des voyages nouveaux, traduits de toutes les langues européennes ; et des mémoires historiques sur l'origine, la langue, les mœurs et les arts des peuples, ainsi que sur les productions et le commerce des pays jusqu'ici peu ou mal connus, , accompagnés d'un bulletin où l'on annonce toutes les découvertes, recherches et entreprises qui tendent à accélérer les progrès des sciences historiques, et spécialement de la géographie,*

Según sus propias declaraciones en la introducción y el título de la versión en español, se fundó esencialmente en las obras del cardenal Fleury (*Histoire ecclésiastique*) y de Natal Alejandro (Alexander Natalis, *Selecta historia ecclesiasticae capita*), aunque si citó 17 veces al primero, no hizo ninguna referencia al segundo. Pero no limitó Llorente sus fuentes a estas dos autoridades, puesto que mencionó (*excepto meliori computo*) a otros 98 autores u obras, sin hablar de la de Prudhomme y su compendiador Raimond a los que refutó sistemáticamente. Por cierto, pudo hallar en trabajos modernos hechos referidos por escritores más antiguos. Pero Llorente no se contentó con extractar las sumas de Fleury y Alejandro y realizó una investigación complementaria de primera mano. Para trabajar con mayor facilidad, adquirió no solo una edición (la de 1722) de la historia eclesiástica de Fleury sino numerosos otros libros antiguos y cuando, después de su muerte, se realizó la venta de su biblioteca, figuraron en el catálogo de la subasta 35 obras relativas a la historia de los papas, que sumaban nada menos que 135 volúmenes, a los cuales cabe añadir otros 15 tomos sobre el mismo tema, cuyos títulos no se precisaron[120].

Siete de estas obras de forma explícita, y tres sin citarlas fueron utilizadas por Llorente para el *Retrato político de los papas*. Las demás informaciones que no procedieron ni de Fleury ni de Natal Alejandro son recuerdos de lecturas anteriores (como las sacadas de las actas capitulares de la catedral de Calahorra[121]) o pudo ir a buscarlas a la Biblioteca real de París que frecuentaba con la mayor regularidad, aunque no pidió prestado ningún libro relativo a los reinados de los sumos pontífices[122].

Resulta pues innegable que Llorente, para escribir su *Retrato político de los papas*, realizó una investigación considerable por el número de las obras consultadas. Ahora, ¿fue tan rigurosa la explotación de los documentos como él mismo afirmó? No pretenderemos haber cotejado todas las referencias que aparecen en el libro con los originales de donde las sacó. Pero sí un número suficiente para formarnos una idea sobre el uso que hizo de sus fuentes.

---

avec des cartes et des planches, gravées en taille-douce, publiées par MM. J. B. Eyriès et Malte Brun, Paris, librairie de Gide fils, rue Saint-Marc-Feydeau, n° 20, XVII, 1823, pp. 143-144 : "M. Llorente [...] y fait preuve d'une solide érudition, et sous ce rapport, la cour de Roma sera bien embarrassée pour le faire réfuter".

120. Véase Gérard Dufour, François Magne, *Los últimos años de vida de Juan Antonio Llorente,* pp. 203-230.

121. P. 302 de esta edición.

122. *Registre des prêts de la Bibliothèque du Roi,* vols. 52-60 (Bibliothèque nationale de France, sin signatura). Se hallarán los títulos de los libros prestados a Llorente en Gérard Dufour, *Juan Antonio Llorente en France,* Lille thèse, 1979, pp. 793-797.

Indudablemente, este cometió algunas equivocaciones en los nombres de autores o títulos citados. Así explicitó por Bernardo la B. de *B. Platinae opus de vitis ac gestis summorum pontificum,* cuando se trataba de Battista[123]; como corrigió un antiguo poseedor del ejemplar hoy conservado en la biblioteca de la Universidad de Harvard, se equivocó al referirse al poeta Jacobo Sanaza, cuando "se escribe Sanazzaro"[124]; y por fin, no contento con transformar la *Histoire des voyages des Papes depuis Innocent I, en 409, jusqu'à Pie VI, en 1782* en *viajes voluntarios de los papas desde Inocencio I hasta Pío VI,* indicó que la impresión se había verificado en francés en Viena de Austria, cuando fue en Viena de Francia[125].

Todo ello no resulta muy grave. Pero nos revela que Llorente redactó su *Retrato político de los papas* a vuela pluma, fiándose en muchas ocasiones de su memoria, y sin tomarse la pena de verificar sistemática y estrictamente sus fuentes. Así se explicarán, sin duda, unas cuantas aproximaciones, inexactitudes o errores que podemos constatar también en algunos de los datos supuestamente copiados en fuentes irrefragables.

Así, en su *Abrégé chronologique de l'histoire de l'Italie...* Monsieur de Saint-Marc no se mostró tan afirmativo como pretendió Llorente para decir que "Benito VII era la misma persona que Benito VI"[126]. También atribuyó en una ocasión a Onofrio Panvino[127], y en otras dos a Francesco Petrarca[128], afirmaciones que no hemos hallado en los originales. Hablar en estos casos de falsificaciones por parte de Llorente sería muy exagerado y nos contentaremos con considerar que se trata de meras negligencias por su parte, máxime constatando la perfecta exactitud de las demás referencias que pudimos verificar (Fleury, Lambricio, Lorenzo Bank, Amniano Marcelino, Dante, Mariana u obras como *Voyages des papes*[129] e *Il Nipotismo di Roma*[130]).

123. P. 82 et passim de esta edición.

124. Tomo II, p. 183 del ejemplar citado que se puede consultar digitalizado en Google libros.

125. P. 117 de esta edición.

126. *Ibid.*,200.

127. *Ibid.*, p. 298 (afirmación reiterada p. 313).

128. *Ibid.*, pp. 275 y 277.

129. *Ibid.*, p. 117.

130. *Ibid.*, p. 296.

MÁS QUE UN ERROR: UNA TORPEZA

Según el autor de la reseña de la versión francesa del *Retrato político de los papas* publicada en *Nouvelles annales des voyages, de la géographie et de l'histoire*[131], la gran erudición de la que hizo alarde Llorente en su obra (o sea el número impresionante de citas, a veces sacadas de obras rarísimas) hacía muy difícil toda refutación por parte de los que quisieran romper una lanza a favor de los sumos pontífices. En realidad, la imposibilidad en la que se hallaba el público de verificar la mayoría de las aserciones factuales de Llorente permitió a sus adversarios acusarle, sin necesidad de aducir pruebas, de propagar falsas afirmaciones. Así hizo *L'Ami de la Religion et du Roi* que, apenas salió *el Portrait politique des papes*, le consagró una larga y despiadada refutación en su número del 5 de abril de 1822[132]. En su inmensa mayoría, las críticas que dirigió al que consideraba como reo de lesa majestad pontificia no pasaban de ser imprecaciones y afirmaciones gratuitas. Sin embargo, supo hallar el talón de Aquiles de Llorente reprochándole (refiriéndose a autoridades como Moreri, los benedictinos redactores del *Arte de verificar fechas,* y los protestantes Blondel, Penzer, Boxhorn, Conring, Leibnitz y Bayle) el haber dado crédito a la fábula de la papisa Juana que hubiera usurpado el trono de san Pedro en el siglo IX, así como a las escabrosas verificaciones de la virilidad de los pontífices que se hubieran practicado después para evitar tal escándalo[133].

En ello, el colaborador de la revista ultramontana y ultrarrealista tenía toda la razón e incluso pudo señalar con manifiesta fruición que, en la biografía que acababa de consagrar a Llorente con motivo de su muerte, la *Revue Encyclopédique* se había visto obligada a reconocer que, con la papisa Juana, su excolaborador había dado crédito a una historia cuyo carácter apócrifo ya estaba establecido[134]. Así que, desde la publicación de la versión en francés del *Retrato de los papas* hasta la fecha, cuan-

131. *Nouvelles annales des voyages, de la géographie et de l'histoire* [...] *publiées par MM. J. B. Eyriès et Malte-Brun,* Paris, librairie de Gide fils, rue Saint-Marc-Feydeau, n° 20, XVII, 1823, pp. 143-144 : "M. Llorente [...] y fait preuve d'une solide érudition, et sous ce rapport, la cour de Roma sera bien embarrassée pour le faire réfuter".

132. *L'Ami de la Religion et du Roi ; Journal ecclésiastique, politique et littéraire,* à Paris, chez Adrien Le Clère, Imprimeur de N. S. P. le Pape et de Mg^{r}. l'Archevêque de Paris, quai des Augustins, n° 35, XXXV, n° 903, pp. 241-248.

133. Pp. 177-178 de esta edición.

134. Mahul, "Notice biographique sur Don J. Ant. Llorente, auteur de l'*Histoire de l'Inquisition,* l'un des collaborateurs de la Revue Encyclopédique", *Revue Encyclopédique ou Analyse raisonnée des productions les plus remarquables dans la littérature, les sciences et les arts, par une réunion de membres de l'Institut et d'autres hommes de lettres,* Paris, au bureau central de la Revue Encyclopédique, rue d'Enfer-Saint-Michel, n° 18 ; et chez Arthus Bertrand, rue Hautefeuille, n° 23 ; Londres, Treuttel et Würtz, Bossange, et Dulau et Cie., tome XVIII, n° 52, avril 1823, p. 41.

tos quisieron desacreditar al autor y la obra – y Menéndez Pelayo el primero[135] – utilizaron este argumento de indudable eficacia.

Sin embargo, no se puede acusar a Llorente de ligereza en este asunto, como hizo el autor de la reseña de *L'Ami de la Religion et du Roi*. En efecto, para ningún otro capítulo del libro, Llorente se desveló tanto para acumular información que, para el capítulo consagrado a Juan Anglicano o papisa Juana, citó nada menos que a 18 autores distintos y resulta más que probable que cuando redactó el *Retrato político de los papas* ya tenía en su biblioteca otras obras relativas a este tema como *La Papesse Jeanne, ou Dialogue entre un protestant et un papiste*, de Cooke y la *Confutatio fabulae de Joanna Papissa* de Leone Allacci y sobre todo las que citó el autor de la reseña publicada en *L'Ami de la Religion et du Roi*: el *arte de verificar fechas, De Joanna papisa* de Blondel, así como los diccionarios de Moreri y de Bayle[136].

¿Cómo pudo, pues, en tales condiciones, optar por la tesis de la realidad de la existencia de la papisa Juana? Primero, cabe observar que, pese a que el *Nouveau dictionnaire historique...*, publicado en 1772, afirmaba tajantemente que absolutamente nadie ya creía en ella y que los propios protestantes, que durante mucho tiempo habían defendido su autenticidad, ya tenían vergüenza de esgrimirla contra los católicos[137], Llorente no fue el único en no compartir esta opinión y que, a finales del siglo XIX, la cuestión seguía provocando polémicas, como atestigua un libro publicado en 1878 por un antiguo decano de la Facultad de Teología y catedrático de hebreo de la Universidad literaria de Sevilla, Mateos Gago y Fernández, bajo el título de *Juana la papisa. Contestación a un articulista papisero de Santander*[138].

135. Marcelino Menéndez Pelayo, *Historia de los heterodoxos españoles*, VI, p. 23, in *Obras completas*, CSIC, segunda edición, 1963.

136. Véase Gérard Dufour, François Magne, *Los últimos años de vida de Juan Antonio Llorente*, pp. 203-230.

137. "Cette fable, racontée comme une vérité par soixante-dix Auteurs orthodoxes, entre lesquels plusieurs Religieux, et des Saints canonisés, n'est plus aujourd'hui adoptée de personne. Les calvinistes l'ont longtemps opposée aux Catholiques, mais à présent ils rougissent à la citer", artículo "Benoît IIIe", *Nouveau dictionnaire historique ou Histoire abrégée de tous les hommes qui se sont fait un Nom par le Génie, les Talents, les Erreurs même, &c. depuis le commencement du Monde jusqu'à nos jours. Avec des Tables chronologiques pour réduire en corps d'Histoire les articles répandus dans ce dictionnaire*, Paris, chez Le Jay, Libraire rue S. Jacques, au Grand Corneille, à Caen, chez Le Roy, Imprimeur du Roi, à Lyon, chez L. Rosset, Libraire, rue Mercière. Avec Approbation et Privilège, 1772, I, p. 373.

138. *Juana la papisa. Contestación a un articulista papisero de Santander, por D. Francisco Mateos Gago y Fernández, antiguo Decano de la Facultad de Teología, y actualmente Catedrático de lengua Hebrea en la Universidad Literaria de Sevilla*, Sevilla, Imp. Y Lib. de los Señores Izquierdo y Sobrino, calle Francos, núm. 60 y 62, 1878.

Además, no se determinó Llorente en este asunto, como declaró el autor de la reseña publicada en *L'Ami de la Religion et du Roi*, por mero odio a la Santa Sede: si afirmó al inicio del capítulo siguiente, consagrado a Benito III, que "la existencia de la papisa Juana da testimonio evidente de que no es el Espíritu Santo sino el de ambición quien dirige las elecciones pontificias"[139], no insistió machaconamente en ello, como hizo en el resto de la obra cuantas veces tuvo la oportunidad de hacerlo. En realidad, aducía en el libro sobrados hechos que acreditaban esta tesis para que fuera indispensable sacar este episodio controvertido del papado que, en el mejor de los casos, constituía una prueba más (entre decenas) de su teoría, y, en el peor, podía desacreditarla del todo.

El propio Llorente afirmó que "la religión carecía de interés en la disputa" que interesaba "la historia solamente"[140]. Y nos parece que en ello reside su empeño en resucitar una tesis abandonada por casi todos. En efecto, siempre puso nuestro literato mucho empeño en elucidar los llamados "misterios de la historia", como evidencia el extraordinario interés que mostró respecto al destino trágico del príncipe don Carlos, hijo de Carlos V, al que pensó consagrar un estudio[141], o el tesón con el que se puso a demostrar, pese a la hostilidad de los literatos franceses, que Gil Blas de Santillane no era una novela original de Lesage, sino la desmembración de un manuscrito de Solis. El hecho de que, como subrayó él mismo, nadie puso en duda la existencia real de la papisa Juana "hasta que los protestantes del siglo XVI formaron con el suceso algunos argumentos contra la verdadera, legítima y no interrumpida sucesión de los romanos pontífices en la silla de san Pedro"[142], por una parte, y las incertidumbres que existían sobre la cronología precisa del inicio del pontificado de Benito III después de la muerte de León IV, por otra, le autorizaron para elaborar una versión de los hechos que permitía colocar a la papisa Juana en la lista de los sucesores de san Pedro. Por supuesto, ofrecía a sus lectores la "lectio difficilior", como dicen los filólogos. Pero ello no debió de preocupar a Llorente que, todo lo contrario, pensó así mostrar al público su raro talento de historiador y que pecó, pues por vanidad de investigador, pero no por mala fe.

139. P. 179 de esta edición

140. *Ibid.*, p. 177.

141. "Cause célèbre de D. Carlos d'Autriche ; prince des Astruries", cap. XXXI, *Histoire critique de l'Inquisition d'Espagne*, ed. cit., III, pp. 123-182.

142. P. 177 de esta edición.

DIFUSIÓN E INFLUENCIA DE UNA OBRA CONTROVERTIDA

Ignoramos cuántos ejemplares el afamado librero madrileño Antorán puso a la venta y consiguió distribuir. En cambio, la obra tuvo bastante difusión en Sevilla y Cádiz para que rapidísimamente, el 14 de mayo de 1823, el *Diario Mercantil* de esta última ciudad publicara el "aviso" siguiente:

> Juicio del retrato político de los papas compuesto por el Dr. D. Juan Antonio Llorente, e impreso en Madrid en el año de 1823. Lo escribía en carta familiar un eclesiástico seglar, natural y vecino de Cádiz. Se halla de venta en la imprenta y librería de por el Diario de la Capital y la Gaceta de Madrid, Roquero, en el gabinete de lectura, y en las puertas del Sol, y el de Font y Closas, en el de Fuentes y en el de Lozano.

No hemos ubicado esta obra en ninguna de las grandes bibliotecas (físicas o virtuales) y no podemos confirmar o no la impresión que tenemos de que podría tratarse de una refutación de la obra de Llorente. Pero fuera cual fuese el contenido de este "juicio", su mera existencia prueba que el *Retrato político de los papas* no pasó desparecido donde se pudo poner en venta. Todo lo contrario, se benefició en la zona todavía no invadida por las tropas francesas, del aura de su autor como indica este anuncio publicado el 3 de septiembre de 1823 por la *Gaceta Española* (el nombre que había tomado la *Gaceta de Madrid* al seguir a Cádiz al gobierno constitucional, las Cortes y el Rey) y en el cual la viuda de Navarro hizo saber que se hallaban en su librería, venales, las siguientes publicaciones de Llorente:

> Historia crítica de la Inquisición de España, 10 tomos, rústica a 160 rs. - Retrato político de los papas, 2 id. Id. 31 – Colección diplomática sobre dispensas matrimoniales, 1 tomo rústica 24 – Disertación sobre el poder de los Reyes en la erección de obispados; 1 tomo rústica 14 – Exposición sobre el estado de la enseñanza pública, 1 tomo rústica 14 – Apología católica sobre la constitución religiosa, 2 id. Id. 24 – Consulta del Consejo de Castilla sobre usurpaciones contra la soberanía, 1 tomo rústica – María, hija del infortunio, 1 id. Id. 14 – Aventuras del baroncito de Foublas [sic por Faublas], 4 id; id 64 – Defensa canónica y política del mismo autor, 1 tomo, 10[143].

143. *Gaceta Española*, Cádiz, imprenta nacional, 3 de septiembre de 1823, n° 147, p. 548b.

Semejante lista evidencia que, para la viuda de Navarro, todo lo que llevaba la firma de Llorente (incluso sus escritos de cuando estaba al servicio del rey Intruso) era susceptible de suscitar el interés del público gaditano. Con lo cual le atribuyó la paternidad de las *Aventuras del barón de Faublas*, de una *Exposición sobre el estado de la enseñanza pública*, y de *María, hija del infortunio*. Pero, constaba en la portada de las *Aventuras del baroncito de Faublas* que se trataba de la traducción de una novela francesa realizada por su secretario, Eugenio Gutiérrez[144]. Asimismo, la *Exposición sobre el estado de la enseñanza pública*, no se debía a la pluma de Llorente puesto que había sido presentada a las Cortes el 19 de marzo de 1822 en nombre de una comisión presidida por Quintana, con José Montegui y Juan Arejula de vocales y José Mariano Vallejo, de secretario[145]. En cuanto a *María, hija del infortunio*, como máximo Llorente hubiera podido ser su traductor puesto que se trataba de otra novela francesa trasladada al castellano[146]. La similitud de las "Observaciones críticas sobre la narración del romance de María"[147] publicadas en apéndice al final del libro con el trabajo de Llorente sobre el *Gil Blas de Santillana* de Lesage da cierto crédito a esta hipótesis. Pero también puede ser que, así como en las fondas se daba gato por liebre, en la librería de la viuda de Navarro se daba cualquier cosa por ser de Llorente.

Sin embargo el *Retrato político de los papas* no era cualquier cosa y el interés que despertó entre el público se manifiesta en el lugar que ocupa en el anuncio publicado por la *Gaceta nacional* (en segunda posición, después del *best seller* mundial que constituía la *Historia crítica de la Inquisición*) y sobre todo por el notable incremento de su precio de venta con respecto al precio fijado por Antorán en Madrid cuatro meses antes, puesto que pasó de 24 a 31 reales, o sea un aumento de casi el 30%, muy por encima de lo que suponían los gastos de transportes.

144. *Aventuras del baroncito de Faublas escritas en francés por M. Louvel de Coupevray* [sic, por Couvray], *diputado del departamento de Alto Viena en el Consejo de los Quinientos de la República francesa, traducido libremente al español por Eugenio Santos Gutiérrez, secretario de D. J. A. Llorente,* París, Rosa, 4 vols., 1822.

145. *Exposición sobre el estado de la enseñanza pública hecha a las Cortes por la Dirección general de Estudios. Impresa por orden de las mismas,* Madrid, Albán y Compañía, 1820. Véase Bernat Sureda García, "El debate sobre los métodos de enseñanza elemental en España durante el Trienio constitucional", *Homenaje al profesor Alfonso Capitán,* Murcia, Servicio de Publicaciones de la Universidad de Murcia, 2005, p. 592.
Véase Bernat Sureda García, "El debate sobre los métodos de enseñanza elemental en España durante el Trienio constitucional", *Homenaje al profesor Alfonso Capitán,* Murcia, Servicio de Publicaciones de la Universidad de Murcia, 2005, p. 592.

146. *María, hija del infortunio; o bien sea: memorias históricas sobre la vida y sucesos de María, hija natural del caballero Blaisel, guardia de corps, y de la condesa de A...., princesa real. Escritas originariamente por el barón de Blaisel, abuelo de María. Redactada en forma de novela por Mr. Vincent de Aude, autor de varias obras. Traducidas fielmente al español con un apéndice interesante,* Madrid, Imprenta de Albán y compañía, 1822.

147. Pp. 235-255.

En cambio, con el restablecimiento de Fernando VII en el trono como "rey neto", y la plúmbea represión que acompañó la vuelta al absolutismo, nadie volvió a hablar en España del *Retrato político de los papas*. El silencio que se observó respecto a esta obra fue tal que la Santa Sede, al incluirla en el *Índice librorum prohibitorum* por su decreto del 19 de enero de 1824[148], se limitó a señalar la versión francesa, omitiendo por claro desconocimiento de su existencia la española que, por lo tanto, nunca fue condenada por Roma.

Por supuesto, el *Retrato político de los papas* entraba en la categoría de los aludidos en el bando del 14 de noviembre de 1824 del superintendente de policía que declaraba que:

> Toda persona de cualquier estado, sexo y dignidad que sea que conserve alguno de los libros, folletos, caricaturas insidiosas, láminas con figuras deshonestas o papeles impresos en España o introducidos desde el 1.° de Enero de 1820 hasta último de Setiembre de 1823, sea la que sea la materia de que se trata, los entregará a su respectivo Cura párroco dentro del término preciso de un mes, contando desde el día de la fecha"[149].

Ello, cuanto más que Llorente se había convertido en una de las bestias negras del absolutismo triunfante que no perdió la oportunidad de denigrarle, incluso después de su muerte, como el periódico *El Restaurador*, que le trató de "notoriamente aprotestantado y Anti-Papista"[150]. Y aunque se prometió que "a nadie se impondr[í]a castigo por los libros o papeles adquiridos o conservados hasta aquí, sean ellos lo que quieran con tal que los presenten", como los párrocos debían hacer un escrutinio de estas obras (en la mejor tradición inquisitorial), devolver a sus propietarios todas las que no les pareciesen "perjudiciales" y en cambio recoger las otras, formar una lista de ellas que transmitirían al subdelegado de Policía del partido al que correspondían, y este, a su vez, la comunicaría al superintendente de la Policía del reino, resulta evidente que más de uno de los que habían cometido la imprudencia de comprar el *Retrato político*

148. *Index librorum prohibitorum Santissimi Domini nostri Gregorii XVI Pontificis maximi jussu editus*, Romae, MDCCCCXLI, ex Typographiis Reverendae Camerae Apostolicae. Cum summi Pontificie privilegio, p. 228. Las ediciones posteriores de 1835 y 1841 tampoco mencionan la versión en castellano.

149. *Decretos del Rey nuestro Señor Don Fernando VII y universal, Reales ordenes, resoluciones y reglamentos generales expedidos por la Secretaría del despacho y consejos de S. M. C. los seis meses contados desde 1° de Julio hasta fin de diciembre de 1824. Con un apéndice por don Josef María de Nieva*, tomo nono, de Orden de S. M. C. en la Imprenta Real, 1825, pp. 361-362.

150. *El Restaurador*, Madrid, en la oficina de don Francisco Martínez Dávila, impresor de Cámara de S. M., 31 de julio de 1823, n° 29, p. 255.

de los papas, más bien que entregarlo a las autoridades religiosas prefirieron destruir los dos volúmenes comprometedores. Pero algunos, más atrevidos, prefirieron conservarlos con todos los riesgos que ello conllevaba: fue el caso de Luis Usoz y Río, que se señaló luego por sus trabajos filológicos y su lucha por la libertad religiosa y cuya biblioteca fue donada por su viuda a la Biblioteca nacional de España[151].

La puesta en el Índice romano de la versión francesa del *Retrato político de los papas* (que había figurado en el catálogo de abril de 1823 del afamado librero parisino Béchet aîné, con la indicación entre paréntesis de que era un libro muy picante)[152] no impidió que fuera la fuente principal (a veces citada, y otras no) de un libro titulado *Résumé de l'histoire des papes, dédié aux mânes de Clément XIX* publicado en París por el prolífico polígrafo Auguste Jean Baptiste Bouvet de Cressé en 1826[153], lo que prueba el indudable éxito de esta publicación.

Por la misma época, la versión castellana, silenciada en España, fue en cambio el objeto de una reedición parcial por Lizardi en su *Correo semanario de México*. La declaración del autor de *El Periquillo Sarmiento* antes de reproducir varios de los capítulos de *El Retrato de los papas* no deja la más mínima duda sobre el carácter político de la empresa y la perfecta sintonía entre él y Llorente:

PAPAS

> En un tiempo en que las testas coronadas de la Europa están en continua agitación por los nuevos sistemas republicanos, que desean sofocar en su origen, temerosos de que el ejemplo de la libertad no contagie a sus míseros esclavos; cuando se han reunido para llevar al cabo este proyecto de que no desistirán en muchos años, y cuando para su ejecución no perdonan medio, aun de los más trillados, como es el de introducir entre nosotros la discordia a pretexto de religión, debemos también estar alerta y trabajar constantemente para oponer una fuerte barrera a la ambición y tiranía.

151. Ficha "Retrato político de los papas" de la Biblioteca nacional de España.

152. Extrait du *Catalogue des principaux articles de fonds et d'assortiment de la Libraire* [sic] *de Béchet aîné, quai des Augustins, n° 57, vis-à-vis le Pont-Neuf, à Paris*, avril 1823, p. 7, in *Esquisses historiques et politiques sur le pape Pie VII suivies d'une histoire de Léon XII par M. Guadet*, à Paris, chez Béchet Aîné, Libraire, quai des Augustins, n° 57 et à Rouen, chez Béchet, rue Grand-Pont, n° 75, au Salon Littéraire, 1824.

153. *L'Ami du Roi et de la 0Religion*, 7 de octubre de 1826, n° 1269, pp. 257-262 y *Le Conservateur belge, recueil ecclésiastique et littéraire contenant Le Mémorial Catholique, L'Ami de la Religion et du Roi, et Le Catholique*, Liège, de l'imprimerie de V^e^. Duvivier et fils, rue Vinave-d'Ile, n° 603, XIV, 1826, pp. 412-416.

> Es indudable que el papa, como rey, ha de estar mal con los gobiernos republicanos, y como rey tutoreado por la Alemania ha de acceder con las solicitudes de los monarcas opresores; y de hecho hemos visto que su santidad no ha dejado hasta ahora de poner por su parte los medios que ha creído conducentes para tan *santos* fines. Las encíclicas y los emisarios eclesiásticos que han aparecido en nuestra República nos ponen lejos de toda duda esta verdad.
>
> Estamos, pues, en el caso de instruir al pueblo en sus derechos, según que nos lo permitan nuestras cortas luces, haciéndole ver cuál es, y hasta dónde se extiende la autoridad pontificia en lo espiritual; pero al mismo tiempo es preciso que sepa cuál ha sido siempre la conducta política de los papas, y el modo con que muchos han ascendido a la suprema silla de la Iglesia.
>
> Para esto nos valdremos de una obra muy moderna que tenemos, titulada: *Retrato político de los papas, desde san Pedro hasta Pío VII inclusive, con expresión del principio y fin de cada pontificado, y reflexiones críticas en los que dan ocasión a ello.*
>
> Esta obra fue formada con presencia de las historias eclesiásticas escritas por el cardenal Fleury, Natal Alejandro y otros de igual nota.
>
> El autor de esta obra fue don Juan Antonio Llorente, bien conocido en el mundo literario, canónigo dignidad en la Metropolitana de Toledo. Alguna vez puede ser que yo ponga algunas notas sacadas de autores católicos, apostólicos, romanos, sacerdotes e italianos.
>
> La ignorancia es la madre de los escrúpulos. Cuando se tiene por pecado lo que no es, se procede con conciencia errónea. Por tanto, suplicamos a nuestros lectores que entiendan que los errores de los papas no pertenecen al dogma católico, ni la exposición de ellos ofende en lo más mínimo al decoro que se debe a la primera dignidad de la iglesia romana[154].

Lizardi respetó tan fielmente el texto de Llorente que, a propósito de Pío VII, dejó sin modificar la frase “vive ahora mismo a la edad de 74 años”, sin darse cuenta de que este había muerto en agosto de 1823, a los 81 años, y de que su revista de papas no acababa con él, sino con su sucesor, León XII, con una noticia biográfica que no había redactado Llorente, sino él, Lizardi.

154. *Correo Semanario de México por el "Pensador mexicano,* tomo I, Oficina de la Testamentaria de Ontiveros, 1826, [n° 1], 22 de noviembre de 1826, Centro de Estudios literarios. Universidad Autónoma de México, 1975, p. 23.

En los 23 primeros números del *Correo semanario de México* (de un total de 24 o sea del 22 de noviembre de 1826 al 25 de abril de 1827[155]), Lizardi no pudo publicar la totalidad de los retratos de los papas escritos por Llorente, sino que tuvo que hacer una selección, que acompañó con las referencias bibliográficas que el autor (salvo un par de circunstancias) consideró inútiles para el fin que se proponía. Con mucha inteligencia, Lizardi no se olvidó de transcribir las poquísimas pero laudatorias líneas consagradas a Agapito II, como pruebas fehacientes de la objetividad de Llorente[156]. Y tampoco omitió el capítulo consagrado a Juan Anglicano o papisa Juana[157] que, pese a su dudosa soldabilidad, resultaba uno de los capítulos más atrayentes (por no decir escabrosos) del libro. Más de 40 años después de haber visto la luz, el *Retrato político de los papas* siguió siendo un arma arrojadiza contra el papado y, en 1865, cuando Roma, bajo protección francesa, seguía negándose a integrar la Italia reunida nacida del *Resorgimiento,* se publicó en Milano una traducción a la lengua de Dante que se anunció con prefacio y escenas históricas de la vida del autor[158]. En realidad, el prefacio anunciado era el redactado por el propio Llorente; la parte biográfica se reducía a una nota brevísima, intercalada entre el prefacio y el inicio de la obra propiamente dicha, y la única verdadera aportación del editor, que se había contentado con la traslación de la versión francesa, consistía en añadir, a modo de post data, la conclusión de la obra de Petrucci de la Gattina, titulada *Preliminari della questione Romana,* que contenía la "historia arcana" de los pontificios de León XII, Pío VIII, Gregorio XVI e Pío IX, hasta abril de 1860[159]. Ferdinando Petruccelli de la Gattina, célebre periodista de su tiempo, que colaboró en diarios italianos, franceses, británicos y belgas, y luchó con los republicanos franceses en contra de Napoleón III ¿tuvo algo que ver con esta edición italiana del *Retrato político de los papas*? No resulta imposible. Pero es una mera hipótesis.

En 1888, la atención del público mejicano fue de nuevo llamada sobre el *Retrato político de los papas* en un libro titulado *Cartas diabólicas escritas por Cabrión y*

155. El número 24 y último lleva la fecha del miércoles 2 de mayo de 1827, aunque la despedida con la que acaba la obra lleva la indicación del 4.

156. *Correo semanario de México* [número 17], 14 de mayo de 1827, *op. cit.*, p. 131 de esta edición.

157. *Ibid.*, n° 16, 7 de marzo de 1827, pp. 247-249.

158. *Rittratto político del papi considerati como principi temporal e come capi della Chiesa dall'origine della Santa Sede in Roma, fino a Pio VII. Ppera di D. G. A. Llorente, autore della Storia dell'Inquisizionez di Spagna. Prima versione italiana con prefazione e cenni storici della vita dell'autore,* Milano, Presso l'Ufficio della Gazetta di Milano, Via S. Pietro all'Orto. Presso la Librería Brigola, corso Vittorio Emanuele e presso i principali librai d'Italia, 1865.

159. *Ibid.*, pp. 415-416.

dirigidas a Eduardo Velázquez y que tuvo el éxito necesario para justificar una segunda tirada, cinco años después, en 1893[160]. En realidad, según consta por una atestación publicada al final de ambas ediciones, el autor era el supuesto destinatario, Eduardo Velázquez, editor de *El Combate*[161], que no solo se mostró ditirámbico para con Llorente y su obra[162], sino que la utilizó abundantemente, llegando al extremo de atribuirle datos que no había referido, como cuando dice a propósito de Sixto IV:

> ¿Cómo podrá llamarse a este bandido no digo vicario de Dios, pero ni aun cristiano, habiendo concertado el asesinato de los hermanos Julián y Lorenzo de Médicis con el cardenal Larrobere, el obispo Salviati, el sacerdote Estéfano y la familia de los Pazzi, determinando como lugar a propósito la capilla de Santa Reparata, y la señal para la ejecución la elevación de la hostia, según refiere el canónigo D. Juan Antonio Llorente en su Retrato de los papas[163].

En España, no hubo reedición del *Retrato de los papas*. Pero no cayó por ello en el olvido. Así, en 1870, se hizo una edición pirata, sin citar para nada el título de la obra ni el nombre del autor, incluyéndolo en el segundo tomo una obra virulentamente anticlerical titulada *Educación política para establecer la libertad de los pueblos sobre la organización administrativa-social, acompañada de un índice sobre la conducta de los Borbones y de Pío IX por T. D. I. Coleccionadas por Aquiles Ronchi, y dedicada a los esforzados generales y eminentes patricios los señores duque de la Torre, marqués de los Castillejos, brigadier Topete, caballero de Rodas Izquierdo, Pierrad, duque de la Victoria, Olózaga, Aguirre, Sagasta, Rivero, Lorenzana, Ayala, Carlos Rubio, Castelar y M. R. Zorrilla*[164]. Casi medio siglo después de su primera publicación, en otro período revolucionario (el Sexenio democrático derivado de la Septembrina de 1868), el texto de Llorente seguía siendo de una actualidad asombrosa y, para formar los capítulos XIV a XX y gran parte del siguiente del segundo volumen de la obra, el autor de *Educación política*... pudo contentarse con reproducir lo escrito por el autor de la Historia crítica de la Inqui-

160. La primera edición lleva, en la portada, la indicación "México, imprenta de 'El Combate'"; la segunda no, pero no hay la más mínima duda de que salió de las mismas prensas.

161. P. 249 de la primera edición; 271 de la segunda: "Propiedad literaria. Secretaría de Estado y del despacho de Justicia e Instrucción pública. Segundo despacho. [...] Octubre 15 de octubre de 1888".

162. Pp. 20 y 39 de la primera edición.

163. *Ibid.*, p. 20.

164. Editores, Elizarde y Compañía, Director Aquiles Ronchi, Madrid, Cervantes número 22, 1868, 2 vols. El segundo volumen, que ofrece algunas variantes en cuanto a la presentación del título, lleva también la fecha de 1868 como el primero, pero se reproducen en él, por ejemplo, p. 488, documentos de 1870.

sición de España, con apenas unas adiciones para introducir las noticias referentes a los sucesores de Pío VII[165].

Así que, a lo largo del siglo XIX, el *Retrato de los papas* fue utilizado por cuantos se oponían no solo a la alianza del Trono con el Altar, sino a la subordinación del Estado a la Santa Sede exigida por los católicos-conservadores bajo el concepto de defensa de la religión contra el liberalismo considerado como "pecado", según el conocido título de la obra de Félix Sardá y Salvany. Con lo cual el odio que Llorente había suscitado al final de su vida entre los absolutistas se prolongó mucho más allá de su muerte y llegó a su paroxismo al principio de los años 1880, con la publicación de *la Historia de los Heterodoxos españoles* de Menéndez y Pelayo que, bajo el pretexto de controversia científica, se ensañó contra el autor de la *Historia crítica de la Inquisición de España* con ataques *ad hominem* que creía le desacreditaban definitivamente[166].

EL *RETRATO POLÍTICO DE LOS PAPAS* HOY DÍA

Con la separación entre los Estados y la Iglesia y la secularización de la sociedad, desapareció el mayor interés del *Retrato de los papas* que no fue objeto de ninguna reedición en el siglo XX. Hoy día, está a disposición del público en forma digital en la Biblioteca Digital Hispánica de la Biblioteca Nacional de España y en el portal de Google libros (en dos ejemplares: el conservado por la Harvard College Library, digitalizado en 2007 y el de la Biblioteca de la Universidad Complutense de Madrid, puesto en línea al año siguiente[167]). En ello, no se diferencia el *Retrato político de los papas* de numerosísimas obras antiguas cuya posibilidad de consultarlas por internet supone para el investigador una mejora increíble respecto a sus condiciones de trabajo de antaño. Pero, 200 años después de la muerte de Llorente, su obra, y especialmente el *Retrato político de los papas,* no presenta un interés

165. Pp. 264 - 406.

166. Madrid, Librería Católica de San José, 1880-1881, 3 vols.

167. El ejemplar de la biblioteca de la Universidad de Harvard, obsequiado en 1948, por Jean Sánchez Abreu, alumno de la promoción de 1914, contiene, en el tomo II, entre las páginas 170-171 y 182-183, sendos retratos de los papas Calixto III y Alejandro VI, con indicación de sus nombres seguida en ambos casos de la mención "Español, natural de Xátiva". Pero se trata de una excepción y estas láminas fueron intercaladas cuando la encuadernación del libro ya que el *Retrato político de los papas* salió de las prensas de Albán sin ninguna ilustración como puede comprobarse por los volúmenes conservados en la Biblioteca nacional de España, procedente, como hemos visto, de la librería de Luis Usoz y Río, y en la de la Universidad Complutense de Madrid, que fue donación de don Fernando de Caster.

solo para los historiadores, sino que merece la atención de cuantos se interesan por el pasado para entender mejor el presente.

Nadie, hoy día, presta la más mínima atención a la visión de una Iglesia subordinada al poder civil que llevó a Llorente al absurdo (desde un punto de vista religioso, puesto que condena a los propios mártires) de declarar en su *Retrato de los papas*:

> Que Telesforo predicase la religión cristiana mientras se lo permitiera el gobierno, está bien. Que después de hallarse inhibido procurase convertir a los que voluntariamente le oyesen en sesiones privadas, era tolerable; pero quebrantar las leyes del imperio insultando su religión me parece crimen civil[168].

En cambio, sus declaraciones según las cuales

> La continencia clerical no ha hecho a los obispos y presbíteros más castos que lo serían casados, exceptuando personas y casos particulares, y los aisló de la sociedad civil en una forma que, careciendo del amor de esposa e hijos, los adquieren a su corporación con tal vehemencia, que parecería increíble si las historias antiguas y modernas y la de nuestro tiempo no lo acreditase[169]

siguen siendo un objeto de debate en el seno de la Iglesia. Y allí reside el interés que presenta hoy día la obra que reeditamos. En efecto, tanto (y quizás más) que políticos, estos retratos de los papas son morales. Contrariamente a lo que afirmaron sus detractores, Llorente, como hemos visto, supo reconocer la virtud de unos cuantos de ellos. Pero también no dudó en revelar los vicios de otros muchos sin que nadie pudiera convencerle de mentira. Dos siglos después de su publicación, el *Retrato político de los papas* sigue proporcionándonos importantes elementos para nutrir nuestra reflexión sobre una Iglesia que conoce actualmente la peor crisis moral a la que tuvo que afrentarse a lo largo de su existencia.

GÉRARD DUFOUR

---

168. P. 85 de esta edición.

169. P. 108 de esta edición

ESTA EDICIÓN

La transcripción de un texto anterior a la segunda mitad del siglo XIX siempre provoca dudas y vacilaciones en quien quiera editarlo hoy. Pero la prisa y el subsecuente desaliño con que se publicó el *Retrato político de los papas* aumentan considerablemente las dificultades que solucionar para facilitar la lectura de la obra respetando a la par las intenciones del autor.

Para conciliar ambas exigencias, hemos seguido las reglas siguientes:

Modernizar la ortografía, respetando en cambio el uso de las minúsculas y mayúsculas puesto que no era lo mismo escribir el papa Pío VII o el rey Fernando VII y el Papa Pío VII o el Rey Fernando VII; conservar en cambio (en la medida de lo posible) la puntuación (que como decía mi maestro de escuela, es la respiración de la frase), limitándonos a corregir erratas manifiestas y actualizar la utilización de los puntos explicativos que, entonces, además de su significado actual, también servían para marcar una pausa de importancia intermediaria entre el punto y el punto y coma. Y por fin, observar estrictamente el uso de la bastardilla y de la negrita.

Por lo que respecta a los nombres propios, además de corregir erratas manifiestas posiblemente debidas a una mala lectura del manuscrito, y de utilizar la grafía actual para los topónimos, nombres y apellidos (Ravena, donde el original pone Rabena, Sixto por Sisto, Félix por Feliz, Martín por Martino, Fleury por Fleuri etc.), hemos creído necesario uniformizar el nombre de algunos personajes citados de formas distintas en el texto, a veces en el mismo capítulo o apartado (como Nicolás y Nicolao, Mazarino y Mazarini...). Asimismo, para los topónimos, nos pareció imprescindible utilizar la denominación castellana cuando Llorente usó la encontrada en sus fuentes como en el caso de Aquisgrán que llama, a la francesa, Aix-la-Chapelle.

Por fin, hemos introducido una modificación estructural a la obra publicada en 1823 por el impresor madrileño Albán y compañía, poniendo la nómina de papas en una sola parte al final del libro y no dividida en dos, que preceden en cada volumen los relatos de las vidas y obras de los sumos pontífices. Esta decisión, motivada por la reducción del texto a un solo tomo, resulta tanto más lógica cuanto que la lista de los papas publicada en el tomo II de la edición original en español está seguida por otra, de antipapas, que, en su mayoría, están evocados en la primera parte de la obra. En esta circunstancia, no hemos hecho sino seguir el sistema utilizado, con aprobación de Llorente, para la versión francesa de 1822.

RETRATO POLÍTICO

DE LOS PAPAS,

DESDE S. PEDRO HASTA PÍO VII INCLUSIVE,

CON EXPRESIÓN DEL PRINCIPIO Y FIN DE
CADA PONTIFICADO Y REFLEXIONES CRÍTICAS
EN LOS QUE DAN OCASIÓN A ELLO

FORMADO

con presencia de las historias eclesiásticas escritas por el cardenal Fleury, Natal Alejandro, y otras muchas acreditadas de muy exactas y verificadas entre los literatos más críticos.

ESCRITO

POR DON JUAN ANTONIO LLORENTE,
CABALLERO DE LA ORDEN DE CARLOS III,
CANÓNIGO Y DIGNIDAD DE MAESTRESCUELA
EN LA SANTA IGLESIA METROPOLITANA DE TOLEDO,
PRIMADA DE LAS ESPAÑAS.

Prólogo del autor

La corte de Roma discurrió arbitrios para mantener esplendor, lujo, autoridad y riqueza como las otras cortes de Europa sin fondos propios. Confundida la soberanía temporal de la Romania y provincias contiguas con la presidencia espiritual del cuerpo místico de la iglesia en la sola persona del pontífice romano, los poseedores de la dignidad de presidente se aprovecharon de ella para dotar aquella, imponiendo tributos a todas las naciones católicas, arrogándose la dispensación de toda clase de gracias eclesiásticas pertenecientes a los obispos y la decisión de todos los negocios graves relativos al gobierno de todas y cada una de las iglesias del orbe cristiano, y exigiendo cantidades pecuniarias por el ejercicio del poder mismo que se apropiaban.

No designaron con el nombre de tributo la exacción, pero lo era, tanto más pesado cuanto más arbitrariamente se publicaban los derechos de expedición para los curiales y la tesorería pontificia. Era tan sabido esto en el siglo XII que el venerable Pedro Blesense, arcediano de Londres (refiriendo la llegada de ciertos embajadores ingleses) dijo que habían venido de Roma cargados de plomo en bulas y breves pontificios y descargados de plata dejada en Roma por su expedición, porque así solía suceder siempre: *onusti plumbo, exonerati argento, ut solet Romae accidere*. Por la misma razón en tiempos más modernos, inventada cierta moneda romana con el nombre de *cuatrino*, hubo quien jugase con el sentido equívoco de la palabra, diciendo que Dios era en todas partes *trino*, menos en Roma donde era *cuatrino*.

La constancia de la corte romana en seguir tales máximas aun con pertinacia es el origen verdadero de haberse separado de su dependencia varias congregaciones de cristianos que formaron su iglesia separada con el mismo evangelio que ella. En el siglo XII los valdenses y los que se titulaban *Pobres de Lyon*; en el XIII los albigenses; en el XIV los wiclefistas, en el XV los husitas; en el XVI los luteranos y los calvinistas, y en el XVII todos los comprendidos en el nombre genérico de *protestantes*, no se habrían apartado de la iglesia romana si no se les hubiera dado la ocasión con el abuso de las reservas y de las exacciones. Ellos hubieran proseguido unidos con la silla del sucesor de san Pedro si no se les hubiera exasperado con el sistema de usurpación de poderes y exacción de monedas, en el uso de autoridad usurpada. La esclavitud en que los papas pusieron a todos los cristianos y la pesadez de tributos exigidos sin títulos de tales excitó los deseos de la independencia y produjo la separación del cuerpo místico. ¿Qué interés tendría ningún cristiano en separarse, si el papa dejase a cada uno entenderse con solo su obispo diocesano?

Los romanos debían conocer esta verdad y retroceder del sistema por el bien de la iglesia; pero lejos de hacerlo así han preferido por extremo contario sostener que todos los cristianos están obligados bajo la pena de ser tenidos por herejes a creer como artículo de fe que el sistema romano es justo y que no puede menos de serlo, habiéndose establecido y consolidado por los sumos pontífices. Para persuadir esta paradoja procuran desde algunos tiempos a esta parte mostrar que el papa es infalible en sus determinaciones; que tiene a su favor asegurado el influjo del Espíritu Santo, y que no se puede abandonar esta creencia sin ser hereje.

Traen a cuento para este fin el crecido número de papas venerados en los altares como santos; el título de *santísimo padre* con que aun en esta vida mortal es tratado el sumo pontífice, la santidad de las leyes eclesiásticas que promulga, y otras muchas cosas particulares que acumulan para imponer al vulgo ignorante, a cuya clase pertenecen en esta materia los clérigos y frailes que nada leen o lo hacen en libros de doctrina errónea canonizada por los escritores de Roma como católica por su interés.

Muchas son ya las obras doctísimas en que se ha demostrado ser usurpación todo el poder de los papas, no autorizado en concesión expresa de nuestro señor Jesucristo, resultante de la sagrada escritura, del testamento nuevo, o en la práctica de san Pedro y tradición constante y uniforme de los primeros siglos; pues no hay ni puede haber otras fuentes de la verdad. Cuanto se vea practicado por los sucesores sin ese principio es precisamente arrogación arbitraria por tolerancia de los obispos y soberanos, la cual no les da ni puede dar título alguno permanente contra el interés y la voluntad de las naciones, las cuales están siempre habilitadas por derecho natural y de gentes para revindicar sus prerrogativas sin perjuicio de su cristianismo.

Este no pende de la diferencia y sumisión a los decretos arbitrarios del presidente de la congragación de todos los fieles cristianos, sino de la fe y creencia de los misterios de la religión y observancia de los preceptos del Decálogo. Es delirio pensar que teniendo yo la fe del apóstol san Pedro y reconociendo en sus sucesores el poder espiritual que tuvo el santo, pero no la potestad que los sucesores se han ido arrogando progresivamente con el tiempo, había de ser hereje. Mi religión no pende de la voluntad del papa: yo seré católico, aunque él no quiera tenerme por tal. Bueno fuera que mi salvación dependiese del arbitrio de quien decide por interés en causa propia. Sea papa como lo fue san Pedro, y seré yo cristiano como los de aquel tiempo.

Una de las armas poderosas para con el vulgo con que los romanos suelen esclavizar a las naciones es la pretendida santidad de los papas y la asistencia del Espíritu Santo en su elección y en el gobierno: por lo cual he formado proyecto de ilustrar a los ignorantes de buena fe, haciéndoles ver el error en que se las ha procurado imbuir. Para este fin considero conveniente escribir un pequeño compendio de las vidas de los papas, presentando a la vista el modo con que cada uno empezó a serlo, su conducta en sus asuntos de oficio, sus costumbres personales y el sistema político que servía de base y presupuesto a sus deliberaciones. Yo no inventaré los hechos porque la historia no debe ser creada sino escogida. Todos resultarán de fuentes apreciables. Las actas de los concilios, los escritos de los santos padres, las narraciones de los imparciales coetáneos o próximos a la edad, las declamaciones de los antagonistas y respuestas dadas a ellos, y las memorias recogidas por historiadores críticos reconocidos como tales, serán garantes de que ni yo finjo los sucesos ni doy asenso firme a las noticias destituidas de prueba, de cuya clase hay algunas en Mr. Prudhomme y en Mr. Raimond, su compendiador. Nunca considero yo por útil la mentira, y mucho menos cuando la verdad sencilla proporciona mejor la victoria permanente.

Pero estoy bien seguro que los *retratos políticos* que proyecto formar en *miniatura* darán a conocer los papas de manera que nadie pueda ser engañado en adelante sino voluntaria y neciamente. Todos verán haber sido patraña, embuste y fábula cuanto se nos ha querido hacer creer relativo a la intervención del Espíritu Santo para el nombramiento de los papas, que los medios practicados al objeto han sido efecto de las pasiones humanas, y con frecuencia los más detestables. Verán que las vidas de un crecido número de papas han sido tales, que haríamos agravio al Espíritu Santo si le atribuyésemos influjo en la elección de monstruos del vicio para presidir la iglesia cristiana. Verán que los más han seguido el sistema de engrandecer la dignidad del obispo de Roma con título de obispo universal y vicario lugarteniente general de Jesucristo en la tierra, y que bajo las apariencias de celo han abrasado al mundo en guerras, siendo muchos los millones de hombres muertos por su influjo en todas las partes del orbe. Verán todo lo necesario para conocer que las naciones deben mirar con desprecio las bulas y los breves de los papas en asuntos de gobierno, y en todo lo demás que disminuya o coarte su libertad, su independencia y su poder gubernativo. Verán en fin que, por más que griten los clérigos y los frailes maliciosos de Roma e ignorantes o preocupados de otras partes, es posible ser cristianos católicos apostólicos romanos unidos en la fe con san Pedro y en la caridad y obediencia con sus sucesores, sin contar con estos para más asuntos que aquellos solos para los cuales se contó con san Pedro y sus inmediatos sucesores Lino, Cleto y Clemente.

SIGLO PRIMERO

SAN PEDRO

Año 43 al 67

-o-o-o-

Determinados a reunir bajo un solo punto de vista las cosas más notables y chocantes de los papas, no podemos excusarnos de hablar contra lo que suelen creer los más en orden a san Pedro. La verdad es una cosa divina tan respetable que Jesucristo mismo dijo: *Yo soy la verdad, el camino y la vida*. El que no sigue la verdad no sigue a Jesucristo: quien escriba historia oponiéndose a la verdad, lo hace oponiéndose a Jesucristo. Ni este señor puede darse por servido de la mentira, ni la religión cristiana sería buena si necesitase mantenerse con mentiras.

Desde que comenzaron las disputas acerca de la primacía del obispo de Roma sobre los demás obispos del orbe cristiano, y sobre los límites de esa primacía, procuraron los escritores del partido romano, interesado en el aumento de su grandeza, persuadir como verdades dogmáticas no sujetas a controversia, varias proposiciones puramente históricas que les ofrecían fundamento para sus ideas.

Primera: que la presidencia del colegio apostólico, dada por Jesucristo a san Pedro fue prerrogativa, no personal, sino transmitible al obispo que le sucediera en el gobierno de la iglesia particular, regida por el mismo san Pedro después de la ascensión de Jesucristo a los cielos.

Segunda: que la iglesia gobernada por san Pedro como suya en particular fue la de Roma, durante cuyo gobierno padeció martirio.

Tercera: que san Lino, san Cleto y san Clemente, obispos de Roma después de la muerte de san Pedro, tuvieron por disposición divina y concesión de Jesucristo las mismas prerrogativas y preeminencias que san Pedro tuvo durante su vida respeto de los otros once apóstoles.

Cuarta: que esta prerrogativa y preferencia era tan indefinida, universal y grande, cual correspondía en su concepto a quien fuese verdadero vicario y lugarteniente general de Cristo en la tierra para gobernar la iglesia universal, con potestad igual a la que Cristo ejercería si no se hubiera subido a los cielos, y gobernase por sí mismo personalmente.

Sobre las cuatro proposiciones hay infinito que decir y están escritas obras doctísimas en que se aclara lo que hay de verdad en cada una de ellas, y se demuestra el abuso que la corte de los papas ha hecho de la credulidad pública para ejercer un poder continuamente arbitrario y muchas veces injusto, cubriendo sus procedimientos con el velo de la *religión*, cuya palabra impone al mayor número de personas aun a costa de su propio daño, cuyo sufrimiento prefieren al más mínimo defecto de lo que se les dice ser parte de la *religión*.

Yo no me propongo examinar ahora las cuatro proposiciones a fondo, pero debo asegurar a mis lectores no constar de texto alguno de la sagrada escritura, ni de autor particular coetáneo que merezca estimación en sana crítica, concurriendo circunstancias que hacen dudar con gravísimo fundamento que san Pedro estuviera jamás en Roma, y padeciese allí martirio; y mucho más que la iglesia romana fuese fundada por san Pedro, como cátedra suya particular, de manera que los obispos posteriores romanos fuesen sucesores universales del poder y de las prerrogativas de san Pedro.

San Lucas escribió la historia de los hechos apostólicos estando con san Pablo en Roma año de 61. Se dice que san Pedro había fundado aquella iglesia en el de 43; que salió de la ciudad desterrado como todos los judíos en el de 49; y que asistió en el 50 al concilio de Jerusalén sobre la observancia de la circuncisión. ¿No es extraño el silencio de san Lucas? Cuenta muchas cosas infinito más leves que la fundación de la iglesia de la capital del imperio. Si san Lucas hubiese tenido las opiniones de los romanos de siglos modernos, debía mirar la iglesia romana no solo como apostólica sino como principal y soberana de todas las apostólicas. Sin embargo, no hay en aquella historia la más leve palabra de donde se pueda inferir que san Pedro había estado en Roma y fundado su iglesia.

Consta que unos de los cristianos que salieron de Roma con los demás judíos por el decreto de Claudio fueron Aquila y su esposa Prisca, o Priscila; pero asimismo, que muerto aquel emperador el año 54 y sucediéndole Nerón, cesaron los efectos del decreto; volvieron a Roma los judíos desterrados y entre ellos los referidos Aquila y su esposa. En este supuesto, si san Pedro había fundado la iglesia romana, ¿por qué no volvió a Roma luego que pudo, como hicieron los demás? ¿Por qué prefería predicar en otras partes a residir en su iglesia propia?

San Pablo, en las diversas cartas que escribió desde Roma a Filemón, a los colosenses, a los filipenses y a los hebreos, no solo no hace mención de san Pedro ni de que le perteneciera la iglesia de Roma, sino que habla en términos de que el principal obispo que la gobernaba en el año 61 era Clemente. Cualquiera conocerá que su silencio tan repetido acerca de Pedro, unido al hecho de no venir este a Roma en once años pasados desde el de 49, da fuertes motivos de dudar que no sea cierto el supuesto gratuito del viaje que se le atribuye año de 43 para fundar la iglesia.

El mismo san Pablo después de grandes peregrinaciones volvió a Roma en el año 66; fue acusado ante Nerón y se defendió por sí solo, sin tener ninguno que le asistiese, según escribió después a su discípulo san Timoteo en la segunda carta. Si san Pedro hubiera estado en Roma entonces, parece imposible creer que dejase de asistir a san Pablo.

Sin embargo, casi todos los historiadores desde el siglo tercero aseguran que san Pedro y san Pablo padecieron martirio en Roma imperando Nerón, año 67, porque así lo dijeron Papías y san Justino su discípulo en el segundo siglo, a pesar de que Papías está reputado por escritor crédulo y adoptador de tradiciones falsas, aun en cosas tocantes a los apóstoles, y de que san Clemente, autor del primer siglo, escribiendo desde Roma a los corintios, habla de san Pedro como muerto en el Occidente sin designar la ciudad de Roma, y parecía regular por escribir en ella su carta.

Demos crédito a Papías. A lo más resultará que san Pedro fue a Roma el año de 66 y fue martirizado allí el 67; pero no que había estado año 43. Si estuvo y fundó su iglesia, no la miró como suya en particular por espacio de veinte y tres años; pues no residió en ella, ni la gobernó por cartas como san Pablo las de Creta, Éfeso, Tesalónica, Filipos, Coloso, y aun la misma de Roma, que le debió (según parece por esta conducta) mucho mayor cuidado y celo que a san Pedro en este punto particular.

Los críticos que censuran libremente las acciones humanas como filósofos gobernados por la sola razón natural, no reconocen en san Pedro tanta virtud como los católicos píos. Las muertes de Ananías y Safira son miradas como asesinatos injustos. Los filósofos no creen que la ocultación de una parte de bienes propios cuando voluntariamente donaban otra buena porción fuese delito digno de pena capital. Lo extrañan tanto más cuanto más choca el castigo a la vista de dejar impunes los asesinos de Jesucristo, y de restituir la vida a Dorcas en Jopé porque le había hecho algún pequeño servicio. A la verdad si nosotros no acudiésemos a la fácil interpretación católica de que todos los hechos apostólicos contenían misterio superior a nuestras luces, era difícil desatar tales argumentos.

Los mismos filósofos dicen que si Nerón hizo morir a san Pedro, no fue precisamente porque fuese cristiano, sino porque turbaba el orden civil excitando los ánimos de los ciudadanos al desprecio de los dioses del imperio; pues podía muy bien creer por sí mismo lo que tuviese por cierto y despreciar en su corazón lo que reputase falso, y aun decir sus opiniones a los que se las preguntasen; pero no quebrantar las leyes más sagradas del imperio predicando su desprecio y contravención.

PRIMER PONTÍFICE ROMANO

LINO

De 67 *a* 78

San Lino, natural de un pueblo de la Toscana, es contado como primer pontífice romano, sucesor inmediato de san Pedro. San Ireneo, probando la existencia de la verdadera iglesia en la mitad del siglo II, decía que entonces era Eleuterio papa duodécimo, sucesor de Sotero; este de Aniceto; este de Pío, este de Higino; este de Telesforo; este de Sixto; este de Alejandro; este de Evaristo; este de Clemente; este de Anacleto; y este de Lino, primer obispo de Roma después de los apóstoles Pedro y Pablo. Tertuliano dijo en el siglo III que después de Pedro fue sumo pontífice san Clemente. Importa muy poco cualquiera de los dos extremos; pero es útil la duda misma porque supone la incertidumbre y demuestra la oscuridad de los principios de la iglesia romana. Si fuera *disposición divina* que toda la iglesia cristiana estuviera subordinada ciegamente a la obediencia del obispo de Roma, no es verosímil que hubiese permitido tan profundo silencio en este punto, cuando por otra parte había tantas obras escritas en el 1° y 2° siglo acerca del cristianismo. San Juan Evangelista vivió todo el siglo 1° y escribió el *Evangelio*, el *Apocalipsis* y una *carta*. Hermas en el año 92 su libro del *Pastor*. En 97 san Clemente su *carta a los corintos*. A poco tiempo san Ignacio, obispo de Antioquia, san Policarpo, obispo de Esmirna, y san Papías, obispo de Hierápolis, en Frigia, escribieron sus respectivas obras. No tardaron en parecer las apologías de los cristianos y su religión, dadas a luz por san Cuadrato y Arístides. Hubo por el contrario herejías desde los principios. Cerinto, Cerdón, Simón Mago, Apolonio de Tiana, Ebión, Carpócrates, Basílides y otros dieron ocasión de controversias para que san Lino y sucesores en el obispado de Roma hicieran lucir la primacía sobre todos los demás obispos del orbe cristiano; pero lejos de eso no suenan para nada, como si no existiera semejante prerrogativa. Cada obispo celaba la pureza de la fe dentro de su diócesis, condenaba los errores que se propagaban, y daba puntuales avisos a los obispos vecinos, para que, informados, celasen otro tanto. Si opinaban como él, escribían agradeciendo la noticia, y la doctrina común quedaba canonizada; si su opinión era contraria, exponían los motivos, y seguían sus conferencias. Así sucedió en lo respectivo a las opiniones de los indicados herejes y otros del siglo 1° y 2° siglo, sin que hallemos en la historia eclesiástica monumentos que indiquen lo contrario.

Ni aun la existencia de san Lino consta por noticia más antigua que la obra de san Ireneo, obispo de Lyon, que floreció cien años después de muerto aquel obispo romano. Por consiguiente no merece crédito lo que se cuenta de que Saturnino lo martirizó en Roma, con tanta más notable ingratitud cuanto san Lino había expelido los demonios de una hija del mismo Saturnino. No sabemos quién era este supuesto magistrado. Emperador era Vespasiano; cónsules Lucio – Cesonio – Cómodo – Vero y Cayo Cornelio Prisco. Persecución no había entonces directa contra los cristianos por haber cesado la que movió año de 71 el mismo Vespasiano en particular contra los que fuesen reputados descendientes de David, calidad que tampoco se hallaba en san Lino. Su nombre mismo y su patria manifiestan origen italiano. El venerarlo pues por mártir tiene débiles fundamentos en la historia.

2 - CLETO

De 78 *a* 91

El segundo obispo de Roma, siguiendo la cronología común, fue san Cleto. Su nombre mismo está en dudas, pues muchos le llaman *Anacleto*, y aun ha prevalecido esta denominación sobre la otra en siglos modernos. Otros suponen haber sido distintos, Cleto después de Lino; Anacleto sucesor de Clemente. Basta la duda para conocer que pocas noticias fundadas hay para cada extremo. Es cosa terrible que Jesucristo permita semejante ignorancia en la sucesión del que había de ser vicario suyo en la tierra con poderes tan ilimitados como han intentado persuadir los papas modernos. Por pequeño que haya sido un reino ha llegado a nuestros días la noticia cierta de quién era el rey; y siendo infinitamente vasto el pretendido monarca de la iglesia, mendigamos especies sueltas para averiguar su nombre.

Todo cuanto hemos dicho acerca del poder, santidad y martirio de san Lino tiene lugar en san Cleto. Era emperador Domiciano que movió la segunda persecución general en 93, dos años después de la muerte de san Cleto. Se necesitaban pruebas fuertes para creer que se le martirizó antes de haber decretado la persecución general.

3 - CLEMENTE

De 91 *a* 100

San Clemente papa puede ser el mismo que gobernaba la iglesia romana el año 61, según se infiere de la carta de san Pablo, y también distinto. Muchos historiadores dicen, después de Eusebio, obispo de Cesárea, que san Pedro lo designó para sucesor suyo porque había sido su compañero desde su viaje a Roma; pero que Clemente por humildad dejó que le precediesen Lino y Cleto. Esto es inverosímil por sí mismo y por la combinación de tiempos. Si Clemente acompañó a Pedro en el año de 43 como persona útil para la conversión de los gentiles, debemos suponerle por lo menos edad de veinte y cinco años. Tendría cincuenta y nueve en el de 67, y ochenta y tres en el de 91. Es increíble que habiendo renunciado cuando podía servir admitiese para ser inútil. Esta dificultad crece con la historia que se le atribuye. Se dice que vivió hasta fin del siglo primero, y que entonces fue condenado a los trabajos públicos. Clemente tenía noventa y dos años según la cuenta. Se necesitan fuertes pruebas para creer semejantes inverosimilitudes.

Dicen que halló en la isla de su deportación dos mil cristianos, y que muriendo estos de sed, descubrió san Clemente por milagro una fuente; noticia por la cual el emperador Trajano mandó que atasen a Clemente con cuerdas una piedra de gran peso y lo arrojasen al mar, cuya orden tuvo ejecución completa. Se puede reputar esto por una de las infinitas fábulas que se hallan en las actas de los mártires. Trajano era justo, y aunque ciertamente persiguió a los cristianos por malos informes, no había publicado su edicto en el año de 100, y lo revocó en 104 luego que Plinio *el joven*, prefecto del Ponto y de Bitinia, le hizo ver que los cristianos eran tranquilos y buenos súbditos, exentos de los crímenes que se les imputaban.

Se supone que san Clemente dividió el territorio de la ciudad de Roma en siete parroquias, nombrando un notario en cada una para que cuidase de inquirir las virtudes y sucesos de los mártires, y escribiesen sus historias particulares; y que este es el origen de las muchas actas de mártires que han llegado a nuestros días, porque los obispos de otras ciudades imitaron el ejemplo. Pero no hay pruebas del establecimiento, que tiene indicios de ser mucho más moderno. De positivo hay tales patrañas en muchas actas de santos, que los romanos mismos, interesados en darles autoridad, reconocen haber muchas cosas increíbles, y solo acuden a decir que algunos herejes enemigos de la iglesia romana las viciaron copiándolas infielmente, añadiendo lo que consideraban oportuno a la defensa de sus errores, y suprimiendo lo que les parecía contrario a sus objetos. Yo quiero dar por cierta la solución; mas el resultado será que no tenemos obligación de dar asenso a ningunas actas, porque no sabemos dónde están viciadas. Por otra parte, los romanos han confesado en diferentes ocasiones que algunos católicos escritores de los siglos bárbaros fingieron la narración de muchos milagros, diciendo en fuerza de su ignorancia que convenía para excitar a la devoción de los santos; ejemplo que por desgracia siguieron en los siglos XII y siguientes los monjes y frailes en las historias de los santos de su respectivo instituto.

En suma, nada sabemos de cierto acerca de san Clemente, sino que fue obispo de Roma, y que escribió una carta al obispo e iglesia de Corinto, y todo esto sin constar el tiempo con seguridad cronológica. Lo demás tiene las apariencias de fábula.

Los papas no tendrían tantos censores si se hubiesen acomodado a imitar el ejemplo de Lino, Cleto, Clemente y algunos otros que citaremos luego. No se halla monumento alguno histórico de crédito en que se vea el más mínimo indicio de haberse mirado aquellos obispos de Roma como prelados universales para mandar cosa alguna en concepto de jefes. La carta de san Clemente a los corintios es exhortativa, escrita con motivo particular en respuesta de otra que recibió de aquella iglesia, y Clemente tal vez no era papa cuando la escribió, sin embargo de lo que dejamos notado; pues el cardenal Fleury persuade bien haberse datado hacia el año de 80, poco después de haber sido Vespasiano electo emperador de Roma; si esto fuese cierto, el obispo y la iglesia de Corinto no contaban con el papa ni aun en los casos de consulta, pues no escribían a san Cleto.

-o-o-o-

SIGLO II

4 - EVARISTO

De 100 *a* 199

Omito hablar de san Anacleto, porque los críticos modernos están conformes en que es la misma persona que san Cleto, no obstante lo escrito por el estimable

Bernardo Platina, fundado en la historia de Eusebio, obispo de Cesárea, y cuento por cuarto sumo pontífice a san Evaristo, porque su existencia no está contestada.

Acerca de su historia nada sabemos de cierto sino que un monje del siglo octavo fingió muchas cartas-decretales, o constituciones de obispos de Roma de los cuatro primeros siglos en que se suponía tratar de asuntos de disciplina y gobierno universal de la iglesia cristiana, y entre las fingidas una sonaba ser de san Evaristo. El impostor mezcló todas en un volumen con otras genuinas intitulando a su obra *colección de cánones y epístolas pontificias*. Para darle valor, usurpó el nombre de un sabio español del siglo VII venerado en toda la Europa por su ciencia, tanto como por su virtud, cual fue san Isidoro arzobispo de Sevilla. Introdujo su obra en el archivo de cierto monasterio de la ciudad de Fulda en Alemania, reinando Carlo Magno. Procuró que después fuese hallado su libro como por casualidad feliz. La ignorancia general y la falta de crítica de aquel tiempo no permitían sospechar el engaño. La obra se creyó fruto verdadero de la ciencia y celo de san Isidoro de Sevilla, no obstante que para disimulo el impostor hacía sonar Isidoro *Mercator* según unos, o *Pecator* según otros. En Roma se celebró el hallazgo como pudiera el de la cosa más preciosa.

No es extraño, porque haciendo pasar por genuinas las decretales de aquella colección, encontraban los papas en ellas testimonios de grande antigüedad del ejercicio de un poder inventado por ideas ambiciosas, sostenido por medio de una política seductiva, y gradualmente aumentado por efecto de la ignorancia general y de un respeto más supersticioso que devoto al sucesor de la silla de san Pedro. No es juicio temerario el de creer que algún fanático adulador de los papas, o algún romano interesado en el engrandecimiento del poder pontificio fue autor verdadero de las ficciones.

Como los papas interesaban tanto en fomentar la creencia de su autenticidad, comenzaron desde luego a canonizar aquellas decretales citándolas como legítimas en todas las ocasiones que les convenía para ejercer potestad sobre los obispos e iglesias de todo el orbe cristiano, en asuntos de gobierno interior y particular que no les pertenecía sino por usurpación. Por eso se insertaron ya como auténticas en las colecciones de Ivón, obispo de Chartres, en el siglo XI, del monje Graciano en el XII, y en todas las posteriores.

Los críticos del XVI descubrieron su ficción. Hicieron ver que el contenido de las cartas anteriores al papa Siricio suponían estilos totalmente contrarios a las costumbres de los cuatro primeros siglos si se cotejaban con los cánones genuinos de los concilios, obras de los santos padres y otros monumentos ciertos de la historia. Mostraron que muchas cosas contenidas en las cartas apócrifas no podían imaginarse sino pensando que las costumbres y las opiniones de los siglos sexto y séptimo habían sido las mismas que en los cuatro primeros, lo que sucedía muy al contrario. Observaron que algunas cláusulas estaban tomadas casi exclusivamente de escritos de san Agustín, san Gerónimo y san Gregorio Magno y otros padres de la iglesia pertenecientes a los siglos V, VI y VII. El autor de la ficción no previó que llegarían tiempos en que la crítica hiciese investigaciones tan exactas. Desde el siglo XVI han ido estas creciendo de suerte, que los romanos mismos proceden hoy bajo el supuesto de que las decretales antesiricianas son fingidas, y procuran sostener su autoridad usurpada por medio de argumentos de diversa especie; bien que tan débiles que ellos mismos lo conocen aunque no lo confiesen por el interés que resulta de lo contrario a la corte de Roma. ¡Ojalá tuviesen los gobiernos de todas las naciones cristianas el tesón que los papas! Estos cederían siempre que aquellos les dijeran: "Estamos prontos a reconocer en el obispo de Roma la primacía conforme la ejercieron san Pedro y sus inmediatos sucesores y no más. Si el papa se contenta con esto, bien. Si no, él será la causa de reputarnos por iglesia distinta cuando queremos ser miembros de la misma".

5 - ALEJANDRO I

De 109 *a* 119

Tan escasas son las noticias ciertas de este papa como del precedente, porque la carta-decretal que se le atribuyó en la colección de *Isidoro Mercator*, está ya reconocida por fingida. Es inútil cansar a mis lectores con la narración de su contenido, cuyo extracto se puede ver en Platina.

Pero no sucedió así en la circunstancia de venerar por mártir al que no consta en modo alguno que lo fuese. Año 119 en que se supone el martirio de san Alejandro, imperaba Antonio, del cual nos hace ver la historia eclesiástica con pruebas calificadas que fue favorable a los cristianos, tanto que puso a Jesucristo en el número de sus dioses.

Si san Alejandro murió ajusticiado, tal vez no sería precisamente por profesar la religión cristiana, sino por crimen que le imputarían y probarían, aun cuando fuese falso, contra las leyes del imperio, como turbar el orden civil, conmover el pueblo contra los dioses, o cosa semejante. Así lo hace discurrir el sistema de opiniones del emperador Adriano, el cual consta de la carta-orden que dirigió a Fundado, procónsul de Asia. Su antecesor Sereno Graciano había escrito al emperador que le parecía injusticia grande sacrificar la vida de tantos inocentes por satisfacer a los gritos del populacho, y el emperador Adriano dirigió a muchos gobernadores de provincia cierta orden como la siguiente: "Yo he recibido una carta del ilustre Serenio Graciano, vuestro predecesor. Soy de opinión de que el asunto merece examinarse a fin de que por une parte no haya turbaciones, y por otra no se dé tampoco la ocasión a calumnias. Si los de la provincia quieren dar quejas contra los cristianos, háganlo con responsabilidad propia en vuestro tribunal; pero no se le admitan quejas vagas y genéricas, ni se haga caso de ellas cuando solo son clamores. Si alguno intenta acusación directa contra ellos, es justo que lo oigáis; y si se probare que han hecho cosas contrarias a las leyes, sentenciaréis según sea la falta; mas como la acusación resulte calumniosa, debéis castigarla y hacer justicia conforme con los que resulte". Esta orden manifiesta bien el espíritu de Adriano, reducido a no castigar a ningún cristiano por sus opiniones religiosas, si por otra parte no incurría en infracción de las leyes del imperio relativas al orden público y social. De lo que infiero con muchos críticos de mérito distinguido, que algunos reputados por mártires no lo fueron de Jesucristo sino de su opinión, dando motivo a la pena capital por insultar a los gentiles o sus dioses; así pudo suceder con san Alejandro y otros varios pontífices romanos difuntos, fuera de las épocas de persecuciones generales comenzadas en cumplimiento de edictos de los emperadores. Sin embargo es forzoso confesar que Adriano movió persecución antes de los informes citados, y pudo Alejandro ser una de las víctimas, aunque no conste.

6 - SIXTO I

De 119 *a* 127

Las noticias autorizadas que tenemos de san Sixto I se reducen a señalar el tiempo de su pontificado. Sin embargo, entre las cartas apócrifas de la colección *Isidoro Mercator*, una supone que se titulaba *obispo universal de la iglesia apostólica*. Siendo como es fingida la carta, no debemos imputar a San Sixto la usurpación del derecho que no le correspondía, pero como lo hicieron otros sucesores suyos, celebraron mucho hallar autorizado el hecho con el ejemplo de un papa tan próximo al tiempo de los apóstoles, porque así persuadían a los ignorantes (lo eran casi todos los cristianos de los tiempos bárbaros) que la interpretación dada al Evangelio en favor del poder ilimitado de los papas, era conforme a lo que se sabía en Roma por tradición verbal recibida de san Pedro y san Pablo. Pero la mentira no puede triunfar para siempre. La verdad se descubre con el tiempo; y consta que las exorbitantes usurpaciones de los papas no pudieron jamás apoyarse con la conducta de sus antecesores inmediatos a la vida de los apóstoles.

En cuanto al martirio de san Sixto no puedo menos de reputarlo fabuloso, porque habiendo Adriano prohibido perseguir a los cristianos por solas opiniones religiosas, no hubo nueva persecución hasta la cuarta, movida el año 163 imperando Marco Aurelio. Es digno de notarse que los papas predecesores quedaron libres en las tres persecuciones generales hechas en virtud de órdenes soberanas. Nerón decretó la primera en el año 64 y no murió san Pedro. Domiciano la segunda en 93 y no padeció san Clemente. Trajano la tercera en 197 y quedó libre san Evaristo. ¿No era verosímil que buscasen los perseguidores antes al jefe de los cristianos que a los otros? ¡Qué poco papel hacían aquellos papas cuando se les miraba con indiferencia! Y ¿creeré yo tanto mártires como se cuentan?

7 - TELESFORO

De 127 *a* 139

Un celo mal entendido condujo a san Telesforo al suplicio. No podía llevar en paciencia que los romanos diesen culto a los dioses del imperio; declamó altamente contra los adoradores; estos le acusaron; los sacerdotes gentiles interpusieron su autoridad y Telesforo fue condenado a muerte.

Que Telesforo predicase la religión cristiana mientras se lo permitiera el gobierno, está bien. Que después de hallarse inhibido procurase convertir a los que voluntariamente le oyesen en sesiones privadas, era tolerable; pero quebrantar las leyes del imperio insultando su religión me parece crimen civil.

Yo no digo que san Telesforo fuese ambicioso y quisiera multiplicar el número de los cristianos por aumentar el de sus súbditos; pero lo cierto es que los sucesores siguieron esta máxima por un término semejante; pues el celo de la religión ha sido siempre la pantalla que cubría las ideas ambiciosas.

8 - HIGINO

De 139 *a* 142

Si hubiéramos de apreciar las decretales apócrifas hallaríamos a san Higino dando leyes a todos los obispos y metropolitanos; pero como son fabulosas, observamos que lejos de mandar tanto, dejó tranquilos en Roma por mucho tiempo a los heresiarcas Valentín y Cerdón, sin embargo de haberse averiguado que pasando por católicos en las congregaciones de estos, enseñaban sus errores en conferencias privadas a los que querían oírlos. ¡Qué diferencia de conducta con la observada por los papas sucesores después que se vieron apoyados por Constantino! Y ¿reputaré yo por más santos a los pontífices modernos? Mejor sabían los antiguos el espíritu de tolerancia inspirado por Jesucristo.

9 - PÍO I

De 142 *a* 157

La colección de Isidoro Mercator incluye decretales atribuidas a san Pío, en que se supone dando leyes de disciplina general. Ya hemos manifestado cuál fue la idea de inventar estos monumentos apócrifos; pero la historia eclesiástica verdadera nos enseña que no solo no mandaba Pío cosa ninguna para las otras iglesias, sino que se consideraba sin facultades para absolver de censura al súbdito de otros obispos. Ya comienzan a descubrirse acaecimientos demostrativos de la verdad. El heresiarca Marción nos ofrece el primero.

Marción, natural de la ciudad de Sinope, de la provincia del Ponto, era hijo de un obispo católico. Educado con celo, hizo propósito de vivir en continencia; se retiró a la soledad, y después de algún tiempo estupró una doncella. Su padre lo excomulgó; él se humilló, pidió perdón y ser admitido en la iglesia nuevamente. Su padre estuvo inflexible, y Marción avergonzado fue a Roma, donde la confusión de gentes de una corte imperial cubriese la ignominia. Pidió a san Pío ser admitido a comunión, y buscó por intercesores a los presbíteros romanos; pero estos y san Pío le respondieron que no tenían facultades de absolver el súbdito de otro obispo, sin consentimiento del que lo había excomulgado. Siendo inútiles los repetidos esfuerzos que hizo Marción para conseguir la gracia pretendida, declinó al extremo contrario de fundar iglesia distinta de la de Jesucristo. Se hizo cabeza de esta secta, estableciendo por base de sus dogmas la existencia de dos principios, uno benéfico y otro maléfico; le reconvinieron los presbíteros de Roma, y él les daba en cara con la dureza con que lo habían tratado, y les imputaba todo el daño que resultase a la iglesia cristiana. No le faltaba razón en esto, porque Jesucristo dejó ejemplos de mansedumbre y bondad en esta parte, perdonando a Magdalena, la mujer adúltera, la Meretriz y al publicano, sin más requisitos que verdadero arrepentimiento. Pero no es eso lo que ahora nos debe merecer atención, sino la respuesta de que no podía el papa absolver de la excomunión sin consentimiento del obispo que la había impuesto. ¡Qué bien venía esto con la doctrina de los papas posteriores, que obraron como superiores de todos los obispos, hasta dejarlos unos meros dispensadores de los sacramentos de confirmación y orden!

10 - ANICETO

De 157 *a* 168

En el pontificado de san Aniceto estuvo en Roma san Hegesipo, el primero de todos los historiadores eclesiásticos, de cuya obra han llegado a nuestros tiempos solamente algunos fragmentos que insertó en la suya Eusebio, obispo de Cesárea en el siglo IV. En uno de ellos escribió Hegesipo lo que sigue: "Habiendo yo pasado a la ciudad de Roma, permanecí allí hasta el tiempo del presbítero Aniceto, de quien Eleuterio era diácono. En aquel tiempo no había *ninguna silla de obispo que trajera el orden de sucesión desde los apóstoles"*. No es fácil comprender el verdadero sentido de esta cláusula; no sé tampoco si la entiendo yo bien, porque la lectura material parece persuadir que ni Aniceto ni otro alguno era obispo derivado por sucesión desde los apóstoles, o si lo dijo porque ya no viviese ninguno de los que habían sido creados obispos por los apóstoles, o que aún no se había hecho división territorial de obispados, y cada obispo llevaba consigo mismo la potestad episcopal sobre las personas cuya fe y cuya moral estuviesen a su cargo porque no había *silla ninguna de obispos que fuese derivada desde los apóstoles por orden de sucesión.*

San Justino el filósofo escribió en Roma la segunda apología de los cristianos, en el pontificado de Aniceto. Parecía natural que el papa la presentase como pastor del rebaño; no fue así. San Justino la presentó a los emperadores por sí mismo, como había hecho con la primera en el pontificado de Pío. Todo manifiesta cuán poca representación de autoridad se suponía en el obispo de Roma.

En 163 Marco Aurelio movió la cuarta persecución general contra los cristianos, y tampoco murió en ella el pontífice Aniceto, cuya vida llegó al año 168. Es muy reparable que hasta entonces no conste perseguido ningún papa en virtud de los edictos generales, y que después los escritores modernos nos quieran hacer creer que aquellos mismos papas padecieron martirio en ocasiones particulares que no constan sino de *leyendas* despreciables, lejanas del tiempo, destituidas de crítica y privadas de todo mérito fidedigno.

En su tiempo se verificó la primera controversia que sepamos entre el obispo de la iglesia de Roma y los de otras. San Policarpo, obispo de Esmirna, pasó a la corte del imperio romano con intención de conferenciar acerca del día de celebrar la pascua, porque las iglesias de Asia seguían celebrándola en el día catorce de la luna del mes de marzo conforme lo había ejecutado san Juan evangelista hasta su muerte; y sin embargo se sabía que las iglesias de Alejandría y Antioquia suspendían su celebración hasta el domingo inmediato posterior al día catorce de la citada luna. San Policarpo vio que la iglesia de Roma se conformaba con las de Alejandría y Antioquia y no con las de Jerusalén, Cesárea y demás del Asia. Trató con san Aniceto, y este le dijo parecerle justa y más conveniente la práctica de Roma, porque así se distinguirían mejor de los judíos los cristianos, cuya verdadera pascua debía ser el día de la resurrección del Señor que se celebraba en domingo. San Policarpo sostuvo con el ejemplo y doctrina del discípulo más amado Juan el evangelista que se conformaba más la práctica de Asia con la de Jesucristo, cuya imitación no podía producir error ni inconvenientes. Volvió a Esmirna con la opinión misma que había salido, y san Aniceto quedó con la suya antigua. Los dos conocieron que la duda no recaía sobre puntos relativos al dogma, y que la contrariedad de opiniones no debía romper los vínculos de la caridad y unión cristiana. No sucedió así en tiempos posteriores como veremos. San Aniceto dio testimonio de no ser ambicioso de imperio pontifical sobre los otros obispos.

11 - SOTERO

De 168 *a* 177

A san Sotero se atribuyen muchas disposiciones relativas a la disciplina eclesiástica, pero sin otro fundamento que las falsas decretales. Solo sabemos que san Dionisio, obispo de Corinto, le envió diputados con carta pidiendo socorro para los cristianos pobres condenados al trabajo de las minas. San Sotero le respondió y socorrió con limosnas; en cuya vista san Dionisio volvió a escribirle dando gracias y manifestando que leería su carta todos los domingos siguientes a los fieles para su instrucción, así como lo hacía con la que anteriormente se había recibido de Clemente. Con esto se ve que la carta de san Sotero no era constitución, sino exhortación a las virtudes cristianas. Ni esto tenía nada de particular relativo al poder de los papas; pues era costumbre general el leer en las congregaciones de los domingos todas las cartas que los otros obispos de otras ciudades o cualesquiera otros cristianos devotos escribiesen a las iglesias comunicando algún acaecimiento importante o dando algunas instrucciones virtuosas.

En el año 170 Melitón, obispo de Sárdica, en Asia, presentó al emperador Marco Aurelio una apología de los cristianos pidiendo se mandase a los jueces no perseguirlos, pues así estaba mandado sin más excepción que la del caso de conspirar contra las leyes del imperio. El efecto fue favorable, pues Marco Aurelio no solo mandó a todos los jueces de Asia cumplirlo, sino que añadió que si alguno fuese castigado por solo ser cristiano, resultase acción contra el acusador. San Sotero no tuvo parte en esta apología, siendo notable que de las muchas escritas en los tres primeros siglos y presentadas a los emperadores, ninguna fue obra de los papas, siendo así que por vivir ellos en la capital del imperio parecía más propio tomar la voz. Si en efecto hubieran sido monarcas espirituales de la iglesia y de la religión, no podían excusarse de hacerlo, ni los otros tenían representación jurídica sino autorizados por los papas. Todo hace ver que hasta san Sotero ninguno tuvo la idea de gobierno monárquico en la iglesia.

El mismo Melitón, entre otras obras favorables al cristianismo, dirigió a Onésimo un extracto del contenido del antiguo testamento, de cuyos libros hace mención, porque parece que muchas iglesias no solo estaban aún sin estos libros, sino aun sin noticia de ellos, lo que se confirma por san Ireneo, que por aquellos mismos tiempos dice que algunas iglesias carecían de todas las santas escrituras. Esto sería crimen enorme de omisión de los papas si ellos tuviesen a su cargo el cuidado de todas las iglesias como se jactan en los siglos modernos. Pero no les imputaré yo este delito por saber la falsedad del supuesto. Cada iglesia se gobernaba por su obispo, y este procedía conforme las circunstancias le permitiesen.

Claudio Apolinario, obispo de Hierápolis, presentó al emperador otra apología, y escribió distintas obras contra el heresiarca Montano que comenzó entonces a producir sus errores. Felipe, obispo de Gortinia contra Marción, Musano contra Tación, autor de la herejía de los encratitas. Otros varios cristianos doctos combatieron el error y las falsas profecías de Montano y sus compañeros Prisca y Maximila, de manera que Serapión, obispo de Antioquia, los condenó en un concilio que consta de su carta sinódica dirigida a todas las iglesias con quienes pudo tener comunicación, firmada por muchos obispos. El papa no solo no resulta autor de este celo, sino que por el contrario se dejó engañar por un montanista, y escribió a las iglesias de Asia interponiendo su mediación en favor de Montano, para que Serapión y los otros obispos revocasen la sentencia en nuevo concilio. Los antioqueños conocieron haber sido mal informado el papa, y Práxeas (antes montanista, después heresiarca de distinta herejía), hizo demostración de los errores de Montano; en consecuencia de lo cual el papa tuvo por condenados a los montanistas. ¡Oh cuántas consecuencias produce aquel suceso contra las exorbitantes pretensiones de los papas modernos!

12 - ELEUTERIO

De 177 *a* 192

En el pontificado de san Eleuterio escribió su tratado de las herejías san Ireneo, obispo de Lyon, y es el primer escritor en que hallamos designada la primacía de los obispos de Roma entre todos los de la iglesia católica, dando por razón haber sido fundada y enseñada la iglesia romana por los apóstoles san Pedro y san Pablo, y encargada por ellos a san Lino, el cual y sus sucesores habían conservado pura la doctrina hasta su tiempo, lo cual comprobaba porque siendo joven el mismo san Ireneo en Asia, fue discípulo de san Policarpo, el cual lo había sido del apóstol san Juan, y su doctrina era la misma que oyó después en Roma a Higino, Pío, Aniceto y Sotero; y porque también había sido el mismo Ireneo discípulo de san Papías, el cual había tratado con varios apóstoles en Asia y conformaba del mismo modo en la doctrina. Todo esto perjudica mucho a las máximas inventadas por los papas posteriores; porque al mismo tiempo que acredita la verdad del primado romano, hace ver que se reduce al estado de los doce primeros papas, los cuales en nada se metieron con las demás iglesias, antes bien confesaron que no podían absolver a nadie sin consentimiento del obispo que hubiera excomulgado; y tuvieron que ceder a la de Antioquia en la condenación de Montano.

Por otra parte consta que aun en el asunto delicado de dogma, examen de la doctrina y condenación de personas, todos los otros obispos se creían autorizados para proceder por sí mismos sin dar aviso al papa cuando el reo no estaba en Roma. Admira el crecido número de heresiarcas en el corto tiempo de siglo y medio que contaba la religión cristiana, pues (prescindiendo de los subalternos que, siendo discípulos de alguno principal, enseñaban errores distintos de los de sus maestros), había veinte y seis muy distinguidos, a saber: Simón *el mago*, Apolonio de Tiana, Nicolás, el diácono (o quien usurpó su nombre, pues esto es dudoso); Ebión, Cerinto, Menandro, Éufrates de Tiro, Elxai el *Ossenio*, Saturnino, Basílides, Borcocebas, Valentín, Cerdón, Marción, Apeles, Peregrino el *cínico*, Montano, Taciano el *encratita*, Bardesanes, Carpócrates, Hercacleón, Marcos el *valentiniano*, Hermógenes, Teodoto el *bizantino*, Teodoto el *cambista*, y Práxeas. Sin embargo solo se mezclaron los papas en las condenaciones de los que estuvieron en Roma, como Simón el *mago*, Apolonio el de *Tiana*, Valentín, Cerdón y Marción y algún otro, pero sin incomodar las personas, solo sí absteniéndose de su trato, mirándolos como a étnicos y publicanos conforme al Evangelio. Los condenados proseguían viviendo en Roma tranquilos como si no estuviesen excomulgados. ¡Qué sistema tan distinto del que ha prevalecido después en tiempo de los papas modernos!

En el pontificado de san Eleuterio se descubrieron otros dos heresiarcas, Blasto y Florino, ambos presbíteros romanos. Blasto pretendía persuadir que aún obligaba la ley de Moisés a los cristianos, y en particular la celebración de la pascua en el día de la luna de marzo. Florino que había dos dioses, uno autor del bien y otro del mal, suponiendo ser una injuria el atribuir a un Dios infinitamente bueno la creación de lo malo. Consta que san Eleuterio condenó sus errores, y san Ireneo escribió a Florino procurando convencerle de que eran muy contrarios a las santas escrituras y a la tradición venida puramente de los apóstoles. Dícele san Ireneo entre otras cosas que recuerde la doctrina que en compañía suya recibió de san Policarpo cuando ambos eran muy jóvenes, y que reflexionara mejor la falsedad de lo que ahora intenta persuadir.

En tiempo de Eleuterio tradujo del hebreo al griego la sagrada escritura Teodoción de Éfeso, que recibió la religión cristiana, después fue hereje marcionita, y por último judío; no obstante lo cual prosiguió estimándose la traducción como digna de leerse en la iglesia. Ya en el pontificado de san Telesforo había hecho lo mismo Aquila de Sinope, cristiano expelido de la iglesia por adhesión a la astrología judiciaria. Él se hizo judío por despique, y tradujo el viejo testamento, corrigiendo la versión de los setenta intérpretes en los pasajes relativos a la venida del Mesías, de modo que admitiesen sentido contrario al que daban los cristianos.

Hasta el mismo pontificado de Eleuterio se puede contar que hubo veinte y cinco escritores apologistas y defensores de la religión cristiana, sin incluir los que no hayan llegado a nuestra noticia; particularmente Arístides, Atenágoras, Apolonio, Apiano, Arbiano, Claudio Apolinario, Cándido, san Clemente Alejandrino, san Dionisio de Corinto, Felipe, obispo de Gortina, Hermas, Heráclito, Hegesipo, san Ignacio, san Ireneo, san Justino, san Melitón, obispo de Sárdica, Máximo Musano, san Policarpo, san Papías, san Cuadrato, Rodón, Sexto Teófilo, obispo de Antioquia, y san Clemente romano que después fue papa; sin que conste que ninguno de estos escribiese por orden o impulso pontifical, excepto el citado san Clemente romano, observación que deja de disminuir la idea del cuidado universal de todas las iglesias.

13 - VÍCTOR I

De 192 *a* 202

Ya comenzamos a descubrir en los papas el espíritu de ambición y de imperio, que con el tiempo llegó a producir efectos funestísimos. Los doce primeros pontífices romanos ciñeron todas las prerrogativas de su primado a recibir las consultas o pretensiones caritativas que otros obispos les hacían voluntariamente. Habiendo consumado san Pedro y san Pablo la carrera de misión apostólica en Roma, todos los obispos del orbe cristiano concibieron en favor de su iglesia un respeto religioso que, unido a la circunstancia de ser Roma la capital del imperio, produjo el verdadero primado universal, no de la persona de san Pedro (que lo recibió ciertamente de Jesucristo), sino de los obispos de Roma, los cuales hubieran sido casi iguales en todo a los demás, sino por la reunión de las circunstancias indicadas. Así el obispo de Alejandría resultó patriarca primero del Oriente, porque su ciudad era la segunda imperial, y la de Antioquia segundo, por ser tercera. Si la calidad del fundador y el orden de antigüedad rigiesen, el obispo de Jerusalén hubiera sido el primado universal y no el de Roma. El consentimiento de todos los obispos del mundo en favor del obispo de la capital del imperio y de una iglesia consagrada con la sangre del presidente del colegio episcopal y con la de otro apóstol que había sido predicador del Evangelio en todo el mundo y fundador de muchísimos obispados del Oriente, del Egipto, de Asia y de la Europa, fue la verdadera creación del primado romano; pues de lo contrario no tendríamos un texto a que apelar para sostener que la iglesia romana fuese más propia y particular de san Pedro que las de Antioquia y otras muchas que fundó en Oriente y Occidente; ni tampoco para persuadir que san Lino heredó por muerte de san Pedro la presidencia del colegio episcopal. Siendo el consentimiento general de los obispos el que por respeto a san Pedro y a san Pablo y por atención a ser Roma corte imperial dio ser al primado de los papas, es claro que no se puede ni debe suponer en ellos voluntad de atribuir al primado más poderes que los necesarios para dirigir y mantener el buen orden en el gobierno de la iglesia universal, y que se reservaron el poder legislativo para ejercerlo como los once apóstoles congregados bajo la presidencia de san Pedro, o comunicando sus opiniones por escrito sin congregarse, y consintiendo que prevaleciese la opinión del mayor y más estimable número. Este es el verdadero primado romano, el cual no solo es de honor, sino de jurisdicción y potestad, porque en su virtud de obispo de Roma tiene derecho de convocar concilios si las circunstancias lo dictan, y de mandar a los obispos que muestren su opinión sin concilio en los casos dogmáticos que ocurran, si lo practica con todos los obispos por punto general; de anunciar a los fieles cristianos el resultado fiel de los votos emitidos con libertad plena; y de hacer ejecutar por medios espirituales las leyes eclesiásticas acordadas por el cuerpo legislativo. Este es el verdadero primado que, si hubiera permanecido dentro de estos límites, sería utilísimo para la conservación del orden público sin ser odioso a nadie, porque ningún obispo sufriría limitaciones arbitrarias en el gobierno de su diócesis. No se oponen a esta verdad las declaraciones de que el primado romano sea de derecho divino por disposición de Jesucristo, ni cuanto se quiera decir en este punto, pues todo es compatible mediante el consentimiento general de los obispos del orbe cristiano; así como decimos que la potestad de los reyes es de derecho divino y por ordenación de Dios, pero esta se verifica interviniendo el consentimiento de los pueblos que quisieron tener gobierno monárquico.

La pasión más fuerte del corazón humano es la de la ambición: el deseo de ser más, mandar más y poder más es tan natural a la naturaleza humana que por eso la serpiente del Génesis no tentó a Eva, y por su medio a su marido Adán, con otro aliciente que el de ser *como dioses* si adoptaban su propuesta. No es extraño consiguientemente que la ambición haya tenido entrada en varones santos, pues Adán y Eva en la época del suceso eran santísimos, inocentes, y sin embargo cedieron a la esperanza lisonjera de aumentar su dignidad y poder. El papa san Víctor es buen ejemplo del deseo natural de ampliar sus facultades, aunque también lo fue de la virtud de la docilidad para no abusar del derecho que pensaba tener.

Tratando de san Aniceto hemos visto la sugestión de la pascua. Las iglesias de Asia prosiguieron celebrándola en el día 14 de la luna de marzo. San Víctor quiso excomulgar a san Polícrates, obispo de Éfeso, porque no se conformaba con lo determinado por él en un concilio romano de que todos celebrasen la pascua en domingo. San Polícrates le dijo que él era hijo y nieto de obispos, y el octavo de los obispos que contaba ya su familia, y hacía lo que todos ellos, porque su práctica se hallaba fundada en la de san Felipe apóstol y san Juan apóstol; san Policarpo, discípulo, mártir y obispo de Esmirna; san Traseas, mártir y obispo de Eumenia; san Sagaris, mártir y obispo de Laodicea; san Melitón, obispo de Sárdica; san Papirio, y otros santos; que había convocado muchos obispos de Asia, los cuales habían resuelto seguir una práctica tan autorizada, por lo cual no le daban miedo las amenazas de excomunión, mediante que los apóstoles habían dicho ser más justo obedecer a Dios que a los hombres. Los obispos del concilio romano exhortaron vigorosamente a Víctor que se abstuviese de intimar la excomunión a tantos obispos, porque sería escándalo separar de la iglesia romana todas las provincias de Asia. San Ireneo, de acuerdo con muchos obispos franceses congregados a concilio en Lyon, escribió lo mismo a Víctor, añadiendo que imitase el ejemplo de sus antecesores, pues con motivo de haber residido en Roma sabía que los papas Sixto, Telesforo, Higino, Pío, Aniceto y Sotero habían sido de opinión contraria a los obispos de Asia, pero no por eso habían turbado la paz de la iglesia condenando el uso contrario. El papa Víctor cedió por fin a las instancias multiplicadas, y los asiáticos prosiguieron su costumbre, que aún duró algunos siglos. Murió después en la quinta persecución general movida en el año 202 por el emperador Septimio Severo.

El suceso de Víctor nos ofrece testimonios de un exceso de poder y otro de imprudencia. ¿En qué texto se fundaba el papa Víctor para creer que tenía potestad de excomulgar a todos los obispos de Asia no incursos en herejía? ¿Qué disculpa podía tener suficiente para dejarse llevar de la cólera hasta el grado de declarar por separadas de la comunión romana todas las provincias de Asia? ¿No le había enseñado san Pablo que el uso de los poderes espirituales había de ser para edificación y no para destrucción? Podemos decir que toda la pureza del fervor de santidad de los pontífices romanos se conservó solamente por los doce primeros, porque desde Víctor iremos descubriendo ya en los papas las pasiones humanas más fácilmente que la santidad. Veremos que la ambición y deseo de mandar más y de poder más ocuparon las atenciones principales, aunque se disfrazasen con los vestidos del celo apostólico, que ya no fue sino aparente en un crecido número de papas.

No nos debe aterrar para conocer y confesar estas verdades la circunstancia de ver calificados a muchos papas de esta naturaleza con el renombre de *santos*; lo primero porque no consta la canonización sino de poquísimos; lo segundo, porque aun constando no es artículo de fe. ¿Cómo lo había de ser la de Carlo Magno y otros tales? Tercero: porque aun venerando las canonizaciones, debemos creer que se haría por respeto al martirio que sufriesen al fin de su vida, el cual purificó sus defectos anteriores. Cuarto: porque aun siendo canonizados por virtudes heroicas y no por martirio, no se sigue que todas las acciones de su vida fuesen virtuosas; por lo cual san Agustín dijo que no todo lo que hicieron los santos fue santo; y es tan cierto que ojalá no lo fuese tanto; porque a la verdad algunos santos canonizados han hecho cosas muy malas, aunque su intención fuese buena; unas veces conducidos de falso celo, otras de opiniones contrarias a la verdad. Sirva esta salva para todo lo que diremos desde ahora en esta obra.

La conducta de san Víctor con san Polícrates es tanto más extraña cuanto más indulgente había sido con los herejes montanistas, pues escribió carta en su favor, y los admitió a su comunión solo porque recurrieron a él contra los obispos que los habían excomulgado. Aprobó la santidad y perfección aparente que predicaba Montano, creyéndola verdadera, y permaneció en el error hasta que se le instruyó mejor de la verdad.

-o-o-o-

SIGLO III

14 - ZEFERINO

De 202 *a* 219

San Víctor había desplegado tan grande autoridad y mostrado poder tan superior a los otros obispos, que san Zeferino, sucesor suyo inmediato, no necesitó inventar sistemas de ostentación de potestad, sino seguir el de su antecesor. San Zeferino lo hizo con tanta exactitud, que Tertuliano le dio ya en su tratado de *Pudicitia*, título de *soberano pontífice y obispo de los obispos*. Es verdad que lo hizo en tono irónico, y no hay que admirarla a vista del inicuo e injusto trato que Zeferino y su clero dieron a Tertuliano por envidia del crédito adquirido en Roma de ser más sabio que todos los romanos. La ingratitud del papa y sus presbíteros fue horrible, pues Tertuliano había trabajado inmensamente contra varias herejías y sus sectarios; y en lugar del obispado que se merecía, le maltrataron tanto que por despecho se pasó al partido de los montanistas.

Zeferino hizo grande ostentación de su primacía, reconciliando con la iglesia sin esperar tiempos algunos de penitencia, ni testimonios permanentes de arrepentimiento, a Natalio, que después de haber padecido por Cristo en una persecución, incurrió en la herejía de Teodoto el *curtidor* y fue obispo de su secta.

Procediendo en sentido contrario, excomulgó a Tertuliano, separando de la iglesia uno de los mayores defensores de la religión, en lugar de reconquistarlo con medios dulces que compensasen el daño del precipicio en que le habían hecho caer sus asperezas.

Todos estos procedimientos parecen despóticos, arbitrarios, ajenos de la calidad de padre común, pero no de *hereje*, cuyo crimen le imputó Lorenzo Banck en su obra de *Tiranide papae in reges et príncipes christianos,* sin expresar cuál fue su herejía. *¿Quid judicandum* (dice) *si papa fuerit femina qualem Joannem VIII fuisse annales referunt ?... Vel si hereticus, qualem Zefirinum, Marcellinum, Liberium, Anastasium, aliosque fuisse ajunt ac probant annales et historici?*[1].

15 - CALIXTO I

De 219 *a* 222

De san Calixto se sabe de cierto que edificó una Basílica en la orilla exterior del río Tíber, y proporcionó un cementerio que ha conservado su nombre. Lo demás que se cuenta sobre disposiciones del gobierno eclesiástico, es fabuloso, resultante solo de las decretales fingidas, lo mismo que cuanto se refiere de sus antecesores en esta materia, sin constar de otras fuentes.

16 - URBANO I

De 222 *a* 230

Lo mismo sucede con san Urbano I, a quien se le atribuye constitución, habilitando a las iglesias para poder aceptar y poseer bienes raíces, donados o legados por fieles cristianos. La ficción de la epístola de san Urbano, hecha en el siglo VIII, llevaba la idea de persuadir que los sumos pontífices ejercieron esta potestad desde los primeros siglos. El impostor no previó que los sabios debían conocer pertenecer a solo el soberano temporal, dar leyes relativas a propiedad y posesión de tierras. También intervino la segunda intensión de hacer creer que la iglesia poseía bienes raíces desde antes de la mitad del siglo tercero, a pesar de ser gentiles los soberanos. Los papas han sacado grandes ventajas de estas mentiras desde el siglo VIII hasta nuestros tiempos.

1. San Gregorio Magno, ep. 36.

17 - PONCIANO

De 230 *a* 235

Tampoco se sabe de san Ponciano más que haber sido desterrado a Cerdeña en tiempo del emperador Alejandro Severo, no obstante su favor prestado tan públicamente a los cristianos, que Lampricio en su historia dejó dudas de si fueron cristianos él y su madre Mamea, la cual hizo grande aprecio de Orígenes, cuya opinión de sabio era tan general en Roma como en Alejandría. El destierro de Ponciano da motivos de sospechar que su celo de la religión le arrebató hasta insultar los dioses del imperio, lo que no sufriría el famoso jurisconsulto Ulpiano, que era prefecto de Roma y aborrecía los cristianos por autores de un Dios nuevo.

18 - ANTERO

De 235 *a* 236

Sin hacer caso de lo que dicen las falsas decretales acerca de san Antero, sabemos por los historiadores del siglo IV, que, deseando conservar la memoria de los mártires, creó notarios encargados de buscar los procesos hechos por los jueces, y les mandó escribiesen sus actas, origen de tanta fábula como hay escrita en las leyendas de santos mártires. Los notarios que no hallaban procesos suplieron su falta con invenciones suyas y ajenas.

San Antero fue martirizado en la persecución general sexta movida en el año 236 por el emperador Maximino.

19 - FABIÁN

De 236 *a* 250

Despreciando las decretales apócrifas como ellas merecen, y haciendo poco caso de leyendas de mártires, en cuanto refieran cosas inverosímiles, apenas tenemos que hablar de san Fabián, sino que murió en la séptima persecución general ordenada por el emperador Decio en al año 250.

20 - CORNELIO

De 250 *a* 252

CISMA PRIMERO

Los cristianos de Roma pensaron que podía ser útil suspender la elección de sucesor de san Fabián hasta que cesara la persecución de Decio, o que a lo menos se mitigase; por lo cual san Cornelio no fue obispo romano hasta 4 de junio de 251, después de quince meses cumplidos de vacante.

Pero este suceso nos confirma el juicio de que el espíritu de ambición dominaba en el clero romano; pues a pesar del peligro de las persecuciones se miraba ya el pontificado como empleo digno de apetecerse. Novaciano, presbítero de Roma, formó partido en su favor para ser elegido sumo pontífice; perdió la votación, pero pretextando varias nulidades a los votos dados a favor de Cornelio, intentó persuadir que solo él era obispo legítimo de Roma. Procuró hacerse consagrar, y fue el primer *antipapa* de la iglesia universal. Formó cisma, y aun añadió la herejía, porque negó a la iglesia la potestad de perdonar los pecados cometidos después del bautismo, diciendo que esto solo pertenecía a Dios, en cuyo asunto y el de cisma se auxilió de Novato el *africano*.

Cornelio fue desterrado, después devuelto a Roma, y murió por orden de los emperadores Galo y Volusiano. Es forzoso creer que el pontificado romano suponía posesión de cosas agradables para que hubiese candidatos tan eficaces, sin embargo del peligro de perder la vida. San Dionisio de Alejandría escribió a Novaciano que renunciase por su bien propio y por el de la iglesia, pero este no siguió el consejo. Cornelio, escribió también a las iglesias de Alejandría, Antioquia, Cartago y otras muchas principales del orbe cristiano, dando razón de lo sucedido, y tampoco renunció por evitar el cisma. ¿Cuál sería el aliciente de un destino tan peligroso? El deseo natural del hombre de tener más honores, más poder, más riquezas. El número de cristianos había crecido mucho. La constancia y alegría con que morían los mártires era semilla que multiplicaba ciento por uno. Había ya muchos personajes de alto rango y muy ricos. Estos hacían oblaciones cuantiosas para socorro de los cristianos encarcelados o condenados a trabajos públicos. Todo se depositaba en poder de la persona designada por el sumo pontífice, quien por sí mismo (después de oír los informes y dictámenes del clero) distribuía el dinero en favor de aquellos, o de viudas, huérfanos, enfermos pobres y demás necesitados que profesasen el cristianismo. Esta facultad y la de ser distinguido ya de todos los otros obispos con el título de sumo pontífice, fueron estímulos bastantes para desear con ansia el empleo a pesar de todos los peligros que llevaba consigo.

21 - LUCIO

De 252 *a* 253

Muerto san Cornelio en catorce de setiembre del año 252 fue nombrado por sucesor san Lucio I a quien sin verdad se atribuyó constituciones pontificias en la colección de Isidoro Mercator. Apenas hubo tiempo para que pudiese mandar nada, pues solo fue papa cinco meses siendo decapitado en 4 de marzo de 253.

22 - ESTEBAN I

De 253 *a* 257

El papa san Esteban murió mártir en la persecución general octava, ordenada en 257 por el emperador Valeriano. En otro caso sería difícil canonizarle. Su conducta con los obispos de España y con san Cipriano, obispo primado de África, y setenta y tantos obispos africanos, con san Firmiliano, obispo primado de Cesárea de Palestina y muchos obispos de Asia fue violentísima y despótica. Los obispos de España condenaron a Basílides, obispo de Astorga, y a Marcial, obispo de Mérida, como herejes libeláticos y los depusieron de sus iglesias; estos marcharon a Roma e hicieron falsa relación al papa. Este los admitió a comunión ostentando superioridad de poder; los obispos españoles llevaron a mal semejante usurpación, y aun más la ligereza con que dio crédito a dos fugitivos sin oír antes a los muchos prelados que habían conocido de la causa. Consultaron a san Cipriano, primado de África, quien les dijo que tenían razón y que debían sacar del error al papa como lo hicieron.

No fue menor el atentado con que procedió con los obispos de África y Asia.

Separó de la comunión de la iglesia a todos ellos porque no se sujetaban a su opinión en la disputa de si se habían de rebautizar o no los que abrazaban la religión católica después de haber profesado la herejía y sido bautizados por herejes. Esteban defendía que no, porque el bautismo dado por los herejes debía reputarse válido. Los africanos y asiáticos que sí, porque suponían faltar en el hereje bautizante la verdadera intención faltándoles la fe. San Cipriano manifestó en una carta que Esteban ostentaba ser obispo de los obispos, y proceder aterrando; pero no se le debía tener miedo. Le dio en cara con el buen ejemplo de san Cornelio, predecesor del mismo Esteban, pues había seguido la misma opinión que Esteban, pero había dejado tranquilos a los que seguían la contraria. Hizo ver que el obispado es uno solo cuyas facultades estaban poseídas lo mimo por un obispo que por otro; que cada obispo en su diócesis es sucesor del poder de uno de los once apóstoles, y que cada uno de estos tuvo potestad igual a la de san Pedro, excepto solo aquello que es propio de la presidencia, para servir de centro de unidad de todos; y dio por fin a entender que el papa Esteban se atribuía ejercicio de poderes mayores que los recibidos de Cristo.

Los obispos de Palestina escribieron una carta todavía más acre a los de África.

Decían entre otras cosas lo que sigue: "El hombre animoso produce pleitos, y el varón iracundo exagera los pecados. ¿Cuántos pleitos y cuántas disensiones has preparado entre las iglesias de todo el mundo, o Esteban? ¿Cuán grande no es el pecado que has impuesto separándote de la comunión de todos? Tú mismo te has separado. No quieras engañarte, pues es un cismático verdadero quien apostata de la unidad eclesiástica. Cuando piensas que todos pueden estar separados de ti, tú eres el único que te separas de ellos. Seguid la vocación que habéis tenido; caminad dignamente con humildad y mansedumbre, sufriéndoos unos a otros con paciencia y caridad, trabajando lo necesario para conservar la unidad del espíritu en paz. ¿Cómo has cumplido Esteban estos preceptos y saludables avisos del apóstol? ¡Qué bien los ha seguido, conservando ante todas cosas la humildad y el decoro! ¿Puede haber cosa más humilde y más llena de mansedumbre que separarse de la comunión de tantos obispos esparcidos en todo el orbe? ¿Puede haber cosa que se compare con la de romper la paz de varios modos, una vez con los obispos orientales, como suponemos ya estáis noticiosos, y otra con vosotros que habitáis en el Mediodía? ¿No recibió vuestros legados con tal paciencia y mansedumbre que no quiso admitirlos ni aun a conversaciones indiferentes? ¿No mandó además que ninguno comunicase con ellos, ni recibiera en su casa, ni aun les proporcionasen hospedería? ¿Podrá haber unidad de cuerpo ni de alma con un hombre que tal vez no la tiene, o es lúbrica, voluble, inconstante? Sin embargo Esteban no se avergüenza de prestar patrocinio a los hombres de esta especie contra la iglesia; ni de romper la unidad de los hermanos por favorecer a los herejes; ni de llamar a Cipriano SeudoCristo y Seudoapóstol; y todo lo hizo con pleno conocimiento de que se lo podían decir a él, para que otro escuchase por medio de mentiras lo que él merecía escuchar con verdad".

Los orientales escribieron a los africanos esta terrible carta de resultas de la disputa de la pascua cuando los otros padecían igual suerte por la cuestión de rebautizar los bautizados por herejes.

San Agustín, pasado algún tiempo, escribió del asunto diciendo que en el fondo de la disputa principal estaba de acuerdo con las opiniones de Esteban, pero no en el modo con que se condujo; acerca del cual añadió que san Cipriano prosiguió practicando la rebautización hasta su martirio verificado en la misma persecución octava; pero que esto no debía producir obstáculos a la veneración que merecía y se le daba como a santo mártir, mediante que pudo proseguir en su opinión sin faltar a la fe mientras tanto que la disputa no fuese terminada por un concilio plenario, pues no bastaba la determinación del papa Esteban ni las del concilio particular de Roma y obispados vecinos, con cuyo acuerdo había procedido.

Esta doctrina de san Agustín que ha sido respetada por los hombres sabios y piadosos de todos los siglos debía estar en la memoria de los que han intentado persuadir que el papa es infalible por asistencia particular de Espíritu Santo siempre que habla *ex catedra*, esto es, cuando declara por sí mismo o de acuerdo con los obispos cardenales algún punto de dogma, de moral o de disciplina universal como sumo pontífice romano, y lo propone como tal a la iglesia católica para su creencia y conformidad. San Agustín sabía este punto mejor que los romanos modernos, y afirmaba lo contrario, no como quien anuncia opinión nueva, sino manifestando verdad notoria en su tiempo. San Cipriano y los otros obispos de África y Asia (de los cuales el mayor número padeció martirio) no hubieran insistido en su práctica despreciando las censuras, si creyesen que el papa Esteban, procediendo de acuerdo con los obispos de su concilio romano, era infalible por asistencia del Espíritu Santo. Ni san Polícrates y los obispos de Asia hubieran hecho lo mismo en el siglo anterior, cuando el papa Víctor decidió con su concilio romano la controversia de la celebración de la pascua. Es necesario cegarse mucho por el espíritu de partido para sostener la infalibilidad después de un ejemplo tan terminante. La historia nos hará ver otros que destruyeron radicalmente la pretensión interesada de los romanos modernos.

23 - SIXTO II

De 257 a 258

El emperador Valeriano no solo prohibió a los cristianos predicar sino aun concurrir a los cementerios. San Sixto quebrantó esta ley, fue sorprendido en el cementerio de Calixto y condenado a pena capital. No hizo nada que tenga relación con el objeto que nos hemos propuesto. Incluimos este papa y otros muchos en quienes se verificó lo mismo, por seguir la cronología y quitar ocasión de que alguno presuma hacer la omisión de recelo de hallar en su historia sucesos contrarios a la proposición principal que nos propusimos en el capítulo primero.

24 - DIONISIO

De 258 *a* 269

En tiempo de san Dionisio hubo disputas que indicó Mr. Prudhomme, año 1792, en su obra intitulada *Crímenes de los papas,* pero padeció enormes equivocaciones por no haber consultado las fuentes originales, o haberlo hecho de priesa y superficialmente. Lo mismo sucedió a su compendiador Monsieur R..... año de 1800.

Por eso en muchos artículos anteriores he hablado en tono muy diferente que los dos escritores, y sucederá lo mismo en algunos siguientes porque las exageraciones en los hechos y las declaraciones irreligiosas no deben convencer a nadie, sino las verdades sencillas y las reflexiones justas.

Pablo de Samosata, obispo de Antioquia, incurrió en la herejía de Sabelio y después en otras distintas. Los obispos de Asia y del Oriente celebraron varios concilios, lo depusieron del obispado y nombraron sucesor. Lo avisaron al papa san Dionisio diciendo que le daban esta noticia para que tuviese como hereje a Paulo y entrara en comunicación con el sucesor Domno. Este suceso acredita que se consideraban autorizados para ello sin necesidad de consultar con el papa; ejemplar incompatible (como otros muchos de esta naturaleza en aquel tiempo) con la supuesta expedición de las decretales fingidas antesiricianas; y ejemplar que unido con los de san Polícrates y san Cipriano enseñan los límites del primado romano en muchos puntos que después pretenden los papas de siglos modernos persuadirnos como verdades casi dogmáticas, contra todo cuanto resulta de la historia eclesiástica.

25 - FÉLIX I

De 269 *a* 274

San Félix fue martirizado en 30 de mayo de 274 en la persecución general nona decretada por el emperador Aureliano. Reconoció por buena la condenación de los errores y persona de Paulo de Samosata en los concilios de Antioquia, y envió a los obispos de aquel patriarcado su confesión de fe para que viesen que no conformaba con la de Paulo. Este modo de proceder es muy diferente del soberano y despótico que los papas de siglos posteriores usaron en casos análogos. Los padres del concilio antioqueno acudieron al emperador Aureliano contra Paulo porque no quiso tenerse como depuesto. El emperador, aunque idólatra, mandó que fuese obispo aquel que determinara el de Roma. Esta resolución de un gentil en tiempo de paz era muy natural; todos conocen que Aureliano tendría por obispo más elevado el de su corte que a los demás. Si los papas no tuviesen otras pruebas de su primado, mal estarían.

26 - EUTIQUIANO

De 274 *a* 283

Nada sabemos particular de este papa si no que en su tiempo comenzó Manes a propagar su doctrina de los dos principios, la cual herejía, llamada de los *maniqueos*, fue adoptada en muchas partes y duró bastantes siglos con algunas adiciones de varios artículos.

27 - CAYO

De 283 *a* 296

Lo mismo sucede con san Cayo, pariente del emperador Diocleciano y martirizado por él a causa de atribuirle la resistencia de su sobrina santa Susana para casarse con el coemperador Maximiano Galerio, viudo de Valeria, hija del mismo Diocleciano. Hasta entonces Cayo había tenido entrada libre en el palacio imperial y aun trato íntimo con la emperatriz Serena, su esposa, que era cristiana en secreto.

28 - MARCELINO

De 296 *a* 304

Los emperadores Diocleciano y Maximiano publicaron año 302 edictos de persecución general contra los cristianos, sus templos y sus libros eclesiásticos. El papa Marcelino se acobardó, apostató de la religión cristiana. Adoró a los ídolos, entregó los libros de la sagrada escritura para que los quemasen como impíos conforme al edicto de los emperadores. Después dicen que se arrepintió, que confesó su pecado en un concilio congregado en Sinuesa y que los obispos le dejaron proseguir siendo papa porque la primera silla no podía ser juzgada por nadie. Esto último era mentira fraguada por los romanos en tiempos modernos; y la historia mostrará casos contrarios.

-o-o-o-

SIGLO IV

29 - MARCELO I

De 308 *a* 310

Aunque vacó el obispado año 304 por muerte del papa Marcelino, no hubo elección de sucesor hasta 308. No está bien averiguada la causa, pero parece verosímil estar encadenado el suceso con la idolatría y penitencia de Marcelino, por más que el cardenal Baronio y otros romanos trabajen para negar los hechos y confundir la verdad de la historia.

Elegido Marcelo fue demasiado rígido con los débiles que durante la persecución habían incurrido por debilidad en el pecado de la idolatría. Las cosas llegaron a términos de sedición y muertes, lo que indica espíritu de partido en los que se jactaban de constantes en la fe contra los lapsos. Pudo ser imprudencia del papa no considerar estos peligros cuando peca una multitud numerosa. La discordia produjo consecuencias funestas por largo tiempo, entre ellas la de cisma y herejía; los que hacían gloria de su constancia sonrojaban con el nombre de *traditores* o *traidores* a los que por debilidad y miedo habían entregado los libros de la santa escritura a los oficiales de los emperadores en cumplimiento del edicto, y difamaban con el apodo de *libeláticos* a los que habían quedado libres de la persecución recibiendo del gobierno imperial un *libelo o carta de seguridad*, la cual no se concedió sino al que prometía seguir la religión del imperio. Estas distinciones entre cristianos *fieles*, cristianos *libeláticos* y cristianos *traditores* produjeron en adelante necesidad de concilios eclesiásticos y decretos imperiales para cortar los daños, lo que no se consiguió sino después de muchas muertes, heridas y discordias perniciosísimas; todo lo cual hubiera evitado Marcelo recibiendo a penitencia con amor y dulzura, sin ostentar inflexible severidad, a los que confesaban haber pecado por temor de los tormentos; pues al fin no todos pueden ser héroes de fortaleza.

El emperador Maxencio condenó a Marcelino a servir de mozo de caballos en el establo de las bestias públicas, de cuyas resultas está venerado como santo mártir.

30 - EUSEBIO

Año 310

Este sucesor de san Marcelo solo fue papa desde 20 de mayo hasta 26 de setiembre del año 310. Apenas se verificó su elección fue desterrado a la isla de Sicilia donde murió, por lo que se le venera como santo mártir. Dejo a la consideración de los críticos el decir si basta la sola pena de un destierro o de servir de criado en una caballería para decir que se mereció la palma del martirio.

31 - MELQUÍADES

De 310 *a* 314

Después de una vacante de nueve meses fue elegido por sucesor Melquíades a 2 de enero de 311, quien murió a 10 de igual mes de enero de 314. En su tiempo se verificó la conversión de Constantino después de vencido Maxencio en Italia año 312. Aquel emperador promulgó de conformidad con Licinio un edicto dando paz a la iglesia y prohibiendo perseguir a los cristianos. En el siguiente 313 otra ordenanza concediendo privilegios a las iglesias y clérigos. Esta novedad fue origen de manifestarse más claramente la ambición de los papas, como se verá en esta obra, y no deberá extrañarlo quien conozca bien las pasiones del corazón humano, el cual apenas es capaz de perder la ocasión de engrandecerse y exaltar su autoridad.

Melquíades dio un ejemplo que no debe quedar en silencio, porque hace brillar más el fanatismo y la imprudencia de los sucesores que, por no imitarle, causaron millares de muertes y tal vez millones. Melquíades celebró, año 313, un concilio en Roma para la causa de los donatistas por orden del emperador Constantino, quien nombró por jueces a tres obispos franceses conforme habían pedido los donatistas mismos. Melquíades y diez y ocho obispos absolvieron a Ceciliano, obispo de Cartago, de la acusación hecha por los obispos donatistas. Había cuestión sobre quiénes eran los verdaderos obispos, si los ordenados por Ceciliano, o los donatistas por Mayorino, pues los unos llamaban cismáticos a los otros. Melquíades y el concilio determinaron que los de un partido y los del otro fuesen tenidos por verdaderos obispos; que cada obispado fuese regido por el obispo más antiguo de los dos que había en cada diócesis, fuese de un partido o de otro, que el más moderno recibiera otra silla luego que hubiese vacante; y que todo esto fuese por el bien de la paz sin rigor de derecho.

32 - SILVESTRE I

De 314 *a* 335

San Silvestre fue elegido papa en 31 de enero de 314 y murió en 31 de diciembre de 335.

El emperador Constantino mandó congregar en Arlés segundo concilio para la causa de los donatistas; él mismo convocó los obispos africanos, italianos, españoles y franceses, y escribió a Silvestre concurriese también si podía. Este no lo hizo, pero envió dos presbíteros por legados suyos. Presidió Félix, obispo de Arlés; treinta y tres obispos y muchos presbíteros apoderados de otros, confirmaron en 314 la sentencia del concilio romano. Tomaron ocasión del suceso para formar reglamentos de disciplina, y Félix escribió al papa una carta que conviene saber para que se vea cómo se han mudado los tiempos, pues trataba de *hermano* al papa y no de *santísimo padre*, al mismo tiempo que señalaba perfectamente la calidad del primado romano como cosa que no disminuía el poder de los otros obispos, y menos el del soberano a quien todos favorecían. "¡Ojalá (dice Félix a Silvestre en su carta) hubieseis asistido a esta gran de asamblea, *querido hermano nuestro*! La condenación de los donatistas hubiera sido más severa y nuestra alegría mayor; pero vos no habéis podido dejar los lugares en que los apóstoles presiden y en que su sangre da continuamente gloria a Dios. Sin embargo, nosotros hemos considerado conveniente tratar también de otros asuntos distintos de aquel para el cual nos habíamos juntado. Hemos hecho algunos reglamentos en presencia del Espíritu Santo y de sus ángeles, conforme a sus inspiraciones, y os los remitimos creyendo que vos sois a quien principalmente toca *intimarlos a los otros obispos* por costumbre antigua, porque *tenéis la parte mayor del gobierno de la iglesia*".

Merecen atención algunas palabras de esta carta. Dice que al papa toca *intimar* los reglamentos de concilios hechos por otros obispos, y no dice *confirmar*, mediante creer Félix y los otros obispos haber procedido en presencia del Espíritu Santo y conforme a sus inspiraciones.

Expresan que el derecho y la obligación de *intimar* corresponden al papa por *costumbre antigua*, y no dicen que por derecho divino; lo cual indica saber que todo había comenzado por el respeto debido a la iglesia de la capital del imperio y al honor y gloria que gozaba por el martirio de san Pedro y san Pablo en ella, cuyos cuerpos representaban de continuo la presidencia de estos grandes apóstoles.

Añaden que también corresponde al papa lo referido porque tiene la *parte mayor del gobierno de la iglesia*; lo cual admite dos sentidos ambos verdaderos: parte mayor, porque el patriarcado del Occidente era más extendido que los de Alejandría, Antioquia y Jerusalén; y porque el patriarca del Occidente, obispo de Roma, capital del imperio, había tenido desde los principios más grande consideración, más elevado rango, más influencia en los negocios que en los otros tres patriarcas, como sucede siempre a los prelados de las cortes.

Pero no dijeron que tenía *todo* el gobierno, sino la *mayor parte*, porque solo reconocían en el primado el poder ejecutivo y una parte muy respetable del legislativo, cual era la de proponer las leyes eclesiásticas, votar sobre su establecimiento, resumir los votos, anunciar el resultado del escrutinio, promulgar la ley, dirigir su ejecución y expedir órdenes generales para ello. Así resultaba de las doctrinas de san Polícrates y san Cipriano; así lo manifestó después san Agustín; así lo dijeron a los mismos papas varios interesados en los siglos IV, V y VI; y esto se entiende tratándose del gobierno de la iglesia universal y de reglamentos generales; pues por lo respectivo al régimen interior diocesano de iglesias particulares, cada obispo es jefe con la absoluta pero prudente potestad que anunció el apóstol san Pablo diciendo al obispo Timoteo: *cuidad de todo el rebaño en que el Espíritu Santo os ha puesto obispo para gobernar la iglesia de Dios que Jesucristo adquirió con su sangre*. Si el Espíritu Santo le dio la potestad, no se la puede apropiar el papa en todo ni en parte.

No bastó el concilio de Arlés para tranquilizar a los donatistas. Pretendieron y lograron que el emperador mismo reviese todos los procesos y sentenciase definitivamente, y así se verificó, de manera que apenas hubo rey cristiano, ya fue juez de hecho de quiénes eran cismáticos o no, doctrina que no debía olvidarse nunca.

En tiempo del mismo san Silvestre se celebró el concilio general de Nicea sobre la herejía de Arrio y otros puntos; pero también fue por orden, decreto y convocación del emperador Constantino. Presidió en su celebración Osio, obispo de Córdoba, por orden del mismo emperador, porque Víctor y Vicente, legados del papa, no eran obispos. Silvestre no se reservó el aprobar o reprobar las actas del concilio, sino que mandó a sus legados conformarse con lo que se determinase por el mismo concilio.

En él se propuso una ley de continencia clerical. San Pafnucio, obispo octogenario, se opuso con vigor persuadiendo una verdad que los siglos han acreditado después, que el papa Siricio convirtió en obligación de todos los clérigos de orden sacro aun lo que solo había sido devoción de algunos. La continencia clerical no ha hecho a los obispos y presbíteros más castos que lo serían casados, exceptuando personas y casos particulares, y los aisló de la sociedad civil en una forma que, careciendo del amor de esposa e hijos, los adquieren a su corporación con tal vehemencia, que parecería increíble si las historias antiguas y modernas y la de nuestro tiempo no lo acreditase. De aquí el empeño de procurar enriquecer a la iglesia y estado eclesiástico más que a sus parientes mismos seculares. De aquí el creer que es más agradable a Dios hacer limosnas a los templos que a los pobres. De aquí el interpretar en sentido favorable al clero, aunque sea contra la sociedad civil, todas las leyes. De aquí el dar opinión de santos a los muertos que hicieron donaciones a las iglesias o fundaron misas y otras cosas relativas al culto, aun cuando fuesen personas de costumbres poco loables. De aquí el reputar por impíos a los laicos que dicen haber demasiados clérigos, ser más ricos que lo justo, y tener más exenciones que conviene. De aquí en fin la multitud de daños enormes que cesarían con solo ser casados los clérigos, como se ve y experimenta en la iglesia protestante, donde jamás se oyen a los no ministros quejas algunas de la naturaleza de las que son tan frecuentes en la católica. Los intereses del clero y del pueblo serían uno solo; todo iría de acuerdo con el soberano, a quien por la razón contraria procura el clero ganar contra el pueblo en detrimento de la sociedad general.

33 - MARCOS

De 335 a 336

San Marcos fue papa solo ocho meses y once días desde 18 de enero de 336, en que fue elegido, hasta 7 de octubre del mismo año en que falleció. Es apócrifa la carta que se le atribuye como las otras antesiricianas. Así nada pretendió este papa contra lo dispuesto en el concilio niceno. Los de tiempos más modernos atentaron muchas veces, y citaron la carta pensando cubrir sus usurpaciones con el ejemplo; pero aunque les falta la disculpa, no han dejado de continuar usurpando.

34 - JULIO I

De 336 *a* 352

San Julio fue elegido papa en 6 de febrero de 337 y gobernó hasta 12 de abril de 352 en que murió. La vacante había durado cuatro meses. Esta dilación pudo provenir de haber consultado al emperador Constantino. Lo cierto es que vemos esta práctica en tiempos posteriores, citada, no como nuevamente introducida, sino como restaurada. Jamás la iglesia romana tuvo mayor interés que entonces en agradar a Constantino, porque a pesar de las decisiones del concilio de Nicea permanecía la causa de Arrio en disputa y Constantino le prestaba mucho favor, en 336 y 37, por sujeción de Eusebio, obispo de Nicomedia y del otro Eusebio, obispo de Cesárea de Palestina, ambos muy introducidos en la intimidad del emperador.

Julio tuvo una gran disputa con los obispos del Oriente por sostener a san Atanasio, patriarca depuesto por ellos en un concilio de Antioquia. Escribió diferentes cartas en las cuales hay algunas especies dignas de atención para que se sepa mejor cuánto se han excedido los sucesores de Julio. En una les dice que no debieron deponer al patriarca Atanasio sin escribirle primero a él, y a los obispos de Italia y aun a los del Occidente porque ya sabían ser costumbre antigua en los negocios importantes de las iglesias principales fundadas por los apóstoles, como se verificaba en la de Alejandría, y que debió preceder respuesta, la cual no hubiera dado por sí solo sino con acuerdo de un concilio de Italia, con el cual escribía esta carta que estaban prontos a firmar todos.

Aquí se ve que san Julio no creyó tener autoridad para avocarse la causa por sí ni para sí solo, sino en nombre de todos los obispos de occidente representados por los de Italia como los más cercanos, y esto en los únicos casos de asuntos graves de metropolitanos que no reconocen superior distinto del papa, como eran los tres patriarcas de Alejandría, Antioquia, Jerusalén y los primados de Cesárea de Palestina, Cartago de África y otros semejantes; de cuyo argumento se infiere por exclusión que no sucedía lo mismo en los asuntos de las otras iglesias que reconocían metropolitano, ni tampoco en los asuntos no graves de aquellas otras. ¡Qué comparación con el estado moderno en que los papas se arrogaron hasta la causa levísima de la pertenencia de una capilla despreciable!

No dejó sin embargo san Julio de manifestar el espíritu de ambición introducido en la iglesia romana desde san Víctor; pues concediendo a los enemigos de Atanasio la celebración del concilio que sus diputados pidieron, se explicó de manera que aquellos observaron que el concilio romano sería puramente eclesiástico sin asistencia de un conde a nombre del emperador, sin órdenes de este, y sin guardias imperiales a la puerta, por lo cual tuvieron miedo de concurrir. Pero ¿por qué los concilios romanos habían de ser sin aquellos requisitos? ¿Es porque se celebrasen en Roma? Esta ciudad era imperial como las otras. Todo el mundo sabe ya ser fingida la escritura que suena *donación de Constantino*. El emperador no tenía menos derechos ni menos autoridad que antes de ser cristiano el trono; toda reunión numerosa está sujeta a las leyes generales del permiso especial del soberano. Este no lo suele conceder sino con las cautelas necesarias para evitar desórdenes a que está expuesta toda multitud. Una de las precauciones es designar un magistrado que presencie la asamblea en nombre del soberano y tener tropa bajo sus órdenes para los casos de necesidad. No era justo que los papas pensasen tener asambleas numerosas por autoridad propia sin la noticia e intervención de los emperadores. Querer lo contrario era afectar independencia que con el tiempo llegó a ser orgullo, soberbia, usurpación de soberanía, y espada que degolló millones de hombres cuando por deposiciones hechas por los papas contra emperadores y reyes se movían guerra y se despoblaban las naciones.

35 - LIBERIO

De 352 *a* 366

Liberio fue elegido papa en 22 de mayo de 352 y murió en 24 de setiembre de 366. Admitió la fórmula herética de profesión de fe compuesta por los arrianos en el conciliábulo de Sirmio, y escribió a los obispos de Oriente diciendo: "Yo separo a Atanasio de la comunión de todos nosotros en tanto grado que ni aun quiero recibir sus cartas. Os aseguro que estoy en paz con vosotros y apruebo la profesión de fe que se dispuso en el concilio de Sirmio". Esto era lo mismo que condenar los artículos de fe decididos en el concilio general de Nicea, por lo cual tratando de este asunto san Hilario, obispo de Poitiers, defensor acérrimo de la fe nicena, exclamó diciendo: "Esto es una perfidia arriana. Yo te anatemizo a ti, o Liberio, lo mismo que a tus compañeros. Yo te anatemizo segunda y tercera vez, o Liberio, prevaricador". Es verdad que Liberio incurrió en el crimen de miedo del emperador Constancio que lo había desterrado por negarse a firmar la fórmula de Sirmio y condenación de Atanasio; también es cierto que cuatro años después retractó sus errores y desechó el conciliábulo arriano de Rímini. Pero como quiera su conducta posterior fue tan inconstante y débil que ahora mismo discuerdan los críticos sobre cuál era la verdadera fe de Liberio. Los pontífices romanos, deseosos de borrar de la memoria la existencia de un papa hereje, procuraron fijar la del suceso de Rímini que le hace honor, y mandaron venerarlo por santo. Algunos sabios hacen burla de semejante canonización, y lejos de tener por santo a Liberio, lo reputan por un hombre sin carácter. A la verdad la canonización no debe recaer sino en favor de la persona cuyas virtudes hayan sido en grado heroico y dignas de ser propuestas al pueblo cristiano por modelo para su imitación; lo cual es incompatible con la conducta de Liberio, aun cuando su arrepentimiento fuese verdadero y sencillo, pues no es lo mismo salvarse que ser canonizable. De positivo dio motivo a multitud de asesinatos y otros males que los partidarios del concilio de Nicea y los contrarios del Sirmio hicieron, persiguiéndose unos a otros y turbando la paz de los pueblos. Yo creo que si no se hubiese dado a las opiniones de Arrio la importancia que se les dio, hubieran decaído por sí mismas con el tiempo sin tantos horrores como se subsiguieron en los siglos IV y V por su condenación.

36 - FÉLIX II

EN VIDA DE LIBERIO

De 355 *a* 358

Cuando el emperador Constancio desterró a Liberio, mandó al clero y pueblo de Roma elegir un nuevo pontífice y eligieron, año 335, al diácono Félix, el cual gobernó la iglesia hasta 358 en que se levantó a Liberio el destierro. Entonces Félix se retiró a vivir en un pueblo pequeño de la campaña romana donde murió a 22 de noviembre de 365. Las circunstancias hacen presumir que fue partidario de los arrianos: el emperador lo hubiera desterrado en caso contrario como a Liberio. Tenemos ya dos papas herejes seguidos uno en pos de otro. Poco antes hab[illegible] do idólatra Marcelino. Sin embargo Félix está colocado en el catálogo de los santos canonizados. No es fácil descubrir en nuestros tiempos las virtudes heroicas que mereciesen la canonización. A vista de estas dos, la de Marcelino y de algunas otras que se verán adelante, no hay que admirarse de haber tantos buenos católicos que miren las canonizaciones como actos humanos sujetos al examen de una crítica más severa.

37 - DÁMASO I

De 366 a 384

CISMA II

La elección de san Dámaso produjo el segundo cisma por su antipapa Ursicino, que se hizo consagrar obispo de Roma teniendo muchas gentes a su favor. El escándalo llegó al grado de guerra civil entre los habitantes de Roma con muerte de algunos millares de personas de ambos partidos. Dentro del templo mismo de Santa María la Mayor, donde se hizo fuerte Ursicino, se hallaron treinta y tantos muertos por los sitiadores. Véase ahora la manera de asistir el Espíritu Santo al acto de la elección del papa, que los romanos intentan persuadir a los ignorantes crédulos contando vuelos de palomas sobre las cabezas de san Fabián, de san Gregorio Magno y otros acontecimientos casuales que saben citar a propósito para sus objetos en este punto. Amniano Marcelino, historiador idólatra del tiempo de san Dámaso, después de referir la guerra civil y el cisma de su elección, añade: "Dámaso y Ursicino, ansiosos a cual más del obispado, habían sabido el arte pérfido de dividir en partidos el pueblo, de suerte que combatiéndose mutuamente con furor llenasen de sangre y carnicería las calles. El prefecto Vivencio no pudo extinguir la sedición, y aun con peligro de su vida se retiró a los arrabales. Dámaso y su partido marcharon sobre cadáveres, ostentando indignamente su triunfo...

Cuando considero el esplendor de Roma, confieso que los aspirantes al obispado deben hacer todos los esfuerzos posibles para conseguirlo. Es un establecimiento seguro a cuyo poseedor enriquecen las damas. Cuando sale de casa, va en carro ricamente adornado. Su mesa es tan abundante y delicada que las de reyes quedan en grado inferior. Los obispos romanos podían gozar la verdadera felicidad si, despreciando las grandezas de Roma, imitasen la moderación de algunos obispos de las provincias que se hacen recomendables al Dios eterno y a sus verdaderos adoradores por la frugalidad de su mesa, la pobreza de sus vestidos y la modestia de sus ojos inclinados hacia la tierra". San Gerónimo, grande amigo de san Dámaso, cuenta que Pretestato, sabio idolatra (prefecto de Roma con el tiempo) solía decir a Dámaso por chiste de la sociedad: *Haced que yo sea obispo de Roma y al momento me haré cristiano.*

Con estos antecedentes no hay que admirarse de que los partidarios de Ursicino murmurasen de Dámaso, y le imputasen aquellos crímenes que suelen acompañar a la vida muelle y sensual. Concordio, Calixto y otros del partido de Ursicino le acusaron de adúltero, amancebado con una matrona romana, y aunque no fuese verdad, es certísimo que Sócrates, Sozomeno, Teodoreto y otros historiadores coetáneos cuentan muchos escándalos del modo horrible con que comenzó el pontificado de Dámaso: las calles eran el teatro de asesinatos, aun más las iglesias. Y todo esto sucedía casi en los momentos mismos en que los obispos de Roma comenzaban a figurar algo en el mundo, solo cincuenta años después que los soberanos dejaron de perseguir, y comenzaron a proteger la religión cristiana y su primer obispo. ¿Qué se podía esperar sino lo mismo que ha sucedido? Que los papas aspirasen a soberanos, después a jueces y jefes de soberanos, por último a semidioses, árbitros de las soberanías, y distribuidores de los imperios, reinos y coronas. Todo esto debía suceder y ha sucedido, no una, sino muchas veces, y sin embargo los emperadores, los reyes y los otros soberanos católicos proceden ahora mismo como si cada día fuesen más ciegos, más sordos y más ignorantes. Se dejan seducir por palabras vanas, huecas, insignificantes de hombres que, juntando su interés con la ignorancia y a veces con la malicia, confunden el respeto debido a la religión y su jefe, con los respetos excesivos, las pasiones personales de este, las cuales le han dictado y dictarán la idea particular de aumentar su poder y demandar con título de *padre común* a los emperadores y reyes titulados *hijos*, cuanto convenga para los intereses romanos, cubriéndolos con el velo dorado de la religión.

Constantino tuvo gran culpa en esta parte, no por la fingida donación del señorío de Roma, pues no la hizo y no se le debe imputar, sino porque trasladando la corte a Bizancio, ciudad reedificada por él con el nombre de Constantinopla, dejó a Roma sin príncipes ni familias poderosas capaces de hacer sombra a los papas. Esto y las grandes rentas que de veras donó aquel impolítico emperador a las iglesias (antes templos de dioses romanos) puso a los papas en estado de ostentar grandeza, riqueza y poder, a lo cual es consiguiente la multiplicación de aduladores que procurarían conquistar la voluntad pontificia con elogios lisonjeros, emponzoñando los corazones de los clérigos con el veneno dulce de un deseo natural de ascender a la cátedra que veían producir aquel engrandecimiento. Así comenzó el mal; así ha crecido; así proseguirá mientras los soberanos no digan al papa: "Redúzcase vuestra sanidad a los límites de los doce primeros papas, y salimos garantes con todo el poder de nuestros tronos de que se le respetará como a santo padre común, y no se le dará jamás motivos de pena. Pero mientras vuestra santidad confunda sus verdaderos derechos divinos con los dados o tolerados por los hombres, no extrañe vuestra santidad la contradicción y la censura".

En el año 381 el emperador Teodosio II convocó el segundo concilio general de la iglesia católica contra Macedonio. El papa Dámaso no tuvo más parte que aceptarlo como todas las otras iglesias del orbe cristiano. Allí se determinó que el obispo de Constantinopla fuese patriarca de honor y tuviese lugar inmediato al de Roma, precediendo a los de Alejandría, Antioquia y Jerusalén, porque Constantinopla era ya corte imperial como Roma, y debía tener este rango. Esto prueba por modo indirecto que la primicia romana comenzó porque Roma era ciudad capital, así como Alejandría y Antioquia lo eran en segundo y tercer lugar. Si se tuviese respeto al fundador, Antioquia hubiera preferido a Alejandría porque la fundó san Pedro.

38 - SIRICIO

De 384 a 398

Un mes después de la muerte de san Dámaso fue elegido para sumo pontífice san Siricio con aprobación del emperador Valentiniano II, quien dijo en su rescrito: "Es nuestra voluntad que la elección de prelado se haga por el pueblo romano como le pertenece por costumbre antigua". Si los emperadores y reyes hubieran conservado siempre su derecho en esta parte, se hubiesen evitado algunos abusos en las elecciones.

Siricio es el papa primero cuyas decretales comprendidas en la colección de Isidro Mercator sean genuinas, y conviene inculcar mucho esta especie porque todas las fingidas contienen disposiciones que los antecesores de Siricio no dieron ni pudieron dar sin exceder el uso de sus facultades, y si las hubiesen dado, les habrían hecho contradicción los patriarcas y primados de la cristiandad, como hemos visto en varios puntos diferentes. En otros ofensivos de la jurisdicción secular había imposibilidad física para mandar los papas algunas cosas de las que allí se contienen, porque los emperadores romanos eran los únicos a quienes pertenecían.

También fue Siricio el primero que prohibió a los obispos, presbíteros y diáconos usar del matrimonio legítimo, y mandó que si algún célibe se casaba después de recibido alguno de aquellos tres grados, fuese separado del ministerio eclesiástico. Los más críticos opinan que fue mala política esta providencia, y las resultas fueron funestas para la sociedad civil, como hemos indicado. Sin embargo no declaró nulo el matrimonio que contrajesen, y modernamente se ha visto con motivo de la revolución francesa que los presbíteros casados en ella se han reconocido tales por el papa quedando reducidos al estado secular.

Asimismo se debe a Siricio parte del del influjo que promovió las leyes imperiales contra los herejes. Unas mandaban que los maniqueos fuesen castigados con pena de muerte de fuego, y otras dictaban severos castigos y rigurosas inquisiciones o pesquisas con los donatistas y diferentes sectarios. Si no estudiásemos la filosofía de las pasiones del corazón humano, nos deberíamos admirar mucho del cambio de opiniones de los papas, obispos, y presbíteros católicos en tan corto espacio de tiempo. Mientras duraron las persecuciones de los emperadores romanos contra los profesores del cristianismo, se quejaban estos amargamente de la intolerancia. Procuraban persuadir en sus apologías que los emperadores no debían perseguir ni castigar a nadie por opiniones religiosas, aunque fuesen contrarias a la religión dominante del imperio, como sus sectarios fuesen buenos ciudadanos y pacíficos observantes de las leyes comunes, lo que procuraban convencer con razones filosóficas del derecho natural y de gentes. Así resulta de una multitud de autoridades de los tres primeros siglos y principios del cuarto. Mudada la escena por la cristiandad de los emperadores, todos los papas y un grande número de obispos y presbíteros manifestaron una intolerancia, respirando venganza contra los idólatras, sangre y fuego contra los cristianos disidentes de la iglesia romana. La sagrada escritura fue para los papas un almacén general donde había textos para todo. Antes habían hecho grande aprecio de los que dictan sufrimiento, paciencia y conformidad con lo que Dios permita por juicios inescrutables de su providencia. Después únicamente citaban los que inflaman el celo contra los enemigos de la verdad, sin descuidarse de persuadir a los emperadores la obligación de imitar a los reyes de Judá, que exterminaban y castigaban a los idólatras. Sepultaron en olvido perpetuo los ejemplos de mansedumbre de Jesucristo y la doctrina evangélica de ser otros tantos preceptos y modelos de imitación. Interpretaban las alegorías de rigor en sentido de leyes eclesiásticas, y se desatendían de las que reservaban a Dios el castigo de los malos y el incendio de la cizaña. En fin inventaron la formidable inquisición contra los herejes, haciendo que Teodosio el Grande promulgase ley mandando delatarlos. Los millones de hombres que han perecido desde entonces por opiniones religiosas son víctimas del cambio de las de Roma. La inquisición, manejada de diferentes modos en los quince siglos posteriores, debió su origen a este cambio, y aunque solo haya tenido tribunal propio desde el siglo XIII, produjo incendios, muertes y guerras desde la conversión de Constantino, porque así lo dictó el sistema eclesiástico inventado en aquella época.

Es consiguiente a las bases establecidas entonces para la opinión de santidad, el ver canonizados a crecido número de papas de los siglos IV y V que no padecieron martirio por la fe, ni por otra parte dejaron a la posteridad testimonio de virtudes heroicas en grado sobresaliente, sino reputando por tal el encendido celo de sostener y aumentar lo que llamaban derechos de la iglesia, y no era sino engrandecimiento de la silla apostólica. San Siricio es uno de los canonizados, y su conducta examinada con luces críticas, no solo no presenta catálogo de acciones heroicas de una caridad bien entendida (principio indispensable para las canonizaciones), sino que antes bien manifiesta grande amargura de celo de cosas poco arregladas a la doctrina del Evangelio, según hemos visto, y aunque se le salve la intención, no debía bastar eso para canonizarle.

39 - ANASTASIO I

De 398 *a* 402

También este papa está canonizado sin saber por qué. Su pontificado no llegó a cuatro años, ni sabemos cosa remarcable más que la prosecución del celo amargo que tanto gustó a los papas en el ejercicio de su autoridad. Rufino, uno de los hombres más sabios de su tiempo y tal vez el único cuya ciencia emulaba san Gerónimo, fue maltratado por el papa y condenado a instancias de este santo, a pesar de haber protestado de varias maneras de sus sentimientos católicos y presentado por escrito su profesión de fe. ¿No es cosa terrible ser castigado como hereje quien asegura de palabra y por escrito su creencia ortodoxa genéricamente y con profesión específica de sus artículos de fe? ¿Quién puede ver las opiniones que yo tengo en mi corazón? ¿Por qué se ha de sospechar que yo soy hereje cuando mis obras y palabras testifican de lo contrario? Si en mis escritos hay error, y haciéndose demostración de haberlo no soy dócil para confesarlo y corregirlo, comenzaré a ser criminal entonces, pero no lo habré sido antes. Grande injusticia será siempre castigar al que no ha sido criminal; sin embargo esto sucede con frecuencia en los procesos de las causas de fe.

-o-o-o-

SIGLO V

40 - INOCENCIO I

De 402 *a* 417

Vamos a tratar de otro papa canonizado por el mismo celo del engrandecimiento de la iglesia de Roma. Sostuvo acalorados debates con los patriarcas de Alejandría,

Antioquia y Jerusalén y con el nuevo patriarca de Constantinopla, sucesor de san Juan Crisóstomo, en virtud de la sentencia de deposición dada contra este en dos concilios de Calcedonia. Arcadio, emperador del Oriente, favoreció a los patriarcas de su imperio contra las usurpaciones de Inocencio, las cuales llegaron al extremo de mezclarse y pretender conocimiento de causa sobre un asunto tan leve como era el de haber tolerado Juan, patriarca de Jerusalén, que fuesen incomodadas en su vida solitaria eremítica las dos vírgenes Eustoquia y Paula, dirigidas por san Gerónimo. El papa Inocencio no pudo llevar en paciencia la protección dada por Arcadio a los patriarcas ni el destierro de san Juan Crisóstomo, y tuvo atrevimiento para excomulgar a su majestad imperial.

Los soberanos pueden aprender con este suceso cuánto daño se pueden hacer a sí mismos y a sus naciones súbditas con permitir a los papas un rango exterior, distinto del que tuvieron san Lino y sus once sucesores inmediatos. No había pasado un siglo entero desde que los papas hacían papel en el mundo por la mala política de Constantino; y cien años incompletos bastaron para que un papa se atreviese a lanzar excomuniones contra el sucesor de aquel mismo Constantino. Tanto puede un sistema seguido con uniformidad y constancia. Los patriarcas y los primados en tiempo de los doce primeros papas eran tan independientes de Roma en lo no perteneciente al dogma que apenas tenían comunicación entre sí. Poco a poco se fueron metiendo los papas en los negocios de gobierno, y llegaron al grado de amenazarles Inocencio I con excomunión si no se conformaba en todo con las determinaciones de la iglesia de Roma. El emperador Arcadio, desterrando a san Juan Crisóstomo, no había hecho más que usar de la soberanía temporal sobre cuyo ejercicio nada tenía que ver la espiritualidad de Roma. Los efectos del celo amargo de Inocencio en procedimiento tan aventurado y atrevido fueron los que debían preverse. El emperador Arcadio se exasperó más, y san Juan Crisóstomo murió desterrado.

Otro procedimiento del mismo papa da lugar a reflexiones de distinta naturaleza. El autor de los *viajes voluntarios de los papas desde Inocencio I hasta Pío VI,* impreso en Viena de Austria en idioma francés, año 1782, por la compañía de libreros, refiere y prueba con autoridad del historiador contemporáneo Zosimo y otros, que hallándose Roma sitiada por Alarico, rey de godos, año 410, el senado romano, compuesto de senadores idólatras, acordó hacer sacrificios a los dioses titulares de Roma y comunicó al pontífice cristiano Inocencio su resolución, como al personaje más autorizado para que lo llevase a bien, mediante que el emperador Honorio residía en Ravena. Inocencio, viendo afligidos al senado y los habitantes, respondió que lo consentía con tal que fuera en secreto. El senado deseaba dar al pueblo un testimonio de su celo, y creyó también que los dioses despreciarían los sacrificios si no eran solemnes, por lo que subió al Capitolio y sacrificó con todo aparato. Sin embargo el rigor del sitio seguía, y el senado capituló con Alarico: nombró diputados que fuesen a Ravena para que Honorio aprobase la capitulación. El emperador la reprobó; Alarico entró en Roma; la ciudad padeció calamidades de toda especie y se detuvo Inocencio en Ravena sin volver a Roma mientras tanto que la ciudad no gozó de nueva tranquilidad.

Una multitud de reflexiones vienen a la imaginación, ya sobre el abandono de la propia iglesia en tiempo de calamidad omitiendo el regreso cuando la presencia del sumo pontífice pudiera disminuir los males, ya sobre otros puntos; pero el principal en mi concepto para la presente historia es el consentimiento dado para que el senado romano hiciera sacrificios idolátricos a sus dioses; pues no consta que Salomón fuese reprendido como idólatra por otra razón que la de haber aprobado las idolatrías de sus mujeres. La conducta de Inocencio en este punto en tanto más notable cuanto al mismo tiempo perseguía con rigor increíble a Prisciliano y otros que no llegaron a idolatrar, pues profesaban la religión cristiana y solo se distinguían en las opiniones del modo de entender algunos artículos de fe. A vista del suceso yo no puedo menos de admirarme de que se cuente a Inocencio en el número de los santos: no porque no lo fuera, pues acaso ante Dios contraería mérito particular con la buena voluntad de ceder pacíficamente al deseo del senado y pueblo romano, sino porque esta conducta repugna mucho a los principios adoptados para las canonizaciones; y estoy cierto de que si Inocencio no fuese pontífice romano sería imposible canonizarlo, pues menor fue el obstáculo de Osio, obispo de Córdoba, y mayores y de mayor realce sus méritos, y no se pudo lograr. Además yo ignoro que de veras esté canonizado Inocencio por decreto formal, y debo dudarlo mucho mientras no me conste auténticamente. La circunstancia de ser citado con el nombre de *santo* no basta, por ser solo efecto de la voz común vulgar nacida en los siglos bárbaros en que los romanos sacaron mucho partido de la ignorancia general, persuadiendo a todo el mundo que la virtud y la verdad eran el patrimonio perpetuo de la iglesia romana, cuyos pontífices habían sido casi todos santos, y que esto era consecuencia del particular amor con que Dios miraba la importancia del acierto en las elecciones de sumo pontífice, concediendo asistencia especial del Espíritu Santo que dirigiese los entendimientos y las voluntades de los electores. La frecuencia de cismas y de otros crímenes que veremos en los electos podía hacer conocer que era mentira; pero no se discurría tanto en los siglos de barbarie; y la credulidad de los ignorantes de aquel tiempo ha dado a los papas modernos armas para argüir contra los críticos titulándolos impíos. Como esto fuera impiedad verdadera, los primeros serían ellos mismos, pues no creen lo que intentan hacer creer por interés propio.

41 - ZOSIMO

De 417 *a* 418

Este papa, elegido en el domingo 18 de marzo de 417 y difunto en 26 de diciembre de 418, dejó en su corto pontificado de un año y pocos días más de nueve meses, grandes testimonios del espíritu ambicioso de mandar en toda la iglesia despóticamente, que se había comenzado a manifestar en el papa Víctor del segundo siglo y había ido creciendo por grados como hemos visto.

Prescindo de lo que obró contra Pelagio, Celestio y otros de su opinión, aunque podía censurar mucho más su conducta si yo me dejase arrastrar de las declaraciones de Mr. Prudhomme; pero no sucede lo mismo con el exceso de nombrar a Patroclo, obispo de Arlés, por vicario suyo en las provincias eclesiásticas y civiles de Francia, nombradas entonces una de Narbona y dos de Viena del Delfinado. Le dio potestad para dar *letras firmadas*; es decir en nuestro tiempo *testimoniales*, a cualesquiera clérigos de su voluntad para que en su virtud fuesen estos recibidos a comunión en donde quiera que se presentasen; asimismo para ordenar (que ahora decimos *consagrar*) obispos en la tres provincias designadas; para conocer de todas las causas eclesiásticas que ocurriesen en ellas, excepto las que mereciesen el dictado de *mayores* (las cuales se reservaba su santidad); y para nombrar jueces que decidieran esas mismas causas.

Un exceso de esta naturaleza produjo los malos efectos que debieron haberse previsto. Los obispos metropolitanos de aquellas provincias y aun los diocesanos no metropolitanos resultaban perjudicados en cada uno de los artículos de las facultades de vicario pontifical. No pudieron llevarlo en paciencia. Se turbó la paz de la iglesia galicana; y resultó cierto cisma perniciosísimo queriendo unos obispos sostener sus derechos, y consintiendo otros la usurpación por respeto a la silla de san Pedro, que ya empezó a ser respetada en una manera supersticiosa, esto es, bajo el concepto de que consistiera su veneración en dejar al pontífice romano hacer lo que se le antojara en el nombre de san Pedro sin otra responsabilidad que la del tribunal de Dios. Esta máxima que comenzó en Francia con el motivo indicado, es el origen verdadero de haberse aumentado notablemente desde entonces el despotismo pontifical: pues si todos los obispos franceses hubieran procedido con uniformidad resistiendo la usurpación del papa Zosimo, hay motivo de presumir que los sucesores hubieran sido moderados; mas como el éxito de aquella empresa correspondió a los deseos, sirvió de presupuesto para avanzar por días a nuevos proyectos, citando el ejemplar mismo como testimonio de posesión de los sumos pontífices y de reconocimiento de su justicia por parte de los obispos.

Con efecto, muy pronto se resolvió Zosimo a considerarse libre de la observancia de los cánones y superior a las leyes eclesiásticas; pues abusando de las palabras materiales del concilio de Sárdica, tomó conocimiento de una causa terminada ya en concilios de África. El presbítero Appiario, condenado por Urbano, obispo de Sicca, hizo recurso a Roma con escándalo general de los obispos africanos. Constaba que todas las causas debían ser finalizadas dentro de la provincia cuyos obispos congregados por el metropolitano habían de ser últimos y supremos jueces. Zosimo admitió el recurso, porque le era muy agradable que los obispos y clérigos de todo el orbe cristiano vivieran persuadidos a que la cátedra de san Pedro era el trono de un monarca eclesiástico a donde todo el mundo podía pretender justicia sin contar con sus jueces naturales ni con las leyes de su país. Los emperadores debieron impedir este abuso no tolerando que los vasallos eludiesen las leyes de sus provincias. Era contra la buena policía civil el dar lugar a viajes dilatados y dispendiosos que empobrecían las familias. Pero los emperadores del Occidente, Honorio y los que le sucedieron, habían caído en una debilidad extraordinaria y miraban con indolencia las usurpaciones de los papas. Estos aprovecharon perfectamente la ocasión y dejaron a los sucesores la herencia de sus excesos con el sobrescrito virtuoso de celo y con la ventaja de poderlos citar como testimonios de posesión de las prerrogativas que ninguno de los doce primeros papas conoció ni pensó apropiarse.

42 - BONIFACIO I

De 418 *a* 422

CISMA III

La muerte del papa Zosimo produjo un cisma, cuya historia es parte muy principal de la que escribimos, porque nos hace ver la fuerza de la intervención de la soberanía temporal que se terminó por su decisión. El emperador Honorio dio fin al cisma por su autoridad propia mandando que se tuviese a Bonifacio por verdadero pontífice. No haré caso de las declaraciones de Prudhomme, fundadas sobre una narración poco sincera de los hechos. La historia eclesiástica de Fleury es más fiel; y los documentos originales que se citan en ella bastan por sí solos para convencer a qué grado de usurpación habían llegado los papas de siglos posteriores, procurando causar olvido de la suma dependencia en que sus antecesores habían estado, y el reconocimiento hecho en repetidas ocasiones de que al soberano temporal corresponden una multitud de casos que después se procura persuadir ser espirituales ajenas de la potestad secular.

Murió Zosimo en 26 de diciembre de 418, y el prefecto de Roma Simaco, sin embargo de ser idólatra, exhortó al pueblo que se mantuviera tranquilo y dejase al clero elegir libremente nuevo papa. Se reunieron luego muchos obispos de la comarca de Roma para celebrar la elección. Antes que se acabasen los oficios de funerales de Zosimo en el día 27, fueron a la iglesia de San Juan de Letrán el arcediano de Roma *Eulalio* con todos los diáconos de la ciudad, algunos presbíteros y grande multitud de personas del pueblo; cerró las puertas del templo, y resultó papa, cuya consagración le dio en el domingo siguiente día 29 del mes el obispo de Ostia a quien por costumbre pertenecía la prerrogativa de consagrar los papas.

Antes que se realizase la consagración se juntaron después de los funerales de Zosimo casi todos los presbíteros de Roma, grande parte del pueblo y algunos obispos en la iglesia de Teodora, y resolvieron elegir a *Bonifacio*, presbítero antiguo de la ciudad. Deputaron tres presbíteros que fuesen al templo de Letrán e intimasen a los reunidos que no pasasen adelante sin comunicar todas sus gestiones con la parte mayor del clero de Roma que era la congregada en el templo de Teodora. Los partidarios de *Eulalio* trataron mal a los diputados y no hicieron caso del requerimiento; pues hemos visto que procedieron a la consagración.

El prefecto Simaco hizo comparecer ante sí a los principales del partido de *Bonifacio* en el sábado día 28, y les intimó que no hiciesen nada contra las reglas porque serían castigados si las quebrantaban. Ellos creyeron o aparentaron creer que no faltaban a las reglas congregándose como lo hicieron en la iglesia de San Marcelo nueve obispos, setenta presbíteros y gran multitud popular en el citado día 29. Allí consagraron solemnemente a *Bonifacio*, mientras en Letrán el obispo de Ostia hacía otro tanto con *Eulalio*. Bonifacio fue conducido con pompa y aplauso al templo de San Pedro.

Simaco escribió aquel mismo día enviando las actas de todo al emperador Honorio, residente en Ravena, diciendo que a su majestad correspondía aprobar la elección que debiese prevalecer y que esperaba sus órdenes. Honorio resolvió en 3 de enero de 419 que fuese tenido *Eulalio* por legítimo pontífice, y que *Bonifacio* saliera de Roma. El prefecto Simaco recibió esta orden día 6 de enero en que se había de celebrar procesión y gran solemnidad de estación por la fiesta de Epifanía. Hizo intimar a Bonifacio el decreto imperial, y lo mismo fue saberse que haber sedición popular en Roma con muertes, heridas, atropellamiento y demás calamidades consiguientes.

Los electores de Bonifacio escribieron al emperador informándole a su modo para que se conociera ser sediciosa, ilegítima y contra las reglas la elección de *Eulalio*, prometiendo comparecer todos ante su majestad con el mismo *Bonifacio*, y pidiendo se mandase otro tanto a *Eulalio* y sus partidarios, para que oyendo su majestad a todos resolviese definitivamente. Honorio tuvo por justa la solicitud y mandó en 15 de dicho mes a Simaco que, suspendiendo la ejecución del rescrito del tres, intimase a todos comparecer en Ravena día ocho de febrero, bajo la pena de reputarse perdido cuanto derecho tuviera el que no concurriese.

Al mismo tiempo el emperador mandó a varios obispos acreditados de África, Italia y Francia pasar a Ravena para celebrar concilio y determinar la cuestión del cisma romano. El prefecto Simaco escribió en 25 de enero al emperador estar cumplida por su parte la orden del día quince. Los obispos congregados opinaron con tanta variedad que consideró forzoso el emperador convocar otro más numeroso para el día primero de mayo, mandando que entre tanto hiciera de papa en Roma *Aquiles,* obispo de Espoleto, principalmente en la festividad de pascua de 419, día treinta de marzo, residiendo siempre fuera de la ciudad Eulalio y Bonifacio, sobre lo cual escribió el prefecto en quince de dicho mes de marzo. Entre los obispos nuevamente convocados los más notables fueron san Paulino, san Agustín, san Alipio, san Evodio y Aurelio, primado de África.

Eulalio desobedeció al decreto imperial. Despreciando su prohibición entró en Roma día 18 de marzo. En el 21 llegó *Aquiles*, obispo de Espoleto, para cumplir las órdenes imperiales. La parte del pueblo partidaria de *Eulalio* se tumultuó y causó gran sedición que no pudo el prefecto cortar por de pronto a pesar del auxilio de los principales ciudadanos, porque otra multitud de esclavos se presentó con armas en la plaza de Vespasiano contra los partidarios de Eulalio. El prefecto escribió pidiendo órdenes positivas para el día treinta, que era la pascua, bajo el supuesto de saber que los dos partidos se preparaban a la guerra civil, y el emperador resolvió día 25 en esta forma: "Habiendo entrado *Eulalio* en Roma contra nuestra orden, debe salir indispensablemente para quitar el motivo de la sedición, bajo la pena de perder su dignidad y aun su libertad. No se le admitirá la excusa de ser forzado por el pueblo. Todos los que comuniquen con él serán castigados a proporción de sus respectivas culpas, sean clérigos o legos. El obispo de Espoleto hará los oficios santos de la pascua en todos sus días. La iglesia de Letrán no se concederá a otro alguno". Los oficiales del prefecto Simaco fueron encargados de le ejecución del decreto con responsabilidad de sus cabezas y grandes multas.

Simaco hizo intimar el decreto a *Eulalio*; pero este conmovió el pueblo, no salió de Roma; con su auxilio se apoderó de la iglesia lateranense y celebró el sábado santo, bautizó solemnemente, y practicó varias gestiones de verdadero papa. El prefecto juntó gentes, echó de la iglesia y de la ciudad a *Eulalio*. *Aquiles*, obispo de Espoleto, hizo todas las fiestas solemnes de la pascua. El emperador envió a su destierro a Eulalio y castigó a varios clérigos autores de la sedición. En 3 de abril declaró que debía quedar *Bonifacio* por verdadero papa. El decreto imperial fue recibido en Roma día ocho; y el pueblo, que deseaba ya la tranquilidad, aplaudió la resolución. Habiéndose conformado *Eulalio*, se le nombró obispo de Nepi, con lo que tuvo fin el cisma, sin que llegase a tener efecto el concilio convocado para el día primero de mayo por no considerarse ya necesario.

Una multitud de consecuencias de política y derecho resultan del suceso. Se demuestra quién fue juez de la causa sobre cisma del sumo pontificado, y cuán reconocida estaba la prerrogativa soberana de hacer ineficaz la elección de los papas mientras no constase aprobación imperial. Si esta práctica hubiera durado siempre, no leeríamos en la historia tantas guerras escandalosas que desolaron la Europa por haberse arrogado preeminencias superiores a la imperial, olvidados o afectando estarlo de un caso tan decisivo y terminante como el de Eulalio y Bonifacio.

Este papa está citado también como santo no sé por qué; lo cierto es que su partido produjo muchos homicidios y sediciones como el otro; que si no hubiese habido grande ambición de mandar, se hubiera omitido la elección de Bonifacio después de la del arcediano Eulalio, bien o mal hecha; que el derecho de este hubiera prevalecido si no por las desobediencias a las órdenes de Honorio; y que aun así se consideró forzoso darle obispado distinto levantando su destierro; circunstancias todas que debilitan mucho las presunciones de virtud de Bonifacio en grado heroico. Si como se trata de un obispo de Roma fuese el de Constantinopla, no estaría Bonifacio en el catálogo de los santos.

43 - CELESTINO I

De 422 a 432

En su tiempo se celebró, año 431, el concilio general de Éfeso contra Nestorio, patriarca de Constantinopla, y no tuvo el papa más parte que cualquier otro obispo. El emperador Teodosio II lo convocó, señaló el pueblo, el tiempo y el objeto; expidió las cartas a los patriarcas, primados y metropolitanos exentos del Oriente y al papa por lo respectivo a todos los obispos de Occidente. San Celestino envió legados, y cuando llegaron ya el concilio estaba congregado; había tenido sesiones, pronunciado y promulgado la condenación de la herejía y del heresiarca y sus sectarios, presidiendo san Cirilo, patriarca de Alejandría. En la carta que se leyó en el concilio reconoció Celestino que los obispos tenían derecho y potestad por institución divina, y no se quejó de que se hubiera comenzado el concilio sin esperar sus legados, antes bien en las instrucciones dadas por escrito a estos y leídas en sesión conciliar, encargaba dar satisfacción de la tardanza de llegar por la gran distancia, y que se conformasen con lo que hubiese decretado ya el concilio si veían haberse procedido arregladamente.

Iguales observaciones en cuanto a lo sustancial del objeto de potestad se pueden hacer llegar sobre los concilios generales congregados, años 325 en Nicea, y 380 en Constantinopla; de manera que ninguno podía negar a los emperadores el derecho de mandar al obispo de Roma y a los demás obispos cristianos de su imperio, reunirse en el pueblo que asignasen, para el tiempo que dijeran, y tratarlos asuntos de la fe y demás eclesiásticos. Solamente la ignorancia de los siglos posteriores y el trastorno del imperio romano fueron capaces de dar lugar a la introducción de ideas contrarias. La división de Europa en muchos reinos no era obstáculo para el sistema si los soberanos se conformaban en el señalamiento de pueblo y tiempo. El emperador de Alemania Carlos V pudo sostener sus derechos contra el papa en este punto, y debió hacerlo a favor de los protestantes, insistiendo con tesón en que se celebrase concilio general, no en Trento, sino en cualquiera ciudad de Alemania donde pudiesen aquellos concurrir sin los recelos que manifestaron de la preponderancia del influjo de Roma. Lo cierto es haber sido este excesivo y mucho mayor de lo que convenía para bien de la iglesia; y aun así no estaba contento Julio III que por esto intentó trasladarlo a Bolonia. Es deshonor de Carlos V y afrenta del cristianismo haber confundido los intereses de la religión con los del papa en los términos que se hizo en el concilio de Trento con daño incalculable del catolicismo solo por debilidad de los soberanos, y por la contraposición de intereses profanos entre sí mismos; dando a los heterodoxos ocasión y aún motivo suficiente para impugnar las determinaciones conciliares, calificándolas de no libres y de subordinadas servilmente a la voluntad pontificia.

44 - SIXTO III

De 432 *a* 440

El historiador Platina, en su obra intitulada *Vidas de los papas*, dice que Sixto III fue acusado por un tal Basso en un concilio de ciento y cincuenta obispos, los cuales lo absolvieron condenando a Basso como falso calumniador; y que el emperador Valentiniano III desterró a este, y le confiscó sus bienes a favor de la iglesia romana. El cardenal Baronio dice que el acusador fue Anicio Basso, excónsul de Roma; y el crimen haber Sixto abusado de una mujer joven que había consagrado a Dios su virginidad; cuyo proceso fue presentado y examinado en el concilio romano del año 433. Supongamos que fuera calumniosa la acusación; pero esto ¿basta para canonizar al papa Sixto? ¿Dónde está su canonización? ¿Dónde las virtudes en grado heroico para ello?

45 - LEÓN I EL MAGNO

De 440 461

Este santo pontífice manifestó celo contra los herejes, especialmente contra los maniqueos; pero no conforme al espíritu de mansedumbre de Jesucristo, sino al de rigor reprobado en el Evangelio con el ejemplo del apóstata san Pedro y el de los samaritanos contra quien se había pedido fuego del cielo.

Libró a Roma del saqueo e incendios que le amenazaban por parte de Atila, rey de los hunos; pero no pudo conseguir otro tanto tres años después, en que Genserico, rey de los vándalos, saqueó la ciudad por espacio de catorce días. Dicen que Atila concedió la gracia, porque creyó ver al lado de León un varón venerable celestial que le amenazaba con la ira de Dios si negaba la petición. Si esto fuera cierto ¿por qué no sucedió lo mismo después a Genserico?

San León conservó y fortificó el espíritu de los antecesores en cuanto a extender los límites de la potestad del primado romano. Procuró tomar conocimiento de todos los negocios que ocurrían en Oriente y Poniente. Los patriarcas de Constantinopla, Alejandría, Antioquia, Jerusalén, los primados de Éfeso, Cesárea, Cartago,

Ilírico, Tracia y Macedonia, Galias y Españas, y muchísimos metropolitanos de todas partes tuvieron contestaciones jurisdiccionales; y san León procedió siempre procurando hacer creer a todos que como sucesor de la cátedra de san Pedro debía ser obedecido de todos sin hacer distinción entre los asuntos de disciplina universal y los de gobierno particular interior de las provincias, en que no debía meterse si había de imitar a los doce primeros papas.

Por eso tuvo grandes mortificaciones con el canon del concilio general de Calcedonia, convocado año 451 por el emperador Marciano. Los obispos concedieron al patriarca de Constantinopla jurisdicción primacial sobre las provincias de Ilírico y Tracia, y sobre las de Asia inclusa la de Éfeso, hablando en estos términos: "los antiguos padres concedieron a la silla de la antigua Roma con derecho algunos privilegios, atendiendo a ser aquella ciudad la corte del imperio. Movidos por la misma razón los ciento y cincuenta obispos del concilio constantinopolitano, muy amados de Dios, concedieron iguales privilegios a la santísima silla de la *nueva Roma*, juzgando rectamente que una ciudad decorada con las dignidades de corte y senado imperiales y con privilegios iguales a los de la *antigua Roma*, debía ser ensalzada y engrandecida en el orden eclesiástico, de manera que dejando el primer lugar a Roma la antigua, tenga el segundo Roma la nueva".

Este canon no solo es precioso por lo que dispone, sino por lo que refiere; pues dejó eterno testimonio de la verdad que reconocen todos los críticos juiciosos y procuran desfigurar los romanos, de que la extensión jurisdiccional de los papas fuera del Occidente no proviene de concesión directa de Jesucristo ni de transmisión de san Pedro, sino de la voluntad de los obispos congregados en Nicea, Sárdica y otros concilios, o del consentimiento de los demás por respeto a san Pedro y san Pablo, martirizados en Roma; cuya verdad es el origen de que san Polícrates y otros de Asia, san Cipriano y otros de África, y todos los de España llevasen a mal y resistiesen las usurpaciones empezadas por el papa Víctor, continuadas por san Esteban y aumentadas sucesivamente por casi todos los posteriores.

46 - HILARIO

De 461 *a* 468

Hilario fue elegido papa en 10 de noviembre de 461 y murió en 21 de febrero de 468.

Fue de carácter intolerante, y lo demostró en el tesón con que se opuso a la tolerancia de todas las sectas que quiso introducir en la ciudad de Roma el emperador Antemio. La debilidad de este soberano aumentó el vigor de Hilario, pues una cosa es la reprobación de doctrinas, otra la tolerancia de las personas que profesen la doctrina. El papa solo se pudo mezclar por autoridad propia en lo primero; pero era privativo de la soberanía temporal lo segundo.

47 - SIMPLICIO

De 468 *a* 483

San Simplicio fue consagrado papa en 25 de febrero de 468 y murió en 27 del mismo febrero de 483.

En su tiempo tuvo fin el imperio de Occidente y comenzó el reino de las naciones septentrionales en Italia. Muerto el último emperador Rómulo Augústulo en 475, ejerció la soberanía territorial Odoacre, rey de los hérulos. Este murió en 493 y comenzó el reino de los ostrogodos. Teodorico, primer rey de Italia entre los de su nación, era tan ignorante de letras que no sabía escribir; pero de tanto talento natural como testifica su conducta política, superior a la de muchos reyes modernos.

Estas novedades tuvieron un influjo extraordinario en favor de las máximas del sumo pontífice romano, cuyos poseedores no perdieron jamás de vista reunir a su autoridad eclesiástica la dominación de la ciudad de Roma en que ya mandaban indirectamente desde que los emperadores occidentales habían abandonado la residencia romana y puesto su corte imperial en Ravena. La elevación del empleo de sumo pontífice, la extensión de poderes que había ido apropiándose progresivamente desde la conversión del emperador Constantino Magno, la debilidad y la ignorancia de los sucesores de Teodosio, y la reunión de otras muchas casualidades habían dado a los sumos pontífices un ascendiente grande sobre los prefectos de Roma, y aun sobre los emperadores, careciendo solo del señorío temporal para mandar en nombre propio. Pero los reyes Odoacre, Teodorico y sucesores eran herejes arrianos; y esta diversidad de religión debía inspirar en los papas una política muy diferente y producir una variación en sus ideas. Así veremos que los papas para conservar autoridad en Roma escogieron el medio de manifestar a veces inclinación a la dominación de los godos y en otras a la del emperador del Oriente que con el tiempo poseyó buena parte de la Italia. El equilibrio entre las dos potencias fue norte de los papas para alejar de Roma la una y la otra, quedando así como vicesoberanos sin título, pero con esperanzas de tenerlo.

San Simplicio no alcanzó este tiempo, pero lo preparó procurando ser agradable a Odoacre y a Teodorico al mismo tiempo que procedía en el Oriente con animosidad acerca de las elecciones y límites de poder de los patriarcas de Constantinopla, Alejandría y Antioquia, de manera que resultó cisma entre unas y otras iglesias, el cual duró hasta el pontificado de Hormisdas. Yo ignoro las canonizaciones del papa Simplicio, de su antecesor Hilario y de otros pontífices a quienes llamo *santos* porque así se ven citados en las obras impresas; pero confieso mi ignorancia: no he leído en las fuentes de la historia eclesiástica virtudes heroicas de Hilario ni de Simplicio que sirvan de fundamento a sus canonizaciones, las cuales acaso no han existido jamás, lo que se verifica en otros antecesores y sucesores suyos no martirizados.

48 - FÉLIX III

De 483 *a* 492

Este sumo pontífice fue elegido a dos de marzo de 483 y murió en 24 de febrero de 492. Su elección se verificó en presencia y con autoridad de Basilio, prefecto de Roma, comisionado al efecto por Odoacre, rey a quien se dio nombre de *bárbaro* porque no era romano, pero que lejos de tener barbaridad en sus costumbres fue moderado y tolerante. Profesó la religión cristiano-arriana, y sin embargo no solo no persiguió a los profesores de la católica, sino que los protegió dándoles empleos del primer orden y procurando que la elección del sumo sacerdote se hiciera tranquilamente conforme a las reglas establecidas en el asunto. Los papas debieron aprender esta moderación sin que sirva de disculpa decir que la religión católica es la verdadera, pues los arrianos y los demás pensaban lo mismo acerca de las suyas.

Félix celebró en Roma un concilio contra Acacio, patriarca de Constantinopla, en el cual este fue depuesto y excomulgado porque favoreció a los que intentaban destruir la autoridad del concilio general de Calcedonia. Es bien notable que los pontífices romanos se vieran en la necesidad de ser apologistas de aquel mismo concilio en que se habían declarado provenir del consentimiento de otros obispos los privilegios de la silla romana. La deposición de Acacio consolidó el cisma de Oriente que había comenzado en tiempo del papa Simplicio. El emperador Zenón no quiso revocar el edicto de profesión de fe llamado *Henótico*, aunque le dijo Félix que el soberano debía obedecer a la iglesia católica y silla de san Pedro y no darle leyes. Esta proposición es la primera que se ve atrevida en un pontífice romano a un emperador; pero debe tenerse presente la fecha, pues la dijo cuando ya no había imperio de Occidente y no se tenía en Roma atenciones algunas en el de Oriente por la dominación de Odoacre. ¡Cuántas cosas más graves tendría que permitir a este! Sin embargo no hay la menor noticia de que Félix chocase con él. Bien al contrario consta que todos los romanos sin excepción del papa procuraban ganar su voluntad. Cuando se observa esta diferencia tan notable en el modo de conducirse con Odoacre arriano, y con Zenón católico, se descubre mucho la política de los papas. Tampoco sé los méritos para la canonización de Félix.

49 - GELASIO I

De 492 *a* 496

San Gelasio fue elegido a primero de marzo de 492, y murió en 19 de noviembre de 496.

Tuvo grandes contestaciones con los orientales, especialmente con el emperador Anastasio I y el patriarca Eufemio, sucesor de Acacio. Sostuvo con un tesón extraordinario y perjudicial las prerrogativas de su silla, negando las de Constantinopla. Conoció que le obstaba el concilio de Calcedonia, y decía que su resolución en este punto de disciplina no tenía valor por no haber consentido el papa san León ni los sucesores por ser contra la costumbre antigua. Sus cartas contienen especies demasiado fuertes en favor de la potestad de los papas sobre todas las iglesias del mundo y la independencia de la silla romana, cuyos prelados, dice, no pueden ser juzgados por nadie. San Gelasio parecía haber olvidado todo lo sucedido en los dos primeros siglos, y no es posible avanzar más que san Gelasio en las razones que alegó favorables a las ambiciosas solicitudes de la curia romana, con respecto a los negocios eclesiásticos; y aun así resulta que los pontífices posteriores se han excedido infinito; porque todo lo más a que llegan los poderes del papa relativos a las otras iglesias, según las alegaciones de san Gelasio y principios en que las funda, se reduce a los asuntos de religión y moral, los de disciplina universal, los particulares de obispos y las apelaciones de los condenados por patriarcas, primados, metropolitanos, exentos y concilios provinciales. Pero nada con relación a dispensas de impedimentos matrimoniales, irregularidades, excomuniones, censuras, administración del sacramento del orden, nominación de personas para oficios o beneficios eclesiásticos, gobierno de parroquias, ni otra ninguna cosa del régimen interior de las diócesis, para el que reconoce san Gelasio toda la plenitud de autoridad de los obispos.

En medio de haber avanzado tanto confesó algunas verdades que conviene recordar para que a su vista se conozca mejor cuánto se hayan excedido sus sucesores.

En su libro sobre el *anatema* trató san Gelasio de la distinción entre las dos potestades, eclesiástica y secular, estableciendo principios muy arbitrarios y destituidos de fundamento sólido, y sin embargo dijo: "Dios, conociendo la debilidad humana y queriendo salvar a los suyos por medio de la humildad, ha separado las funciones de los poderes eclesiástico y secular, de modo que los emperadores cristianos necesitasen de los pontífices para la vida eterna, y los *pontífices obedeciesen a las ordenanzas de los emperadores para las cosas temporales, no mezclando los servidores de Dios en las cosas seculares,* ni los soberanos en las divinas. Así cada uno de los dos órdenes tiene sus límites y cada profesión dicta las acciones que le corresponden". Si el papa Zacarias, Gregorio VII y otros muchos sucesores hubiesen aprobado esta doctrina de san Gelasio, no hubieran aceptado la soberanía temporal de Roma, ni procurado la de otros distritos para no mezclarse en negocios temporales; bien que ya estaba prohibido cuatro siglos y medio antes por el apóstol san Pablo, quien había dicho que *nadie dedicado al servicio divino debía complicarse con el cuidado de negocios temporales.*

50 - ANASTASIO II

De 496 *a* 498

San Anastasio II fue electo papa en 24 de noviembre de 496 y murió en 17 de igual mes de 498.

Escribió al emperador Anastasio I procurando persuadirle que abandonando el edicto *Henótico* de su antecesor Zenón, profesase públicamente la doctrina del concilio de Calcedonia contra Eutiques, se apartase de la comunión del patriarca Macedonio, sucesor de Acacio y de Eufemio, y se adhiriese totalmente a las decisiones de la iglesia romana para que así pudiera verificarse la reconciliación de las iglesias del Oriente con la de Roma. Pero el papa murió antes de tener respuesta, y no llegó el caso de excomulgar al emperador, aunque lo digan Platina y otros escritores.

51 - SIMACO

De 498 *a* 514

CISMA IV

En un mismo día fueron elegidos dos pontífices romanos, Simaco, arcediano, y Lorenzo, arcipreste. Hubo tumulto, guerra civil, homicidios y todos los horrores que son consiguientes. No pudo el mal cortarse ni aun disminuirse de otra manera que acudiendo a Teodorico, rey de los ostrogodos, cuya corte era la ciudad de Ravena. Seguía este rey la religión arriana, y sin embargo se le ofreció admitir por pontífice al que su majestad resolviese. Informado Teodorico de que la primera elección había recaído en Simaco, y por mayor número de presbíteros de Roma, mandó que tuvieran por sumo pontífice a Simaco. Los partidarios de Lorenzo acusaron de muchos crímenes a Simaco, pidiendo al rey que juzgase de la acusación y nombrase obispo de Roma interino con título de *visitador*. Teodorico nombró al obispo de Altino y mandó que los obispos de Italia se congregasen a concilio y sentenciasen en la causa. Los obispos absolvieron a Simaco, diciendo que lo absolvían en lo respectivo al juicio humano, porque siendo ellos inferiores al papa, consideraban que el juicio de este debía reservarse a Dios. El mismo Simaco confesó que si el pastor errase contra la fe, o fuese injurioso a sus ovejas, puede ser acusado por ellas, mas no fuera de estos casos. El emperador Anastasio le acusó de hereje maniqueo y otro de adúltero: las dos imputaciones resultaron calumniosas, los escritos de Simaco y su conducta en lo relativo al cisma le hacen honor; y solo se le puede censurar de dureza en el modo con que trató al emperador Anastasio negándose a estar en comunión con él porque su majestad no consentía en la condenación de la memoria de Acacio, y porque comunicaba con los herejes eutiquianos. Este procedimiento de Simaco era tanto más chocante cuanto mayor trato tenían el mismo papa y su clero con el rey Teodorico, hereje arriano. Pero lo que debe merecer la principal atención en esta historia, es que los romanos reconocieran en el rey la potestad legítima para decidir quién debía ser el verdadero papa, por los principios mismos que había sido juez el emperador Honorio, año 418, en el tercer cisma de Eulalio contra Bonifacio. No repararon en que Teodorico era hereje, sino que era soberano de Roma. La experiencia hizo ver el acierto de las dos ocasiones, pues cesaron los cismas en menos tiempo y con menos calamidades de guerra civil que cuando se ha sujetado la decisión de cismas a juicio de solos obispos.

Los que aseguran que el Espíritu Santo asiste a las elecciones de los papas y dirige las voluntades de los electores, debían avanzar menos en sus fanáticas ideas, y reflexionar más sobre todo cuanto se oponen a la intervención del Espíritu Santo los homicidios, las guerras civiles y las enemistades que se siguieron de los cismas; pues no puede ser influjo divino el que produce tan detestables efectos.

-o-o-o-

SIGLO VI

52 - HORMISDAS

De 514 *a* 523

Este sumo pontífice fue elegido en 26 de julio de 514 y murió en 6 de agosto de 523. Su elección fue celebrada en presencia del famoso Casiodoro, cónsul de Roma, secretario del rey Teodorico, que lo comisionó para intervenir en la elección a fin de que fuese pacífica evitando los peligros de otro cisma. Mis lectores pueden ir notando los muchos casos en que consta la intervención del soberano temporal en las elecciones de papas o confirmaciones de las hechas sin asistencia del magistrado. Todos estos ejemplares repetidos desde la conversión de Constantino Magno condenan las orgullosas usurpaciones del papa Gregorio VII y sucesores, que no solo negaron este derecho legítimamente adquirido a los emperadores de Alemania, sucesores de Carlos Magno y de otros que lo poseyeron, sino que pasando de un extremo al otro contrario tuvieron la osadía de atribuirse derecho para intervenir en la elección, confirmación y coronación de dichos emperadores y aun para deponerlos, como se verificó algunas veces.

El papa Hormisdas consiguió, año 518, la reconciliación de la iglesia de Constantinopla y tranquilidad del Oriente después de un cisma de treinta y cinco años. Los escritores que miran los sucesos por el lado favorable a los papas admiran la firmeza de los sumos pontífices Félix III, Gelasio I, Anastasio II, Simaco y Hormisdas contra los emperadores Zenón, Anastasio I y Justino I, así como contra los patriarcas de Constantinopla Acacio, Frabito, Eufemio, Macedonio, Timoteo y Juan II. El que lea la historia de aquel cisma con ojos filosóficos imparciales no puede menos de escandalizarse de la dureza de los papas y de su espíritu ambicioso de mandar, en todo ser superiores a todos, y obedecidos por todos sin ceder en nada aun cuando interesen en ello la iglesia y la caridad cristiana, sirviendo siempre de pretexto la religión misma, y el celo de conservarla pura. El cisma comenzó año 484 excomulgando el papa Félix III al patriarca Acacio porque había comunicado con algunos obispos herejes eutiquianos, enemigos del concilio general de Calcedonia. El emperador, el patriarca y muchos obispos despreciaron la excomunión diciendo ser nula mediante que Acacio era católico, y su comunicación con los enemigos del concilio no había sido en materias dogmáticas sino civiles. El papa se ofendió; anatemizó al patriarca; lo declaró depuesto del patriarcado y se explicó en términos ofensivos contra el emperador. Murió Acacio: se nombraron sucesores; el papa mandó borrar de las Dípticas, canon o catálogo de obispos muertos el nombre de Acacio, y no se le obedeció. Se trató muchas veces de reconciliación, especialmente cada vez que había papa nuevo sucesor de Félix. Siempre dejó de verificarse únicamente porque los papas lo resistieron, afirmando vigorosamente que jamás podía ser mientras no se borrase de las Dípticas el nombre de quien murió excomulgado por el sucesor de san Pedro. El emperador Justino y el patriarca Juan II se allanaron por último a cuanto quiso el papa Hormisdas, mediante constarles el estado de la opinión pública de los cristianos del Oriente que vivían sumamente descontentos del cisma y culpaban a los emperadores y patriarcas.

¿No fue tenacidad orgullosa de los papas el negarse a reconciliación por un motivo tan despreciable? ¿Cuál era la importancia de borrar el nombre de Acacio? Solo interesaba el orgullo pontifical de que prevaleciera la potestad romana. Por lo demás los papas confesaban que Acacio era un buen católico, condenador de los eutiquianos y defensor de la doctrina del concilio de Calcedonia. La excomunión lanzada contra él sonaba ser porque comunicaba con herejes, pero su origen verdadero fue la mala disposición de los papas contra los patriarcas de Constantinopla. Desde la elevación honoraria de estos en el concilio general del año 384 todos los papas fueron émulos suyos, porque preveían el gran poder que les proporcionaría la corte del Oriente, y sospechaban que los obispos de Roma decaerían por grados aun en el Occidente porque sus emperadores residían en Ravena. El concilio general de Calcedonia confirmó, año 451, las sospechas, elevando a jurisdiccional el patriarcado que solo había sido de honor, y eternizando la memoria de origen verdadero de la extensión de potestad del primado romano. Los pontífices no pudieron llevar en paciencia ni lo uno ni lo otro. San León Magno no encontró entre sus virtudes la de conformarse con las novedades del tiempo: y si un santo tan grande manifestó el excesivo celo del engrandecimiento de su silla y los celos del que veían en la de Constantinopla, menos libres estuvieron sus sucesores. En vano buscaremos otro principio sólido para la dureza de los papas para con Acacio y los que le sucedieron.

El papa Hormisdas se puso en contradicción consigo mismo por esta conducta, pues él comunicaba con el rey Teodorico, hereje arriano, y con todos los herejes que le convenía para sus ideas romanas. Aun en el asunto mismo de la reconciliación con el patriarca y emperador constantinopolitanos consultó primero con Teodorico, para lo cual hizo un viaje directo desde Roma a Ravena. Recibió también de Teodorico varios dones en ofrenda para la iglesia de San Pedro de Roma, cosa expresamente prohibida en los cánones, porque recibir las ofrendas de los herejes es comunicar con ellos en las cosas divinas; extremo a que nunca llegó Acacio con los eutiquianos. ¡Tanto ciega la pasión en causa propia!

53 - JUAN I

De 523 *a* 526

Este pontífice fue a Constantinopla como embajador extraordinario del rey Teodorico al emperador Justino con el encargo de pedirle que no prosiguiese persiguiendo a los arrianos y les restituyese las iglesias que les había quitado, protestando que de lo contrario haría otro tanto con los católicos en Italia. Justino cesó en la persecución, pero no restituyó los templos. El papa, de regreso a Ravena, fue puesto en prisión y murió en ella por enfermedad natural a poco tiempo. Los romanos cuentan a Juan I en el número de los santos mártires. Es bien difícil probar que lo fuese. La causa de su prisión fue puramente política, es decir, la sospecha de prevaricación en la embajada. Lo cierto es que si hubiera procedido en ella con sinceridad hubiera hecho a Justino restituir las iglesias.

Para testimonio de la constancia del sistema romano conviene saber que Epifanio, patriarca de Constantinopla, ofreció su iglesia patriarcal al papa Juan para celebrar los divinos oficios si gustaba; y el romano pontífice no quiso aceptar sino con la condición de ocupar primera silla preferente a la de Epifanio, aunque este alegaba la repugnancia de los cánones en iglesia de otro prelado. Juan dijo serlo de todas las del orbe cristiano, y que así residía siempre dentro de iglesia propia. Se conoce bien cuál espíritu dominaba en los papas.

54 - FÉLIX IV

De 526 *a* 530

Este papa fue elegido por el rey Teodorico en 24 de julio de 526 con aplauso del senado romano que lo reconoció por sumo pontífice. El rey murió a 30 de agosto, y sin embargo Félix fue consagrado papa en fines de setiembre. Edificó la iglesia de san Cosme y reedificó la de Saturnino.

He aquí un papa elegido por un rey hereje, soberano del país como los antiguos Césares. Ningún cristiano de aquel tiempo ni de los cercanos imaginó poner en dudas la legitimidad de la elección. Los papas y sus curiales dedicaban en el siglo VI toda su ambición a consolidar el primado romano sobre el patriarcado de Constantinopla, única dignidad eclesiástica que les daba recelos por la protección inmediata de los emperadores de Oriente. Sufrían lo demás con paciencia porque no se les ocultaba su menor importancia. El clero romano sentiría muchísimo no haber celebrado su elección pontificia, pero adoptó la hecha por el bien de la paz y no entró en disputas tan perjudiciales como inútiles.

55 - BONIFACIO II

De 530 *a* 532

CISMA V

Muerto Félix en 18 de setiembre de 530 fue ordenado sucesor suyo *Bonifacio II* en 13 de octubre por una parte del clero romano; pero en el mismo día otra parte del propio clero hizo consagrar por soberano pontífice a *Dióscoro*, de lo que resultó el quinto cisma. Duró casualmente poco tiempo por haber muerto Dióscoro en 16 de octubre. Había fallecido el rey Teodorico en 30 de agosto de 526, y reinaba su nieto Amalarico, muchacho de 13 años, bajo la tutela de su madre viuda Amalasunta, hija única legítima de Teodorico. La minoridad del rey y las circunstancias de ser el reino gobernado por una mujer dio a los clérigos romanos ánimo para intentar la reivindicación de sus derechos de elegir; pero al mismo tiempo el espíritu de ambición que dominaba en sus propias almas no les permitió la conformidad necesaria para persuadir con ejemplos prácticos que la razón era su norte y guía. ¿Cómo se ha de persuadir a los protestantes ni a nadie que las elecciones de los papas son obras del Espíritu Santo, cuando vemos serlo del espíritu de ambición y de imperio? Los cismas tan frecuentes como queda visto, ¿no dan testimonio eterno de esta verdad?

El mismo papa Bonifacio II lo dio grande, pues llevó su resentimiento hasta el grado de perseguir a su émulo aún más allá de la muerte, condenando la memoria de *Dióscoro* como cismático cuando ya no tenía necesidad. Hizo por violencia que el clero reconociera y firmase por legítima y justa la reclamación para ponerla en los archivos de Roma. Como si esto no marcase bastante su carácter, convocó luego concilio de obispos sufragáneos y clero diocesano, en el cual hizo que como electores del pontificado le cedieran su derecho, autorizándose para nombrar la persona que debería ser papa después de su muerte. Obligó a los congregados a firmar que reconocían por sucesor suyo a Vigilio, diácono entonces de la iglesia romana. Posteriormente receló malas consecuencias de su atentado; juntó nuevo concilio y revocó las disposiciones del otro, declarándolas nulas como contrarias a los cánones, y confesó que se consideraba reo de lesa majestad.

Esta confesión descubre todo el misterio. Su elección y la de Dióscoro habían sido hechas sin licencia ni autoridad del soberano territorial, al que tampoco se había pedido confirmación. Amalasunta, regente del reino por su hijo Amalarico, manifestaría su resentimiento y lo aumentaría mucho más cuando viese los progresos de la infracción de los derechos del trono, y verosímilmente amenazó a Bonifacio; de cuyas resultas este concibió temores y deshizo su atentado.

Por otra parte merece atención la poca firmeza de los obispos suburbicarios de Roma y de su clero. ¿Qué reverencia se pretende que tengamos a los concilios particulares romanos que tan frecuentemente se nos citan para muchos objetos de controversia? Los dos de Bonifacio II, los varios del papa Simaco, referidos en su lugar, y otros tantos no merecen el nombre de concilios, sino solo de resoluciones pontificias, arbitrarias y despóticas que un amo hace a sus criados firmar contra su voluntad por temor de su indignación. Si el mayor número de los obispos españoles, franceses y alemanes, y todos los italianos cedieron por fin en el concilio general tridentino a la voluntad de los papas aun en perjuicio suyo y de la iglesia, y destruyeron los fundamentos del respeto a los concilios generales, ¿qué podemos pensar de los particulares celebrados en Roma? Los protestantes se contentaban con que se celebrara en Alemania el concilio. Yo diría que todos en el Oriente, donde nada pudiese influir el papa sobre los votos de los obispos.

56 - JUAN II

De 532 *a* 535

La elección de este sumo pontífice, verificada en 22 de enero de 533, después de tres meses de vacante, dejó grandes sospechas de haber sido simoníaca, y de positivo consta que los expectantes (entre los cuales pudo ser uno el electo) procuraron conquistar votos, prometiendo pagarlos con bienes si se conseguía el papado. El defensor de la iglesia recurrió al rey hereje Amalarico, haciendo relación de esto, y pidiendo nulidad de toda enajenación de las cosas eclesiásticas. Es un sonrojo de los católicos romanos la necesidad de semejante recurso, y lo es mayor que un hereje diese leyes para reformar tales abusos.

Con este motivo se descubren otros testimonios de cuanto aquellas elecciones distaban de ser obra del Espíritu Santo; pues dando el rey por supuesto que solían ocurrir disputas sobre el valor o nulidad de la elección y que le pertenecía ser juez, señaló por ley la tarifa de las cantidades de dinero que permitía dar a sus oficiales regios por dirimir las disputas, y por expedir el título de confirmación real. Designó tres mil sueldos de oro por la del papa; dos mil por la de arzobispos, y quinientos por la de obispos, cuyo arancel mandó fijar en el atrio de la iglesia de san Pedro. ¿Cabe tampoco mayor prueba de la regalía de confirmar las elecciones pontificias y episcopales?

57 - AGAPITO

De 535 *a* 536

San Agapito, arcediano de Roma, hijo del presbítero Gordiano, fue elegido a 3 de junio de 535 y murió en 22 de abril de 536, en Constantinopla, a cuya corte había ido por mandado del rey hereje Teodato, sucesor de Amalarico. Nada consiguió de cuanto le había encargado pretender Teodato para evitar la conquista de Italia que premeditaba el emperador Justiniano, pero logró lo que importaba más a sus ideas pontificias. Celebró allí concilio, depuso del patriarcado imperial a Antimo por hereje eutiquiano, y fue reconocido por jefe de todos los patriarcas. Escribió desde allí al de Jerusalén, reprendiéndole de no haberle avisado los errores de Antimo y su traslación del obispado de Trebisonda al de Constantinopla contra los cánones. A pesar de los progresos que los papas habían hecho y en la extensión de su autoridad eclesiástica, vemos que por fin estaban aún sumisos a la potestad temporal, de modo que obedecían haciendo viajes largos y penosos cuando se les mandaba. ¡Qué diferencia de los tiempos posteriores en que no solo envían ellos embajadores, sino que se creen dueños de los imperios y reinos para destronar emperadores y reyes y darlos a otros con la condición de que los nuevos poseedores se confiesen tributarios de la silla romana!

58 - SILVERIO

De 536 *a* 538

San Silverio, subdiácono de Roma, hijo legítimo del papa san Hormisdas, fue electo por el rey hereje Teodato y consagrado sumo pontífice día 8 de junio de 536.

Vigilio (aquel diácono de la misma iglesia que el papa Bonifacio II había elegido en el concilio de 532 para sucesor suyo por efecto de grandes intrigas y tramas internas), quedó ahora resentido en sumo grado por no haber sido electo para el pontificado como esperaba. Era ya dueño de gran parte de Italia el emperador Justiniano, de cuyo imperio disponía despóticamente su mujer Teodora. Vigilio había prometido a esta que si lo hacía papa satisfaría sus deseos de restituir a Antimo el patriarcado de Constantinopla, condenar el concilio de Calcedonia, tener comunicación con los obispos eutiquianos, a quien Teodora favorecía, y dar a esta soberana setecientas libras de oro. Le prometió el sumo pontificado la emperatriz, y escribió al general Belisario para que lo proporcionase. Viendo la silla romana ocupada ya por Silverio, ofreció a Belisario doscientas libras de oro si le proporcionaba el papado por cualesquiera medios. Belisario tomó en 10 de diciembre de 536 la ciudad de Roma que se rindió a persuasión de Silverio. Vigilo intrigó de manera que se fingiesen cartas en que aparecía que Silverio había dado aviso a Witiges, rey de los godos, contra los intereses del ejército imperial. Esto bastó para que Belisario prendiese al papa Silverio, le remitiese a Patara de Licia e hiciese elegir a Vigilio por papa en 22 de noviembre de 537. Silverio escribió al emperador; este lo ignoraba todo, y mandó que se le diese libertad para volver a su iglesia. Entretanto Belisario pidió las doscientas libras de oro; Vigilio dijo no poder pagarlas si volvía Silverio. El general envió entonces a este desgraciado pontífice a la isla de Palmaria, interviniendo en todo esto Pelagio, diácono de Roma, legado de la silla pontificia en Constantinopla, por complacer a la emperatriz Teodora. Vigilio pagó las doscientas libras de oro con bienes de las iglesias de Roma, y Silverio murió de hambre en la isla en 20 de junio de 538.

¿Intervino en estas intrigas el influjo del Espíritu Santo? Silverio entró sin elección canónica en el pontificado por orden de un hereje. Vigilio por la de un mal católico. Este resulta inicuo; pero en aquel no descubro los méritos para que fuese canonizado por santo mártir; pues la persecución no fue por odio a la fe católica, sino por ideas puramente ambiciosas de Teodora, Belisario, Vigilio y Pelagio.

59 - VIGILIO

De 537 *a* 555

El intrigante Vigilio, papa intruso con expulsión de Silverio, supo la muerte de Silverio y proyectó legitimar su elección renunciando el pontificado, en la confianza de que Belisario proporcionaría su reelección, como se verificó.

Consideró forzoso cumplir a la emperatriz Teodora sus promesas, y escribió cartas de comunicación a Teodosio, patriarca de Alejandría, Antimo, patriarca de Constantinopla, y Severo, patriarca de Antioquia, todos tres depuestos por herejes eutiquianos, anatematizando en ellas el concilio de Calcedonia y la epístola dogmática del papa san León Magno, y asegurándoles que creía y profesaba la misma doctrina que ellos, advirtiéndoles no publicar entonces el contenido de las cartas porque no consideraba ser aún tiempo oportuno. He aquí un papa hereje positivo, a lo menos externo, juzgándolo por lo escrito en sus cartas; pues si gobernándonos por su conducta hemos de formar concepto de lo que fue de veras en lo interno, deberemos creer que fue no hereje eutiquiano sino ateísta.

Sin embargo, en 540 escribió al emperador Justiniano como verdadero católico, confirmando el concilio de Calcedonia y la epístola de san León, anatematizando a los tres patriarcas y demás obispos de su partido, y satisfaciendo a las quejas y sospechas de Justiniano, formadas con motivo de no haberle participado su elección ni respondido a la carta del patriarca Mena.

El emperador hizo condenar después las obras de Ibas el Persa, arzobispo de Edesa, de Teodoro de Mopsuestia, y de Teodoreto de Ciro, designadas entonces con el nombre de los *tres capítulos*, por haberse persuadido con engaño Teodoro de Capadocia, obispo de Cesárea, que contenían errores favorables a las herejías atribuidas a Orígenes, Nestorio y otros; la cual condenación disminuía la autoridad del concilio de Calcedonia, porque se hallaban en él citadas con elogio como sus autores contra Eutiques y otros; de aquí resultaron varios escándalos y nuevos cismas. Justiniano quiso que el papa Vigilio fuese a Constantinopla, cuando toda la Europa estaba dividida en opiniones, defendiendo unos y condenando otros las obras de los *tres capítulos*. Virgilio entró en Constantinopla día 27 de enero de 547, y al instante suspendió por tres meses al patriarca Mena, porque se había conformado con el edicto del emperador, relativo a los *tres capítulos*. Justiniano lo amenazó con su ira: Vigilio convocó algunos obispos a concilio; se celebraron algunas sesiones, y lo disolvió sin resolver definitivamente nada. Entregó al emperador las actas, y dijo después haberlo hecho para que no se vieran en Roma. En fin condenó los *tres capítulos* por complacer al emperador, pero añadiendo la cláusula de que fuera sin perjuicio de la autoridad del concilio de Calcedonia. Los obispos de África, Iliria y Dalmacia tuvieron al papa por hereje y se separaron de su comunión. Luego lo excomulgaron en un concilio de África. Vigilio propuso la celebración de un concilio general. Justiniano lo convocó. Los obispos de África y otros muchos se negaron a concurrir. Teodoro de Cesárea de Capadocia y sus adherentes instaban a que la condenación de los *tres capítulos* fuese sin la cláusula relativa al concilio de Calcedonia. El emperador le apuraba. Vigilio se refugió en la iglesia de san Pedro del palacio de Hormisdas. El pretor de Constantinopla y tropas armadas le sacaron con violencia y malos tratamientos, año de 553. Pudo aún esconderse después en el palacio de Placidia; salir de la ciudad una noche dejándose caer por la muralla; refugiarse en la iglesia de Santa Eufemia de Constantinopla. Justiniano le hizo volver a la corte; tuvo concilio a que no quiso asistir Vigilio; pero escribió carta condescendiendo en una parte con los votos del concilio y contradiciendo otra. Por fin cedió en todo a la opinión del concilio, confesando haber faltado a la caridad en separarse de la comunión de sus hermanos, y que habiendo considerado mejor el asunto condenaba los *tres capítulos* y sus autores, cómplices y defensores, y se reconciliaba con sus censores y condenadores. El autor crítico de los *viajes de los papas* dijo bien que la vacilación de Vigilio en orden a la doctrina de los *tres capítulos* y su alternativa reprobación, aprobación parcial, y definitiva condenación total demuestran que los papas pueden errar en puntos de dogma.

El concilio de que hablamos es contado por quinto de los generales con título de *constantinopolitano segundo*, compuesto de solos ciento y sesenta obispos; pero no logró en la iglesia universal semejante concepto ni denominación hasta que pasados muchos tiempos y borrada la memoria de los *tres capítulos*, fue recibiéndose poco a poco en el Occidente, aunque no consta que las iglesias de España y Francia hiciesen acta especial de conformidad con la doctrina del concilio.

Vigilio no logró ni aun con toda su condescendencia que Justiniano le permitiese volver a Roma en mucho tiempo, antes bien dijo a los romanos por medio del general Narses, su virrey de Italia, que si no estaban contentos con Vigilio pudiesen elegir otro, a cuyo fin les designaba la persona del diácono *Pelagio*, legado de la silla pontificia en Constantinopla, como hemos visto. Los de Roma dijeron que no pensaban elegir mientras viviese Vigilio; pero que muerto este, harían su voluntad en la designación de su sucesor. Este pasaje prueba la grande autoridad del soberano de Roma en la elección de sumo pontífice, y la corrupción moral con que se manejaban los nombramientos.

La promesa de los romanos fue como sentencia de muerte de Vigilio. Salió para Sicilia con permiso de Justiniano y murió allí en 10 de enero de 555. San Pedro Damiano, cardenal de Roma en el siglo XI habla de Vigilio como de un impío, malvado y execrable. A la verdad este juicio de un santo romano está confirmado sólidamente con la conducta herética, inmoral, inicua del papa, de manera que debe admirarnos el lenguaje de Baronio en los *Anales*, aun conociendo su empeño en hablar bien de los papas en todo caso posible.

60 - PELAGIO I

De 555 *a* 560

Pelagio I, arcediano de Roma, legado de la silla apostólica en la corte de Constantinopla, hijo de Juan, vicario del prefecto del pretorio, fue tan ambicioso y tal vez tan inicuo como su antecesor, pero más hipócrita disimulado por efecto de su mayor talento. Contribuyó activamente por orden expresa de la emperatriz a la deportación y muerte del papa Silverio, de acuerdo con el impío Vigilio; después procuró hacerse nombrar en vida de este; y por último le hizo matar para sucederle. No halló en tres meses un obispo que le quisiera ordenar de papa: el pueblo huía de su comunión y toda la Italia hizo lo mismo. El virrey Narses venció estas dificultades, protegiendo a Pelagio. Este subió al púlpito con un crucifijo y el libro de los evangelios, juró por ellos que no había matado al papa Vigilio, y las gentes comenzaron a respetarle por papa.

Las iglesias de África, España, Francia, Milán con su provincia, Aquilea con la suya, Ilírico y otras muchas de Europa y Asia no querían recibir el concilio constantinopolitano II. Pelagio procuró vencer la dificultad asegurando que no tenía nada contrario a la doctrina del de Calcedonia y de la epístola dogmática del papa san León. Todas las iglesias dudaron que Pelagio fuese cristiano católico, y no pudo este destruir la sospecha sin enviarles profesión de fe, y aun prometió enviar otra más amplia si no se satisfacían con ella. Entre otras cosas afirmaba que reconocía los cuatro primeros concilios generales como leyes sagradas de dogma y gobierno para él y para todos; que veneraba por santos y venerables a Ibas, arzobispo de Edesa, y Teodoreto, obispo de Ciro, no obstante la condenación de sus obras en el concilio constantinopolitano II, que confesaba haber sido sospechoso de contrario a la fe católica todo lo hecho durante la vida de la emperatriz Teodora. En fin nada omitió de humillaciones y disimulos de la perfidia de su conducta, para que se le reconociera por papa legítimo en el Occidente.

Cuando ya fue reconocido ejerció la crueldad de su alma, cubriéndola con el celo de la religión; y fue el primero de los papas que por escrito exhortase a la potestad temporal del emperador y de su virrey Narses a perseguir y castigar con penas graves a los que titulaba cismáticos, porque no se conformaban en recibir como concilio ecuménico el de ciento y sesenta obispos orientales escogidos en Constantinopla. Es verdad que no indicó la pena de muerte, sino destierro, reclusión y confiscación de bienes; pero abrió la puerta para los castigos más atroces. No obstante, conviene tener presente una cláusula de carta escrita por el mal hombre a Childeberto, rey de Francia, que le había pedido profesión de fe por medio de su embajador Rufino. "Para evitar (dice) las sospechas escandalosas que hay acerca de nuestra fe, debemos declarar la que profesamos, enviando testimonio a los reyes, pues somos obligados a respetarlos y estarles sumisos conforme mandan las divinas escrituras". ¡Qué lenguaje tan diferente del usado por los papas desde el siglo XI en adelante! Pelagio murió en 1° de marzo de 560.

61 - JUAN III

De 560 *a* 573

Este pontífice fue consagrado en 18 de julio de 560 y murió en 23 de julio de 573. Los cuatro meses de vacante provinieron en parte de la necesidad de consultar con el emperador de Constantinopla la elección y esperar que su majestad la confirmase. Durante su pontificado los reyes longobardos ocuparon la Italia menos el exarcado de Ravena, compuesto del territorio de cinco ciudades, de las cuales una fue Roma, cuyos pontífices obedecían al exarca y no figuraban mucho en el mundo como no se ofrecieran los eclesiásticos en que procuraban satisfacer su ambición, con especialidad respecto de los obispos de Occidente que pertenecían a su patriarcado.

62 - BENITO I

De 573 *a* 578

Diez meses y veinte y un día vacó la silla pontificia. Benito fue consagrado papa en 3 de junio de 574. La dificultad de comunicaciones con el emperador de Constantinopla, por las turbaciones de Italia con la entrada de los longobardos fue la causa de tan larga dilación, y esto prueba más y más la necesidad de ser aprobado por su majestad imperial el nombramiento del papa. Murió Benito en 30 de julio de 578 sin dejarnos testimonio de sucesos que pertenezcan a mi objeto.

63 - PELAGIO II

De 578 *a* 590

La turbación en que se veía la Italia por las continuas guerras de los lombardos impidió a los romanos esperar la confirmación imperial de la elección hecha en Pelagio para sumo pontífice, sin embargo, de haber estado vacante la silla cuatro meses. Fue consagrado en 30 de noviembre de 578 y murió en 8 de febrero de 590. No queda memoria de que hiciese cosa alguna que pueda tener relación con nuestro objeto más que haber procurado con eficacia que Eutiquio, patriarca de Aquilea, y las iglesias de Istría y demás de su patriarcado se reuniesen a la romana, de la cual estaban separados por causa de la condenación de los *tres capítulos* en el concilio constantinopolitano del año 553, cuya autoridad no quisieron reconocer. Pero Pelagio II dejó en este asunto su ejemplo de moderación, digno de que le imitasen los sucesores. Eligió el medio que la razón y la prudencia dictan. No excomulgó al patriarca de Aquila ni a los otros obispos. Procuró convencerlos con razones en primera, segunda y tercera carta, confesándoles que habían tenido fundamento justo para su conducta mientras no se habían aclarado los hechos por causa de no haber los latinos entendido bien la intención de los padres del concilio constantinopolitano. Replicaban Eutiquio y socios que no podían conformarse con cosa ninguna contraria a lo definido en Calcedonia. Pelagio respondió a esto con una sentencia que merece ser conservada en la memoria de los hombres. Dice que los concilios generales obligan a todos en las definiciones de las dudas dogmáticas, pero que no *hay inconveniente en separarse de lo que conste resuelto en tales concilios tocante a los asuntos distintos del dogma*; proposición que solo saldría de la pluma de un papa en circunstancias tan críticas como aquella; pues fuera de semejantes apuros siempre opinan los papas que se debe dar entero crédito a lo resuelto en concilios ecuménicos.

64 - GREGORIO MAGNO

De 590 *a* 604

San Gregorio Magno, expretor de Roma, después monje, hijo del senador Gordiano y de santa Silvia, biznieto legítimo del papa Félix III, fue consagrado papa en 3 de setiembre de 590 con aprobación del emperador Mauricio a quien el electo había escrito pidiéndole que no confirmase la elección. Estaba unido en amistad con Mauricio desde el viaje que Gregorio había hecho a Constantinopla como legado del papa Pelagio II. Murió en 12 de marzo de 604, dejando fuertes testimonios de que reputaba por una de las virtudes el celo encarnecido del engrandecimiento de su silla pontificia, y la intolerancia de cuanto le pareciese contrario a las prerrogativas de la iglesia romana y de sus pontífices.

Juan el *ayunador*, patriarca de Constantinopla, se apropió el título de *obispo ecuménico*, equivalente a *universal*. San Gregorio lo sintió mucho, porque ningún obispo podía (según opinión del santo) usar este título, y que si alguno lo usara se convertiría en Anticristo. No habiendo conseguido de Juan la renuncia del título nuevamente usurpado, escribió al emperador Mauricio, de quien era compadre espiritual por haber sido padrino de un hijo de Mauricio en la fuente bautismal. Sin embargo quedó también desairado y tomó el extremo de titularse por extremo contrario de humildad *siervo de los siervos de Dios*, cuyo estilo ha prevalecido en los tiempos posteriores. Desde entonces san Gregorio fue perdiendo el afecto que había tenido al emperador; y llegó a tanto que parece imposible disculpar la carta que después escribió a Focas. Este usurpó el trono con tanta inhumanidad, que hizo sacar los ojos y matar en su propia presencia a todos los hijos de Mauricio, entre ellos el ahijado de Gregorio; luego mandó ejecutar otro tanto con la emperatriz Constantina y tres hijas, y habiendo subido al trono por esta escala de horrendas iniquidades, Gregorio le felicitó diciendo "Glorificado sea Dios que muda los tiempos y traslada los reinos; que envía de cuando en cuando algunos príncipes como ministros de su justicia para afligir a los pueblos, y otras veces como ejecutores de su misericordia para consolarlos. Por este motivo Nos *celebramos con gusto* que tu *piedad* haya subido al trono del imperio. Alégrense los cielos, regocíjese la tierra, llénese de placer todo el pueblo, a implorar para ti las bendiciones divinas"[2]. Yo no

2. San Gregorio Magno, ep. 36.

sé si pudiera decir más el adulador más bajo hablando con un tirano usurpador, asesino y digno de que la tierra no le sustentase.

-o-o-o-

SIGLO VII

65 - SABINIANO

De 604 *a* 606

Muerto san Gregorio Magno vacó la silla seis meses. En 13 de setiembre de 604 fue electo Sabiniano por su sucesor, y murió en 22 de febrero de 606. En el corto tiempo de su pontificado dejó testimonio de avaro, codicioso, poco caritativo y de mal corazón. Hubo grande hambre en Roma y vendió los granos de la iglesia que su predecesor había solido repartir gratuitamente en casos semejantes. Los pobres en tropel clamaban a gritos delante de su casa pidiendo limosna de pan o trigo; el papa no mudó de conducta. Reputando por insulto la memoria de san Gregorio, tuvo la insolencia de atribuir sus procedimientos a hipocresía y deseos de la fama de santo. Aun pensó infamar su memoria y quemar sus obras con ignominia. San Gregorio lo había enviado a Constantinopla por embajador a Mauricio, y no habiendo producido efecto la embajada, hizo que Sabiniano volviese a Roma. Esto había sido el origen del desafecto.

66 - BONIFACIO III

De 606 *a* 607

Un año hubo de vacante pasado en intrigas de los aspirantes con la corte del emperador Focas para conseguir la tiara. En 19 de febrero de 607 fue consagrado Bonifacio, y murió en 10 de noviembre del mismo año. En este poco tiempo logró del emperador que el patriarca de Constantinopla se abstuviese del título de *obispo ecuménico*, cosa que no había podido conseguir san Gregorio Magno. No lo mandó Focas por convencimiento de la razón, sino por odio a Ciriaco, patriarca de su corte, que había dado asilo en su templo a la emperatriz viuda de Mauricio y sus tres hijos. Este prelado a pesar de las amenazas se negó a entregar las personas mientras Focas no le prometió con juramento conservar la vida de madre e hijas. El bárbaro tirano las recibió; fue perjuro, y conservó aborrecimiento perpetuo a Ciriaco. Bonifacio, entonces arcediano de Roma, estaba en Constantinopla, nuncio de san Gregorio. Este santo y todos los romanos se habían hecho partidarios contra Mauricio por haber este procurado refrenar el orgullo y los planes ambiciosos de su silla; y Bonifacio, consiguiente en las miras de su política, no solo no hizo nada para salvar la vida de cuatro princesas inocentes, sino que favoreció al partido del tirano. Muerto el papa Sabiniano, hizo valer el favor de Constantinopla para conseguir los votos de los electores del pontificado, y después para extinguir el título de *obispo ecuménico* que habían usurpado los patriarcas constantinopolitanos. El historiador griego Cedreno escribía en el siglo XII que Bonifacio III había sido *borracho, brutal, desbocado, sanguinario, feroz e inhumano*. Elogio breve, pero tan completo, que hace alegrarse de que desapareciera luego de la santa silla romana semejante monstruo. ¿Su elección sería inspirada por el Espíritu Santo? Bonifacio estableció en un concilio romano de 72 obispos y muchos presbíteros y diáconos que fuera reputado por pontífice aquel en cuyo favor votasen el clero y el pueblo si lo confirmaba el emperador. Algunos añaden que se tituló *obispo universal* después de la victoria contra el que así se había titulado antes. Su predecesor san Gregorio Magno había dicho que la iglesia estaría mal gobernada si uno solo se creía ser obispo de todas las iglesias, al cual atribuyó en profecía el dictado de Anticristo. Por este motivo los protestantes dicen que el papa es el Anticristo desde Bonifacio III.

67 - BONIFACIO IV

De 607 *a* 615

Después de nueve meses de vacante fue consagrado papa en 25 de agosto de 608 Bonifacio, hijo del médico Juan, y murió en 7 de mayo de 615. Las dilaciones que se deben ir notando en las vacantes pontificias deben atribuirse a intrigas de los pretendientes con la corte de Constantinopla y con los exarcas de Ravena que influían más de cerca. Los que lean con cuidado la historia entera de los papas podrán observar que la elección recayó muchas más veces en los arcedianos o diáconos de Roma que en los arciprestes o presbíteros; y deberán tener presente que los caudales y bienes de la iglesia eran administrados por diáconos. Los piadosos monjes benedictinos de san Mauro dijeron en su excelente obra del *arte de verificar fechas*, que los diáconos por este manejo del dinero multiplicaban los votos en su favor. La conjetura es bien fundada, pero destruye la opinión romana de que las elecciones son obra del Espíritu Santo.

El cardenal Fleury dice que la iglesia honra la memoria de Bonifacio en 25 de mayo, y algunos otros escritores le dan el dictado de *santo*. Yo ignoro su canonización, y aun más los méritos para ello; pues no hallo en la historia más acciones notables que haber convertido el templo gentílico del *Panteón* en iglesia de *Nuestra Señora de la Rotunda*. Dicen que su propia casa fue también monasterio. Ninguna de las dos cosas pudo ser virtud heroica, porque abundaban ya los templos y monasterios.

68 - DEUSDEDIT

De 615 *a* 618

Deusdedit, hijo del subdiácono Esteban, fue elegido papa en 13 de noviembre de 615, y murió en 3 de diciembre de 618. Dicen haber dado grandes ejemplos de caridad, y que por eso está canonizado. No he visto la canonización ni los méritos.

69 - BONIFACIO V

De 618 *a* 625

Fue ordenado en 23 de diciembre de 619, después de casi un año de vacante, y murió en 22 de octubre de 625. Noticioso de la buena disposición que Eboino, rey idólatra de Northumberland en Inglaterra, tenía para recibir la religión cristiana por medio de la reina Edelburga su esposa, escribió a esta procurando persuadirla que llevase adelante su celo, y enviándole por señal de afecto de parte del apóstol san Pedro (bajo cuya protección los constituye) una camisa guarnecida de oro y una capa para el rey; un espejo de plata y un peine de marfil guarnecido de oro para la misma reina. Yo tendría al papa Bonifacio V por uno de los hombres más civiles del siglo VII y de los más prudentes en el modo de persuadir, si no viera la política romana manifestada en el abuso de mezclar lo sagrado con lo profano para sacar partido. La especie de regalar adornos de parte del apóstol san Pedro lleva consigo el peligro de la superstición, y no me parece conforme a la sencillez de los doce primeros papas que jamás hablaron de parte de san Pedro lo que este no les había dicho. El anunciar que estaban los reyes bajo la protección del santo indica también el espíritu que prevalecía de hacer creer que eso era una particularidad muy ventajosa, como si no bastase la protección general de Dios. Y ¡cuántas veces los sucesores llamaron suyos y de la silla pontificia a los reinos que titulaban protegidos por san Pedro!

70 - HONORIO I

De 625 *a* 638

Honorio, hijo del cónsul Petronio de Campania, fue elegido papa en 27 de octubre de 625, y murió en 12 de igual mes de 638.

Este sumo pontífice fue consultado como jefe de la iglesia católica por Sergio, patriarca de Constantinopla, sobre si había en la persona de Jesucristo una voluntad sola, como él pensaba, o dos, como pretendía Sofronio, patriarca de Jerusalén. Honorio, hablando *ex catedra*, esto es, como cabeza de la iglesia, respondía que no había en Jesucristo dos voluntades sino sola una. San Sofronio le escribió convenciéndole de que Jesucristo, siendo perfectamente hombre como perfectamente Dios, no podía menos de tener una voluntad como hombre y otra como Dios, y señalaba los actos de voluntad humana y los de voluntad divina, unos y otros resultantes del Evangelio. Sin embargo el papa Honorio mandó que no se dijera jamás que Jesucristo tenía dos voluntades, sino que se huyera de la cuestión diciendo que el verbo divino encarnado había hecho y querido todo lo que era bueno y perfecto. No acomodó a san Sofronio y demás católicos la respuesta por el peligro de complicarse con las herejías de Sabelio y otros que confundían las personas de la Santísima Trinidad, sus naturalezas y propiedades, y porque muchos habían comenzado a decir que había en Jesucristo una sola voluntad, lo cual producía la necesidad de combatir el error; pues si la voluntad única era divina, resultaba que Jesucristo no había sido perfecto ni tenido voluntad de padecer y morir por nuestra redención, y si fuese humana se seguía que como Dios no tenía voluntad, y sería por consiguiente inferior al padre como decía Arrio. Los partidarios de Sergio citaron la carta decretal del papa Honorio como texto de autoridad en su favor; por lo cual el sumo pontífice Juan IV, condenando la nueva herejía en 641 y deseando librar a su iglesia romana de la mancha de tener un papa hereje, escribió que su antecesor Honorio no había negado que además de la voluntad humana hubiera en Cristo la divina, sino solo que hubiese dos humanas contrarias entre sí como hay en los demás hombres, una que quiere lo bueno y otra que inclina a los malo; de las cuales la segunda no hubo en Cristo. Por el mismo arbitrio el monje san Máximo, mártir, combatiendo contra Pirro, patriarca de Constantinopla, monje monotelita quiso persuadir que no lo había sido el papa Honorio. Pero a pesar de las dos apologías fue condenado expresamente Honorio como tal hereje en el sexto concilio general que fue el tercero de Constantinopla en el año 681, anatemizado y mandado borrar su nombre de las Dípticas. El papa san León II aprobó el concilio y los anatemas contra su predecesor, y lo comunicó así a la iglesia de España congregada en concilio de Toledo y a las de todo el Occidente renovando la condenación de Honorio, y llamándolo traidor contra la doctrina de san Pedro y demás apóstoles; de todo lo cual se renovó la memoria en el séptimo concilio general, que fue el segundo de Nicea en el año 787. Los romanos modernos han procurado tergiversar esta verdad por las consecuencias que produce contra la pretendida prerrogativa de ser infalibles los papas; pero no hay literato imparcial que se deje ya seducir contra lo que resulta de las epístolas pontificias, concilios generales sexto y séptimo e historiadores eclesiásticos.

71 - SEVERINO

De 638 *a* 640

Severino fue consagrado papa en 28 de mayo de 640 después de un año, siete meses; diez y siete días de vacante, y murió en 1° de agosto del mismo año 640, con solos dos meses y cuatro días de pontificado. El motivo de la dilación parece haber sido la resistencia del emperador Heraclio a confirmar la elección por la disputa sobre la cantidad que se le había de dar como derecho imperial de cancelaria. Entre tanto Isaac, exarca de Ravena, Mauricio, gobernador de Roma, y las tropas del uno y del otro saquearon el palacio pontificio, titulado de *Placidia*. Se subsiguieron grandes alborotos, y de sus resultados fueron desterrados de Roma varios clérigos.

72 - JUAN IV

De 640 *a* 642

Juan fue consagrado en 24 de diciembre de 640 y murió en 22 de octubre de 642. Nada hizo particular más de condenar la *Hectesis* del emperador Heraclio, es decir el edicto en que imponía silencio a los dos partidos que se perseguían mutuamente sobre si había en Jesucristo dos operaciones o una sola, y manda que no se dijera sino que el verbo divino encarnado había hecho todo lo conveniente, sin profundizar más el cómo; pero abiertamente afirmaba no haber en Cristo más que una voluntad y esa buena, sin la otra que se dice contraria, productiva de malos deseos o de malas inclinaciones. Juan IV condenó consiguientemente las dos cartas de su antecesor Honorio I a Sergio, patriarca de Constantinopla, porque contenían la misma doctrina que la *Hectesis* de Heraclio, cuyo verdadero autor fue el mismo Sergio.

73 - TEODORO

De 642 *a* 649

Este pontífice, natural de Jerusalén e hijo de un obispo, fue consagrado en 8 de diciembre de 642, murió en 13 de mayo de 649. Condenó a varios herejes monotelitas, y entre ellos a Pirro, patriarca de Constantinopla, porque después de haber abjurado el error ante el mismo papa, con cuyo fin había pasado a Roma, reincidió en la misma herejía; pero lo particular del suceso estuvo en que Teodoro hiciese llevar vino consagrado en un cáliz para firmar la condenación de Pirro. Extraño capricho el de hacer servir de tinta el *sanguis* del santo sacrificio de la misa. Hoy llevarían a la inquisición por hereje a cualquiera juez que imitara el ejemplo. Mr. Prudhomme declama furiosamente contra semejante atentado, y tiene razón; pero carece de ella en lo demás que habla contra Teodoro, y lo propio suele suceder muchas veces en lo que escribe contra los papas, de que ya hemos hablado; por lo cual amando la verdad me veo siempre precisado a buscarla en Fleury y otros escritores veraces y críticos, quienes no escribían con veneno ni mentiras, ni levantan falsos testimonios a los autores que se citan, ni transforman sus narraciones, vicios en que Prudhomme incurre casi siempre; por lo que nadie debe hacer caso de su historia si no quiere ser desmentido a cada paso por los autores mismos a que se refiere. Vivo convencido de que fue escritor de mala fe, incapaz de tener estimación alguna entre personas instruidas. Lo mismo sucede a Mr. R. que le compendió cortando las furiosas declamaciones, pero dejando en su ser las mentiras históricas calumniosas a los papas. Para conocer a fondo la ambición que ha dominado en Roma y los otros vicios que suelen acompañarle o subseguirse no es necesaria la mentira. Mejor se conocerá con la verdad desnuda, sacada de las fuentes originales de la historia eclesiástica.

74 - MARTÍN I

De 649 *a* 655

San Martín fue consagrado papa en 5 de julio de 649, y murió en 16 de 655; pero la consagración se hizo sin esperar que el emperador Constante confirmase la elección, por lo cual este soberano consideró a Martín como papa intruso, y no le faltaba fundamento, porque su derecho estaba consolidado por la posesión de trescientos años. El pueblo romano había sido desde los principios de la cristiandad parte activa en las elecciones de los papas, y en su derecho estaba refundido en las prerrogativas del trono desde que el clero de Roma se apropió sin título ni justicia la exclusión del pueblo. La razón estaba en apoyo del soberano en este punto, porque siendo los papas unos personajes de rango tan elevado, no puede menos de pertenecer al soberano territorial una intervención poderosa en el grave negocio de quien haya de gozar tan elevada dignidad para evitar por este medio que sea electo un enemigo del estado capaz de formar conspiraciones. Este es el principio en que se fundó el derecho que ahora gozan las cortes católicas en las vacantes del pontificado para poner a uno o más cardenales la *exclusiva*, esto es, la inhibición de ser electo papa en la vacante de que se trate.

Omitieron los romanos cumplir su obligación, porque Constante había promulgado cierto edicto, conocido en las historias con el nombre de *Tipo*, en el cual imponía silencio a los dos partidos de la controversia sobre si Jesucristo había tenido una o dos voluntades, y mandaba que todas sus operaciones se atribuyesen al verbo encarnado y a sus dos naturalezas unidas hipostáticamente sin más explicaciones. Los romanos tuvieron el *Tipo* por error de los *monotelitas*, lo mismo que habían tenido la *Hectesis* del emperador Heraclio, y por ello recelaban que no quería confirmar la elección de Martín sin que su edicto imperial fuese obedecido y aprobado. Pero ni aun así bastaba la excusa, pues les quedaba tiempo para proceder según fuera el resultado. El papa y su clero no pensaron de este modo, antes bien su santidad convocó concilio en Roma, en el cual condenó como herético el edicto de *Tipo*, el de la *Hectesis*, todos los escritos en que se defendiese haber tenido Jesucristo una sola voluntad, y los obispos y demás personas que sostuviesen esta opinión.

Noticioso el emperador Constante hizo prender al papa Martín y conducirlo a la isla de Naxos; pasado un año fue llevado preso a Constantinopla; después al Quersoneso del monte Tauro; en todas las cuales partes sufrió malos tratamientos, de manera que llegando a tener tedio de la vida como el apóstol san Pablo, pidió a Dios el favor de poner término a su martirio prolongado, y lo consiguió muriendo en 16 de setiembre de 655, en cuyo día la iglesia católica lo venera por santo mártir.

El clero romano, requerido por parte del emperador para elegir otro papa en lugar del desterrado Martín, suspendió hacerlo por todo el tiempo que pudo encontrar excusas; mas acabadas estas y reiteradas las instancias por orden imperial, eligió en 8 de setiembre de 654 a *Eugenio*, arcipreste de Roma que estaba gobernando la iglesia como vicario general en unión del arcediano y del primicerio o jefe de los notarios desde junio de 653. Se resolvieron los romanos a la elección por recelo de que les diera Constante un papa hereje monotelita más pertinaz que Honorio. San Martín, noticioso del suceso, reconoció por verdadero pontífice romano al electo, en prueba de la cual en una de sus cartas hacía oración a Dios por su sucesor actual.

La iglesia lo venera por mártir. Yo lo reconocería santo aun cuando no tuviese más pruebas que su conformidad con la elección del sucesor sin noticia suya. Esto acredita su caridad y el celo más sencillo de cortar ocasiones de cismas. Sin embargo no puedo aprobar la conducta que antes había tenido. Debía Martín haber previsto que un insulto al emperador condenando su *Tipo* sin preceder amonestaciones ni otros medios suaves debidos al respeto de un soberano, parece despotismo nada conforme a la suavidad de la doctrina evangélica.

75 - EUGENIO I

De 654 *a* 657

Eugenio, elegido (como hemos visto) en 8 de setiembre de 654 en vida de san Martín, sin noticia ni renuncia de este, no volvió a ser electo después de la muerte del santo, como se había practicado con el papa Vigilio después del fallecimiento de Silverio. La diferencia provino del consentimiento de san Martín. Envió legados a Constantinopla para tratar con el emperador y con el patriarca sobre la condenación del *Tipo* y de sus autores. Los legados se prostituyeron cediendo al poder de Constante. Se había formado empeño de que el monje san Máximo comunicase con el emperador y con el patriarca porque su opinión dominaba en todo el pueblo de Constantinopla. "¿De qué iglesia sois miembro? (le preguntó el patriarca en 17 de mayo de 655). Ya veis reunidas las de Bizancio, Roma, Antioquia, Alejandría y Jerusalén y en las provincias que dependen de ellas: reunidos pues a la iglesia católica, porque de lo contrario vuestra suerte será fatal. – Dios ha declarado (respondió san Máximo) que la iglesia católica está apoyada sobre la confesión de la fe ortodoxa, por la cual fue alabado san Pedro". Anastasio, discípulo de Máximo, escribiendo a los monjes de Caller de Cerdeña la deferencia de los legados del papa Eugenio y el peligro en que se hallaba la fe católica, decía también: "os rogamos que acudáis al socorro de la iglesia católica, y si no pudiereis, es necesario pasar luego a Roma y juntarse con los hombres que hay allí firmes en la fe y sostener vigorosamente con nosotros la verdad, sin apartarse de lo definido por los concilios y los padres".

Eugenio murió en primero de junio de 657, y los escritores le dan el título de santo sin que yo sepa por qué. La aceptación del pontificado en vida de San Martín no fue virtud heroica. La carta del santo en Quersoneso manifiesta que Eugenio no cuidaba ni aun de enviarle pan o trigo cuanto menos dinero. La elección de legados no acreditó su prudencia ni su celo. San Máximo hacía poco caso de que Eugenio y sus legados defiriesen al emperador. Todo contribuye a desestimar la canonización voluntaria. Más caso debe hacerse de la respuesta de san Máximo porque destruye la pretendida infalibilidad del papa romano, cuando supone que solo estriba ese privilegio divino sobre la *confesión de la fe católica por la cual fue alabado san Pedro.*

76 - VITALIANO

De 657 *a* 672

Vitaliano fue elegido a 30 de julio de 657, y murió en 27 de enero de 672. También le dan algunos escritores dictado de santo, y no veo en la historia eclesiástica el motivo. Manifestó su cólera en el año 666 excomulgando al arzobispo de Ravena solo porque decía que para gobernar su diócesis no necesitaba que mandara nada el papa. Estaba en esta opinión tan persuadido el arzobispo, que teniendo por atentado el decreto de censura pontificia, excomulgó a Vitaliano. Aunque fuera exceso del arzobispo esta conducta, sirve para probar en la historia cuánto distaban las opiniones del siglo VII de las actuales, pues se creía que un arzobispo podía excomulgar al papa cuando este cometiese atentados. El emperador Constante fue a Roma, y sin embargo de estar excomulgado como hereje monotelita por el papa san Martín y por el concilio romano del año 650, Vitaliano salió con el clero a recibirle seis millas de Roma, comunicó con él en todas las iglesias principales, recibió sus ofrendas en el santo sacrificio y practicó en fin todos los actos de unión que pudiese hacer con un católico. ¡Qué bien viene esto con haber condenado sus antecesores la memoria de Acacio, patriarca de Constantinopla, solo porque comunicaba con otros a quienes en Roma reputaban herejes sin condenación especial!

77 - ADEODATO

De 672 *a* 676

Fue elegido papa en 22 de abril de 672, y murió en 26 de junio de 676, sin que tengamos especie particular que referir perteneciente a nuestro objeto.

78 - DOMNO I

De 676 *a* 678

Elegido en 2 de noviembre de 676 ejerció el sumo pontificado hasta 11 de abril de 678, y consiguió del emperador Constantino III la revocación del decreto de su predecesor Constante que había mandado fuese independiente de Roma el arzobispado de Ravena, con lo cual cesó el cisma comenzado en tiempo del papa Eugenio.

79 - AGATÓN

De 678 *a* 682

Este papa fue electo en 26 de junio de 679 y murió en 10 de enero de 682. El emperador Constantino III convocó y presidió el séptimo concilio general, que fue el tercero de Constantinopla, en 680 y 681, al cual asistieron legados pontificios. En él se condenó la herejía de los monotelitas y se anatemizó a los vivos y los muertos que la habían sostenido, y entre ellos al papa Honorio, contra quien se repitieron los anatemas igualmente que contra Pirro de Constantinopla y otros en las aclamaciones de los padres, en su alocución al emperador, en la epístola sinodal al sumo pontífice Agatón, y en las cartas sinódicas a las iglesias patriarcales de Constantinopla, Alejandría, Antioquia y Jerusalén, y a las primadas de Éfeso, Cesárea, Cartago, Arlés y otras. Agatón confirmó las actas conforme las había firmado sus representantes, de manera que no es materia sujeta a disputas el haber sido condenado el papa Honorio por hereje monotelita ni el haber promulgado su herejía como jefe de la iglesia, porque bajo este concepto respondió a la consulta del patriarca Sergio.

Por un medio indirecto vemos que los papas aún se reconocían súbditos del emperador; pues Agatón escribe a Constantino: "cumpliendo vuestros preceptos (como estamos obligados) enviamos por legados nuestros ante vuestra majestad, etc.".

Otro tanto sucede por lo relativo a la regalía de no ser válida la elección de papa sin el ascenso imperial; pues los legados de Agatón pretendieron que se rebajase a la iglesia romana la cantidad de los derechos acostumbrados a pagar en cancelaría por la confirmación. El emperador condescendió con la condición expresa de que no se faltase jamás a la costumbre antigua de llevar a su majestad imperial las actas de elección, y de que el electo no fuese ordenado papa mientras tanto que la elección no se confirmara por el emperador. Ya dejamos explicados los justos fundamentos de esta costumbre antigua.

El mismo Agatón avanzó a decir en una decretal que las constituciones promulgadas por el pontífice romano se debían recibir como si fuesen dictadas *por la voz divina de san Pedro.* ¿No es necesario imponderable orgullo para semejante comparación? Es tanto más reparable cuanto acababa de condenar la constitución del papa Honorio sobre los monotelitas; pero aún es más chocante que se atreviese a escribir al emperador Constantino III que la iglesia romana nunca había incurrido en error ni desviádose de la verdad. Sin duda quiso hablar del clero y no de su jefe.

80 - LEÓN II

De 682 *a* 683

San León II fue elegido papa en 16 de abril, ordenado en 17 de agosto de 682 y murió en 3 de julio de 683. Recibió una carta que Constantino había escrito a Agatón, pidiéndole que tuviera en Constantinopla un legado pontificio de continua residencia para que todos los negocios de la religión y de la disciplina fuesen tratados en junta compuesta del emperador, el patriarca y el legado pontificio. San León envió un representante suyo con título de *apocrisario* esto es, comisionado sin más facultades que las expresadas en la *ápoca* o carta de comisión. Estas fueron reducidas a oír propuestas, comunicarlas al papa y esperar su resolución para votar en las juntas definitivamente. Tuvo León esta cautela por conservar la superioridad de su primado mejor asegurada contra los continuos conatos de los patriarcas constantinopolitanos a la independencia. Los pontífices lo habían previsto desde la traslación de la corte a Bizancio; y por eso chocaban con el obispo bizantino mil veces más que con el alejandrino, el antioqueno y el hierosimilitano. Del mismo principio nació la necesidad de contener a los arzobispos de Ravena, donde primero residían los emperadores del Occidente, después los reyes hérulos, luego los reyes godos, en seguida los exarcas, virreyes absolutos por el emperador de Oriente.

Aprobó el sexto concilio general y todas las condenaciones que contiene, y *aun condenamos también (*dice) *al papa Honorio, quien en lugar de purificar esta iglesia apostólica por la doctrina de los apóstoles, proyectó destruir la fe por medio de infame traición.* Yo no sé cómo se olvidan de esto los que pretenden persuadir la infalibilidad del papa. Algunos dicen que consiguió del emperador Constantino el privilegio de que el papa elegido por el clero y pueblo de Roma fuese consagrado sin esperar la confirmación imperial.

81 - BENITO II

De 683 *a* 685

Ordenado en 26 de junio de 684, después de once meses veinte y dos días de vacante, murió en 7 de mayo de 85, sin haber sido papa más que diez meses y doce días.

82 - JUAN V

De 685 *a* 686

Fue ordenado papa en 25 de julio de 685 y murió en 1° de agosto de 686. En este corto tiempo despojó al arzobispo de Caller de la posesión en que se hallaba de ordenar todos los obispos de la Isla de Cerdeña, diciendo que aquella posesión había comenzado sin título. En esto resplandeció el espíritu romano de mandarlo todo, pues los concilios tenían dispuesto que los arzobispos metropolitanos ordenasen a los obispos de su provincia eclesiástica, y no debía el de Caller ser menos que los otros de igual dignidad. No hay pruebas algunas de que se le pusiera corona imperial como dice Prudhomme.

83 - CONÓN

De 686 *a* 687

CISMA 6

Muerto Juan V el ejército se apoderó de la iglesia de San Juan de Letrán, y arrogándose el derecho de elegir, nombró por sumo pontífice a *Teodoro*, presbítero romano. Mientras tanto el clero viendo cerradas las puertas del templo se congregó en su atrio y eligió al arcipreste *Pedro*. Al mismo tiempo el pueblo, viéndose despreciado por clero y ejército, se reunió en la plaza y votó por *Conón*, presbítero, venerable anciano y respetado de todos por sus virtudes. Verificado este sexto cisma hubo la felicidad de que previendo los peligros el clero, y deseando precaverlos, dio por incompleta su elección y aprobó la del pueblo. Los jefes del ejército conocieron que la suya sería despreciada, y después de varias ocurrencias cedieron consintiendo en Conón. El exarca de Ravena, informado de todo, confirmó con autoridad imperial la elección de Conón. En su consecuencia se le consagró en 23 de octubre de 686, pero gozó poco la tiara porque murió en 21 de setiembre de 687.

84 - SERGIO I

De 687 *a* 701

CISMA 7

Apenas se había cortado el sexto cisma se verificó el séptimo. Unos electores anunciaron por sumo pontífice al arcediano *Pascual*; otros al arcipreste *Teodoro*. El mayor número de clero y pueblo eligió a *Sergio*, presbítero. Después de muchos sucesos particulares Teodoro y Pascual se sometieron a Sergio y le reconocieron por papa. Posteriormente Pascual fue depuesto del arcedianato como nigromántico y reo de otros delitos; pero él ofreció cien libras de oro al exarca de Ravena si hacía deponer a Sergio y proporcionaba el papado a Pascual. El exarca Juan Platis fue a Roma, y viendo que todo el pueblo y el ejército romano estaban a favor de Sergio, temió ejecutar el proyecto. La codicia le sugirió la idea de pedir a Sergio las cien libras de oro por la no deposición. Sergio practicó diligencias exquisitas para librarse de la contribución, pero por fin las pagó. Véase ahora si el Espíritu Santo influía en esta elección y en la precedente de Conón. En 691 se celebró en Constantinopla el concilio trulano que nombraron *Quinisexto* por ser apéndice de los concilios generales quinto y sexto. Asistieron a sus sesiones los legados del papa; pero este no quiso firmar sus actas porque uno de sus cánones permitía a los presbíteros, diáconos y subdiáconos ejercer sus órdenes sin privarse del uso de sus mujeres legítimas con quienes estuviesen casados antes de ordenarse. Menos clérigos escandalosos y menos matrimonios desunidos habría en la iglesia latina si Sergio hubiese mandado lo contrario para todo el Occidente.

-o-o-o-

SIGLO VIII

85 - JUAN VI

De 701 *a* 705

Fue consagrado el papa Juan en 28 de octubre de 701 después de cincuenta días de vacante, y murió en 9 de enero de 705. No consta ninguna usurpación de autoridad en su pontificado a pesar de lo escrito por Prudhomme, pero preparó las de los papas sucesores. El imperio oriental estaba reducido al estado de nulidad. Había perdido el África, gran parte de la Italia y muchas provincias de Asia y Europa, ocupadas por los sarracenos, los búlgaros y los lombardos. Los soldados de la guarnición de Roma eran guardianes nacionales que no conocían ni amaban el servicio del emperador. Los papas de fines del siglo VI les habían hecho tener cierto aire de independencia indicado en la empresa intentada dos veces de apropiarse la elección papal. En el pontificado de Juan se rebelaron contra el exarca de Roma Teofilacto. Este hubiera perecido si el papa no les hubiese contenido. Roma se vio luego amenazada por Gisulfo, duque de Benevento, feudatario del rey de los lombardos. Juan VI libró a la ciudad interponiendo sus respetos y haciendo grandes regalos. Se conoce que no había en Roma magistrado civil ni militar de autoridad efectiva, capaz de contener a los papas dentro de los límites eclesiásticos. Juan VI dejó con estos favores consolidado todo el poder gubernativo de Roma en manos del sucesor de su dignidad. Carecía de título que le autorizase; pero el respeto de los magistrados y del común de habitantes suplía la falta. No tardaremos mucho en ver vencida esta dificultad.

86 - JUAN VII

De 705 *a* 707

Consagrado papa en 1° de marzo de 705 murió en 17 de octubre de 707. Recibió del emperador Justiniano II y devolvió sin corrección ni reserva alguna el concilio trulano quinisexto por miedo del mismo emperador. Esto fue más notable porque no habiendo querido aprobarlo Sergio I ni Juan VI, lo pidió Justiniano a Juan VII con la circunstancia de que podía corregir lo que hallase digno de corrección. Justiniano estaba entonces en el trono por la segunda vez: se vengó bárbaramente de los que presumía culpados en su antigua destronación, y el miedo de perder la vida dejó al papa sin libertad para hacer correcciones, teniendo por engañosa la propuesta imperial. En el concilio trulano se admitieron y reconocieron como verdaderos cánones apostólicos algunos que no lo eran ni podían ser porque contenían errores hereticales y muchas cosas contrarias a todo lo que siempre ha creído la iglesia romana. Por consiguiente Juan VII, aprobando todo el concilio sin correcciones, se hizo hereje de las herejías contenidas en aquellos cánones llamados apostólicos. La aprobación de un concilio es acto ejercido *ex catedra* porque se la pidió el emperador como a jefe y cabeza de la iglesia, teniendo como tenía ya las aprobaciones y firmas de los patriarcas de Constantinopla, Alejandría, Antioquia y Jerusalén, y de doscientos y once obispos que habían estado en el concilio. Por lo mismo es incompatible semejante aprobación con la infalibilidad del papa, como son los decretos de los otros predecesores en cuyas vidas hemos hecho igual observación. Algunos dicen que Ariberto, rey de los longobardos, deseoso de tener a los papas en favor de su reino contra el imperio del Oriente, donó, año 705, al sumo pontífice Juan VII el señorío y la soberanía feudataria de todo el territorio llamado Alpescotias, que dicen era desde Turín hasta Génova y Francia. Juan VII no poseyó entonces esta soberanía, pero llegó tiempo en que los sucesores procuraron citar esta donación en su favor para extender sus dominios temporales.

87 - SISINIO

De 707 *a* 708

Fue consagrado en 18 de enero de 708 después de tres meses de vacante, habiendo sido papa solo veinte días. Es incierto el cisma que citó Prudhomme; pero no lo es que a pesar del corto pontificado proyectó reparar los muros de Roma, nuevo testimonio de que su autoridad secular iba creciendo sin título por voluntad del pueblo que solo parecía súbdito al emperador por escrito.

88 - CONSTANTINO

De 708 *a* 715

Fue consagrado papa en 25 de marzo de 708, y murió en 9 de abril de 715 después de un pontificado de siete años y quince días. El emperador Justiniano le mandó ir a Constantinopla para tratar de la reunión de las iglesias griega y latina, porque la debilidad del papa Juan VII no había producido efecto alguno, mediante que todos los obispos latinos resistían reconocer como legítimo el concilio de Trulo por más que se les decía estar aprobado. Constantino fue al Oriente en octubre de 710 y volvió a Roma en igual mes de 711. Hizo reconocer allí el citado concilio trulano del año 692, y lo aprobó en todo cuanto no fuese contrario a la fe, disciplina, moral y derechos de la silla de san Pedro, entendiéndose la limitación por lo respectivo a las iglesias del patriarcado de Occidente, quedando las del Oriente habilitadas para seguir los cánones trulanos, como en efecto toda la disciplina de la iglesia griega viene actualmente de aquel concilio. El emperador hizo al papa Constantino grandes obsequios, procurando por muchos medios ganar su voluntad; porque instruido de que los romanos seguían únicamente la política pontifical, quiso tenerlo propicio para que los papas fuesen partidarios del imperio contra el rey de Lombardía, de quien recelaba con razón que quería ser dueño de Roma. Los pontífices deben su autoridad temporal al deseo que cada uno de los monarcas manifestaba de atraerlos a sus intereses respectivos.

89 - GREGORIO II

De 715 *a* 731

Fue consagrado en 19 de mayo de 715 y murió en 10 de febrero de 731. El imperio de Constantinopla iba perdiendo cada día más provincias y poder. El pueblo de Roma distaba tanto de servir de buena fe a los emperadores, que sublevado, año 726, arrojó a Basilio, duque de Roma, y confió el gobierno al papa Gregorio II. Cualquiera conocerá que todo fue intriga de los clérigos. Este papa está contado en el número de santos: la iglesia venera su memoria en 13 de febrero. Yo no sé por qué. El apóstol san Pablo dijo que ninguno dedicado al ministerio divino se debía mezclar en los negocios del mundo. Algunos pontífices romanos antiguos dijeron lo mismo. Sin embargo Gregorio II admitió el gobierno de Roma, y no de mano del emperador, sino de un pueblo perjuro a la subordinación prometida. La serie de los sucesos anteriores y posteriores hace ver que los papas aspiraban a esto conforme se desmoronaba el imperio. Hemos visto que desde Juan VI todo lo habían mandado los papas aunque sin título. Gregorio II tiene ya el de gobernador. Los sucesores no se desprendieron del poder. Roma puede llamarse república teocrática desde Gregorio II, hasta que Zacarias la sujetó a su dominación eclesiástica. Confieso que no comprendo por qué virtudes heroicas fue canonizado Gregorio II.

90 - GREGORIO III

De 731 *a* 741

Fue ordenado papa en 18 de marzo de 751 y murió en 28 de noviembre de 741. Es contado en el número de santos por Anastasio, bibliotecario, y otros. Los autores del *Arte de verificar fechas* dicen que hay muchas cosas que decir sobre su santidad. Yo añado que no creo se halle canonizado ni descubro méritos sino para todo lo contario. Intrigante, ambicioso, pérfido, se mezcló en todos los intereses políticos de la Europa, insultó con osadía a su soberano so color de religión, hizo servir sus armas puramente espirituales a objetos políticos; y capaz en fin de todo género de empresas, tuvo una conducta pública contraria totalmente a san Pedro y a los doce primeros papas, cuyos modelos estaban ya olvidados hasta lo sumo en el ejercicio del sumo sacerdote.

No solo excomulgó al emperador León su soberano como a hereje iconoclasta, sino que le insultó en distintas cartas tratándole de bárbaro e indigno de reinar, y diciéndole con bastante claridad que no debía ya contar con Roma ni la Italia.

Tuvo con el rey de Lombardía Liutprando trato doble y pérfido. Se hace su amigo para que no se apodere de Roma y para que le ceda pueblos de su provincia; luego acoge a los duques de Espoleto y de Benevento, rebeldes, y se une a ellos contra su bienhechor. Queriendo este vengarse y castigar la perfidia, reconociéndose Gregorio menos fuerte nombra primeros, segundos, y terceros embajadores a Carlos Martel, duque de Francia, para que le socorra contra Liutprando. Las cartas a Carlos no se pueden leer sin sentenciar el pleito condenando a Gregorio contra el emperador de Constantinopla, de intrigante que mezcla los fraudes y las mentiras con las verdades para apartar a Carlos de su alianza con el rey de Lombardía, y de ambicioso hipócrita que, ofreciendo en apariencia la Italia y aun el imperio, deja conocer los deseos de que se ofrezcan a san Pedro los dominios de las provincias que rodean a Roma, como si san Pedro hubiera querido jamás la soberanía temporal a que Gregorio aspiraba, y que consiguió su inmediato sucesor. En fin, léase la historia eclesiástica, las cartas de Gregorio al emperador León y al duque Carlos; obsérvese con sana crítica su conducta con el rey de Italia y con el duque de Espoleto, y creo que cualquier imparcial conocerá que no puede ser colocado este papa en el número de los santos sin canonizar el crimen y las pasiones de la ambición y la perfidia.

91 - ZACARIAS

De 741 *a* 752

Este sumo pontífice fue ordenado en 30 de noviembre de 741 después de solos tres días de vacante, y murió en 14 de marzo de 752. No fue menos ambicioso que su antecesor, pero escogió medios más dulces porque tenía tal vez mayor astucia. En 742 fue a buscar al rey Liutprando, y tuvo tal eficacia de persuadir que logró le cediera su majestad como provincias pertenecientes al patrimonio de san Pedro las de Nami, Osimo, Ancona y otras ciudades, por lo que fue recibido en Roma con los honores del triunfo como en otros tiempos de los emperadores. En 743 hizo un segundo viaje, y logró que Liutprando cediese al emperador de Constantinopla parte del exarcado de Ravena que tenía conquistado. En 744 viajó tercera vez para que Rachiso, sucesor de Liutprando, pusiera en ejecución aquellas cesiones y las consiguió. Persuadió con tanta vehemencia el desprecio que merecían las grandezas del mundo, que Rachiso renunció luego el cetro y se hizo monje donde quiso el papa de quien recibió la tonsura. ¡Qué bien venía predicar este desprendimiento quien se afanaba por adquirir una soberanía de todas las provincias que rodeaban a Roma! Poco tiempo después autorizó a Pipino, duque de Francia, hijo de Carlos Martel, para que se titulase rey de Francia, eximiendo a los franceses de la obligación espiritual de cumplir la promesa de fidelidad hecha con juramento en favor del rey Childerico III, a quien se destronó y recluyó en un monasterio para que no pudiese reclamar sus derechos. ¿Quién dio a Zacarias poderes legítimos para tal hazaña? ¿Jesucristo? No por cierto; antes bien dijo que su reino no era del mundo, y se reconoció súbdito del emperador por obras y palabras. ¿San Pedro? Tampoco; pues su doctrina fue totalmente contraria, enseñando la sumisión al soberano aunque fuese díscolo y malo! ¿Había encontrado este poder escrito en los concilios o en los santos doctores de la iglesia? Nada menos; todos enseñaron lo mismo que San Pedro. ¿Cuál era pues el origen de opinión tan avanzada? El estado de las cosas públicas. El espíritu de ambición dominaba en la silla desde los principios del siglo III en que lo introdujo san Víctor. Entonces solo se aspiró a mandar todos los asuntos eclesiásticos del orbe cristiano. Esta empresa se siguió con una constancia incalculable, venciendo en combates particulares a los patriarcas de Alejandría, Antioquia y Jerusalén; a los primados y metropolitanos de Éfeso, Tracia, Ilírico, África, Galias, Españas, Aquilea, Cerdeña, Sicilia, Ravena, Milán y otros. La mayor dificultad estaba en Constantinopla. La venció el papa Agatón a fines del siglo VII. La ambición no reconoce límites. Entonces tomó por objeto la independencia del pueblo pontifical y su distrito, para que prevaleciera el respeto del sumo sacerdote sobre el debido al soberano. Ya lo consiguió el papa Juan VI. Luego se comenzó a desear título que convirtiera en obligación lo que solo era reverencia, y lo adquirió por medios sediciosos Gregorio II. Se aspiró a que la potestad gubernativa fuera señorío: lo consiguió Gregorio III. Faltaba la soberanía: la tomó Gregorio III, aunque no se citó por escrito. Era natural el deseo de ampliar el territorio: lo proporcionó Zacarias. Convenía legitimar las usurpaciones: no tardará Carlos Magno a verificarlo. ¿El Espíritu Santo reconocerá en estos papas al sucesor de san Pedro? Hallará solo al de los Césares. La ambición no cesará por eso: la historia nos irá descubriendo nuevas empresas hasta los términos que Zacarias mismo diría, si se lo hubiese preguntado, que no era posible llegar a tanto. Y lo iremos viendo.

92 - ESTEBAN II

De 752 *a* 757

Por muerte de Zacarias fue elegido papa Esteban, presbítero romano, y se le puso en posesión inmediatamente, porque ya no se contaba con soberano alguno para su confirmación, pero al tercer día sin llegar a ser ordenado amaneció accidentado y murió; por lo que no se le cuenta en el número de los sumos pontífices, y sin tardanza se celebró otra elección que recayó en el arcediano de Roma, nombrado también *Esteban*, día 26 de marzo de 752. El nuevo electo murió en 25 de abril de 757.

Sería necesario hacer muy difuso este artículo si hubiera de contar por menor las intrigas de que se valió el papa Esteban para usurpar el señorío de Ravena y todo su exarcado, además de varias ciudades de Toscana, territorio de Bolonia y otras provincias cercanas a la de Roma. Astolfo, rey de Lombardía, era su poseedor por derecho de la guerra contra el emperador de Constantinopla. Esteban fue a Francia, coronó a Pipino por rey de Francia, dio títulos de patricios de Roma a Carlos y Carlomán, hijos de Pipino, y mandó a los franceses que bajo la pena de excomunión *lata*, no reconociesen jamás por rey de Francia a príncipe alguno de familia distinta de la de Pipino. Este le prometió hacer la guerra contra el rey de Lombardía hasta despojarle de las provincias y ciudades indicadas. Hizo donación de todas ellas y del ducado o de Roma a san Pedro para que las poseyeran en su nombre los papas. Astolfo sitió a Roma, y Esteban envió llamar a Pipino escribiéndole una carta que sonaba ser del apóstol san Pedro en que decía: "San Pedro, llamado al apostolado por Jesucristo, hijo de Dios vivo... Yo os conjuro por Dios vivo que no permitáis que mi ciudad de Roma y mi pueblo sean maltratados más largo tiempo por los lombardos, pues debéis temer que vuestros cuerpos y vuestras almas lo serán en caso contrario por el fuego eterno; ni que las ovejas del rebaño que me ha confiado sean dispersadas, así evitaréis que el mismo Dios os deseche a vos y disperse a vuestro pueblo como dispersó al de Israel... Si me obedecéis prontamente, recibiréis grandes recompensas en esta vida; venceréis a todos vuestros enemigos; tendréis larga vida; gozaréis los bienes de la tierra, y después sin duda la vida eterna. De lo contrario sabed que por la autoridad de la Santa Trinidad y la gracia de mi apostolado seréis privado del reino de Dios y de la vida eterna". Escribió también a los duques y pares de Francia otra carta no menos chocante, diciendo entre otras cosas: "yo os conjuro que vengáis inmediatamente a librar la ciudad de Roma del poder de los lombardos, corriendo a rienda suelta antes que se seque la fuente de agua viva con que habéis sido reengendrados y crismados; y no os retiréis del ejército hasta conseguir el triunfo, pena de ser excluidos del reino de Dios, y entregados al diablo y sus ángeles". El rey Pipino acudió, y verificando sus promesas hizo que Astolfo se desprendiese del exarcado de Ravena y demás referido, y puso el papa en posesión. El emperador Constantino IV reclamó su derecho ante Pipino; este respondió que no podía faltar a lo prometido a san Pedro. Es digno de saberse que Esteban llevó en su viaje a Francia el carácter de embajador de Constantino, para pedir a Pipino en el nombre de su majestad imperial que hiciera esta expedición para restituir el exarcado al imperio. Las resultas manifiestan la buena fe con que se había conducido Esteban en la embajada, y sus cartas el espíritu de fanatismo ambicioso que le dominaba para hacer hablar a san Pedro, lo que sin duda condenaba el santo desde su silla celestial. Véase la justicia del título con que los papas comenzaron a ser dueños de lo que se llama *estado pontificio.*

Como si esto no bastase para formar del papa concepto poco favorable, hay además el haber incurrido en error heretical, decidiendo *ex catedra,* como sumo pontífice, cierta cuestión sobre la materia remota de un sacramento. En Francia se le consultó sobre reiterar o no el bautismo administrado con vino por falta de agua, y respondió Esteban II: "si el niño estaba en peligro de muerte y el párroco carecía de agua, este no fue culpable y *el niño debe quedar con el bautismo administrado*; pero si el párroco podía haberlo hecho con agua debe ser excomulgado y puesto en penitencia, porque faltó a los prevenido en los cánones". Resulta pues que declaró por válido el bautismo hecho con vino en lugar de agua; lo cual es error heretical. Bellísimo testimonio de la infalibilidad pontificia.

93 - PAULO I

De 757 a 767

Paulo, diácono de Roma, hermano del papa Esteban II, fue ordenado sumo pontífice a 29 de mayo de 757 y murió en 28 de junio de 767. Un mes y cinco días que duró la vacante prevaleció la discordia entre los electores furiosamente, queriendo algunos elegir a *Teofilacto*, arcediano, jefe del mismo Paulo; pero en fin no resultó cisma porque los partidarios del arcediano consintieron la elección del mayor número.

La circunstancia de ser ya de hecho soberanos territoriales los papas, aunque todavía sin título, aumentó el desorden de la conducta pública de los sumos pontífices. Sus cuidados principales fueron en adelante la conservación y el aumento de los estados pontificios, llamados maliciosamente *patrimonio de san Pedro,* como si este santo fuese capaz de aprobar en el cielo aquello mismo que había reprobado en la tierra. Consiguientemente, Paulo I subió a la silla papal con el afán de ver cómo se había de sostener en lo usurpado contra el emperador de Constantinopla, su dueño legítimo, y contra el rey de Lombardía, su último poseedor por derecho de guerra. Para esto procuró el favor del rey de Francia Pipino, a quien aduló en sumo grado, conociendo que solo este monarca podía favorecerle con utilidad. Antes de consagrarse ya le escribió prometiéndole en nombre propio y del pueblo romano *amistad y fidelidad hasta derramar la última gota de sangre*, y pidiéndole que continuase protegiendo a san Pedro. En otras muchas cartas trató al emperador de Constantinopla y al rey de Lombardía, los dos católicos, peor que si fueran idólatras enemigos de la religión católica; siendo así que sus antecesores habían adulado, servido y elogiado a los reyes godos, herejes arrianos. No cesó de exhortar a Pipino a que hiciese la guerra contra los dos, para que san Pedro gozase pacíficamente de sus nuevos estados.

94 - ESTEBAN III

De 767 *a* 772

CISMA OCTAVO

Muerto Paulo I se vio en Roma el octavo antipapa; hubiera habido cisma peligroso y sangriento sino porque los romanos, amenazados de caer en poder del emperador su antiguo soberano, o del rey de Lombardía su enemigo vecino, cedieron al partido que gozaba la protección de Francia. El caso fue que apenas murió Paulo, el duque de Totón de Toscana, súbdito del rey de Lombardía, intrusó en el solio pontificio por fuerza de armas a su hermano *Constantino*, sin embargo de que todavía era lego. Hizo que el obispo de Praeneste le ordenase, y Constantino mandó como sumo pontífice más de un año.

Un atentado suele ser origen de otros. Valdiperso, presbítero, movió sedición en Roma en 31 de julio de 768, e hizo elegir por pontífice romano al sacerdote Felipe, al cual se dio posesión del pontificado en San Juan de Letrán. Otro presbítero llamado *Cristóbal* se irrita con el segundo atentado más de lo que estaba ya contra el primero: forma partido poderoso; junta muchos obispos y presbíteros y los que pudo del pueblo, y hace elegir a *Esteban*, presbítero siciliano, residente en Roma. Yo carezco de expresiones competentes para manifestar las crueldades y los homicidios que resultaron de la coexistencia de tres papas hasta que se declaró victorioso el de Esteban algún tiempo después. Me contento con insinuar cuánto distan de ser obra del Espíritu santo las elecciones de los papas, y cuán claros son los testimonios de intervenir el espíritu de ambición. ¿Y son *santísimos padres* los electos que dan lugar a ello por no renunciar? Solo puede tenerles por tales la más grosera estupidez.

Noticioso el papa Esteban de que Carlo Magno intentaba casar con Gisela, hija de Desiderio, rey de Lombardía, le escribió procurando disuadirle, y entre las grandes necedades de sus cartas no fue la menor decirle que la familia de los reyes lombardos no era digna de enlazarse con la de monarcas franceses, sí solo de ser contada entre las generaciones de bestias, porque las mujeres son feas, fétidas, leprosas, y maltratadas por la naturaleza con otras calidades pésimas. El rey Carlo Magno conoció completamente que todo este grande elogio provenía del deseo de evitar que el rey de Francia, confederándose por el matrimonio de Gisela con Desiderio, diose lugar a que este se apoderase del exarcado de Ravena, y celebró sus bodas a pesar de los oficiosos informes del papa. ¿Qué tal? El santísimo padre aprendió pronto a mezclar sus intereses políticos con las materias religiosas. Los autores del *Arte de verificar fechas* (sin embargo de ser monjes benitos de la congregación de San Mauro) sumamente inclinados a interpretarlo todo piadosamente a favor de la virtud de los papas, dijeron que Esteban III fue uno de los más imprudentes que se han sentado en la silla de san Pedro.

95 - ADRIANO I

De 772 a 795

Adriano, diácono, hijo de Teodulo, duque de Roma y cónsul imperial, fue elegido papa en 9 de febrero de 772 y murió en 25 de diciembre de 795. Aduló a Carlo Magno como lo haría el más bajo de los cortesanos. Sabía que Carlos podía despojarle del patrimonio de san Pedro y consolidar la posesión con aumentos como se verificó. Carlos confirmó y amplió la donación hecha por Pipino, disponiendo de una parte considerable de la Italia en favor de los papas como si fuese cosa suya. La demarcación del territorio cuyo dominio pasó entonces al pontífice fue todo el exarcado de Ravena con la Pentápolis, entre el mar Adriático y el monte Apenino; desde la embocadura del Adije hasta Ancona, con una parte de la Toscana desde la embocadura del Fiume-Cecina hasta la de Murta-Fiume; subiendo de la mar al origen del río Tíber; en lo cual está incluido el ducado de Perusa a lo largo de la ribera derecha del Tíber. Posteriormente le dio Carlos los territorios y pueblos de Aquino, Teano, y otras ciudades que renunció por fuerza el duque de Benevento.

Este papa dio pruebas evidentes de su ambición por el engrandecimiento temporal de la silla romana en sus cartas y escritos a Carlo Magno, de resultas de haber recibido los que se intitularon *libros carolinos* y concilio de Fráncfort contra el culto de las imágenes, pues temeroso de disgustarle, no solo no le trata de hereje iconoclasta, ni a los obispos que habían asistido, sino que lo contempló, le aduló, y le procuró persuadir la verdad y sacarle del error con tan grave suavidad y moderación, que no podría menos de ser alabado si no se discurriese la viciada fuente a que debía su origen el ejercicio de unas virtudes tan sin ejemplar, tan desusadas hacía ya largo tiempo en la silla romana, cuyos predecesores habían tratado inicuamente a los emperadores de Constantinopla en casos semejantes porque no temían ni esperaban de ellos lo que Adriano confiaba conseguir de Carlos. Ya que no aprobase la herejía condenada en el concilio general segundo de Nicea, transigió a lo menos por adular a Carlos con motivo del último artículo de los libros carolinos. En él se decía, no que se prohibiese adorar las imágenes, sino que a cada uno se dejara en libertad de hacerlo o no, sin que forzase a nadie a darles culto. Cualquiera conocerá que esta libertad no era compatible con la definición dogmática del concilio de Nicea. Sin embargo Adriano escribe a Carlos: "Este artículo es bien diverso de los precedentes; por eso reconoceremos que este es obra vuestra, y que hacéis profesión de seguir enteramente la doctrina de san Gregorio, el cual había dicho que las imágenes eran útiles para la instrucción, pero que adoraciones solo debían darse a Dios." ¿No es esto transigir los negocios dogmáticos de la religión por conservar los dominios temporales de las provincias?

Antes había tenido Adriano grande parte en la iniquidad de Carlo Magno contra sus sobrinos, hijos de su hermano Carlomán. Desiderio, rey de Lombardía, suegro de Carlos, había recibido en su corte a la viuda de Carlomán, y formado empeño de que a los hijos se diese la corona de su padre. Carlos usurpó esta, sacrificó sus sobrinos, destronó a Desiderio, suegro suyo, lo llevó preso a Lyon, extinguió el reino de Lombardía, se apoderó de la Italia; y en todo le ayudó Adriano con medios viles indignos de un sumo sacerdote para que fuesen víctimas la viuda y los hijos de Carlomán. Pocos papas han hecho tantas bajezas y crímenes políticos y morales de ambición como Adriano I.

96 - LEÓN III

De 795 *a* 816

León, presbítero de Roma, fue elegido papa en 26 de diciembre de 795, consagrado en 27 y murió en 11 de junio de 816. No fue menos adulador de Carlo Magno que Adriano. Acaso era malo en sus costumbres personales, o procuró adquirir con medios ilícitos el pontificado. Pascual, dignidad de primicerio, y Campulo, dignidad de sacelario, sobrino del anterior pontífice, le acusaron de gravísimos delitos en 799 ante Carlo Magno. Este rey mandó que se formalizase acusación en concilio; Pascual y Campulo vieron a Carlos declarado protector de León, y no tuvieron valor para comparecer. El papa juró en el concilio ser falsamente imputados los crímenes y se le declaró inocente. No es extraño, pero siempre sirve mucho el suceso en la historia para que conste que un papa puede ser acusado, y que León necesitó jurar su inocencia en un concilio. Si fue de veras o no culpado, solo Dios lo puede ya saber; pero lo cierto es que no tenía muy contentos a los súbditos cuando trataron de asesinarle en dos distintas ocasiones, y que Carlo Magno le encargó por medio de su embajador Angilberto cuidase mucho de tener costumbres puras; proposición que intimada por un lego al sumo sacerdote da fundamento de presumir la existencia de costumbres no puras. León aduló a Carlos tan completamente que habiendo este soberano concurrido a la misa de la media noche de la natividad del Señor en la iglesia de San Pedro, el papa le puso en la cabeza de improviso al parecer una corona imperial, para cuyo momento tenía dispuesta la intriga de que muchas personas buscadas secretamente al objeto aclamasen a Carlos por emperador del Occidente y soberano de Roma y de Italia con perjuicio positivo de los emperadores de Constantinopla en la segunda parte. No debe quedar sin embargo en silencio la noticia de que León adoró a Carlos con la misma reverencia que los antiguos papas habían adorado a Constantino Magno y sucesores confesándose vasallo y súbdito de Carlos, y reconociendo que la potestad dominical que gozaba en Roma y demás estados del patrimonio de san Pedro era dependiente de la *suzeranía*, esto es, *soberanía suprema* de los nuevos emperadores del Occidente. No hay que admirarse de tanta humildad del papa León. Todo era efecto del espíritu de ambición. Así consolidaba la posesión recién usurpada de unos dominios adquiridos contra justicia por cesión de quien carecía del dominio y de la potestad para donar lo ajeno. Prosiguiendo en sus intrigas fue a buscar al emperador en el año 804 para que se apoderase de Venecia, lo cual deseó mucho temiendo que si el emperador de Constantinopla conservaba en Italia ese territorio, trataría de reconquistar el exarcado de Ravena y demás estados pontificios.

Muerto Carlo Magno en 814 hubo nueva conjuración contra el papa en 815, y Adriano castigó con pena capital a los conjurados, lo que reprobó el emperador Luis I el Pío, diciendo que no era propio de un sumo sacerdote aquel rigor sanguinario. Habiendo enfermado León, los pueblos dieron nuevos testimonios de descontento, quemando muchas casas de campaña que había hecho construir para enriquecer las iglesias, e intentaron ir a Roma y tomar por fuerza las riquezas que les había quitado. El rey de Italia Bernardo, nieto de Carlo Magno, necesitó acudir con ejército para evitarlo. Con grandes exacciones y ofrendas Adriano llegó a juntar tanto oro y plata que solo del ramo de ofrendas resultaron inventariadas ochocientas libras de oro, y veinte y una mil de plata. Hizo pavimiento de oro en la capilla nombrado *Confesión de San Pedro*, empleando en eso cuatrocientas cincuenta y tres libras de oro, y puso en la entrada del santuario una balaustrada de mil quinientas setenta y tres libras de plata. Uniendo estos hechos y otros enormes gastos en las iglesias de Roma con el odio general de sus vasallos, puede inferirse que la caridad con los pobres no fue su virtud favorita. Sin embargo está canonizado y puesto en el martirologio romano por decreto de los cardenales de la congregación de ritos del año 1673, y se le venera en once de julio. ¡Qué mucho se resistan los protestantes a dar asenso a las canonizaciones romanas viendo esta, la de Gregorio VII y de algunos otros papas! Sin duda se haría consistir la santidad en decir muchas misas; pues solía decir 7 por día, y algunas veces 9. ¡Que trastorno de ideas se nota si se coteja este siglo IX que ahora empezamos a recorrer con los primeros del cristianismo! ¡Qué poco se parecían ya los papas a san Pedro y sus doce primeros sucesores!

-o-o-o-

SIGLO IX

97 - ESTEBAN IV

De 816 *a* 817

Esteban, noble de Roma y diácono de su iglesia, fue consagrado papa en 22 de junio de 816 y murió en 24 de enero de 817. En su corto pontificado mostró cuán arraigado estaba ya en el clero romano el espíritu de ambición y cuánta era la hipocresía para ocultarlo. Habiendo sido la elección pontifical inmediatamente que murió León III se hizo consagrar sin pedir confirmación imperial. Esto podía producir la pérdida de las provincias romanas si el emperador se daba por ofendido. Para evitarlo hizo al instante que el clero y el pueblo de Roma jurasen fidelidad a Luis I *el Pío*, y le dirigió la acta con legados extraordinarios dándole satisfacción de haberse consagrado sin esperar su ascenso y remitiéndole una corona imperial de oro. Luego fue él mismo a consagrarle de emperador y rey en Reims, llevando segunda corona de oro para coronar a la emperatriz como lo hizo. No perdió el viaje, pues la historia dice que consiguió de Luis todo lo que quiso; y podemos creer que no quería poco, aunque no consta. Es verosímil fuese la confirmación de las donaciones de Carlo Magno, y la promesa de defenderle sus estados si el emperador de Constantinopla intentase reivindicarlos; pues a esto se redujeron ya los cuidados principales de los papas. Escandaliza esto, pero podíamos ya disimularlo si los sucesores se hubiesen contentado con la suerte de León III y Esteban IV; porque al fin reconocían la soberanía directa de los emperadores y los adulaban con sumisión. Veremos tiempos en que les parecía ser poco decorados si no afectaban el poder de soberanía universal sobre todos los emperadores, reyes y otros soberanos.

98 - PASCUAL I

De 817 *a* 824

Pascual, nacido en Roma, fue consagrado papa en 25 de enero de 817 y murió en 11 de mayo de 824. Tampoco quiso esperar la confirmación imperial. Luis I se dio por ofendido. Pascual procuró darle satisfacción con discursos sutiles conociendo la debilidad del soberano, quien cumpliendo las promesas hechas al anterior papa expidió título de confirmación de las donaciones hechas por Carlo Magno. En el año de 823 Lotario, hijo primogénito de Luis y declarado ya emperador asociado a su padre, fue a Roma por orden de este para administrar justicia con motivo de varias turbaciones sediciosas. Teodoro, primicerio de la iglesia romana, y León el Nomenclator su yerno, se distinguieron entre todos los romanos en obsequios a Lotario. Retirado este a Francia, fueron hijo y padre asesinados en el palacio de Letrán. Los parientes denunciaron ante Luis la persona del papa Pascual como autor del crimen. El emperador se irritó por de pronto, pero apenas Pascual negó en juicio ante los jueces comisarios imperiales se dio por satisfecho conforme a su genio. Quiso que fuesen entregadas las personas de los asesinos. El papa los protege, no los entrega, y viéndose ya libre afirma que Teodoro y León merecían pena de muerte por haber sido reos de lesa majestad, y que así no debía reputarse asesinato sino ejecución de justicia sin observancia de las formas judiciales. Cualquiera que no sea ciego partidario de la curia romana se escandalizará de este pasaje, ya porque le doctrina es despótica, inmoral, falsa y enemiga del orden público, ya porque la conducta de Pascual confirmaba el concepto que todos los romanos habían formado de haber sido él mismo el autor de los asesinatos, a que se añade haber sido clérigos los matadores. ¿Y por dónde serían reos de lesa majestad Teodoro y su yerno? No lo probó Pascual. Es de presumir que habían hablado contra las máximas pontificias de mezclar las dominaciones seculares con el oficio pacífico de pastor espiritual, que ya se interpretaban como rebelión en favor del imperio. Este papa está venerado como santo en 14 de mayo. ¿Qué caso puede hacerse de canonización de semejantes hombres? ¿Dónde se hallarán virtudes heroicas de Pascual capaces de contrabalancear las vehementes sospechas de ambicioso en sumo grado, y de asesino, pérfido y perjuro?

99 - EUGENIO II

De 824 *a* 827

CISMA IX

Eugenio, arcipreste de Santa Sabina de Roma, fue elegido papa en 5 de junio de 824 y murió en 17 de agosto de 827. Su elección fue pacífica. El pontificado se consideraba ya no como carga episcopal en el sentido del apóstol san Pablo, sino como dignidad real, igual o mayor que la de muchos soberanos temporales entre los cuales se contaba el papa sin perjuicio de la dependencia que aún tenía del emperador. Un tal *Zosimo* fue electo romano pontífice por otro partido que produjo el nono cisma. Hubiera durado mucho tiempo y causado guerra civil si el emperador Luis no hubiese puesto la mano. Su hijo el emperador Lotario fue nuevamente a Roma y pudo cortar los progresos. Observó que los romanos en general y los propietarios de los estados pontificios estaban quejosos de usurpaciones de tierras autorizadas por los jueces pontificios con asenso de los papas en favor de las iglesias, las cuales se iban enriqueciendo a costa de los habitantes. Esta circunstancia no había dejado de tener influjo en el cisma. El emperador Lotario procuró el remedio mandando restituir las usurpadas. El papa Eugenio mandó lo mismo, y ambos de acuerdo con los magnates franceses y romanos establecieron una ley orgánica para evitar estos y otros abusos en lo sucesivo. Por lo respectivo a la elección de los papas contenía lo siguiente:

"Ninguno, bien sea libre o bien siervo, pondrá obstáculos a la elección del papa. Esta pertenecerá únicamente a los romanos conforme a la concesión que hicieron los antiguos padres. Cada uno de los duques y magnates romanos y el pueblo prestarán juramento de fidelidad al emperador en esta forma: "Yo prometo ser fiel a los emperadores Luis y Lotario, salva fe que he prometido al papa; y no consentir que ninguno entre a ser sumo pontífice sino en virtud de elección canónica; ni que aun el así electo sea consagrado sin que preste primero por escrito en presencia del comisario imperial el juramento de fidelidad igual al que ha hecho y firmado el papa Eugenio".

Este juramento supone la necesidad de comunicar al emperador la elección papal, de esperar su confirmación y el nombramiento del comisario que hubiese de recibir la promesa jurada antes que se verificase la consagración. Si los papas posteriores hubieran observado como debían la ley orgánica consentida por todos los que tenían intervención en el asunto, no hubiera habido motivo de tantas guerras y muertes como se verificaron desde el siglo XI en adelante. Y si todos los papas fueran tan moderados como Eugenio II, no hubiese habido jamás unas guerras escandalosas entre los emperadores y los sumos pontífices como las de los siglos XII, XIII y parte del XIV. Acaso esa misma moderación ha sido el obstáculo por el cual no ha sido canonizado; pero es cierto haberlo merecido Eugenio infinito mejor que algunos, puestos en el catálogo de los santos por aquel tiempo. La moderación no es la virtud favorita de los papas ni de los cardenales de la congregación de ritos por lo respectivo a canonizaciones de los que hayan ocupado la silla de san Pedro.

100 - VALENTÍN

Año de 827

Valentín, arcediano de Roma, fue elegido papa inmediatamente que murió Eugenio II, y habiéndose consagrado en el domingo primero de setiembre de 827, falleció en 10 de octubre, sin dejar testimonio de cosa alguna perteneciente a nuestra historia. Sin embargo hay motivos de presumir que sería bueno porque su antecesor Eugenio II lo había querido como si fuera hijo suyo; y consta que Eugenio fue siempre virtuoso, y como tal moderado y justo.

101 - GREGORIO IV

De 827 *a* 844

Gregorio, presbítero de Roma, fue elegido papa poco después de la muerte de Valentín; pero no fue ordenado de obispo hasta 5 de enero de 828 por esperar la confirmación imperial, bien que fue antes entronizado porque los romanos, discurriendo arbitrios de persuadir que el acto de los emperadores era solamente ceremonia, encontraron el de dar posesión del palacio pontifical, y de las iglesias de san Pedro, Santa María la Mayor y San Juan de Letrán.

Gregorio manifestó resistencia para aceptar el pontificado, de modo que fue necesario llevarlo por fuerza de la iglesia de San Cosme y San Damián, donde se hallaba en la ocasión. Pero a pesar de estas demostraciones su conducta posterior da motivos de presumir que tenía grande ambición, aunque la disimulase conociendo que su renitencia misma inflamaría más los ánimos para compelerle. Buena prueba es la reedificación de la ciudad de Ostia con murallas y castillos dándole el nuevo nombre de *Gregoriopolis*. No es digna de censura la empresa. ¡Ojalá todos los papas hubiesen sustentado los artesanos con otros tales! Pero el intento de perpetuar su memoria personal con la denominación del pueblo manifiesta ideas poco análogas a la resistencia de aceptar el papado.

A pesar del juramento de fidelidad prestado al emperador Luis el *Pío*, se agregó el papa Gregorio a Lotario en la rebelión contra su padre, auxiliada por los otros dos hijos del primer matrimonio, y le acompañó en su viaje a Francia hecho con ejército para destronar a Luis. El mayor número de obispos franceses estaba en favor de su legítimo soberano, y habiendo sabido que Gregorio pensaba librar excomunión contra ellos, le escribieron una carta llena de vigor diciéndole entre otras cosas que para nada dependían del papa en la parte de asuntos interiores y peculiares de la iglesia galicana, y que si Gregorio les excomulgaba, él solo sería el excomulgado porque se separarían de la comunión de quien procediese despreciando los cánones. El papa hizo que uno de su partido escribiese una memoria persuadiendo lo contrario. El mismo Gregorio escribió a los obispos exaltando hasta lo sumo la dignidad papal con poder muy superior al secular; por lo que serían ellos obligados a obedecer sus órdenes en contraposición de las del emperador. Los hijos rebeldes, auxiliados por el papa, llegaron al horrible desacato de destronar al padre, imponerle penitencia pública y recluirlo en un monasterio donde lo estuvo por algún tiempo, hasta que la discordia misma de los hijos volvió a colocar a Luis en el trono imperial. El papa fue reconvenido de su perjuro, e hizo tan indigno papel en las conferencias de reconciliación tomadas a su cargo, que el sitio en que se tuvieron entre las ciudades de Basilea y Estrasburgo perpetuó su nombre de *Campo de las mentiras*.

102 - SERGIO II

De 844 *a* 847

Sergio, arcipreste de Roma, fue ordenado papa en 27 de enero de 844 según la opinión común, pero no se sabe de cierto por los motivos que se indicarán tratando de la papisa Juana. Su consagración se hizo sin haber pedido antes al emperador Lotario la confirmación como estaba prometido en la concordia del pontificado antecedente. Lotario se dio por ofendido. Envió a Roma su hijo Luis con ejército. El papa y los romanos hicieron mil bajezas y vergonzosas adulaciones para que se disimulase lo pasado, excusándose con el peligro de cisma que hubo de parte del diácono *Juan*, quien auxiliado de la ínfima plebe se había hecho proclamar papa, y ocupado la iglesia y el palacio de Letrán. Luis hizo congregar un concilio mixto de obispos, duques y condes italianos y franceses, y se acordó que si el papa y los romanos reconocían al emperador Lotario por soberano de Roma y le juraban fidelidad como a Carlo Magno y Luis I, se podía confirmar la elección. Así se hizo, y todos juraron las dos cosas.

103 - LEÓN IV

De 847 *a* 854

León, presbítero del título de los cuatro santos coronados de Roma, fue elegido papa inmediatamente que murió Sergio II, porque los sarracenos amenazaban la invasión de los estados pontificios, y se creyó útil tener desde luego persona interesada en su defensa, pero no fue consagrado hasta 12 de abril de 847, por aguardar la confirmación imperial del soberano de Roma. Aun entonces lo hicieron sin que se verificase, pero protestaron que se entendiera sin perjuicio de la fidelidad debida al emperador, y por solo el motivo de tener los sarracenos cerca de la ciudad.

Los sarracenos entraron sin embargo y se retiraron cargados de riquezas saqueadas, de las cuales una parte fue de la iglesia de San Pedro. El papa edificó una ciudad para resistir iguales ataques, cuya dedicación hizo en 27 de junio de 852 en que se venera san León, y la nombró *Leonina*, para satisfacer su ambición con apariencias de respeto al santo. Después construyó una villa doce millas de *Centumcelle*, y le dio nombre de *Leópolis*, cuya dedicación hizo en 15 de octubre del octavo año de su pontificado que corresponde a 854, si es verdadera la opinión común, en lo cual hay muchas dudas por lo que diremos en el artículo siguiente. Los habitantes prefirieron con el tiempo el sitio antiguo, y su población se llamó como ahora *Civitavechia*.

Después se intentó cierta conjuración para librar a Roma del poder de los emperadores de Occidente, y volver a la soberanía de los de Oriente, porque viviendo estos más lejos y con mar en medio, los romanos esperaban, vivir más libres, menos dependientes y más autorizados. Daniel, capitán general comandante del ejército romano, fue desde Roma a buscar al emperador Luis II en Pavía para revelarle que Graciano, gobernador de Roma, le había comunicado el proyecto y pedido auxilios. El emperador fue a Roma, en cuya presencia y la de Graciano renovó Daniel su acusación de infidelidad, pero no pudiendo probarla fue declarado falso calumniador. Sin embargo algunos escritores tienen por cierta la conspiración, y añaden que el papa León IV entró en ella resentido de que ni Luis ni Lotario su padre habían enviado auxilios militares contra los sarracenos en tiempo de necesidad. La sospecha es tanto más creíble cuanto León IV manifestó espíritu más militar que eclesiástico en su conducta con los mahometanos, y construcción de dos plazas de armas, *Leonina* y *Leópolis*.

JUAN ANGLICANO

O PAPISA JUANA

De 854 *a* 855

El espíritu de ambición que reinaba en la silla romana no podía menos de contagiar a los que observasen el alto grado a que habían subido los papas en lo respectivo a honores, poder y riquezas. En el pontificado de León IV se hallaba en Roma una persona de las muchas extranjeras que concurrían a fijar su domicilio en la ciudad pontifical que comenzaba ya a ser centro de las fortunas. Una mujer (que algunos dicen haberse llamado Gilberta por nombre propio, y ser natural de Maguncia) recibió de la naturaleza un talento perspicaz, genio emprendedor, atrevido y capaz de cualquier empresa. En su consecuencia, no tuvo reparo en abandonar al tiempo de su pubertad la casa de sus padres, disfrazarse con vestido de hombre para viajar en concepto de estudiante. Se apropió el nombre de Juan: fue peregrinando hasta la ciudad de Atenas donde ya florecían las ciencias, particularmente la filosofía de su tiempo, la jurisprudencia y la teología. Se dedicó primero a las gramáticas latina y griega; sabidas ambas estudió teología, y hechos progresos extraordinarios en la retórica y artes liberales pasó a Roma, donde adquirió por su literatura (muy superior a la común de los romanos) estimación muy distinguida en las casas de los personajes principales. Allí y en Atenas dijo siempre ser natural de Inglaterra. Hubo quien le propusiera ser clérigo, prometiéndole suerte feliz y *Juan el Anglicano*, (con cuyo nombre se le distinguía de otros Juanes) tuvo el capricho de acceder a la propuesta.

Muerto el papa León IV en 17 de julio del año 854 fue Juan elegido papa romano, y precedida la confirmación imperial se le consagró como verdadero sumo pontífice a su edad de 38 años o poco más, en fines de setiembre del mismo año 854. Si nos atenemos a lo que resulta impreso en algunas historias de los siglos medios duró su pontificado dos años, cinco meses y cinco días. Platina en la vida de los papas dice que un año, un mes y cuatro días. Yo soy de opinión que no llegó al año, sino solos cinco meses y cinco días, y que las palabras *dos años* fueron añadidas por equivocación o malicia, pues de todo hay muchos ejemplares en los códices anteriores al arte divino de la imprenta. Pero aun cuando se quiera sostener la opinión común de dos años, cinco meses y cinco días no por eso resultará fabulosa como escribieron Baronio, Labbé y Blondel; pues en tal caso se debe ajustar la cuenta de los pontificados de Gregorio IV, Sergio II, León IV, Juan VIII, Benito III, Nicolás I y Adriano II, del modo que lo hizo con gravísimos fundamentos el autor de la papisa Juana en francés, sacada de la disertación latina de Mr. de Spanhein, segunda edición, año de 1758.

Cuando se le anunció la elección estaba grávida de tres meses. Debía bastar esto para que renunciase a la dignidad pontificia, prescindiendo ahora de las obligaciones de conciencia. El espíritu de ambición le sugirió la idea de que podría con el auxilio de su amante ocultar preñado y parto. Pero este se verificó en marzo de 855 de una manera horrible. Caminando a san Juan de Letrán le acometieron dolores acerbísimos en la calle pública entre el coliseo de Nerón y el templo de San Clemente. Procuró resistir y disimular, pero esto mismo la perjudicó, porque parió en la calle y murió del parto allí mismo repentinamente.

Fue tan público el suceso escandaloso que no era posible disimular la infamia, por lo cual se prefirió el extremo de acordar que se borrase de todas partes el nombre del papa Juan VIII, y aun su existencia. Como la publicidad no se podía excusar en todo el orbe cristiano, creyeron luego los romanos purificar su fama dando a todo el mundo testimonio auténtico de que no habían elegido aquel papa con noticia ni sospecha de la verdad; a este fin erigieron un monumento infamante. Se hizo la estatua de una mujer en actitud de morir desesperada y rabiando con los dolores de parto, y se colocó en el paraje de la tragedia, donde perseveró hasta el pontificado de San Pío V, que mandó arruinar el monumento y arrojar al río la estatua.

Lo extraordinario del suceso dio motivo también a cierto acuerdo que la decencia reprobaría si la necesidad no la autorizase. Se consideró indispensable que cuantas veces hubiera elección pontifical, otras tantas se adquiriese certificación infalible de ser varón el electo. Para conseguirlo de suerte que no se violara el pudor en público, se construyó una silla pontifical de mármol muy grandiosa y magnífica en cierto paraje elevado con todas las apariencias de un trono preparado para quien haya de presidir la congregación; pero con el asiento horadado a manera de silla de comodidad para remediar necesidades corporales; so la cual había el vacío conducente a poder estar un hombre bajo del trono y tocar las genitales del sentado. Un encargado de instruirle auxiliaba para que se pusiese el electo en disposición conveniente. Conocido el sexo gritaba el comisionado *papam virum habemus*, esto es, *varón es el electo papa*. En seguida le aclamaban y tributaban respetos, esperando la confirmación imperial para consagrarle como sumo pontífice, la cual costumbre duró algunos siglos. En fines del XV permanecía la silla con el nombre de *Estercoraria*, según afirma Platina en la vida de la papisa Juana, cuya obra dedicó al papa Sixto IV. Sabía el disgusto que los romanos habían comenzado a manifestar a la memoria de un suceso que no hace grande honor a los electores del año 854; y por eso no quiso salir garante de que la historia fuese verdadera, sino solo de que así lo escribían casi todos. En efecto, nadie lo puso en dudas hasta que los protestantes del siglo XVI formaron con el suceso algunos argumentos contra la verdadera, legítima y no interrumpida sucesión de los romanos pontífices en la silla de san Pedro. Yo tengo por nulos tales argumentos incapaces de probar lo que se intenta; pero los católicos del mismo siglo XVI formaron otro concepto, y creyeron mejor extremo el de negar el hecho y calificarlo de fábula. En su consecuencia casi todos los escritores católicos romanos han proseguido el nuevo sistema, de manera que le reputan en nuestro tiempo como verdad ya definida sin apelación en el tribunal de la crítica. Sin embargo, pienso que la religión carece de interés en la disputa, y que interesando la historia solamente, son tan fuertes los testimonios del suceso que parece agravio de la religión católica romana el negar por miedo de que se disminuya la fe, asegurada sobre fundamento indestructible.

Anastasio el *Bibliotecario* (historiador de las vidas de los papas, coetáneo al suceso) cuenta la elección del papa mujer entre León IV y Benito III, en cuyo tiempo escribía. No se halla su narración en la obra de Anastasio que publicaron dos jesuitas, porque la suprimieron pensando hacer obsequio a Roma. Masquardo

Frehero, uno de los grandes literatos de principios del siglo XVI, los acusó ante la república literaria europea del crimen de falsedad, respecto de haber impreso dos ejemplares íntegros para las personas que les confiaron el manuscrito, haciendo ver que la relación de la existencia del *papa-mujer* se hallaba en el manuscrito de la biblioteca real de París, y en los dos de la de Heidelberg, remitidos a Maguncia a dichos jesuitas para la impresión donde los podían ver cuantos quisieran y certificarse de la verdad, cuya noticia renovó después en su historia el célebre Bouclero. Los jesuitas mismos se hicieron sospechosos, poniendo en los ejemplares mutilados al margen de la vida del sucesor Benito III la nota siguiente: *De aquí resulta con claridad que el sucesor inmediato de León IV no fue Juan VIII mujer, sino Benito III.* Viene bien aquello que dijo Cornelio Tácito con otro motivo: *Cuando el crimen está manifiesto la audacia debe ser el consejero*; a la manera que quien acaba de hacer un hurto grita fuertemente *al ladrón, al ladrón* para que no se sospeche de él.

Mariano Escoto, historiador adicto a la silla romana en principios del siglo XI cuenta el suceso de la papisa, no como especie nueva, sino como noticia recibida de otros escritores que no han llegado a nuestros días. Sigeberto, monje del monasterio gemblacense en fines del siglo XI, dice que la papisa Juana fue natural de Inglaterra. Otón, obispo de Fresinga en 1138, y Godofredo de Viterbo en 1186, refieren su historia. Ranulfo Glabiacense en su Policronicón de 1340 dice que se resolvió no conservar el nombre de la papisa entre los papas. Teodorico de Nien en su libro de los derechos y privilegios del imperio, año 1406, dice lo de la estatua, y le siguen Laocónico Calcondilo, historiador griego en 1462, Sabélico y otros muchos. San Antonino de Florencia lo cuenta en aquel mismo tiempo. Guillermo Brevin en 1470 añade lo de la silla horadada, de la cual habla Platina. Onofrio Panvinio en las notas a este indica que Pandulfo de Pisa, escritor anterior al siglo XI, refieren sustancialmente lo mismo, aunque sin embargo no le dé crédito.

Los fundamentos de los críticos modernos de Roma y sus afectos que niegan el hecho se reducen a lo siguiente: 1° muchos escritores de los siglos medios suponen que Benito III fue hecho papa luego después de la muerte de León IV. Pero este argumento es débil sabiéndose haberse resuelto no hacer caso del tiempo de la papisa, porque no sonara, y así se adjudicó a la vacante. 2° que León IV murió en 855; mas esto no consta, pues hay infinita variedad en los escritores de la edad media. Unos dicen que murió en 853, otros en 54 y otros en 55. Además, aun suponiendo verdadera la opinión de haber muerto León en 55, son varios los historiadores que no ponen la elevación de Benito III al pontificado hasta 856, y dejan vacío para la papisa. 3° que por más variaciones que se hagan, no se hallará el tiempo de dos años, cinco meses y cinco días para la papisa; pero ya he dicho que no hay necesidad de tales dos años para lo sustancial del asunto, por lo cual reputo adición de algún copista la especie de los dos años, y cesan todas las dificultades; porque si un ejemplar mal copiado sirvió de original a los otros escritores, todos procedieron dando por supuesto lo que nada importa, y que aun en caso contrario probó Espanhein haber lugar. La sustancia está en haber existido un papa mujer, sea poco, sea mucho tiempo. La permanencia de la estatua y de la silla, junta con la narración de casi todos en siete siglos, como testifica Platina en historia dedicada a un papa, da fuerza incontrastable a la opinión afirmativa por lo respectivo a lo sustancial del asunto, aun cuando haya error de autores en cuanto al tiempo. Últimamente Mr. Cognard, abogado de Normandía, imprimió año 1655 en Saumur un *tratado* contra Mr. Blondel, en que desata todos los argumentos de este; y debemos tenerla por cierta, limitando solo el tiempo de su fingido sumo sacerdocio. Quien desee mayor instrucción en este punto, hallará tratada la cuestión con la mayor y más juiciosa crítica en la historia de la papisa Juana, que antes cité publicada en francés en dos tomos en dozavo, en la cual sin contar a los contemporáneos Anastasio y Ranulfo de Fleix, por razón de las dudas, cuenta uno del siglo XI, tres del XII, tres del XIII, ochenta y tres del XIV y del XV.

104 - BENITO III

De 855 *a* 858

CISMA X

Si la existencia de la papisa Juana da testimonio evidente de que no es el Espíritu Santo sino el de ambición quien dirige las elecciones pontificias, la frecuencia y la multitud de cismas la persuaden por otro rumbo, pues todos ellos produjeron muertes, alteraciones populares, perjuicios, falsos testimonios y otros muchos pecados, crímenes y males. Lo vamos a ver de nuevo en la elección de *Benito III.* Un tal *Anastasio*, presbítero depuesto por el papa León IV en un concilio romano del año 853, juntó partido bastante para hacerse elegir papa tumultuosamente, y usó de bastantes violencias, auxiliándole muchos nobles romanos, y aun el embajador del emperador Luis II, y formando el cisma décimo de la iglesia romana. En estas turbulencias corrieron los meses de abril, mayo, junio, julio, pero finalmente, vencido Anastasio prevaleció Benito; lo confirmó el emperador, y se siguió la confirmación en setiembre de 855. Los historiadores eclesiásticos de aquel tiempo cuidan mucho de decirnos en el mayor número de elecciones papales que el electo no quería admitir, se escondía, le hallaban y rehusaba aceptar diciendo no ser digno, y otras muchas cosas de esta naturaleza. Pero todas estas especies son hijas de mala madre, nombrada *adulación*, por agradar a los papas y fortificar la creencia de una mentira en que interesan estos. Las obras nos deben dar testimonio, y nos lo dan con efecto de que todos o casi todos fueron ambiciosos hasta lo sumo con daño verdadero de la religión católica, en perjuicio inmediato de los soberanos temporales, de las naciones gobernadas por ellos, y de los obispos que puso el Espíritu Santo, y no el papa ni san Pedro para pastores del rebaño cristiano.

Lo que consta mejor es que Benito enriqueció su familia mucho, particularmente a Gregorio y Esteban sus hermanos, todos tres hijos de Teofilacto Nomenclator de Roma, a Constantino y Constantina sus sobrinos, hijos de Gregorio, y que casó a la sobrina con Jorge, senador; todos los cuales formaron después conjuración unidos con Formoso, obispo de Oporto, contra el papa Juan VIII como veremos. Benito es patriarca del nepotismo papal.

105 - NICOLÁS I

De 858 *a* 867

Nicolás, diácono de Roma, fue consagrado papa en 24 de abril de 858 a presencia y con autoridad del emperador Luis II. Dicen que se escondió por no aceptar el pontificado, y que se le obligó por fuerza. Ya tengo insinuado que tales especies referidas acerca de un crecido número de pontífices no merecen crédito alguno, y están desmentidas por la conducta posterior demostrativa de ambición sin límites, orgullo insoportable y ansia de tener bajo sus pies a todos los hombres.

El emperador Luis III, preciándose más de católico sumiso al sucesor de San Pedro que de soberano del imperio occidental, acompañó al papa Nicolás a pie, llevando las bridas del caballo de su beatitud por espacio de un tiro de ballesta. Esto, que suele contarse como acto de humildad de Luis el *Balbuciente*, yo lo llamo y llamaré bajeza indigna de un emperador para con un vasallo suyo, y capaz de engreír más y más el ánimo de quien estaba ya lleno de orgullo como testifica su conducta posterior con el mismo Luis, con su hermano emperador y rey Carlos el Calvo, con Lotario, rey de Lorena, su sobrino, con las reinas Tiedberga y Valdrada sus esposas, con Miguel II, emperador de Constantinopla, con Hinemaro, arzobispo de Reims, primado de Francia, con Gontario, arzobispo de Colonia, con Teugaldo, arzobispo de Tréveris, primado de la Bélgica, con Haganón, obispo de Pérgamo, con Rotado, obispo de Soissons, con Juan, arzobispo de Ravena y otros varios personajes.

A todos trató con orgullo despótico, mandando a los emperadores y reyes como a esclavos suyos con expresiones duras, ásperas, osadas, imprudentes, y tales que no podían compararse con cuanto los papas antiguos habían escrito aun en las ocasiones en que manifestaban más orgullo y deseo de establecer su superioridad. No se contentó ya Nicolás con admitir apelaciones y recursos de los metropolitanos (conforme a la interpretación injustamente dada al concilio de Sárdica, consentida ya por los que no estaban obligados a ello) sino que admitió aun las del clérigo y del lego del rango más inferior, citando en su comprobación las falsas decretales antesiricianas de Isidoro Mercator, y diciendo que no debía obstar el no hallarse compiladas en las colecciones de cánones, concilios y epístolas pontificias, pues también se obedecían las leyes de los emperadores no recopiladas con solo tener noticia de su contenido. En fin, no es fácil reducir a pequeño compendio los atentados de ambición, orgullo y despotismo que resultan de las cartas mismas del papa Nicolás. El que las lea en su colección, o por lo menos sus extractos en la historia eclesiástica, verá mejor esta verdad. Entretanto daré a conocer el gigante por un dedo. En el canon 71 de la Distinción 96 de la colección de cánones llamada vulgarmente *Decreto de Graciano*, se puso cierto fragmento de la epístola escrita por Nicolás al emperador del Oriente Miguel III, en que dice: “Con harta evidencia consta que no puede ser absuelto ni condenado por la potestad secular el pontífice a quien el piadoso emperador Constantino llamó *Dios*, y es manifiesto que Dios no puede ser juzgado por los hombres”. No es necesario saber mucho para notar que si creía lo que escribía era hereje, blasfemo, usurpador de la divinidad en cuanto podía serlo; y si no lo creía, presentaba prueba insuficiente y nula de su aserción. ¡Oh cómo parecía olvidado del diferente tono en que habían escrito sus antecesores de los siglos IV, y aun VI!

Así no hay que admirarse de que Gontario, arzobispo de Colonia, le escribiese dentro de Roma en nombre suyo y de Tengaldo, arzobispo de Tréveris, las proposiciones irritantes que siguen: “Escuchad, señor papa Nicolás. Nosotros hemos sido enviados por nuestros colegas a consultaros sobre lo que teníamos tratado en nuestro concilio, mostrándoos por escrito las autoridades y razones que nos han servido de regla. Nuestro fin era saber vuestra opinión, suplicándoos humildemente que nos instruyeseis, y estando prontos a seguir la doctrina que nos hicierais ver como mejor. Pero hace ya tres semanas que esperamos vuestra respuesta, y no se nos da categórica: solo nos habéis dicho en público que según la exposición de nuestro memorial parecíamos excusables. En fin mandasteis que compareciésemos en vuestra presencia: lo hicimos sin recelo, y al momento se nos cerraron las puertas y nos vimos cercados de una tropa de clérigos y legos; y en seguida sin convocar concilio, sin examen canónico, sin acusador, sin testigos, sin convencernos con autoridades ni razones, sin recibirnos confesión, y sin asistencia ni noticia de otros metropolitanos, ni de los obispos sufragáneos nuestros, habéis pretendido condenarnos a vuestro antojo por efecto de *vuestro furor tiránico*. Pero nosotros no recibimos vuestra *maldita sentencia*, tan distante de la caridad de un padre y de un hermano. La despreciamos como discurso injurioso. Nosotros os desechamos a vos mismo de nuestra comunión, como a hombre que comunica con los excomulgados. Nosotros nos contentamos con la comunión de toda la iglesia y con la sociedad de nuestros hermanos, la cual despreciáis vos haciéndoos *indigno de ella por vuestra altanería y arrogancia*. Vos os condenáis a vos mismo cuando anatematizáis a los que no cumplieron los preceptos apostólicos; pues sois el primero que los quebranta, procurando aniquilar en cuanto está de vuestra parte las leyes divinas y los sagrados cánones, y apartaros del camino que han seguido los papas antecesores vuestros".

No negaré que hay en este párrafo expresiones insultantes, y jamás aprobaré la falta del respeto al superior; pero a esto se expone quien da causa y ocasión como Nicolás. Él excomulgó al emperador Miguel, a Lotario, rey de Lorena, con su esposa la reina Valdrada, y a varios arzobispos y obispos; amenazó con iguales armas al emperador de Occidente y rey de Francia Carlos II, el *Calvo*, y fue finalmente temerario, imprudente y todo lo contrario de lo que suelen decir los historiadores eclesiásticos por adulación y miedo a Roma, pues los hechos que refieren en sus propias historias los convencen de malos lógicos o débiles aduladores. Por fin murió en 13 de noviembre de 867, y fue el último papa de las vidas escritas por Anastasio, bibliotecario, y el primero de quien este autor haya dicho que llevó en su mitra o tiara una corona: circunstancia que no deja de contribuir también a probar el progreso que por vacantes hacía la ambición pontifical.

106 - ADRIANO II

De 867 *a* 872

Adriano, presbítero del título de San Marcos de Roma, fue electo papa en la edad de setenta y seis años, poco después de la muerte de su predecesor, y consagrado en 14 de diciembre de 867 a presencia de los enviados del emperador. Las máximas ambiciosas de Roma proseguían y se aumentaban diariamente según las ocurrencias, y el viejo Adriano siguió las huellas de su antecesor, tratando inicuamente al rey Carlos el *Calvo*, al arzobispo de Reims Hinemaro y demás que no adherían a sus propuestas ciegamente, al mismo tiempo que protegía sin examen a los hombres más perversos de su tiempo, cuales eran entonces Carlomán, hijo rebelde del rey Carlos, e Hinemaro, obispo de Laón, sobrino y enemigo del otro Hinemaro. Formó empeño imponderable de que Carlos no fuese rey de Lorena por muerte del rey Lotario, sino Luis, hermano del difunto. Escribió para este fin muchas cartas al mismo Carlos, a los arzobispos, obispos y a otros. Fueron inútiles, y amenazó al rey con la excomunión, mandó al arzobispo de Reims y a los otros obispos que no comunicaran con Carlos. Hinemaro le respondió convenciendo con autoridades y doctrinas que Adriano excedía sus facultades, y traspasaba los límites de los cánones, escogiendo medios de persuadir muy contrarios a la paz y caridad, y nunca usados por sus antecesores, pues a los papas no correspondía mezclarse en pertenencias de reinos. Que tampoco podía dejar de comunicar con su soberano, pues así lo enseñaba el ejemplo de los santos, papas y obispos que habían comunicado con los gentiles y los herejes, cuanto más con un rey tan católico.

Este monarca también contestó en términos que Adriano se quejó en otra carta de que su majestad no recibía bien sus correcciones, y este le respondió con gran firmeza diciendo entre otras cosas: "En las cartas anteriores me llamáis perjuro, tirano, pérfido, disipador de los bienes eclesiásticos sin que yo haya sido convencido de ello. En esta me acusáis de murmurador, lo cual es un crimen grande según la escritura. ¿Queréis que yo reciba bien vuestras correcciones en tales circunstancias? Eso sería reconocerme culpable de lo que se me imputa y hacerme indigno no solo de las funciones de rey, sino de la comunión de la iglesia. Escribidme lo correspondiente a vuestro ministerio y al nuestro como vuestros antecesores y lo escucharemos con gusto y alegría; vuestras cartas contienen las cláusulas siguientes: *queremos y mandamos por autoridad apostólica que Hinemaro de Laón venga a Roma y se presente ante nos asegurado por vuestro poder.* Deseamos con ansia saber dónde ha leído el autor de esta carta que un rey obligado a corregir a los malos y castigar los delitos deba enviar a Roma un delincuente condenado según las reglas, viendo principalmente que antes de su deposición ha sido convencido en tres concilios de haber turbado el orden público, y que después de ser depuesto persevera en su desobediencia. Nos consideramos precisados a escribiros que nosotros los reyes de Francia, nacidos de familia real, no hemos hecho hasta ahora el papel de tenientes de obispos, sino el de señores de la tierra; y (como dicen san León y el concilio romano) los reyes y los emperadores que Dios ha establecido para mandar en la tierra son los que han permitido a los obispos arreglar los asuntos conforme a las ordenanzas soberanas. Si reconocéis los registros de vuestros predecesores, no hallaréis que hayan escrito a los nuestros en el tono que lo habéis hecho con Nos... No nos escribáis pues otra vez mandando y poniendo amenazas de excomunión contrarias a la escritura y a los cánones; pues como dice san León, el privilegio de san Pedro subsistirá mientras subsista su justicia, de lo que se sigue que faltándose a esta, perecerá aquel... Yo os suplico en fin que no enviéis más cartas como las pasadas a mí ni a los obispos de mi reino, para que así podamos respetar las vuestras".

Los obispos respondieron al papa en estilo igual, y Adriano enseñó entonces una máxima que no han olvidado jamás sus sucesores, a saber, la de ceder a las circunstancias del tiempo para mejor hacer su negocio en otra ocasión. Sin miedo ni vergüenza de incurrir en contradicciones escribió dando satisfacción llena de lisonjas las más bajas; excusándose de la dureza de las frases de sus cartas anteriores y añadiendo con deshonor propio: "Ya hemos sabido por muchas personas virtuosas y especialmente por nuestro hermano Actardo que sois el mayor protector y devoto de las iglesias, tanto que no hay en vuestro reino templo ni monasterio que no hayáis enriquecido, y que deseáis ardientemente hacer lo mismo con la iglesia de san Pedro de Roma y defenderla de todos sus enemigos... Ocultad esta carta de manera que la sepan solos vuestros confidentes; y os prometemos que si vos y yo sobrevivimos al emperador, aunque se nos ofrezcan cargas de oro, no reconoceremos otro emperador romano que a vos; y desde ahora el clero, el pueblo y la nobleza de Roma os desean por jefe, rey, patricio, emperador y defensor de la iglesia".

Murió Adriano a poco tiempo de haber escrito esta carta en noviembre del año 872 y dejando infamado su nombre con los dos extremos contrarios de su conducta orgullosa y soberbia en un caso, baja, lisonjera en otro, y llena de intrigas en los dos, pero por desgracia imitada por el mayor número de sucesores. Dejó también el mal ejemplo de absolver al emperador Luis de la obligación de cumplir al duque de Benevento una promesa jurada que le había hecho estando prisionero en su poder porque le dice libertad.

107 - JUAN VIII

De 872 *a* 882

Juan, arcediano de Roma, fue coronado en 14 de diciembre de 872 y murió en 15 de igual mes de 882. Se llamó *Juan VIII* del nombre, y no *Juan IX* como correspondía si *Juan el Anglicano* hubiera sido verdadero papa; pero estaba mandado no contarlo por tal, ni nombrarle en el catálogo.

Juan VIII siguió las máximas de sus dos últimos predecesores y aumentó si es posible los abusos del papado a proporción de lo que la ignorancia general de la Europa por una parte, y la conformidad con las ideas romanas que se procuraban extender progresivamente por otra, daban lugar a recibir sin examen la mentira como la verdad, y aun a tratar esta de error y crimen. No se puede leer la historia de los diez años del pontificado de Juan VIII sin advertir una cadena de abusos criminales y desconcierto de ideas religiosas por el único fin de aumentar la dominación temporal de los papas y las riquezas de Roma, siendo ya entonces esta ciudad el centro a donde iba a parar todo el dinero del mundo después de muchos círculos, una parte por arzobispos y obispos cuya consagración estaba ya usurpada; otra por la de los continuos recursos eclesiásticos que las falsas decretales habían centuplicado calificándolas de tan antiguos como el cristianismo, otra por donaciones de los príncipes a quienes procediendo contra los verdaderos intereses de su dignidad suprema recurrían al papa en ciertos casos y alimentaban la víbora cuyo veneno había de matar a la soberanía propia de ellos; otra por conmutaciones de penitencias personales en pecuniarias a favor de san Pedro el *romano*, invención propia de tales papas, como los que vamos citando en el siglo IX; y otra finalmente por las ofrendas de los peregrinos, cuya fingida virtud fue apoyada en Roma mediante las alhajas de oro, plata, perlas, piedras preciosas, y cantidades inmensas de dinero que dejaban visitando las estaciones romanas.

La ambición y la avaricia hicieron a Juan VIII ser mentiroso, pérfido, débil, arrogante, orgulloso y bajo, impío, cruel, hereje, abusador de las palabras de la santa escritura; cada cosa según la diversidad de circunstancias concurrentes en cada negocio.

En el año 876 reprendió a los obispos de Francia no haber acudido armados ellos y sus súbditos a impedir la entrada del rey Luis el *Germánico* en los estados de su hermano Carlos el *Calvo*, sabiendo que Juan la tenía prohibida ofreciéndose por mediador de sus diferencias, y les cita para la reprensión el texto de san Pablo en que decía: *No luchamos contra la carne y la sangre sino contra los príncipes y potestades*. Todos saben que san Pablo hablaba de los príncipes y potestades de las tinieblas, eso es, de los demonios.

Prometió a Carlomán, rey de Baviera, hacerle emperador de Roma en la primera vacante que se esperaba próxima con tal que accediese a las condiciones que le impondría. Carlomán consintió, pero murió sin que se pudiera cumplir la promesa; en la vacante anterior había intrigado de manera que el clero, la nobleza y el pueblo de Roma, aclamasen por emperador a Carlos el *Calvo*; Juan lo coronó por sí mismo y dio principio a la opinión de que los emperadores de Occidente recibiesen la corona imperial de manos de los papas, como si ellos fuesen los donadores de la dignidad.

Excomulgó a Sergio, duque de Nápoles, porque hizo tratados de paz con los sarracenos que invadían sus estados y elogió al bárbaro Atanasio, arzobispo de la misma ciudad, por la inhumana y cruel conspiración que formó contra su propio hermano Sergio, a quien mandó sacar los ojos, diciendo ser castigado de haberse confederado con los sarracenos. El papa daba estos elogios a tan bárbara conducta porque temía que los sarracenos llegasen a Roma y quería que los detuviera, con guerra en Nápoles. Tuvo atrevimiento para atribuir a inspiración divina tan horrendo proceder. El mal arzobispo Atanasio envió a Roma algunos prisioneros sarracenos y Sergio hizo degollar a sangre fría una parte de su número. Sin embargo Atanasio hizo después paces con los sarracenos, y el papa mismo se vio en la necesidad de hacer otro tanto.

Muerto san Ignacio, patriarca de Constantinopla, restituyó a Focio en la silla por adulación al emperador Basilio para que le auxiliase contra los sarracenos; y procedió contra todo lo prevenido en concilios y cánones; y sin embargo de ser Focio cismático excomulgado, condenado en varios concilios y sectario del error herético de los que negaban que el Espíritu Santo descendiese del padre y del hijo, y sin embargo de saber que eran fingidas las firmas que le enviaban los patriarcas de Alejandría, Antioquia y Jerusalén. Escribió al mismo Focio una carta cuyas frases sostienen el error oriental sobre la procesión del Espíritu Santo, y transigen el punto con demasiado favor hacia él diciendo: "Sabemos cuán mala relación se os ha hecho acerca de nuestra iglesia y de Nos, y que no ha sido sin apariencias de razón; pero he querido deciros lo que hay en esto antes que me escribáis. Sabéis que habiéndome consultado vuestro comisario poco hace sobre el símbolo, ha visto que Nos lo conservamos tal como lo hemos encontrado sin añadir nada, pero también sin quitar la palabra *filioque*, porque lo pasaría muy mal el que se atreviese a quitarlo. En atención a esto declaramos ahora (para aseguraros en lo respectivo a este artículo que ha causado tanto escándalo en las iglesias) que Nos no solamente no hablamos así, sino que antes a los que tuvieron la insolencia de haber comenzado a usar la frase, los tenemos por transgresores de la palabra de Dios, y corruptores de la doctrina de Jesucristo, de los apóstoles y de los padres que nos dieron el símbolo; y Nos los colocamos con Judas como destructores de los miembros de Jesucristo. Pero yo creo que siendo vos tan sabio como sois, sabéis bien ser muy difícil traer a este modo de pensar al resto de los obispos, y mudar un estilo de esta importancia consolidado con el uso de tantos tiempos. Por este motivo creemos que no se debe precisar a nadie a que quite del símbolo la palabra que se añadió; y que conviene usar de dulzura y prudencia exhortando poco a poco a los otros a renunciar de esta *blasfemia*. Así pues los que nos acusan como cómplices de tales sentimientos, no dicen verdad, pero sí los que afirman que aquí mismo entre nosotros hay gente que hablan en esta forma, por lo cual vos mismo sois quien debéis trabajar con Nos para atraer con dulzura a los que se han extraviado de la verdad". Parece que Juan no deja razón de dudar sobre que tiene por blasfemia y por error el haber inventado la adición *Filioque* en el símbolo a pesar de estar aprobada y declarada por dogmática en concilio ecuménicos y particulares. Tanto arrastraba el espíritu de ambición al papa Juan, el cual sin embargo fue sumamente infeliz porque su falsa política lo ponía en continuos peligros de que rara vez salió bien, y aun dicen que le quitaron la vida los parientes del papa Benito III, conjurados con Formoso, obispo de Oporto, por Martín de quien vamos a tratar, y por otros.

108 - MARTÍN II

De 882 *a* 884

Martín II fue ordenado papa en fines de diciembre de 882 y murió en mayo de 884. Platina dice con fundamento en antiguos escritos que consiguió el pontificado con malos medios. Otros indican estos diciendo que tuvo parte en que muriese Juan VIII antes del término de la naturaleza, y que ganó los votos de los electores con dineros y promesas. El tiempo y los sucesos posteriores dan lugar a creer esto y mucho más, porque luego vamos a ver una serie de papas romanos vomitados por el infierno y capaces de aniquilar la fe católica si ella pendiese de las personas que ocupaban la silla de san Pedro; pues casi todas dieron testimonio de ateísmo práctico y motivos de sospechar que profesaban el teórico en sus corazones.

109 - ADRIANO III

De 884 *a* 885

Agapito fue elegido papa en fin de mayo de 884; y aunque había ya sumo pontífice de su nombre, mudó el suyo en el de *Adriano*, y no sabemos el motivo. Murió en setiembre de 885. Se le atribuyen dos decretos que confirman el espíritu de ambición y de orgullo contra la humildad que otros aduladores fingen: 1° que en adelante no se pidiera la confirmación imperial de las elecciones pontificias, porque debía bastar la elección libre del clero, de la nobleza y del pueblo de Roma. 2° que la corona imperial de Occidente fuese aneja desde la primera vacante al reino de Italia, lo que no surtió efecto.

110 - ESTEBAN V

De 885 *a* 891

Esteban, presbítero, del título de los Santos Cuatro Coronados, fue elegido papa en fin de setiembre de 885 y murió en 7 de agosto de 891. No pidió la confirmación imperial. Se quejó el emperador Carlos III el *Grueso*. Esteban le remitió testimonio de haber sido consagrado por voto unánime de treinta obispos, todos los presbíteros, todos los diáconos titulares o cardinales, el clero inferior y los magistrados de la ciudad representantes del pueblo. Carlos cesó en sus quejas. En 887 fue despojado del imperio: aspiraron a él Guidón, duque de Espoleto y Berengario rey de Italia. Venció Guidón con auxilio del papa Esteban. Este pontífice (cuyas virtudes están pintadas con los colores más agradables) manifestó bien el espíritu de ambición radicada en su silla, promulgando el *canon cuarto de la distinción* 19 *del decreto de Graciano* en que se dijo: "Por cuanto la iglesia romana es espejo y ejemplo de las demás, todos están obligados a guardar sus establecimientos, y ordenanzas para siempre, y sin excusa ninguna". Si por la iglesia romana fuésemos precisados a entender sus jefes posteriores a los dos primeros siglos del cristianismo, resultaría ser espejo y ejemplo de ambición y de orgullo. También se mezcló en los negocios temporales de Francia expidiendo cierta bula para que ninguno usurpase la corona francesa sin ser barón de la familia de Carlo Magno bajo la pena de excomunión; pero los franceses la despreciaron eligiendo por rey a Odón, hijo de Roberto el *Fuerte* y abandonando entonces a Carlos el *Simple* que no reinó hasta después de la muerte de Odón.

111 - FORMOSO

De 891 *a* 896

Formoso obispo de Oporto, fue elegido papa en 19 de setiembre de 891 y murió después de 15 de abril de 896 sin constar día fijo. Era forzosamente muy anciano, pues en 866 el papa Nicolás I lo había enviado por nuncio a la corte del rey de los búlgaros. Juan VIII lo había excomulgado y depuesto de su obispado como uno de los reos de la conspiración formada contra su persona y la del emperador. Martín II lo había absuelto y restituido a su obispado. Ahora se le trasladó al de Roma, siendo el primer ejemplar romano y ocasión y pretexto, cuando no motivo de los escándalos y desórdenes que veremos en los retratos de sus sucesores. En 892 coronó por emperador a Lamberto, duque de Espoleto. Los intereses de dominación civil produjeron gran discordia entre ambos, y coronó en 986 por emperador concurrente, a Arnulfo, hijo natural de Carlomán, rey de Baviera, aprovechándose bien de las circunstancias; de modo que cuando el pueblo romano le juró por tal emperador se añadiese la cláusula de que se entendiera *sin perjuicio de la fidelidad prometida al papa Formoso*. Después de la muerte de este ocurrieron lances horribles relativos a su memoria y a su cadáver, como iremos viendo.

112 - BONIFACIO VI

En 896

Bonifacio, presbítero, natural de Roma, hijo de Adriano, fue elegido papa por una facción con modos injustos. Su conducta era tan ajena del sumo pontificado que había sido depuesto del subdiácono en su juventud. El favor le había restituido al clero y proporcionado ascender al presbiterado. Hay quien diga que también sufrió deposición de este orden, y que su talento intrigante le había favorecido para conseguir el ejercicio de sus órdenes. Reinó solo quince días, y algunos dicen que fue ajusticiado por otra facción contraria a la suya. El concilio de Ravena (tenido dos años después) determinó que no se le contara entre los papas porque su elección había sido nula, injusta y escandalosa. La opinión común ha prevalecido contándolo porque no consta que hubiese cisma. El cardenal Baronio se avergonzaba con razón de reconocer por sucesores de san Pedro a Bonifacio y a casi todos los que van a seguirse por más de un siglo.

113 - ESTEBAN VI

De 896 *a* 897

Desde el décimo cisma causado por Anastasio contra el papa Benito III, quedó y prosiguió Roma dividida en dos facciones a cuál más poderosas y encarnizadas; una de los parientes del papa Benito, y otra de los protectores y parientes del antipapa Anastasio. La primera venció en las elecciones de Nicolás I y Adriano II. Su contraria en la de Juan VIII. Es verosímil que hubiese muerto Anastasio cuando no volvió a sonar en las turbaciones posteriores. El partido de Benito III no lo pudo soportar con indiferencia; y cuando se creyó poderoso asesinó al papa Juan VIII y eligió a Martín II. Murió este trágicamente, y no sé a cuál facción pertenecieron los papas Adriano III y Esteban V; pero sí que la de Benito III y de Martín II venció en la del papa Formoso, y fue vencida en la de Bonifacio VI y Esteban VI, de quien vamos a tratar.

Este bárbaro, indigno de ser contado por hombre, cuanto menos por sumo pontífice, convocó concilio de obispos y presbíteros de su facción; hizo desenterrar el cadáver del papa Formoso y conducirlo a la sala misma conciliar. Allí le interrogó diciendo: ¿Por qué siendo obispo de Oporto abandonaste aquella diócesis y usurpaste la de Roma por ambición? Repitió hasta tres veces la pregunta, y no respondiendo el cadáver, condenó el nombre de Formoso a infamia perpetua, declaró nulos todos los actos de su pontificado, reordenó a los obispos, presbíteros y diáconos ordenados por él; hizo cortar allí mismo al cadáver los tres dedos con que Formoso había echado la bendición papal y la cabeza que mandó arrojar al río Tíber. No pudiendo la facción contraria sufrir tan horrible proceder formó a poco tiempo una conjuración, en cuya virtud Esteban fue puesto en cárcel, cargado de cadenas, y por último sofocado en garrote por mano de verdugo. Su pontificado execrable duró desde 20 de agosto de 896 hasta junio de 97.

114 - ROMÁN

En 897

Poco después de ser ajusticiado el papa Esteban VI, la facción de Benito III venció en la elección de Román. Este declaró nulos y atentados los procedimientos de su antecesor inmediato y restauró la fama y buena memoria de Formoso; pero murió luego habiendo sido pontífice solos cuatro meses.

115 - TEODORO II

En 898

La misma facción de Benito III venció también eligiendo a Teodoro. La consagración de este se verificó en presencia de los diputados del emperador Lamberto.

Rehabilitó a todos los obispos, presbíteros y diáconos depuestos por Esteban VI; y habiendo ciertos pescadores encontrado los trozos del cadáver del papa Formoso, los hizo enterrar con gran solemnidad. Todo fue en solo veinte días que vivió después de consagrado.

116 - JUAN IX

De 898 *a* 900

La elección verificada por muerte de Teodoro presentó principios de un cisma, porque el partido de los anastasianos juntó grande número de votos en favor de *Sergio*, presbítero, de una familia noble muy principal protegida por Adalberto, marqués de Toscana. Sin embargo venció la facción de Benito III, proclamó sumo pontífice romano a Juan IX, diácono, monje del orden de san Benito, persona de tanta prudencia cuanta convenía en aquellas circunstancias, y desterró de la ciudad al presbítero *Sergio*, que se retiró a Toscana, donde permaneció siete años. Consagrado Juan en julio de 898 fue buen pontífice hasta 30 de noviembre de 900 en que murió. Tuvo un concilio en Roma sobre los asuntos de Formoso y fuera de otras varias resoluciones hubo la de condenar el de Esteban VI. Se hallaban presentes algunos obispos que lo habían firmado, los cuales pidieron perdón asegurando haberlo hecho compelidos por fuerza. Luego celebró segundo concilio en Ravena presente el emperador Lamberto; pero del primero conviene saber el prudentísimo tono en que habló este papa digno de que se siguiera su dictamen: "La santa iglesia romana sufre muchas violencias en las muertes de los papas por consagrar a estos sin la noticia del emperador, y sin esperar (no obstante lo prevenido en los cánones) a que vengan los comisarios imperiales, los cuales impedirían el desorden. En atención a esto queremos que en adelante sea elegido el papa en asamblea de los obispos y de todo el clero a petición del senado y del pueblo, y después consagrado solemnemente en presencia los comisarios del emperador, sin que nadie sea osado de pedir juramentos inventados de nuevo, pues así se cortarán los escándalos y no se violará la justicia del soberano". Si esto se hubiera observado siempre, no se hubieran acabado de romper los frenos de la subordinación papal a los emperadores, pero hubo poquísimos papas tan buenos como Juan IX. Sergio, su competidor, que aun llegó a ser papa, quiso persuadir lo contrario en un epitafio; mas nadie le ha dado crédito, porque las obras canonizan a este papa mejor que lo están otros sin la décima parte de sus méritos.

-o-o-o-

SIGLO X

117 - BENITO IV

De 900 *a* 903

Vamos a entrar en el siglo X, que unos llaman de *fierro*, otros de *barro* y mejor otros de *escoria*; siglo en el cual Baronio (sin embargo de ser romano y cardenal) reconoció tanto crimen en los poseedores de la silla pontificia, que no halla por donde consolarse sino acudiendo a la fe que dice no haber padecido detrimento notable, como si no lo fuera el efecto subseguido de despreciar la silla por los vicios de los que se han sentado en ella. Ciertamente no es fácil persuadir la intervención del Espíritu Santo en las elecciones pontificias a la vista de los ejemplares que ya quedan indicados y de los que se notarán en el siglo X, pues muchos entraron a ejercer el sumo sacerdocio por arte del diablo mejor que por inspiración del Espíritu Santo.

Benito fue elegido papa por la facción de Benito III de quien acaso fue pariente siendo hijo de Mumolo, ciudadano de familia noble romana. Parece haber sido bueno y caritativo, y tuvo el pontificado desde el año 900 hasta principios de octubre de 903.

118 - LEÓN V

En 903

No sabemos por cuál facción fue elevado a la dignidad pontificia León de Ardea, y consagrado en 28 de octubre de 903; pero sí que a lo sumo le duró el ejercicio pontifical hasta fines de noviembre; pues Cristóbal, su sucesor, le invadió la silla, se apoderó de su persona, y lo recluyó en estrecha prisión, donde murió León en 6 de diciembre.

119 - CRISTÓBAL

De 903 *a* 904

Cristóbal, hijo de un vecino de Roma nombrado León, usurpó el pontificado en fines de noviembre de 903 con las violencias indicadas; pero gozó poco tiempo del fruto de su iniquidad, porque Sergio le despojó en junio de 904 con unos medios semejantes a los usados por él. Cristóbal fue recluso en un monasterio; mas Sergio le sacó para una cárcel, en la que Cristóbal acabó su inicua vida cargado de cadenas.

120 - SERGIO III

De 904 *a* 911

Sergio, competidor de Juan IX y refugiado en Toscana desde 898, volvió a Roma para expeler a Cristóbal; y con el favor de los marqueses de Toscana subió al trono pontificio cometiendo los propios crímenes que su antecesor, a los cuales añadió el de haberse amancebado con Marocia, mujer de Adalberto, marqués de Toscana, hija de Teodora la mayor, hermana de Teodora la menor. Teodora mayor fue mujer de mucho talento aunque impúdica, y contribuyó al amancebamiento de Marocia, su hija, por la ambición de mandarlo todo en Roma despóticamente, como se verificaba. Sergio tuvo en Marocia un hijo llamado *Juan*, que llegó a ser papa con el favor de sus parientes, aunque pasó plaza de que su padre era Alberico, duque de Espoleto, marido de Marocia, mas no entonces. Enemigo declarado de la memoria de Formoso y partidario eficaz de Esteban VI anuló el concilio romano de Sergio, Juan IX y los decretos de los papas Román y de Teodoro, sus antecesores; en consecuencia de lo cual hizo trasladar con grandes honores el cadáver de Esteban VI restaurando su memoria, y renovando sus decretos contra la de Formoso. Puso epitafio muy honorífico a Esteban e infamante a Juan IX calificando a este de intruso y cismático. Murió en agosto de 911.

121 - ANASTASIO III

De 911 *a* 913

Nada sabemos de este papa con fundamento grave, sino que fue electo en agosto de 911 y murió en octubre de 913.

122 - LANDONIO

De 913 *a* 914

Lo mismo sucede con Landonio, hecho papa en 16 de octubre de 913 y muerto en 26 de abril de 914.

123 - JUAN X

De 914 a 928

Parece que la historia se cansaba ya de no presentarnos ejemplos escandalosos. Juan, clérigo de Ravena, residió mucho tiempo en Roma y formó alianza criminal deshonesta con Teodora la joven, hermana de Marocia. Fue elegido obispo de Bolonia, y antes de ser consagrado le nombraron obispo de Ravena y le consagró el papa Landonio. Muerto este, intrigó Teodora para que su amante fuera sumo pontífice, y lo consiguió por malos medios. Teodora disponía del gobierno de la iglesia en vida de Juan, como había dispuesto Marocia en la de Sergio. El papa Juan X salió en 915 a la guerra contra los sarracenos con el ejército mandado por Alberico, marqués de Toscana. La inicua Marocia, envidiosa de su hermana Teodora y de que Pedro, hermano del papa Juan X, mandaba en Roma más que ella y que su esposo Guido, duque de Espoleto, persuadió a este la iniquidad de perseguir mortalmente a los dos hermanos. Los soldados de Guido entraron en el palacio de Letrán, mataron a Pedro, prendieron al papa, y lo condujeron a una penosísima cárcel, donde poco tiempo después le quitaron la vida en fines de mayo de 928. Algunos dicen que Juan había hecho asesinar, año 926, a Alberico, duque de Espoleto, marido de Marocia en aquel tiempo.

124 - LEÓN VI

De 928 a 929

León fue papa desde fines de 928 hasta tres de febrero de 929. Carecemos de noticias originales. Las circunstancias hacen presumir que comenzó su pontificado por la fuerza de la facción de Marocia; y su corta duración influye sospecha en aquellos tiempos de que su muerte no fuese natural.

125 - ESTEBAN VII

De 929 a 931

Sucede otro tanto con Esteban VII, que gobernó desde principios de febrero de 929 hasta 12 de marzo de 931.

126 - JUAN XI

De 931 *a* 936

Juan fue hijo sacrílego del papa Sergio III y de la famosa Marocia, por más que pretendan negarlo sin fundamento suficiente los autores del *Arte de verificar fechas*, suponiéndolo hijo legítimo de Alberico, duque de Espoleto y de Marocia. Juan entró a ser papa por la prepotencia de su madre Marocia y de su padrastro el marqués Guido. Tenía solo veinte y cinco años y se dejó gobernar por su madre. Murió poco después Guido, y aquella mujer singular Marocia tuvo sagacidad para persuadir a Hugo, rey de Italia, hermano uterino de Guido, que se casara con ella prometiéndole hacer que lo reconociesen por soberano de Roma. Se verificó, pero Hugo creyendo consolidada su autoridad, trató mal a muchos principales y aun a su antenado Alberico, que después fue príncipe de Roma, hijo de la misma Marocia y de Alberico, duque de Espeleto, patricio de Roma, su primer marido. Alberico irritado inflama los ánimos de los romanos, y poniéndose al frente cierra y asedia el castillo de San Ángel, al rey Hugo, con la reina Marocia y con el papa Juan, y se hace príncipe de Roma, como lo fue mucho tiempo; de manera que pidiendo los papas el señorío, se formó una república cuyo supremo poder tuvo Alberico toda su vida, y aun lo traspasó por su muerte a su hijo Octaviano en que se volvió a reunir con el sumo pontífice. El rey pudo escapar por las murallas, pero el pontífice Juan X permaneció preso y murió en la cárcel, año 936.

127 - LEÓN VII

De 936 *a* 939

León, elevado al trono pontificio por la protección de Alberico, en enero de 936, trabajó mucho para reconciliarlo con Hugo, rey de Italia, su padrastro, y murió antes de 18 de julio de 939, sin dejar mala memoria como los más de su siglo.

128 - ESTEBAN VIII

De 939 *a* 942

Esteban fue natural de Roma, según unos, pero alemán según Martín de Polonia: tengo lo primero por más verosímil. Continuó trabajando como su antecesor para la reconciliación de Alberico, príncipe de Roma, con Hugo rey de

Italia su padrastro que se hacían cruel y prolongada guerra. Tomó partido en las revoluciones de Francia en favor de Luis IV el *ultramarino* contra Hugo el *grande*, hijo del rey Roberto, y padre del rey Hugo Capeto, librando letras de excomunión contra los rebeldes a Luis. Martín de Polonia añade que los romanos cortaron al papa Esteban las narices y le hicieron tantas heridas en el rostro que se lo desfiguraron, por lo que no se atrevió a presentar en público durante su pontificado, el cual fue desde 19 de julio de 939 hasta principios de noviembre de 942.

129 - MARTÍN III

De 942 *a* 946

Elegido en 11 de noviembre de 942, murió hacia 25 de enero de 946, dejando fama de buen pontífice, limosnero y pacífico, que se puede contar por milagro en aquellos tiempos.

130 - AGAPITO II

De 946 *a* 955

Fue consagrado ocho de marzo de 946 y murió en fines del año 955. Fue amante de la paz y puro en sus costumbres. No hay fundamento en la historia para imputarle culpa de los sucesos que indicó Prudhomme.

131 - JUAN XII

De 956 *a* 964

Alberico, marqués de Toscana, murió en 954 y le sucedió su hijo *Octaviano* no solo en estos estados hereditarios sino también en los títulos y autoridad de príncipe y patricio de Roma, jefe de su república. Muerto el sumo pontífice Agapito cuando solo tenía *Octaviano* 18 de edad, aconsejaron a este sus confidentes que se hiciera elegir papa y el joven ambicioso adoptó el consejo.

Fue consagrado sumo sacerdote en enero de 856 porque los obispos de la provincia no se atrevieron a negarse a pesar de ser la elección notoriamente nula, ya por la falta de libertad en los electores, ya principalmente por no tener el electo treinta años de edad designada por los concilios para cualquier obispado, y no haber quien pudiese dispensar el defecto. Mudó su nombre en el de Juan XII, cuyo ejemplo siguieron otros muchos. El joven papa tenía espíritu militar y no eclesiástico, de que dio pruebas mandando sus ejércitos en distintas ocasiones. Su vida manifestaba igualmente la licencia militar, entregándose a los placeres sensuales con escándalo, sin freno ni aún moderación, pues convirtió el palacio pontifical en serrallo, cuyo harén contenía crecido número de concubinas; bien que una le dominaba con tal despotismo que tomaba partido en los negocios eclesiásticos y disponía libremente su resolución; de lo que algunos escritores antagonistas de la existencia de la papisa Juana tomaron ocasión para decir que la fábula tuvo principio en el imperio de una mujer sobre el papa Juan, y en la debilidad y subordinación de este; pero esto es incierto.

Viéndose oprimido por Berengario II, rey de Italia, segundo del nombre, llamó a Otón, rey de Germania, ofreciéndole coronar emperador de Occidente, cuyo título había cesado año 923 por la muerte de Berengario I, abuelo del actual rey de Italia. Otón vino: Juan le coronó; el clero y el pueblo de Roma le juraron con el papa obediencia y fidelidad, reconociéndose vasallos suyos. Se celebró concilio, donde Otón confirmó a la iglesia romana el señorío de Roma y demás estados pontificios: el papa, clero y pueblo se obligaron a no elegir pontífice sin autoridad imperial, y Juan XII declaró que el reino de Italia se entendiera unido perpetuamente al título de emperador romano. Salió de Roma Otón: a poco tempo le buscaron algunos romanos, expresando que no eran ya soportables los escándalos ni la debilidad del papa. Otón respondió que Juan XII era muy joven, y se debía esperar volviera luego sobre sí, a cuyo fin le escribiría. El pontífice no solo no se enmendó, sino que olvidado de la fidelidad prometida al emperador, se confederó con Adalberto, rey de Italia, hijo de Berengario, contra Otón, a lo que contribuyó el dictamen de algunos romanos que llevaron muy a mal sujetarse a los alemanes, y dieron principio a las famosas facciones de güelfos y gibelinos que duraron muchos siglos, con cuyos renombres se designaban los partidarios respectivos de papas y emperadores. Otón volvió resentido a Roma; hizo juntar concilio de muchos obispos de Italia, los cuales depusieron del pontificado al papa Juan XII, y consagraron por sumo pontífice, día 22 de noviembre de 963 a *León VIII*, protoarchivero de Roma. Otón exigió del clero y pueblo juramento de reconocer y obedecer al nuevo papa. Juan huyó de la ciudad cuando supo la venida de Otón; pero volvió luego que se retiró el emperador; y el pueblo lo recibió con aclamaciones, a pesar de su vida desordenada por odio a la dominación alemana. Juan hizo quitar la vida a varios cardenales y a otros caballeros principales del partido adverso; y celebró concilio de diez y seis obispos en 26 de febrero de 964, en el cual declaró nulo todo lo actuado y los conciertos con Otón; pero gozó poco de su triunfo, porque un marido, fatigado de sufrir, le quitó la vida, habiéndole sorprendido en crimen fragante, día 14 de mayo.

132 - LEÓN VIII

De 963 *a* 965

CISMA XI

León VIII se había retirado de Roma cuando Juan XII volvió a ocupar la silla pontificia. El emperador Otón, noticioso de la muerte de este volvió a Roma, llevando en su compañía el pontífice antes consagrado. Mientras tanto los romanos habían elegido por sucesor de Juan a *Benito V*, diácono de la iglesia de Roma, sin hacer caso de lo prometido al emperador. Este se ofendió mucho de tal conducta, e hizo reconocer de nuevo, como único sumo pontífice, a *León VIII*, llevándose consigo a *Benito*, que vivió tranquilamente en Alemania sin turbar la iglesia con cisma, ni pretender derecho alguno contra la ordenación de León. Este libró cierta bula renovando lo dispuesto en el concilio romano de su antecesor Juan XII, en orden a que nunca se consagrasen papas sino precediendo el consentimiento del emperador romano. Conservó su pontificado hasta su muerte, verificada en fines de marzo a principios de abril de 965. Consideren mis lectores si el Espíritu Santo dirige o no las elecciones de los papas, o si es el espíritu de ambición como en otro cualquiera negocio humano.

133 - JUAN XIII

De 965 *a* 972

Muerto León VIII se celebró la elección pontifical conforme al concilio romano de Juan XII y bula de León en presencia de los diputados del emperador Otón: resultó electo Juan XIII, obispo de Narni: fue consagrado en primero de octubre de 965; y a poco tiempo fue arrojado de Roma porque los grandes no podían soportar su altanería. El emperador, noticioso de las turbaciones, hizo viaje a Roma: los próceres temieron los efectos de su cólera, y para evitarlos rogaron al papa que volviese a la ciudad. No por eso lograron eximirse de pena capital. El conde Rofredo estaba ya difunto, y fue desenterrado para descuartizarlo. Los cónsules fueron desterrados. Los tribunos y algunos varones ahorcados. Otros decapitados. El prefecto Pedro montado en un asno con el rostro a la cola y azotado. Muchos desterrados, y en fin no hubo perdón para nadie, siendo muy digno de notarse que un sacerdote que se llamaba vicario de Jesucristo, no solo no intercediera en favor de sus ofensores, sino antes bien instigase al emperador para la severidad de los castigos. Este soberano murió luego, y Juan XIII puso la corona imperial sobre las sienes de Otón II, hijo del antecesor. ¡Qué paralelo entre Jesucristo crucificado pidiendo al padre eterno perdón para sus enemigos, y disculpando su deicidio por ignorancia, y su vicario Juan XIII respirando venganza y formando ríos de sangre con la de sus ofensores!

134 - BENITO VI

De 972 *a* 973

CISMA XII

Las noticias originales de los papas del tiempo que recorremos son tan oscuras como las luces literarias del siglo X, por lo cual no hay que admirar la diversidad de opiniones acerca del orden sucesivo de Benito VI, Domno II y Benito VII. Yo sigo el de Platina, de Fleury, y de los autores del *Arte de verificar fechas* mejor que el de Prudhomme. Benito VI, natural de Roma, hijo de Hildebrando, fue elegido papa en fines de 972, pero a poco tiempo el senador Patricio Grescencio (hijo sacrílego del papa Juan X y de Teodora, hermana de la reina Marocia) resentido de la conducta de Benito, lo prendió a fuerza armada, y le cerró en un oscuro y fétido calabozo donde le dio muerte; unos dicen que de hambre; otros de garrote y otros de veneno. Faltando la persona del sumo pontífice se procedió a nombrar otro, bien porque hubiese muerto Benito como piensa el crítico Pagi, bien lo contrario como pensó el cardenal Fleury. Lo cierto es que resultó electo *Franconio*, diácono de Roma, hijo de Ferrucio. El nuevo papa tomó en nombre de *Bonifacio VII*, y comenzó a ejercer su pontificado con auxilio de Crescencio. No pudo proseguir más que un mes porque el pueblo le aborrecía y le amenazaba. El robó los tesoros y alhajas de la iglesia de San Pedro, y marchó a Constantinopla, elección de su asilo; las circunstancias de su elección y el suceso de su antecesor dan motivo de creer que Crescencio y Bonifacio tramaban intriga contra el emperador Otón II en favor del de Oriente sobre la soberanía de Roma.

135 - DOMNO II

De 973 a 974

Expelido Bonifacio VII (a quien se miró como antipapa cismático), y sabida o creída la muerte de Benito VI, fue elegido Domno II. La historia no presenta sucesos pertenecientes a mi objeto, sino que murió antes de 25 de diciembre de 974.

136 - BENITO VII

De 974 a 983

Benito VII, natural de Roma, de la familia de los marqueses de Toscana, sobrino del Patricio Alberico y obispo de Sutri, fue puesto en la cátedra pontificia por no haber aceptado *san Mayolo*, abad de Cluny, a quien el emperador Otón II y la emperatriz Adelaida instaron mucho para que les prometiese aceptar si fuera elegido. Los emperadores procedían así diciendo que consideraban necesario poner en la silla de san Pedro a varones santos, capaces de atajar el sumo desorden de Roma y la peste de la mala moral que se propagaba con ejemplos perversos de la capital del cristianismo. Si el emperador pensaba como hablaba, fue necio en creer que no hallaría en Italia sujetos dignos de la elección canónica. El sabio Muratori cita cinco escrituras, cuyas fechas producen la cuenta del pontificado de Benito VII como corriente desde el año 972. Monsieur de Saint-Marc dijo con este motivo que Benito VII era la misma persona que Benito VI, del cual afirmaba que aunque se hubiese creído muerto en la cárcel, no lo fue, y que salió libre por el favor imperial. El monje Gerberto (que luego fue papa con el nombre de Silvestre II como veremos) habla de estos papas, como si hubiese habido uno solo con el nombre de Benito, y ese desterrado, no muerto. Las cosas de la silla romana iban dirigidas entonces por el espíritu infernal en lugar de serlo por el Espíritu Santo que parecía dormir como los dioses de Acab. Por este motivo solamente podemos decir que Benito VII, considerado como persona distinta de Benito VI, murió en 10 de julio de 983 según el cardenal Baronio.

137 - JUAN XIV

De 983 a 984

Pedro, obispo de Pavía, canciller del emperador Otón II, fue elegido papa en el mes de noviembre de 983 por el favor de su majestad para el objeto indicado de cortar los desórdenes, pues no lo consiguió. El electo era persona de buenas prendas, y por humildad mudó su nombre cambiándolo con el de *Juan*, diciendo que ningún papa debía nombrarse Pedro, porque ninguno sería digno de contarse segundo al lado del primero. Pero en el mes de marzo de 84 ya estaba expelido de la silla pontifical, y preso en el castillo de San Ángel por la facción de Bonifacio VII, que le quitó allí la vida según algunos con el hambre, según muchos con veneno.

138 - BONIFACIO VII

De 984 *a* 985

Los autores críticos del *Arte de verificar fechas* no ponen a Bonifacio VII en el número de los papas, considerándolo por antipapa usurpador. Pero esto no basta para excluirlo, incluyendo muchos tan faltos de justicia o más para titular legítimos. Los antiguos lo incluyeron, pues solo así se podía decir octavo del nombre aquel famoso Bonifacio que tuvo sus debates con el rey de Francia Felipe el *hermoso*. Fuera de eso ignoramos si Benito VI era ya muerto de veras cuando se celebró la elección de Bonifacio según escribió el crítico Pagi: en tal caso su derecho era mayor que el de los papas Domno II, Benito VII y Juan XIV. La valentía con que volvió de Constantinopla luego que supo la muerte de Benito VII ayuda también a presumir que se creía con acciones jurídicas. El patricio Crescencio le protegió como antes, y Bonifacio fue reconocido como verdadero sumo pontífice. Su conducta correspondió a su ambición. Su orgullo fue tan extremado que no se lo pudieron sufrir sus mismos partidarios. Abandonado por estos, murió desastradamente en marzo de 985. Su cadáver fue arrastrado por las calles de Roma. Desnudo, hecho trozos a lanzadas permaneció en la plaza pública delante del caballo de Constantino hasta que algunos clérigos reunieron los fragmentos y les dieron sepultura.

139 - JUAN XV

En 985

Muerto Bonifacio VII fue elegido papa Juan, natural de Roma, hijo de Roberto, ciudadano principal. Cuatro meses estuvo sin consagrarse, y murió en el mismo año. No consta bien el motivo de haberse dilatado tanto la consagración. Por su falta dejan algunos escritores de incluirlo en el catálogo de papas; pero los antiguos contaron con él, pues solo así pudo nombrarse Juan XXII, el que usó esta denominación en el siglo XIV.

140 - JUAN XVI

De 985 *a* 996

Juan, natural de Roma, hijo del presbítero León, fue elegido papa después de muerto Juan XV, y consagrado en 25 de abril de 986. El senador y Patricio Crescencio, que usaba de autoridad casi soberana en Roma, desterró a Juan, que se refugió a Lombardía; pero noticioso de que se acercaba el emperador Otón III temió las resultas; hizo buscar a Juan y le rogó que volviese como lo hizo. Este papa fue el primero de quien conste haber canonizado solemnemente a los muertos que gozasen opinión de haber sido santos en su vida. En 3 de febrero de 993 canonizó a San Udalrico, obispo de Augsburgo. Anteriormente la opinión popular había bastado para que los obispos citasen como santos a los muertos; pero muchas veces el interés y la vanidad compraron con intriga y dinero las voluntades de los que hacían comenzar la opinión refiriendo milagros no verificados y virtudes no ejercidas. Por eso merece poco aprecio la canonización popular y la diocesana de los antiguos tiempos, cuando examinada la historia imparcialmente con sana crítica se descubren noticias opuestas a la creencia de la virtud heroica en las personas de que se trate. La invención romana de las canonizaciones solemnes produjo un bien con algunos males. Se forman en Roma procesos muy dispendiosos que trasportan a la corte pontificia crecidas sumas de dinero de las otras naciones. Si no hay parte que promueva la prosecución de la causa queda estancada, y no puede promoverla quien tenga poca riqueza. Por eso desde el siglo XIII hasta el nuestro casi todos los beatificados y canonizados son del número de los institutos regulares. Las corporaciones de frailes son casi las únicas que pueden soportar estos enormes gastos. El dinero tiene influjo no solo en la continuación del curso de las causas, sino en lo sustancial de la determinación definitiva por medios indirectos. Facilita la invención de testigos y testimonios; inclina la voluntad de los relatores y dispone favorablemente las de fiscal y jueces de la congregación de ritos. ¡Ojalá no fuese verdad! Se daría fe mayor a las canonizaciones, y los protestantes no tendrían armas para declamar contra ellas. Estos males producen el bien de disminuir el número de las canonizaciones. No sabemos cómo las hacía el papa Juan XVI; pero por testimonio de san Abón Abad, residente entonces en Roma, nos consta que aquel papa fue avaro y vendía por dinero todos los despachos pontificios. No será muy temerario presumir que inventó las canonizaciones solemnes para multiplicar las riquezas de su tesoro. En tiempo de este papa tenía Roma cuarenta monasterios del orden de san Benito, veinte de monjas y sesenta iglesias de canónigos. Dígaseme si ciento y veinte comunidades de personas que no trabajan en agricultura ni artes se mantenían a costa de Roma, o de toda la cristiandad que no había necesitado tener en Roma en tiempo de los doce primeros papas más que siete presbíteros. ¡Oh trastorno de ideas!

141 - GREGORIO V

De 996 *a* 999

CISMA XIII

Noticioso el emperador Otón III de la muerte de Juan XVI, hizo elegir para sucesor a *Bruno* su sobrino, hijo de Liutgarda, su prima hermana, no obstante su corta edad de veinte y cuatro años. La elección se verificó en 3 de mayo de 996. Pero alejado el emperador al norte de la Europa, en el año siguiente, renovó sus antiguas empresas el patricio Crescencio, sabiendo que los romanos llevaban muy a mal estar dominados por los alemanes. Desterró de Roma al papa Gregorio e hizo elegir por sucesor a *Filagato*, obispo de Plasencia de Italia, que había sido padrino de Gregorio V y de su tío el emperador en sus respectivos bautismos, según expuso el abad san Nilo a los dos cuando fue a implorar piedad en su favor. Crescencio, noticioso de que Otón venía con gran ejército sobre Roma, preparó provisiones de boca y de guerra en el castillo de san Ángel que se conocía entonces con el nombre de *Mote de Crescencio*, así como en los siglos antiguos se había llamado *Mote de Adriano* por haber edificado su alcázar el emperador Adriano. Acercándose Otón Filagato, nombrado Juan XVII y Crescencio, se retiraron a la expresada fortaleza, pero en vano. El emperador fue dueño de las personas. El antipapa huyó de la ciudad: unos soldados le hallaron, y además de mil tratamientos indignos le cortaron narices y lengua, le sacaron los ojos y le condujeron a cárcel oscura y fétida; todo por orden de Gregorio V que recelaba le quisiera perdonar el emperador. El abad San Nilo, noticioso de esto y de la prisión de Crescencio, fue a Roma solo por suplicar en favor de los reos, especialmente por el antipapa mediante ser paisano suyo: alegó la calidad de haber tenido en la fuente bautismal a los dos, y le prometieron el perdón de la pena capital, habiéndose el emperador enternecido tanto que no pudo contenerse sin derramar algunas lágrimas oyendo la exhortación del santo para imitar a Jesucristo en la caridad. Pero el inicuo, pérfido y vengativo Gregorio hizo luego que el antipapa fuese atado sobre un asno vuelto el rostro a la cola, azotado por las calles de Roma, y conducido a un cadalso donde se le cortaron las manos y los pies antes de quitarle la vida. Crescencio entregó la fortaleza con capitulación de salir libre, pero no se le cumplió. Apenas le vieron fuera del castillo, le cortaron la cabeza, le colgaron por los pies como ahorcado, y todo esto no impidió que el emperador tomase a Estefanía su viuda por concubina, la cual, sufriendo entonces, disimuló su resentimiento hasta tener ocasión de vengarse, lo que logró dando veneno al emperador, que murió de sus resultas en 21 de enero de 1002. No sé cómo los historiadores dan tantos elogios al joven emperador Otón III a vista de semejante perfidia. El abad san Nilo envió a decir al papa Gregorio V que pues había faltado a la misericordia prometida temiese la cólera de Dios que vendría sobre él; y Gregorio murió en 4 de febrero de 999 dentro del año del suceso.

142 - SILVESTRE II

De 999 *a* 1003

El emperador Otón III había sido discípulo del famoso francés Gerberto, natural de Auvernia, discípulo de los moros de Córdoba en matemáticas, maestro de ellas en Reims, donde las enseñó al mismo emperador y a Roberto II, rey de Francia. Los franceses paisanos suyos le trataron de nigromántico como a casi todos los que sabían algo de física, matemáticas y astronomía en aquellos tiempos bárbaros. Gerberto fue monje Benedicto en Aurillac de Auvernia, luego de Bovio en Lombardía; después arzobispo de Reims por protección de Roberto, y depuesto de esta silla por Juan XVI en 995; fue posteriormente arzobispo de Ravena por la de Otón en 998, y este completó la obra de modo que fuera elegido y entronizado en 3 de abril del año 999 pontífice romano. Gerberto tomó el nombre de Silvestre II, y fue tan ambicioso como sus antecesores, mas no de modo que irritase jamás a los soberanos con quienes fue siempre atento y moderado. El cardenal Baronio lo trata de adulador; en esto dio testimonio de serlo él para con los papas.

Silvestre conocía perfectamente cuánto desprecio merecía entonces la silla pontificia, considerada con respeto a las personas sentadas en ella, pues siendo arzobispo de Reims en un concilio del año 990 dijo entre otras cosas: "Reverendos padres: ¿Qué pensáis ser ese a quien veis sentado en el solio sublime de Roma, resplandeciente por el oro y la púrpura? Si carece de caridad y solo tiene la ciencia que envanece, será el anticristo sentado en el templo de Dios ostentando ser Dios. Si faltando la caridad tampoco tiene ciencia, será estatua colocada en el templo como un ídolo, y el hacerle consultas será pedir las respuestas al mármol... ¡Oh Roma digna de ser llorada! Tú diste a nuestros mayores las lumbreras ilustrísimas de los padres, pero en nuestros tiempos únicamente tienes monstruosas tinieblas que serán famosísimas en el siglo futuro... ¿Qué os falta por ver? Hemos visto a Juan Octaviano conjurarse en medio de mil prostituciones aun contra el mismo Otón a quien él había proclamado augusto. Es arrojado, y le sucede León Neófito. Se retira de Roma Otón, y vuelve Octaviano; expele a León; corta a Juan diácono los dedos, las manos y la nariz; y quitando a otros muchos principales la vida, perece luego. Le substituyen los romanos, Benito el gramático. Poco después León el Neófito le ataca juntamente con su César, lo sitia, coge, depone y lo dirige a la Alemania para destierro perpetuo. Muere el César Otón, y le sucede otro del mismo nombre; pero en Roma se nombra por sucesor un horrible monstruo. Tal fue *Malifacio*, superior a todos los mortales en iniquidad, y manchado con la sangre del anterior pontífice. Tuvo también que huir, y fue depuesto en concilio numeroso. ¿Será posible que aun así esté declarado que innumerables sacerdotes de Dios, capaces de ilustrar al orbe con su vida y méritos, hayan de sujetarse a tales monstruos, ignominia del género humano, destituidos de todo conocimiento de ciencias divinas y humanas?". Con estas luces ascendió Silvestre al sumo sacerdocio y se condujo bien hasta 12 de mayo del año 1003 en que murió. Algunos sospecharon que Estefanía, viuda del patricio Crescencio, contribuyó a ella con veneno como a la del emperador, pero no hay pruebas ni motivo de presumirlo como en el otro caso; pues Silvestre no tuvo parte en la desgracia de su marido.

-o-o-o-

SIGLO XI

143 - JUAN XVII

En 1003

Elegido en 9 de junio de 1003, y consagrado en 13 del propio mes, murió en 31 de octubre del mismo año. Algunos dicen que fue muy vicioso de lujuria, y que un marido ofendido lo mató con veneno. Añaden otros que también fue ladrón.

144 - JUAN XVIII

De 1003 *a* 1009

Se llamaba *Fasano*, era natural de Roma, cardenal del título de San Pedro, hijo del presbítero Orso y de Estefanía. Se consagró en 26 de diciembre de 1003, y mudó su nombre haciéndose llamar *Juan*. En fin de mayo de 1009 renunció el pontificado, y se retiró a ser monje del monasterio de San Pablo de Roma, donde murió en 18 de julio. Algunos afirman que había contribuido a la muerte de su antecesor, y que pagó la pena del Talión muriendo envenenado.

145 - SERGIO IV

De 1009 *a* 1012

Era obispo de Albano, con los nombres de *Pedro Os-porci*, esto es, *boca de puerco*, y siendo elegido papa entre los días 17 y 24 de agosto de 1009, lo fue hasta su muerte, verificada en 18 de agosto de 1012. Fue limosnero, pacífico, celoso del bien público y moderado en el uso de los derechos de su dignidad.

146 - BENITO VIII

De 1012 *a* 1024

CISMA XIV

Juan, obispo de Oporto, natural de Toscanilla, hijo de Gregorio, fue elegido papa en 6 de julio de 1012 por diligencias y protección del marqués de Toscanilla su pariente, cuya familia estaba influyendo desde el siglo IX en las elecciones pontificias, y las más veces con desgracia, pues el mayor número de papas hechuras suyas salieron muy malos. Tomó el nombre de Benito VIII, y poco después un tal *Gregorio* juntó partido suficiente para persuadir haber sido nula y simoniaca la elección de Benito, y que se hiciera otra nueva en que resultó electo el mismo Gregorio. Tomada la voz del pueblo, Benito fue arrojado de la ciudad, y hubo cisma, consagrándose *Gregorio* sumo pontífice año 1013, y procediendo como tal. El emperador San Enrique (segundo del nombre entre los reyes de Alemania, cuyo único carácter tenía entonces) recibió favorablemente a Benito, y no paró hasta reintegrarlo en su dignidad. Desde entonces el papa manifestó espíritu militar más que eclesiástico, pues mandó campañas contra los sarracenos que hacían desde Nápoles algunas incursiones en el estado eclesiástico. En una batalla cogió prisionera a la reina mahometana, y tuvo la crueldad de hacerla cortar la cabeza. En 1020 hizo nuevo viaje a la Alemania buscando al emperador san Enrique para obtener socorros contra el emperador de Constantinopla, de cuyas armas recelaba le incomodasen en sus estados pontificios de resultas de haber él favorecido a los normandos contra los griegos. En fin dio testimonio de ser más propio para ocupar el trono de los Césares, que para la silla de san Pedro, el cual nunca pensó mandar una barca de pescadores. El espíritu de avaricia se manifestó junto con el de la ambición, consagrando la catedral de Bamberg, con el tributo anual de cien marcos de plata, y un caballo blanco enjaezado, sin más razón que hacerla subordinada inmediatamente a la Santa Sede, lo cual no se podía conceder sin perjuicio del metropolitano que tenía derecho de justicia por los cánones a la subordinación. Murió el papa Benito a fines de julio de 1024.

147 - JUAN XIX

De 1024 *a* 1033

Juan XIX se llamaba Román antes que mudase de nombre; hermano del difunto Benito VII, era lego al tiempo de la vacante, y por intrigas de Alberico, marqués de Toscanilla, y por compras infames de votos a fuerza de dinero, se vio en un mismo día lego y sumo pontífice en agosto de 1024. Su avaricia no conoció límites. Los emperadores y patriarcas de Constantinopla, instruidos de lo que sucedía, creyeron haber llegado el día de que los pontífices romanos consintiesen al patriarca constantinopolitano el título de *patriarca ecuménico de Oriente*: Juan XI se allanó a consentirlo. Únicamente dejó de verificarse la expedición de bulas del asunto, porque antes de tiempo se descubrió la negociación secreta, y los obispos italianos intrigaron para impedirlo. Se gritaba mucho en esta ocasión el celo de los derechos de la iglesia romana; pero yo no descubro sino codicia en unos y otros: por ella consentía Juan, pues le habían de dar la cantidad del pacto. Por ella lo repugnaban los romanos, pues preveían que cesaría la expedición de bulas para el Oriente.

Los romanos se alborotaron día de San Pedro 29 de junio de 1033 contra el papa; trataron de matarle; perdieron la primera proporción, y se contentaron con expelerlo de la Ciudad. El emperador Conrado acudió con ejército a Roma y reintegró a Juan XIX en su silla, pero él murió en 8 de noviembre de 1033.

148 - BENITO IX

De 1033 *en adelante*

CISMA XV

La casa de los marqueses de Toscanilla, descendientes de Alberico, duque de Camerino y Espoleto, y de la famosa reina Marocia, parecía destinada a reinar en el solio pontificio por medios criminales según lo visto desde fin del siglo IX; pero desde la ignominia que Gregorio V intentó hacer a la casa de los marqueses en la persona del senador y patricio Crescencio, aseguró más Alberico las voluntades de los romanos a su favor para la elección de papas. Hemos visto a Benito VIII y Juan XIX, individuos de su familia, y vamos a ver el tercer ejemplo continuado en Benito IX, hijo del marqués Alberico, y sobrino de los dos citados papas, con escándalo tan grande como el de celebrar su elección año de 1053, cuando *Teofilacto* (así se llamó antes de ser papa) tenía poco más de diez años de edad, aunque lo nieguen los autores del *arte de verificar fechas*; pues lo afirmó Radulfo Graber, monje coetáneo muy adicto a la silla romana: *puer*, dice, *ferme decennis*. En 1038 en que a lo sumo tendría diez y siete, ya sus costumbres eran tan escandalosas que los romanos lo arrojaron de la ciudad. Restituido a ella en aquel propio año por el emperador Conrado II, no solo no manifestó enmienda, sino que creció en vicios conforme crecía en edad. Los asesinatos, los adulterios públicos, y aun los robos infamaban a la silla de San Pedro infamando al sentado en ella. Los romanos le arrojaron segunda vez de la ciudad en el año 1044, cuando el papa no tenía veinte y cuatro años de edad de edad, y eligieron en su lugar a *Juan*, obispo de Sabina, que fue *antipapa* con el nombre de *Silvestre III*. A los tres meses o poco más Benito IX volvió a Roma por el poder y protección de su pariente, marqués de Toscanilla, lo cual (entre tantos males) produjo el bien de cortar el cisma, pues Silvestre III se conformó con volver a ser solamente obispo de Sabina, que fue buena fortuna. No por eso mejoró Benito IX de costumbres, y conociendo que ya le despreciaban el clero y el pueblo, trató de vender su pontificado a *Juan Graciano*, arcipreste de Roma, por una crecida cantidad de dinero. Realizó su proyecto, y renunció en el mismo año de 44. El comprador se tituló Gregorio VI, por cuya renuncia, verificada en 1046, sucedió *Clemente II*, que falleció en 9 de octubre de 1047; y en esta ocasión Benito IX, (que ya estaba cansado de la tranquilidad) volvió a subir cuarta vez al solio pontificio, intrusándose por el poder y la fuerza de sus parientes, y tolerando el clero y pueblo más de lo justo. Permaneció en la silla esta vez algo más de ocho meses en que se retiró para siempre. Algunos dicen que por exhortación de San Bartolomé, abad del monasterio de Grutaferrea. En su tiempo los polacos le pidieron rey. Benito lo dio como favor, haciendo al reino feudatario de San Pedro. El sistema de ambición y de avaricia no se interrumpió jamás en Roma desde principios del siglo III. Las máximas estaban establecidas en el clero romano, y pasaban de la boca de los antiguos al corazón de los modernos.

149 - GREGORIO VI

De 1044 *a* 1046

Hemos visto que Juan Graciano, arcipreste de Roma, nombrado Gregorio VI, compró de Benito IX la renuncia y diligencias para la sucesión. Gregorio VI persiguió mucho a los ladrones, y también a los usurpadores de bienes de la iglesia romana; por lo demás parece que no había otro clérigo puro de costumbres que él entre todos los eclesiásticos de Roma, según escritores de aquel tiempo. El emperador Enrique III, siendo un solo rey de Alemania e Italia, consideró forzoso poner la mano en los asuntos de la iglesia romana, viendo tres papas a un tiempo en las personas de Benito IX, Silvestre III y Gregorio VI ocupando en la ciudad los tres palacios de Letrán, San Pedro y Santa María la Mayor, y ejerciendo en sus respectivas iglesias el pontificado sobre sus respectivos partidarios. Hizo congregar concilio en Sutri, al cual convidó a Gregorio VI por ser el único que ejercía el pontificado en 1046. Gregorio acudió, y visto el vicio de la simonía, se le dijo que renunciara voluntariamente para excusar el sonrojo de la deposición. El accedió desnudándose de los vestidos pontificales y retirándose del concilio, el cual declaró vacante la silla romana, sin consideraciones algunas a Benito IX y Silvestre III.

150 - CLEMENTE II

De 1046 *a* 1047

Suidgerio, natural de Sajonia, obispo de Bamberg, fue elegido en el concilio de Sutri año 1046 para sumo pontífice por consentimiento unánime a propuesta del emperador. Fue entronizado en el solio pontificio el día de navidad de 1046 con el nombre de Clemente II. Coronó de emperador entonces mismo a Enrique y a su esposa Inés. Este soberano hizo nuevo pacto con los romanos, en cuya virtud estos recibieron de su majestad una gran suma de dinero, en remuneración de no elegir papa en la primera vacante futura sin recibir antes su licencia. Clemente II acompañó a su majestad en el viaje, y murió en Sajonia día 9 de octubre de 1047, sin haber hecho cosa memorable en su pontificado. Dicen varios que murió envenenado. Los italianos no podían llevar a bien el nombramiento de un sajón. Hay quien atribuya el papicidio a Gerardo Brazuro, amigo de Benito IX y del famoso Hildebrando que nos ocupará con el nombre de Gregorio VII.

151 - DÁMASO II

De 1047 *a* 1048

Apenas se supo en Italia el fallecimiento de Clemente II, los romanos pidieron al emperador permiso y asenso para elegir a *Halinardo*, arzobispo de León de Francia, cuya virtud era notoria, y muy conocida del emperador que le amaba mucho. Enrique se conformó, pero no Halinardo, que de veras huyó de la sublimación al trono pontificio. Entonces el emperador eligió a *Popón*, obispo de Bresanona, el cual mudó su nombre por el de *Dámaso II*. Pero no pudo ejercer su pontificado en el tiempo inmediato a su elección porque Benito IX se había entronizado por cuarta vez luego después de la muerte de Clemente II. Por fin, fue bien recibido en Roma el mismo día 17 de julio de 1048 en que Benito se retiró para siempre. La muerte impidió conocer el carácter de este papa, pues murió en 8 del siguiente inmediato mes de agosto. Benito vivía en esta época, y no manifestó impulso de ocupar la silla. Con esto el cisma 15 se dio por fenecido; y no doy asenso a los que dicen que murió envenenado por parte del mismo Benito. Si fuere cierto habérsele dado veneno, la sospecha deberá recaer sobre los otros que hubiesen concebido esperanzas de sucederle. Tampoco falta quien diga que Hildebrando fue autor del envenenamiento, así como había sido cómplice de Clemente II. Mas los enemigos de Gregorio VII (antes Hildebrando) le imputaron tantos crímenes, que se necesita mucha crítica imparcial para descubrir la verdad.

152 - LEÓN IX

De 1048 *a* 1054

El emperador Enrique III había formado concepto que solo podrían evitarse los desórdenes de Roma estando de parte de los emperadores el nombramiento de persona, en cuyo favor el clero y el pueblo de Roma formalizasen acto de elección canónica y ordenación episcopal, o entronización del ya ordenado. Por eso había nombrado a los dos papas anteriores Clemente II y Dámaso II. En consecuencia del mismo sistema nombró ahora por muerte de Dámaso a Bruno, obispo de Tubla, pariente de su majestad, y alemán por nacimiento como los dos últimos antecesores. En fines del año 1048 emprendió Bruno su viaje para Roma, y pasó por el famoso monasterio de Cluny de Borgoña. Hildebrando (uno de los monjes que allí había) reparó mucho en que Bruno caminaba con ostentación real, y que llevaba ya las insignias pontificales. Hizo presente que tal vez los romanos se ofenderían de que se hiciese tratar de sumo pontífice antes de la elección, y resistirían hacerla. Bruno conoció la fuerza del aviso, lo aceptó, llevó a Roma a su autor, lo hizo cardenal, y le confió el gobierno de la iglesia monasterial de San Pablo. Este Hildebrando es el que después veremos papa *Gregorio VII*, y Bruno cambió su nombre por el de *León IX*.

Está canonizado este sumo pontífice, y venerado por santo: no tengo intención de oponerme a las determinaciones maduras y juiciosas de la congregación de cardenales que haya intervenido en el asunto; pero el carácter de León IX no solo no se presenta como virtuoso en grado heroico cual se necesita para ser canonizado, sino antes bien ambicioso, violento, precipitado y más guerrero que sacerdote. Casi todo el tiempo de su papado estuvo en viajes voluntarios, y ninguno por necesidades espirituales, todos por intereses temporales y prerrogativas pontificias mal adquiridas y siempre usurpadas. Abusó de la excomunión monstruosamente contra el duque de Lorena Godefredo, y contra Balduino, conde de Flandes, porque hacían la guerra contra el emperador Enrique III, y repitió los excesos en asuntos que no merecían la pena de disputarse de palabra en juicio, cuanto menos echar mano del arma que los primeros papas usaron solo contra los herejes después de dos amonestaciones. Dejó el primer mal ejemplo de la pluralidad de beneficios, reteniendo su obispado de Tubla. Hizo de capitán general de un ejército conquistador contra los normandos, pintados por él como tigres y leopardos en carta escrita al emperador de Constantinopla; le hicieron prisionero, y se condujeron con él como los hombres más beneméritos de la religión cristiana, tratándolo con un respeto y benevolencia ciertamente no merecida por quien les insultaba sin razón ni título. Fue papa hasta 19 de abril de 1054 en que murió, y en más de cinco años de su pontificado apenas residió en su iglesia un mes seguido. El estado del clero romano pedía la presencia del pastor para que su buen ejemplo y su predicación reformasen las costumbres que se hallaban tan depravadas como hemos visto. Yo creo bien que las de León fueron puras, pero la santidad de los prelados no consiste en sola esta circunstancia. Se cuentan varios milagros, pero ninguno está bien probado, y algunos son tan ridículos que da vergüenza pensar que la omnipotencia de Dios alterase tan sin objeto las leyes naturales.

153 - VÍCTOR II

De 1054 *a* 1057

Los romanos enviaron al cardenal subdiácono Hildebrando, como legado suyo, al emperador Enrique III, para pedirle que les diese por sumo pontífice a su pariente y antiguo ministro Gebehardo, obispo de Eiesthad. Accedió Enrique, y el concilio de Maguncia de 1055 lo eligió en el mes de marzo. Pasó Gebehardo a Roma, y fue entronizado a 13 de abril. Retuvo su obispado antiguo como su predecesor. No era posible que todos los italianos estuviesen contentos de ver la tiara en alemanes. Lamberto, escritor contemporáneo, refiere que un subdiácono quiso envenenar a Víctor, y puso veneno en el vino del cáliz; que el papa no pudo elevarlo después de consagrar por más diligencias que hizo; que conociendo por misterioso el suceso, se arrodilló en la grada pidiendo fervorosamente a Dios que se dignase descubrir la causa; que el subdiácono fue obseso al momento por el demonio, de suerte que todos lo conociesen; que el papa oró de nuevo y rogó a todos orasen por la libertad del subdiácono, haciendo cerrar el cáliz en el sagrario de otro altar con el sanguis. Fleury añade que Lamberto es escritor grave. Aunque lo fuera mucho más, no creería yo semejante milagro conforme se cuenta. El papa tendría tal vez motivos de recelar, y se puso la imposibilidad de levantar el cáliz. Persiguió mucho a los simoníacos, y es la única cosa notable que pueda pertenecer a nuestro propósito. Murió en Toscana de vuelta de Alemania en 28 de julio de 1057.

154 - ESTEBAN IX

De 1057 *a* 1058

Cuando falleció el papa Víctor II también era muerto ya el emperador Enrique III; sus reinos de Alemania y de Italia estaban en su hijo Enrique IV, niño de seis años, que no se coronó emperador hasta pasado algún tiempo. Los romanos se valieron de estas circunstancias para elegir sumo pontífice por sí mismos. Eligieron a Federico de Lorena, cardenal del título de San Crisógono, hermano de Godofredo, duque de Lorena, en 2 de agosto de 1057. Tomó el nuevo nombre de Esteban IX y murió en 29 de 1058. Pero en este poco tiempo manifestó ya su carácter ambicioso y guerrero, contrario totalmente a la profesión de monje Benito, que antes hizo en Montecasino, del que fue abad. La muerte le atajó en Florencia los progresos de preparativos que apenas fue papa, comenzó a hacer para que su hermano se apoderase de la Italia en perjuicio del rey niño Enrique IV, próximo emperador futuro, y para que unidas las fuerzas pontificias con las del duque, arrojasen a los normandos que ocupaban ya parte de territorio adjudicado a la iglesia romana en las donaciones imperiales. Aun para después de su muerte quiso mandar. Habiendo congregado en la iglesia a los obispos del clero y del pueblo de Roma, les intimó "que si su santidad moría durante la ausencia del subdiácono Hildebrando, residente por entonces en Constantinopla, como legado de la santa sede, a la emperatriz madre por negocios del estado, no se hiciera elección de nuevo pontífice, hasta de Hildebrando regresase a Roma, y se pudiera tomar su consejo y seguirlo." Este precepto produjo un cisma que veremos luego. Y aun así hay escritores que digan hacerse milagros en el sepulcro de Esteban IX.

155 - NICOLÁS II

De 1058 *a* 1061

Apenas se supo en Roma la muerte de Esteban IX, verificada en Florencia, fue elegido papa *Juan, obispo de Veletri*, quien tomó el nombre de Benito X. El conde de Toscanilla, hijo de Alberico y Gerardo de Galera, hicieron esta elección reuniéndose de noche con muchos caballeros principales de Roma, y con una multitud de gentes del pueblo armadas. Pedro Damiano y otros cardenales, contradijeron la elección y lanzaron anatemas contra los electores diciendo que se debía cumplir el precepto del papa Esteban IX. Pedro Damiano había de entronizar como obispo de Ostia, del cual es prerrogativa ordenar a los papas. Pero habiéndose negado a ello, tomaron el arcipreste de Ostia, y le compelieron a que coronase al electo. Este no era indigno según podemos discurrir de la respuesta que había dado Esteban IX antes de su elección, al que le preguntó quién le parecía proporcionado para poder ser elegido, y respondió Esteban proponiendo cinco, de los cuales uno había sido Juan, obispo de Veletri. Fue coronado en el domingo de pasión, 5 de abril de 1058. Dio el palio a Estigando, arzobispo de Canterbery, en Inglaterra, *e hizo todo lo que ocurrió pontificio.*

Posteriormente Hildebrando, volviendo de Constantinopla, supo en Toscana lo sucedido en Roma; se detuvo en Florencia, escribió lo que consideró conveniente; los romanos le dieron poderes ilimitados para proceder a lo que creyese útil. Fue a Sena, y por sí solo eligió para sumo pontífice a *Gerardo, obispo de Florencia*, natural de Lorena, para lo cual dio auxilios Godofredo, duque de Lorena y de Toscana. El electo tomó nombre de *Nicolás II.* Los romanos de aquel partido escribieron al rey Enrique IV prometiéndole fidelidad como a su padre por lo que habían suspendido hasta entonces elegir papa. Le pidieron que enviase los comisionados que quisiese para que instruidos de todo dispusiesen que una intrusión hecha contra las reglas no prevaleciese contra la elección legítima. El rey aprobó la elección de Gerardo, y mandó al duque Godofredo que lo llevase a Roma. Se verificó, y Benito X renunció a su derecho, con lo que cesó el cisma. Pero si no hubiese cedido, no sé yo por qué debía salir nula su elección.

Nicolás II celebró concilio en su palacio de Letrán, año 1059, con ciento y trece obispos; en él y con su acuerdo promulgó cierta ley, dando forma para las elecciones pontificias a fin de evitar casos como el pasado. Mandó en ella que verificada la vacante se juntasen los obispos y cardenales antes que ningunas otras personas, y tratasen de la elección; llamasen después los clérigos, cardenales; luego al resto del clero, y por último al pueblo para que diera su consentimiento. Será elegido papa un individuo de la iglesia romana si lo hubiere digno, y si no de otra, "salvo el honor a nuestro amado hijo Enrique, que ahora es rey y que será emperador, si Dios quiere, como se lo tenemos concedido; y se hará el mismo honor a sus sucesores, a quienes la santa sede acordare personalmente ese mismo derecho". Que si hubiere obstáculos para hacer en Roma elección libre, pura y gratuita, los obispos cardenales con el resto del clero, y los legos católicos puedan escoger el pueblo que les parezca oportuno. Que si por guerras o por obstáculo distinto el electo no pudiere ser entronizado en Roma, proceda como verdadero pontífice, sin embargo de faltar ese requisito. Que si alguno es elegido contra esto, sea anatematizado y depuesto con todos sus cómplices como Anticristo, usurpador y destructor de la cristiandad, sin que se le conceda en este punto audiencia.

Merece particular atención la cláusula del decreto en que se aparenta que el derecho del emperador es solo personal y gracia concedida por el papa. Se conoce bien el abuso que se hizo de la infancia del rey Enrique IV; pues hemos visto que todos los emperadores desde Constantino gozaron el derecho de aprobar o reprobar las elecciones pontificias antes de consagrarse los electos. El espíritu de ambición y el deseo de la independencia están patentes en Nicolás II como en sus predecesores.

En la ciudad de Amalfi tuvo, año 1059, otro concilio sobre las cosas de los normandos, y pacto con Ricardo y Roberto Guisardo de Normandía. Confirmó a Ricardo el principado de Capua, y a Roberto los ducados de Apulia y de Calabria, y los derechos a la Sicilia. Roberto prometió contribuir cada año a la santa sede, por el tiempo de pascuas, doce dineros de la moneda de Pavía por cada par de bueyes; además de lo cual Roberto y Ricardo se hicieron vasallos de la santa sede, y le juraron fidelidad; lo que dio después origen al reino de Nápoles. Con esto progresó extraordinariamente la ambición de los papas, que haciendo vanidad de ser soberanos directos de Nápoles, han causado en los siglos medios y modernos más guerras y muertes que los reyes, y han dado testimonio de que los asuntos de la dominación temporal ocupaban más su pensamiento que los espirituales del gobierno eclesiástico. ¡Qué poco reconocería san Pedro por sucesor suyo a Nicolás II y sucesores cuando los viese excitando guerras y calamidades en la cristiandad por pasiones humanas del pretendido equilibrio político que nada importa para el oficio de sucesor del apóstol! Nicolás murió en 22 de julio de 1061.

156 -ALEJANDRO II

De 1061 *a* 1073

CISMA XVII

En 30 de setiembre de 1061 fue consagrado con el nombre de Alejandro II *Anselmo Badages, milanés, obispo de Luca,* cuya mitra retuvo durante su vida, siguiendo el mal ejemplo de sus predecesores. No se había pedido al rey Enrique IV la confirmación de las actas, a pesar de lo prevenido en el concilio del papa Nicolás, bien que las expresiones de su decreto conciliar habían sido puestas con mucha malicia, de manera que pareciese cumplirse con solo dar noticia de la elección al emperador sin esperar a que este la confirmase.

La emperatriz viuda Inés, que como tutora gobernaba el imperio, se ofendió altamente del desprecio, y dispuso que se hiciese nueva elección de papa en la dieta de Basilea. *Cadaloo, obispo de Parma*, fue elegido en 28 de octubre y tomó el nombre de *Honorio II*. Fue condenado como antipapa por los obispos italianos y alemanes en 27 de octubre de 1062 en el concilio de Osbor; pero Honorio II continuó teniendo séquito y partidarios. Yo no diré que fuese nula la elección de Alejandro II, pero tanto y más se faltó entonces a la ley que cuando se había elegido en 1059 a *Benito X*. ¿Por qué se declaró nula la de este y válida la de Alejandro? Porque los intereses de Roma dictaban lo uno y lo otro. Cadaloo murió año 1064, procediendo siempre como verdadero papa nombrado Honorio II, tratando de antipapa, excomulgando al pontífice Alejandro II, y aun insultándole dentro de Roma donde tenía partidarios. Entre tanto Alejandro excomulgaba al emperador Enrique por protector de Cadaloo.

La causa de esto y de otros muchos sucesos de turbación de aquel pontificado era el genio del cardenal Hildebrando, que lo mandaba todo en Roma desde León IX. San Pedro Damiano le escribió por esto un dístico bien picante que decía:

Papam rite colo, sed te prostratus adoro.
Tu facis hunc dominum, te facit ille Deum.

Esto es :

Al papa reverencio con decoro;
mas tu persona yo prostrado adoro.
Tú haces señor al papa;
pero él te hace a ti Dios. ¡Qué bien te atrapa!

También se cuentan milagros hechos por Alejandro II. Yo no creo ninguno de quien a cada paso excomulgaba por cualquier motivo, después de haber entrado al sumo sacerdocio violando las leyes y los derechos de su soberano, usurpando la soberanía de Calabria, Capua, Sicilia y Apulia para darla a los que su predecesor decía ser peores que tigres y fieras; y en fin mezclándose en mil asuntos temporales, ajenos del sucesor de San Pedro.

157 - GREGORIO VII

De 1073 *a* 1086

CISMA 18

Llegó el caso de tratar de un papa de quien (si no estuviese canonizado y puesto en el número de los santos) hablaría yo en términos de retratarle como el mayor de los monstruos de ambición, origen, principio, causa y raíz de millares de guerras y millones de muertes por el sistema que adoptó, consolidó, canonizó, y encargó imitar en el uso de la potestad pontificia. En fin parecería imposible que un hombre solo fuese capaz de producir tantos males como Gregorio VII. Las iglesias católicas de Alemania, Francia y otras no admitieron la bula de canonización, ni reconocen ni veneran a este pontífice por santo. La iglesia de España se conformó por respetos políticos a la *santa sede*; pero los literatos particulares que saben dar a las cosas el verdadero valor dicen que cuando faltaran otros fundamentos para reconocer como juicio puramente humano la canonización de los santos, bastaría la que ofrece la de Gregorio VII. No se trata en ella de declarar que las almas gozan del cielo. Los mayores pecadores del mundo se salvan si mueren con verdadera contrición. La controversia recae solamente si la vida y conducta del sujeto fueron tan virtuosas en grado heroico que merezcan ser propuestas al pueblo cristiano por modelo; en lo respectivo a ser venerada la persona como santa se cumple con el día primero de noviembre sin que se necesiten saber su nombre y circunstancias, como en los que se canonizan por instancias particulares. No puedo menos de citar con elogio el acuerdo de la congregación de monjes benitos de los Países Bajos en principios del siglo XVII. Decretaron que no se promoviese causa ninguna de cuantas había pendientes sobre canonización de monjes, porque tenían ya gran número de canonizados, y la experiencia enseñaba que perecía la devoción a los santos antiguos, haciéndose moda la de los modernos.

Hildebrando, natural de Soana en Toscana, fue monje benito en Santa María del Monte Aventino en Roma, y después en Cluny de Borgoña. De allí le sacó León IX para abad de San Pablo de Roma creándolo cardenal, y Nicolás II lo hizo arcediano de Roma. En estos dos pontificados y los de Víctor II, Esteban IX y Alejandro II mandó más que los cinco papas que deferían totalmente a su dictamen. Dicen en las lecciones del oficio eclesiástico de su fiesta que siendo niño escribió el versículo de un salmo: *Dominabitur a mari usque ad mare; dominará desde un mar hasta otro,* esto es en substancia, *dominará en todo el orbe cristiano.* Lo tengo por fábula compuesta después para darle aire de profecía. Pero mirando el suceso por otro aspecto, esto mismo debía perjudicar a la canonización: el sistema de dominar un sumo sacerdote a otros se halla reprobado en el Evangelio por Jesucristo, y se opone diametralmente al de san Pedro y de los doce primeros papas, los cuales como más cercanos a la fuente de las tradiciones originales de Jesús y de sus apóstoles conocían mejor que los modernos el verdadero espíritu cristiano y sacerdotal.

Llevado a Roma por León IX desde Cluny mandó más como pontífice que como cardenal en los 25 años anteriores a su elección. San Pedro Damiano, su colega, manifestó bien en su dístico latino que Hildebrando era el Dios de Alejandro II. Esto, las legacías y la elección de Nicolás II cuando ya estaba electo Benito X, darán eterno testimonio de ser fingida la resistencia que Gregorio escribió haber hecho a su elección. Su conducta posterior confirma esta verdad. No sostendré yo con sus enemigos que viviese amancebado con la condesa Matilde cuando pasaba de sesenta año y la señora tenía treinta; ni que diese veneno al papa Alejandro para que vacara la silla; ni que comprase con dinero los votos de los electores, aunque todo esto se le probó por sus enemigos con testigos y cartas que merecen ahora poco crédito después que cesaron los intereses de las partes; pero aunque todos los papas y cardenales de Roma presentes y futuros se reúnan a formar apologías, es imposible que recorriendo paso a paso la vida de Hildebrando, Gregorio deje de resultar ambicioso, déspota, orgulloso, soberbio, inflexible, vengativo, imprudente, injusto, despreciador de las máximas evangélicas en punto a las virtudes de humildad y desinterés; apreciador avaro de las grandezas humanas para su iglesia y su dignidad; finalmente homicida de mayor número de hombres que los otros pontífices de los siglos IX y X, a quienes el mismo citaba como malos. Veamos algunos rasgos de su conducta.

Fue elegido papa en 22 de abril de 1073; sin dar aviso al emperador Enrique IV. Este se quejó, y Gregorio procuró persuadir no haber tenido parte en la elección, y aun escribió a otros para que persuadiesen a su majestad que no la aprobase. ¡Qué chasco se hubiera llevado Hildebrando si las resultas fuesen como aparentaba pedir! El emperador la confirmó, y Gregorio VII se ordenó en 30 de junio. Desde aquel momento en que ya creyó asegurado su poder, trató mal a Enrique IV. Tenía empeño de quitar a los potentados legos el derecho de *investidura* de obispados y abadías, poseído desde muchos tiempos antes con ese nombre o con otro; ejercido por medio de anillo y báculo que indicasen potestad, o por otros signos; y no tan opuesto al espíritu de la iglesia como los papas han procurado persuadir por interés. Era bien sencilla la respuesta del emperador diciendo no haber usurpado derecho alguno, y no deber perjudicar a los sucesores dejándose despojar del que le habían trasmitido sus antecesores. Gregorio VII, irritado, reputa por enemigos suyos a todos los reyes cristianos, imputándoles el crimen de simonía en la provisión de dignidades y beneficios eclesiásticos, porque *usaban de las investiduras*: les amenazaba no solo con excomulgarlos y publicarlos anatematizados enemigos de la iglesia, sino con declarar a sus respectivos vasallos exentos de la obligación de sus juramentos de fidelidad.

Este atentado no era tan inaudito como dicen los autores del *Arte de verificar fechas,* pero lo era en cuanto al modo y las circunstancias. Por lo escrito en las vidas de los papas anteriores consta que el papa Inocencio I excomulgó al emperador Arcadio. Martín I al emperador Constante II. Gregorio III al emperador León. Adriano II al emperador Carlos II, el *Calvo*. Alejandro II al emperador Enrique IV. Juan VIII a Sergio, duque de Nápoles, porque hizo paces con los sarracenos. Esteban VII a Hugo, el *Grande*, duque de Francia, porque guerreaba sublevado contra el rey Luis IV, el *Ultramarino*. Esteban II a todos los que se opusieran al establecimiento de la nueva dinastía de Pipino, rey de Francia. Esteban V a todos los que procurasen establecer la nueva y tercera dinastía de los Capetos. Zacarias eximió a los franceses de la obligación de fidelidad jurada en favor de su rey Childerico III y mandó que la jurasen al nuevo rey Pipino. Pero todo era bien distinto de sublevar por movimiento propio las naciones contra su soberano a pretexto de religión para excitar tumultos, guerras civiles, incendios de pueblos, homicidios, robos, sacrilegios, adulterios, violencias, pobreza general, despoblaciones, y cuantos pecados, crímenes, horrores y males se subsiguieron en Alemania, Italia y casi toda Europa. La invención de este horrible atentado era reservada a Gregorio VII con título de perseguir a los simoníacos para que después lo fueran únicamente los romanos. La simonía no cesó: mudó de teatro. Los pecados no se disminuyeron; variaron las personas de los pecadores. Las *investiduras* no se nombraron ya, pero su esencia estuvo en las *provisiones pontificias*. Los pecados y las guerras de los siglos posteriores deben su origen a los principios establecidos por Gregorio VII, según los cuales el papa puede disponer de los reinos indirectamente, excomulgando a los reyes, absolviendo a los vasallos del juramento de fidelidad, y convidando a otros católicos con el reino bajo la condición de confesarse deudores de su derecho soberano al sumo pontífice.

Gregorio VII fomentó la sublevación de los sajones, y movió la de los alemanes e italianos. Hizo elegir por emperador a Rodolfo de Suevia, cuñado de Enrique, y nada se puede discurrir que no hiciese para perder a este, por lo que no se debe extrañar que le pagara en la propia moneda, moviendo el cisma que debió preverse con la elección del antipapa *Guiberto*, llamado *Clemente III*, y males que se le subsiguieron. Nada es comparable con la temeridad orgullosa que manifestó Gregorio cuando se trató de reconciliar al emperador. Ni Sergio ni otros cualesquiera papas bárbaros de los siglos IX y X hubieran imaginado conducta tan soberbia y contraria al espíritu del Evangelio y a lo que resultaba de las vidas de los papas antiguos. Entra el emperador en Canosa, y se le detiene tres días en el foso entre dos murallas, desnudo, descalzo, con una túnica de lana burda, sin comitiva ni señales de dignidad. Se le dice después que confiese en pública dieta imperial haber carecido de razón en todo y ser indigno de reinar. Enrique acepta tan humillantes condiciones y otras más duras: Gregorio le absuelve de la excomunión, le da el cuerpo de nuestro señor Jesucristo en la misa, y sin embargo a pocos días escribe a los alemanes sublevados que no le reconozcan por rey, pues él no ha restituido el imperio ni la dignidad real.

Usó de cuantas mentiras inventaron él o sus aduladores para persuadir en sus cartas y por medio de sus legados que pertenecía a la iglesia romana el derecho de nombrar o confirmar casi todos los soberanos, o de aprobar el derecho hereditario de los nuevos poseedores, recibiendo tributos de reconocimiento y juramento de vasallaje y fidelidad. Así lo manifestó con respecto al imperio de

Constantinopla y reinos de España, Francia, Sajonia, Inglaterra, Dinamarca, Rusia, Sicilia, Portugal y otros. Es un escándalo leer tantas mentiras como resultan de sus cartas sobre este asunto. Si los católicos no respetásemos las canonizaciones no podríamos citar al papa Gregorio VII con otro renombre que el de *impostor*. Por lo respectivo a España no solo dijo tener derecho al reino, sino que donó al conde de Rouci, caballero francés, todas las tierras que conquistase de los moros con la condición de reconocerse feudatario fe la santa sede, nada de lo cual surtió efecto. Con iguales mentiras hizo introducir en los reinos de Castilla y Aragón la liturgia que Roma usaba entonces en lugar de la purísima conservada desde los primeros siglos; sobre cuyo asunto fray Enrique Flórez hizo ver en su excelente obra de la *España sagrada* que la liturgia gótica de España era la primitiva de Roma, y que la diferencia del tiempo de Gregorio VII consistía en mutaciones hechas por los romanos y no los españoles en los tiempos intermedios.

El abuso de la potestad espiritual y su mezcla con la política mundana se vio notoria en la conducta de Gregorio VII con los normandos, soberanos de Inglaterra y de las dos Sicilias. Hoy los excomulga y trata de tiranos, anticristos y enemigos de la iglesia. Mañana los absuelve, los adula, los elogia y pondera su bondad porque se allanan a guerrear contra Enrique IV. Los conjurados de Alemania le dieron con razón en cara que los había metido en el precipicio y que después los abandonaba. Gregorio quería que la elección del rey se pusiera en su mano, y que el primero de sus juramentos fuese de vasallaje y fidelidad a la santa sede. Con los reyes de Francia y sus obispos tuvo conducta doble según las circunstancias concurrentes. Escribió en defensa del poder que usurpaba de destronar reyes; y no se ve otra cosa en su papel que abusó de la sagrada escritura y de los padres, ocultando maliciosamente cuanto resulta de la historia eclesiástica en contrario, como indica el cardenal Fleury.

Finalmente, yo supongo como calumnias cuanto se dijo contra él en orden a sensualidad, simonía, homicidios y otros vicios groseros; pero no ha habido ni es fácil que haya hombre más ambicioso, temerario, soberbio, intrigante y malvado, tanto más pernicioso cuanto más canonizaba estas malditas pasiones con el velo hipócrita de la religión y del respeto a la santa sede romana. Su muerte fue día 25 de mayo de 1085 en Salerno, desterrado de Roma por amor de la justicia según sus últimas palabras. Si así lo sentía, su buena fe habrá salvado su alma, pero no su opinión, para la cual no hay canonizaciones.

158 - VÍCTOR III

De 1085 *a* 1087

SIGUE EL CISMA 18

Desiderio, abad del monasterio de Montecasino y cardenal romano, fue elegido papa en 24 de mayo de 1086, un año después de la muerte de su predecesor. Resistió aceptar por espacio de casi otro año, por lo que no fue consagrado hasta 9 de mayo de 1087 con el nombre de Víctor III, y murió en 16 de setiembre del propio año. En los cuatro meses de su pontificado confirmó la excomunión librada por Gregorio VII contra el antipapa y emperador; pero Clemente III no solo estaba reconocido como verdadero sumo pontífice por el partido de Enrique IV en Alemania y Lombardía, sino por gran parte del pueblo de Roma, en la cual habitaba protegido por el prefecto Cencio que gobernaba la ciudad por el emperador. Así Víctor III solo pudo tener entrada en San Pedro y demás parte de la ciudad, sita en la otra orilla del Tíber, y a lo sumo tuvo alguna vez la isla de este río. Una situación como esta no podía menos de producir en Roma guerras civiles y bandos homicidas: los partidarios de Víctor están sostenidos por las armas de la condesa Matilde, las de Rogerio de Sicilia y las de príncipes adheridos a él. No es fácil reducir a pocas líneas los males de aquel cisma en Italia, Sajonia y el resto de Alemania; y todo por haberse puesto el empleo de papa en un estado contrario al de San Pedro. Si no se le hubiera dado señorío alguno temporal, el cisma se cortaría en un momento, como Teodorico, rey de Italia, cortó el de Simaco, y como se verificó en otros casos que ya quedan indicados. Esto no obstante, hizo Víctor armar una escuadra y envió un ejército al África para mortificar a los sarracenos y conquistar pueblos de la costa. Esta expedición se puede mirar como la precursora de las cruzadas que veremos comenzar en el pontificado siguiente. Algunos dicen que Víctor murió envenenado: consta que ambicionaban el pontificado los cardenales Ricardo, obispo de Marsella, que había sido legado en España, y Hugo, arzobispo de Lyon, uno de los tres que Gregorio dijo convendría elegir.

159 - URBANO II

De 1087 *a* 1099

SIGUE EL CISMA 18

Otón, obispo de Ostia, era uno de los tres que Gregorio propuso para sucederle, y fue ahora elegido por muerte de Víctor III en 12 de marzo de 1088. Era francés, hijo de Eucherio, señor de Lageri, cerca de Reims; había sido primero canónigo de Reims, después monje de Cluny, posteriormente abad de Montecasino, luego obispo y cardenal, y por último papa. Sus opiniones anteriores habían sido de que no se debía celebrar elección pontificia sin licencia del emperador soberano de Roma, ni consagrar o entronizar al electo sin preceder aprobación imperial de las actas. Así lo había defendido en disputas con el papa Víctor III siendo abad de Montecasino. Pero viéndose ahora sumo pontífice mudó su modo de pensar, y miró el honor de la independencia como sagrado sin merecerle atención lo que antes creía justicia. Siguió el mismo sistema que Gregorio VII, por lo cual no se acordó de procurar la cesación del cisma que aún sostenían Clemente III y Enrique IV, sino de seguir persiguiendo a estos dos y a todos los obispos de su partido; de manera que no se descubría el carácter de un vicario de Jesucristo que buscaba la oveja perdida y cargaba con ella sobre los hombros, sino de un príncipe temporal o rey de gentiles que respira venganza y muertes.

Fue a Francia, y en un concilio de Clermont exhortó a los franceses a formar un ejército y pasar al Oriente a la conquista de la Palestina, para librar del poder de los mahometanos los pueblos de Jerusalén, Belén, Nazaret y otros consagrados por las huellas de nuestro redentor Jesucristo, y por haber sido el teatro en que se obraron sus grandes misterios. Las preocupaciones del siglo hicieron adoptar un proyecto cuyo final éxito debía ser el que fue, de quedar el país tarde o temprano en poder de los orientales, y disminuir inútilmente la población de la Europa con emigraciones de trescientos mil hombres en una ocasión, cuatrocientos mil en otra, y así sucesivamente hasta cinco o seis millones de personas que perecieron entre todas las cruzadas. Estas produjeron la inmoralidad propia de las costumbres soldadescas, al mismo tiempo que las ideas caballerescas del honor mal entendido para los duelos y males diferentes. Ellas hicieron nacer las corporaciones de caballeros de distintos institutos, del templo de San Juan del Sepulcro y otros que dieron idea en Europa para crear los de Calatrava, Santiago, Alcántara y otros, que aumentando el número de los célibes, multiplicaban los gérmenes de la despoblación. Ellas dieron a conocer y trasplantaron el instituto de los ermitaños del *Carmelo*, que luego fue imitado por otros llamados *agustinos*, y sin pasar mucho tiempo los *trinitarios*, los *mercenarios*, a los que se substituyeron, como era de presumir, nuevos proyectos como los de *dominicos* y *franciscanos*; mina fecundísima de institutos mendicantes que no han cesado de producir corporaciones regulares hasta nuestros días; de manera que si comparamos el número de célibes eclesiásticos de hoy con el del concilio general de Nicea, resultarán hoy mil por uno de aquel tiempo en que ya la religión cristiana dominaba en Asia, África y Europa. Debe agregarse a esto la reunión de bienes cuantiosos, raíces y dominicales en corporaciones eclesiásticas con daño de los habitantes de un país reducido a la clase de siervos o colonos pobres. Todos estos malos efectos y otros varios resultaron sucesivamente de las cruzadas por una serie de ideas encadenadas entre sí conforme cada una se desarrollaba. Urbano II murió en Roma día 29 de julio de 1099.

160 - PASCUAL II

De 1099 *a* 1118

FIN DEL CISMA 18

Rainerio, cardenal presbítero del título de San Clemente, fue elegido papa en 3 de agosto de 1099 quince días después de muerto Urbano II. Tomó el nombre de Pascual II, y tuvo el disgusto de ver continuado el cisma comenzado en tiempo de Gregorio VII, bien que se le subsiguió el placer de verlo extinguido. El antipapa *Clemente III* murió año 1106. Sus partidarios eligieron inmediatamente otro papa en su lugar nombrado *Alberto*; pero los de Pascual pudieron prenderle el mismo día de su elección y lo recluyeron en San Lorenzo. Los otros escogieron por sucesor a un tal *Teudorico*. Este pudo hacer de sumo pontífice como cuatro meses, pero también fue sorprendido por sus contrarios, y cerrado en el monasterio de Caba. Después los partidarios del primer antipapa eligieron un tal *Maginulfo*, que pasaba de profeta para con unos y de adivino supersticioso para con otros. Este murió desterrado en grande miseria, y no se le nombró ya sucesor, porque muerto el emperador Enrique IV, se disminuía por días el número de disidentes excomulgados como cismáticos, y aun antes de morir desde que su hijo Enrique V usurpó el reino de Alemania por sublevación diciendo hacerlo para extinguir el cisma. El mismo Enrique IV se sometió a Pascual, y merecía mejores procedimientos que los de este, pues escribió a todos que le hiciesen la guerra. El clero de Lieja se adquirió gloria eterna respondiéndole entre otras cosas: "El papa Hildebrando fue autor del cisma por haber sido el primero de todos los papas que esgrimió la lanza sacerdotal contra la diadema... Si el emperador es hereje, lo sentimos mucho: no diremos ahora nada en su defensa, pero añadiremos que aun cuando lo sea, le obedeceremos cuanto nos mande, creyendo que nuestros pecados nos producirían esta desgracia, y que no nos es lícito tomar armas contra él, sino solo pedir a Dios por su conversión. Los reyes de quienes san Pablo mandaba que se les sirviese con fidelidad no eran cristianos; y dice que se debe orar por los malos príncipes a fin de vivir tranquilos. Sería conducta apostólica imitar al apóstol: pero por nuestros pecados el apostólico, el papa en lugar de orar a Dios por la conversión del rey de quien dice ser hereje excita la guerra contra él y pone obstáculos a la tranquilidad. ¿De dónde saca el pontífice autoridad para manejar la espada temporal además de la espiritual? El pontífice Gregorio I dijo que si él hubiera querido mezclarse en hacer morir a los lombardos, hubiesen muerto sus reyes y sus duques; pero que no quería tener parte en la muerte de un solo hombre porque temía a Dios. Los papas siguientes imitando este ejemplo se contentaban con la espada espiritual, hasta que el último papa Gregorio Hildebrando se armó militarmente contra el emperador y dio a sus sucesores el ejemplo de guerrear". El defensor de la iglesia de Lieja, viendo la carta del papa Pascual II al conde de Flandes en que le mandaba hacer al emperador la guerra *por la remisión de sus pecados,* dijo: "Yo me he dedicado a registrar la sagrada escritura y todos sus intérpretes, y no hallo ejemplar alguno de semejante precepto. Hildebrando es el único que, sepultando ya en el olvido los santos cánones, mandó a la condesa Matilde hacer la guerra por la remisión de los pecados al emperador Enrique. Nosotros sabemos que nadie puede ser absuelto ni condenado sin examen. Esta es la regla seguida por la iglesia romana hasta ahora. ¿De dónde ha nacido pues esta máxima nueva de conceder a los pecadores absolución sin confesión ni penitencia, dejándolos impunes por sus culpas pasadas y libres para cometer otras de nuevo? ¡Oh qué puerta se abre a la malicia de los hombres!".

Pascual II forzó al emperador Enrique IV a renunciar en favor de su hijo, y sin embargo no levantó las censuras impuestas contra él y los obispos que le permanecían fieles, los cuales fueron privados de sus mitras. Murió el emperador en 7 de agosto de 1106; el obispo de Lieja lo enterró en su iglesia. La furia del papa y sus legados traspasó los límites de la humanidad, pues sin embargo de que los dos últimos años de su vida hizo Enrique muchas sumisiones a la iglesia romana y su pontífice Pascual, no solo se le desenterró, sino que habiendo trasladado su cadáver a Espira su hijo Enrique V, mandó Pascual II que careciese de sepultura eclesiástica por espacio de cinco años.

Habiendo ido Enrique V a Roma para ser coronado emperador, sostuvo que lo debía ser sin perder ningún derecho de aquellos con que lo fueron Carlo Magno, su hijo Luis Pío y los demás inmediatos sucesores; hubo muchas ocurrencias escandalosas, pero por fin el papa consintió y al partir la hostia en la misa dijo: "Así como esta parte del cuerpo de Jesucristo es separada de la otra, así sea separado también del reino del mismo Jesucristo cualquiera que quebrantare lo pactado".

Esto se reducía por parte del emperador a restituir a la iglesia romana los lugares que tuviese ocupados; y por la del pontífice a dejar el derecho de *investiduras* como había estado desde Carlo Magno, y mandar a los obispos restituir los señoríos de lugares usurpados. El papa no era muy libre entonces, pues estaba rodeado de tropas del emperador, pero ratificó el tratado después de que ya lo estaba; y sin embargo por instigación de los cardenales quebrantó el tratado y libró bula protestando haber sido hecho por violencia, y amenazando al emperador que si no renunciaba las investiduras le declararía excomulgado, decaído del derecho de reinar, y exhortaría a los principales obispos a hacerle la guerra y despojarle del trono; dejó excomulgado por un concilio al emperador y murió en 18 de enero de 1118, encargando mucho a los cardenales la unión entre sí mismos y no fiarse de los alemanes ni de los *Guibertinos*, bajo cuyo nombre designaba los secuaces del cisma ya extinguido de *Guiberto, arzobispo de Ravena.*

En este papa se notó la fuerte impresión de la nueva doctrina de Gregorio VII, pues habiéndosele hecho presente por parte del emperador Enrique V que San Pablo le prohibía meterse en negocios seculares y por consiguiente el fomentar más guerras, trató de herejes enemigos de la iglesia a los que daban esta interpretación. Así es que la mala doctrina de Gregorio fue recibida como dogma por los papas sucesores especulativa y prácticamente, de tal manera que han sido delatados como herejes a la inquisición los que han impugnado el poder indirecto pontificio para destronar a los soberanos por medio de la excomunión y de la dispensa del juramento de fidelidad y vasallaje.

-o-o-o-

SIGLO XII

161 - GELASIO II

De 1118 *a* 1119

CISMA XIX

Juan de Gaeta, monje benedictino, (como casi todos los predecesores desde mitad del siglo anterior) fue elegido papa clandestinamente y en sitio no acostumbrado, por intriga de los cardenales, obispos de Ostia, Oporto, Albania y Sabinia día 25 de enero de 1118. Censio Frangipani, senador y prefecto de Roma, supo que había congregación de gentes sin autoridad legal contra lo prevenido en las leyes; acudió con tropa, y se llevó presos al electo y muchos electores. El emperador Enrique V deseaba la paz con el papa, porque veía los peligros de perder la corona y la vida, mediante la propagación de nuevas máximas hecha rápidamente en todo el orbe cristiano por medio de monjes benedictinos y aun de obispos, a causa de la doctrina monacal, pues el mayor número de obispos era también de monjes. Por este motivo, aunque no se le había pedido permiso para elegir papa, escribió a Censio que dejase al electo libre, y su majestad pasaría personalmente a Roma. Efectivamente fue: Juan de Gaeta (ya nombrado Gelasio II) huyó de Roma. Enrique le avisó que si se conformaba con el concordato de Pascual II volviese, pues su majestad estaba pronto a reconocer en tal caso la elección por válida, y autorizar con su presencia imperial la ordenación pontifical; pero que si no, haría celebrar elección legítima de otro papa. Gelasio, siguiendo el espíritu orgulloso y soberbio de sus antecesores y colaterales, no quiso ir a Roma; el emperador hizo elegir por sumo pontífice a *Mauricio de Bourdin,* arzobispo de Braga, legado pontificio a su majestad, día 9 de marzo; lo que produjo el cisma diez y nueve. Fue entronizado *Mauricio* con el nombre de *Gregorio VIII*, y obedecido en diferentes partes, como legítimo, aunque generalmente tenido por *antipapa*, porque los monjes benedictinos estaban derramados en todas las naciones cristianas para persuadir lo que les encargaban sus hermanos de hábito, residentes en Roma, cuyas principales escalas de comercio político eran los monasterios de Montecasino en Italia, y de Cluny en Francia, desde donde salían emisarios al Oriente, Poniente, Norte y Sur. Gelasio II excomulgó al antipapa y al emperador. Aun tuvo en su mano dar la paz a la iglesia, contentándose con ser lo que fueron, no los doce primeros pontífices, no los de los siglos tercero y siguientes al octavo, sino los que llegaron a ser León II, Esteban IV y sus sucesores en tiempo de los Césares, Carlo *Magno* y Luis *Pío*, dejando también a los emperadores con los mismos derechos que tuvieron estos. Pero nada de eso. Las nuevas doctrinas eran que Roma no había de reconocer soberano distinto del sumo pontífice; que ningún rey pudiera titularse emperador romano, si no recibía la corona imperial de mano del papa, y que este no se la daría sin dos condiciones: primera, que el emperador jurase fidelidad al soberano pontífice con subordinación a ser excomulgado en caso contrario, y por consiguiente a que se le declarase cismático, hereje y enemigo de la iglesia, y se levantase la obligación de fidelidad jurada por sus vasallos. Segunda, que renunciase las investiduras a pesar de ser poseídas desde Carlo Magno con aprobación de los papas. Cotéjese doctrina semejante con la de los papas antiguos, y se verá claramente lo que puede la constancia no interrumpida de un sistema. El papa Víctor en medio de las persecuciones de los emperadores idólatras se propuso mandar algo fuera de Roma en principios del siglo III. Sus sucesores no abandonaron jamás el sistema. Conseguido el reconocimiento de legitimidad de poder en un artículo, ya no se permitió jamás ponerlo en disputa; por el contrario, servía de presupuesto para lo que se intentase avanzar en otros puntos. Por este camino los papas llegaron a formar un gobierno monárquico de la iglesia. No pudiendo ya ir más adelante en este punto, se aspiró a la soberanía temporal. Parecía imposible preverlo en el siglo VII cuanto más en el III; pero se verificó. El rey Pipino y su hijo Carlo Magno tuvieron la culpa principal por haberles dado un carácter contrario al que les correspondía. Gelasio murió en el monasterio de Cluny en 29 de enero de 1119, dejando la iglesia en cisma por su orgullo y ambición.

162 - CALIXTO II

De 1119 *a* 1124

Guido, arzobispo de Viena de Francia, hijo y hermano de los condes de Borgoña; fue elegido papa en Cluny a 1° de febrero de 1129, y murió en 13 de diciembre de 1124. Extinguió el cisma del antipapa Gregorio VIII en 1121, pero con crueldad bárbara. Hecho dueño de la persona de Mauricio, le hizo cabalgar sobre un camello, vestido con una piel ensangrentada de un buey para imitación irónica de la capa de escarlata con que solía cubrir a los papas recién electos; vuelto el rostro hacia la cola del camello, levantándola con sus manos como si fuese brida, y conducido por las calles de Roma, expuesto a todos los oprobios, ultrajes y golpes del populacho a quien algunos incitaban para ello. Era necesario corazón de bronce o de piedra para darle este castigo a un venerable anciano que había sido primado de Lusitania, legado de la Santa Sede, y servidor muy celoso de ella hasta el momento de coronar al emperador Enrique IV, padre de Enrique V.

En parte disminuyó Calixto IV su mala nota concordando con este último soberano, pues por fin después de tantas guerras, homicidios y calamidades públicas y privadas, vino a absolver al emperador Enrique V de la excomunión, y concederle nuevamente las investiduras de obispados y abadía, con tal que no fuese con los signos de anillo y báculo pastoral como antes, sino por medio de una vara pequeña recta o del cetro imperial para quitar el peligro de que se interpretase que daba potestad eclesiástica. ¡Qué necedades! No se piense que Calixto y los cardenales cedieron por generosidad. Fue por interés y muy considerable. Los obispos de todo el imperio poseían señoríos feudales de pueblos y otros muchos derechos, llamados entonces *Regalías*, algunos por concesión, y gracia de los emperadores, muchísimos por usurpación en las épocas de guerras feudales. Cuando los papas querían quitar las investiduras, los emperadores reivindicaban los feudos y las regalías, y lo habían ofrecido Gregorio VII, Víctor III, Urbano II, Pascual II, Gelasio II y este mismo Calixto II. Los obispos noticiosos se alborotaron dándose por perdidos como se le dejase únicamente la potestad espiritual sin representación civil en las dietas y otras juntas. Por otra parte, habiendo muerto la condesa Matilde, quería Enrique vindicar el señorío de Toscana, ciudades de Ferrara, Mantua y otras muchas tierras para el imperio, como feudos separados del reino de Italia, de las cuales Matilde no había podido disponer libremente según las leyes de los feudos. Pretendía también Enrique los bienes libres de la condesa, como pariente suyo más cercano, pues había sido prima del emperador Enrique IV, su padre. Por otra parte, Matilde había donado todo a la iglesia romana en tiempo de Gregorio VII para después de su muerte, y ratificado la donación en el pontificado de Urbano II, por lo que los papas querían hacer valer la escritura sin exceptuar los señoríos feudales. Cediendo pues ahora Calixto II en la célebre disputa de las investiduras, conseguía de cierto todos los bienes alodiales de la condesa, y esperaba conseguir del emperador los feudales, como efectivamente sucedió en gran parte; y véase por esta historia cómo aun las acciones buenas de los papas ofrecen testimonio del espíritu de ambición, avaricia y orgullo que dominaba en la silla pontificia.

163 - HONORIO II

De 1124 *a* 1130

La elección de este papa (nombrado antes Lamberto de Fagnano, obispo de Ostia) es buen testimonio de cuánto distaba del influjo directo del Espíritu Santo, y cuán claramente influían las pasiones humanas por la ambición de mandar. Apenas murió Calixto II pactaron *Pedro de León*, padre de un cardenal del mismo nombre, *León Frangipani*, y otros senadores y cónsules de que no se tratase de elección de sucesor hasta el tercero día. Frangipani tenía formada en su imaginación cierta intriga para que fuera electo Lamberto, obispo de Ostia, sin embargo de que todo el pueblo pedía a gritos se hiciese pontífice a Saxón de Agnani, cardenal del título de San Esteban del monte Celio. Frangipani aparentó desearlo también para lograr mejor su idea premeditada. Inmediatamente hizo decir a cada uno de los capellanes, de cardenal en particular, que fuese muy de madrugada a San Juan de Letrán, llevando capa roja oculta bajo la suya negra. Cada capellán creyó que su cardenal patrón salía electo papa por ser costumbre ponerle al momento la capa roja para signo de superioridad, y besar luego sus pies los asistentes. Los obispos y cardenales se reunieron muy temprano en la capilla de San Pancracio. El cardenal diácono Jonatás, con unánime consentimiento, proclamó por electo a *Teobaldo*, cardenal presbítero de Santa Anastasia, nombrándolo *Celestino papa*, y poniéndole capa roja. Comenzaron todos a cantar el *Te Deum laudamus,* siendo Lamberto de Fagnani uno de los que concurrían y cantaban. Estaría cantada como la mitad cuando Roberto Frangipani prorrumpe diciendo: *Lamberto, obispo de Ostia es el papa,* y en el propio momento varias personas de su facción pusieron a Lamberto la capa roja cerca del oratorio de San Silvestre. Subsiguióse grande alboroto; pero Teobaldo cedió luego su derecho para que no hubiese cisma, y todos los demás consintieron en Lamberto, nombrándole *Honorio II*. Habiendo él mismo manifestado en los días inmediatos que no vivía satisfecho del modo de su elección, todos los cardenales se congregaron, y la repitieron unánime y tranquilamente, y le adoraron como era costumbre hacer al nuevo electo.

No es necesario profundizar mucho el asunto para ver que todo fue intriga de la facción de Frangipani, la cual supone buena dosis de ambición en Honorio II, quien ofreció pronto pruebas de tener el espíritu secular de sus antecesores, con motivo de haber muerto sin hijos Guillermo, duque de Apulia y Calabria; pues reputándose heredero legítimo suyo Rogerio, duque de Sicilia, tomó al instante posesión, y envió testimonio al nuevo papa con grandes regalos, y el juramento de fidelidad por el ducado. Pero Honorio despreció la embajada, y le hizo guerra formal, auxiliado del príncipe de Capua y de otros potentados. Rogerio disipó el ejército, y puso al papa en la necesidad de mendigar la paz después de haber manifestado furia impotente, ajena del sumo sacerdote del cristianismo. Murió en 14 de febrero de 1130.

164 - INOCENCIO II

De 1130 *a* 1143

CISMA XX

Nuevas pruebas del mal espíritu que reinaba en Roma para las elecciones de pontífices nos ofrece lo sucedido por fallecimiento de Honorio II. Los cardenales que se hallaron presentes a la enfermedad en el monasterio de San Andrés ocultaron su muerte, y eligieron clandestinamente por sucesor a *Gregorio*, cardenal de San Ángel, nombrándole *Inocencio II.* Después que se supo haber fallecido, se juntaron todos los otros cardenales, los obispos, el resto del clero, la nobleza y principales del pueblo, y eligieron por sumo pontífice a *Pedro de León*, presbítero, cardenal del título de Santa María, del otro lado del Tíber, nombrándole *Anacleto II.* Este cisma duró hasta 1138, y hubiese durado mucho más si no hubiese muerto Anacleto; pues aunque sus partidarios eligieron en su lugar a *Gregorio* presbítero cardenal, con el nombre de *Víctor IV*, este y los demás prefirieron la paz a la guerra, cediendo voluntariamente su derecho. A la verdad, si la disputa hubiera sido sobre un obispado particular, me parece que Inocencio hubiera perdido el pleito; pero tuvo la fortuna de que San Bernardo, abad de Claraval, del orden del Cister, tomara su partido, y lo hiciese reconocer en Francia, España, Inglaterra y Alemania; por consiguiente en el resto de la Europa menos el reino de Sicilia con la Apulia, Calabria, Capua, y demás estados con que se formó entonces el reino de Nápoles. Por lo demás, toda elección clandestina ejecutada por una reunión acéfala sin citación previa, congregada por quien carece de derecho de congregar, mediante no ser presidente ni vicepresidente de la corporación, ha sido, es y será nula eternamente por las leyes naturales de toda sociedad. Enhorabuena se subsanara este defecto por el consentimiento posterior; pero no se podrá borrar la memoria del resultado histórico de no haber intervenido el Espíritu Santo con sus divinas inspiraciones, sino el espíritu diabólico de ambición, para producir muertes, guerras, odios, enemistades, persecuciones personales, y otros grandes males de alma y cuerpo, y tan en daño de la buena fama de la religión católica y de su moral.

Consolidado Inocencio II en su solio pontificio, celebró en Roma año 1139 concilio general, que se titula décimo de los generales, contando por séptimo al Niceno segundo del año 787, por octavo al de Constantinopla de 869, y por noveno al Lateranense del año de 1123, por el papa Calixto II, primero de su clase, congregado en Occidente. Concurrieron en el que mencionamos ahora más de mil obispos, a quienes el papa Inocencio II propuso doctrina nueva y falsa, en cuanto a la potestad pontificia con respecto a los obispados, pero doctrina que poco a poco se generalizó y redujo a práctica como verdadera. "Vosotros sabéis (les dijo) que Roma es la capital del mundo, donde se reciben las dignidades eclesiásticas por el permiso del pontífice romano, como por derecho de feudo; de modo que no se pueden poseer legítimamente sin su permiso". Parecía imposible llegar al término escandaloso de ser feudos del papa los ministerios eclesiásticos, pero la experiencia nos hizo ver que tan falsa doctrina prevaleció, se creyó como axioma canónico, y de ahí nació el nombrarse *beneficios* los destinos eclesiásticos, porque así se llamaban los feudos cuando se concedían vitalicios sin la calidad de hereditarios. Es ocioso detenerme a probar la falsedad de la doctrina. Baste decir que aun entonces mismo solo intervenía la potestad pontificia en la consagración de los metropolitanos, y no en la elección de obispos, a no concurrir circunstancias que motivasen recurso a la Santa Sede. Menos en las abadías, arcedianatos, arciprestazgos y otras dignidades de segundo orden; y menos aún en los canonicatos y beneficios inferiores. Los viajes de Inocencio II, y de sus predecesores desde Gregorio VII, dieron ocasión a que tomasen conocimiento de algunos sucesos particulares, y de todo se aprovechaban para las usurpaciones que fueron tomando incremento notable desde este concilio Lateranense.

Se cuidó también de hacer canon contra los legos poseedores de diezmos, mandando, bajo la pena de excomunión, restituirlos a las iglesias donde se adeudaban; y esto que a primera vista parece justísimo, no lo era ni lo podía ser entonces si la verdad se hubiera examinado en asamblea mixta con asistencia de reyes y grandes señores de sus reinos. Muchos poseedores de diezmos habían poblado sus campos propios, edificado iglesias, y buscado presbíteros para el culto católico y cuidado espiritual de los labradores y sus familias. Asignaban dotación del templo y de sus ministros, y en tales circunstancias es claro su título a percibir los diezmos de sus tierras propias, con arreglo al concilio español de Mérida en el siglo VII. Los clérigos huían de asignaciones pecuniarias, alimenticias, y esto es el verdadero principio de las declamaciones contra los dueños del derecho decimal. Se comenzó a abusar de los textos de la ley hebrea, para persuadir que la obligación de los labradores a pagar diezmos y el derecho de los ministros del altar a percibirlos, eran preceptos de la ley divina, sin distinguir entre la hebrea extinguida, y la cristiana, fundada sobre diferentes máximas.

En aquel mismo año 1139 el papa Inocencio tuvo guerra con Rogerio porque había seguido el partido del antipapa Anacleto II, y recibido de su mano el título de rey de Sicilia en lugar del antiguo de Duque-Conde. Inocencio fue hecho prisionero en la guerra. Rogerio le trató mejor que dictaba la conducta del papa, y por fortuna este lo supo conocer, y libró bula de concesión al rey de Sicilia, feudatario de la Santa Sede, sin hacer mención del expedido por Anacleto. ¿De dónde sacarán los papas el derecho de crear reyes? La iglesia romana misma canta en el himno de la festividad de la Epifanía lo contrario. Pero tal era el trastorno de las ideas europeas en general, que ya no causó escándalo un ejemplar que debía causarlo. Gracias a Pipino y a su hijo Carlo Magno que dieron el ser a tan perniciosas máximas, mezclando en el sumo pontífice las potestades sin prever las consecuencias.

El mismo Inocencio se propasó a dar, sin preceder elección, el arzobispado de Bourges en Francia. Su rey Luis VII se irritó justamente de que se violara su derecho, jamás contestado hasta entonces, de dar su consentimiento para la elección de un destino cuyo poseedor había de ser uno de los grandes personajes de su reino. Juró no permitir que se diera posesión al electo por el papa, y autorizó a los electores para que nombrasen otro de su confianza. El papa enojado puso entredicho general en los dominios del rey, sobre lo cual escribió san Bernardo varias cartas, de cuyo contexto, unido al de las escritas por otros, se conoce bien que Sugerio, abad de San Dionisio y primer ministro del rey, pensaba como debía en la conservación de los derechos soberanos; pero que san Bernardo y el mayor número de obispos y del clero estaba ya imbuido de las nuevas ideas hasta el grado de reputar al rey de perseguidor de la iglesia y tratarlo de tal. Murió Inocencio II en 24 de setiembre de 1143.

165 - CELESTINO II

De 1143 *a* 1144

Muerto Inocencio II fue elegido papa en 26 de setiembre de 1143 *Guido*, presbítero, cardenal del título de San Marcos; se le dio a conocer con el nombre de Celestino II, y murió en 9 de marzo de 1144 con solos cinco meses y 13 días de pontificado. En ellos levantó el entredicho de Francia puesto por su antecesor en 1141 por el asunto del arzobispado de Bourges. Pero para que no faltase testimonio de cuál era el espíritu de la silla romana, se indispuso con Rogerio, rey de Sicilia, porque le parecía poco ventajoso a la santa sede lo convenido con Inocencio II, en sustancia por ostentar soberanía directa de aquel reino y tener ocasión de sacar más dinero cuando se tratase de cortar las controversias por vía de composición pacífica. Una de las máximas que los papas han ido trasmitiéndose unos a otros como derecho hereditario y de sucesión, ha sido la de avanzar cada día la línea de los límites de su poder, bajo seguridad de victoria si había constancia y tesón, porque la generalidad de opiniones nuevas predicadas por clérigos y monjes, escritas en libros y enseñadas en las escuelas, había echado tantas raíces en los legos, que se tenía por mal católico, por hereje, cismático y enemigo de la iglesia cualquiera que no recibiese las bulas y los breves del papa como doctrina celestial inspirada por Dios o por san Pedro; por lo que si el papa excomulgaba o ponía entredicho por desobediencia o contradicción de algunos de sus decretales, sus agentes hacían creer al pueblo que la culpa estaba en el reclamante; y si por desgracia sobrevenían calamidades de hambre, peste, guerras o tempestades, se hacía correr la opinión de ser castigo de Dios por los pecados del rey y de los grandes señores que perseguían a la religión y a la iglesia, negando al vicario de Cristo en la tierra la obediencia que se le debe. No es fácil hallar expresiones bastantes en la retórica para demostrar cuántos males produjo esta doctrina en los reinos cristianos de la Europa, y cuanto han abusado de ella los papas para sus intereses temporales, mirando con indiferencia los daños espirituales del escándalo de un entredicho general, de la excomunión de un soberano, y de otras cosas que podían y debían evitar con solo ceñirse al objeto para el cual fueron creados los sumos pontífices romanos como centro de unidad. Los reyes y los otros potentados se veían las más veces precisados a ceder a la sinrazón con perjuicio grave y positivo de las naciones subordinadas a su soberanía directa o feudataria, porque los pueblos mismos, interesados en sostener a su jefe temporal, clamaban contra ellos por sujeción de clérigos y monjes hasta el extremo de conjurarse, destronarlos y quitarles la vida por fanatismo. Los papas conocían estas consecuencias y contaban como segura su victoria por estas previsiones.

166 - LUCIO II

De 1144 *a* 1145

Gerardo, canónigo reglar de Santa María, presbítero cardenal del título de Santa Cruz de Jerusalén en Roma, fue elegido y coronado en 12 de marzo de 1144 con el nombre de Lucio II; y murió en 25 de febrero de 1145 con solos 11 meses y medio de pontificado, y esos llenos de disgustos.

Los habitantes de Roma, excitados por Arnaldo de Brescia, pusieron a Lucio en la precisión de restaurar el antiguo senado y desprenderse de todo mando secular en Roma y resto del territorio llamado patrimonio de san Pedro, quedándose únicamente con autoridad espiritual como los sumos pontífices de los primeros siglos. Recurrió al emperador Conrado III para que le auxiliase guerreando contra los romanos que titulaba rebeldes. No consiguió los auxilios que pedía; pero si los papas fuesen menos ciegos por el espíritu de ambición, hubiera visto Lucio II que no merecía ser oído ni atendido un usurpador de los derechos de que se trataba pertenecientes al soberano mismo cuyo auxilio pretendía. Las injusticias y el abuso de la excomunión y de la dispensa de juramento comenzadas por el ambicioso Gregorio VII y continuadas por sus sucesores hasta Calixto II eran el único título que tenían los papas para tres cosas gravísimas que ya poseían. *Primera*: ser señores de Roma independientes cuando todos los papas, aun incluso el mismo Gregorio VII, se habían confesado vasallos del emperador y prestádole juramentos de fidelidad y sumisión. *Segunda*: la libertad de elegir sumos pontífices sin permiso del emperador y de ordenarlos o entronizarlos, sin esperar la confirmación imperial, a pesar de la práctica contraria venida desde el emperador Constantino y cumplida aun bajo soberanos herejes como Teodorico y otros. *Tercera*: sujetar a los emperadores hasta su coronación, en la cual jurasen fidelidad al papa. El emperador Conrado III pudo ir a Roma y dar la ley, porque Jordán Patricio, presidente del senado, le escribió que todo lo hecho era en su servicio; que fuese a Roma, fijara su corte y mandaría desde allí a todo el imperio con tan absoluto poder como los antiguos emperadores romanos. Conrado tenía reciente la memoria de las desgracias de Enrique IV y de Enrique V, y temió sufrir otras iguales con tanto mayor fundamento cuanto las opiniones nuevas eran cada día mayores lazos contra los soberanos temporales, y no había medios de desengañar a los pueblos de su error sino predicando las verdades contrarias con el peligro próximo, y mejor diré, con la seguridad de que habían de ser declaradas por heréticas. Solo podía conocer lo contrario quien se tomara el trabajo de presentar una historia corta de los papas como la presente, que en pocas horas de lectura presentase a la vista el orden sucesivo de las ideas adoptadas en Roma para avanzar de grado en grado las usurpaciones. Así es que leyendo esta obrita parece imposible creer que los papas del siglo XII fuesen de la misma religión y potestad que los doce primeros anteriores a Víctor.

167 - EUGENIO III

De 1145 *a* 1153

Bernardo de Pisa, monje cisterciense de Claraval, discípulo de san Bernardo, abad del monasterio de San Anastasio de Roma, fue elegido papa en 27 de febrero de 1145 y ordenado en 4 de marzo con el nombre de Eugenio III. El patricio Jordán le hizo presentar al momento las actas del senado para que se conformase con los acuerdos, principalmente los de privarse de toda potestad temporal y de nombrar prefecto de Roma. El nuevo pontífice abandonó la ciudad y libró bula contraria totalmente a lo que se le proponía, declarando por nulo todo lo actuado por el patricio y el senado, con lo que prevaleció cierta especie de guerra civil o de partidos que produjo grandes males en Roma por largo tiempo. Para sujetar a los romanos se valió de las armas de los tiburtinos, y tenemos un monje que había renunciado las grandezas del mundo, y un sumo sacerdote del Dios de paz y humildad guerreando contra sus mismos feligreses y causando muchos homicidios y otros males por conservar una dominación condenada por Jesucristo, de quien se titulaba vicario, y aun así no lo hubiera conseguido sin los auxilios de las exhortaciones de su maestro san Bernardo, cuya vehemencia le dio influjo extraordinario en todos los asuntos eclesiásticos y políticos de su tiempo en toda la Europa.

La ambición manifestada por Eugenio no se ceñía en los límites de Roma. Se dejó conocer también en Portugal, expidiendo título de rey al conde Alfonso Enríquez a petición de los portugueses, pero haciéndolo tributario de la silla apostólica, como si diera cosa suya. Se quejó muy justamente Alfonso VIII de Castilla, único soberano directo de Portugal, de quien era vasallo el conde Alfonso; y Eugenio acudió entonces a las mañas bien sabidas y jamás olvidadas en Roma de contestar que no había tenido intención de perjudicar a su soberanía, como si pudiera menos de oponerse la elevación de un conde vasallo a la dignidad de rey. Hizo el castellano varias gracias eclesiásticas de poquísima importancia para comprobar su buena voluntad y excitarle a dejar correr el título que tanto deseaban los portugueses. Si hubiera sostenido el derecho de Alfonso por la voluntad uniforme y general de la nación portuguesa, todo iría bien, pero no eran esas las opiniones del siglo XII.

Eugenio concedió muchas exenciones de jurisdicción contrarias al buen orden de la disciplina eclesiástica librando de la potestad episcopal algunos monasterios; de la metropolitana varios obispos, y de la primacial algunos arzobispos. San Bernardo le escribió una obra intitulada *de la consideración,* en la cual afirma que tenía Eugenio autoridad para ello, pero que no hacía bien en usarla por los graves inconvenientes que representa. San Bernardo era sabio, pero no debe admirar que pensara tener los papas aquel poder, pues resultaba de las falsas decretales antesiricianas, de cuya autenticidad todos estaban creídos en aquel siglo, sin que nadie hubiera suscitado la menor duda. Los ejemplares de las exenciones concedidas por Eugenio produjeron daño enorme, porque los sucesores lo imitaron multiplicándolas hasta lo sumo, trastornando la jerarquía eclesiástica y proporcionando la impunidad de los crímenes.

Eugenio murió en 8 de julio de 1153, y los historiadores monjes cuentan milagros hechos en su sepulcro, persuadiendo confirmaciones divinas de su santidad; cosa que dicen de casi todos los papas posteriores a Gregorio VII, aunque he omitido prevenirlo porque reputo fingidos los unos y los otros, y no creo santidad en grado heroico de ninguno de tales pontífices, todos ambiciosos en sumo grado.

168 - ANASTASIO IV

De 1153 *a* 1154

Conrado, canónigo reglar de San Anastasio de Veletri, cardenal obispo de Sabina, pariente del papa Honorio II, fue elegido papa en 9 de julio de 1153, y murió en 2 de diciembre de 1154 con el nombre de Anastasio IV, y sin dejar testimonios ciertos de su carácter público.

169 - ADRIANO IV

De 1154 *a* 1159

Nicolás, cardenal obispo de Albania, natural de Inglaterra, hijo de un clérigo que se hizo después monje, fue elegido papa con el nombre de *Adriano IV* en 3 de diciembre de 1154, y murió en 1° de setiembre de 1159. Manifestó de mil modos en diferentes ocasiones y circunstancias el estar dominado del mismo espíritu que sus antecesores. En 1155 se negó a coronar de emperador a Federico I *Barbaroja*, solo porque en el viaje de Lombardía para Roma no había hecho el acto de humildad de apearse primero y tener el estribo de su santidad para que desmontase de su caballo. Federico dijo estar pronto a cuanto hubiesen hecho sus antecesores. Se le mostró que el emperador Lotario había servido al papa de escudero, llevando a pie las riendas del caballo del pontífice por algún espacio del camino. Federico, informado de la verdad, se allanó y practicó lo mismo que Lotario a la vista del ejército durante el espacio de un tiro de piedra, pero con este motivo supo haber en el palacio pontifical un cuadro pintado de orden de los papas en que se retrataba la historia del suceso y el acto de coronarse arrodillado con esta inscripción: "*El rey Lotario se detiene a la puerta, y después de haber jurado los derechos de Roma, se hace vasallo del papa que le da la corona*". Federico hizo ver cuán grande y mal fundado orgullo suponía esta conducta; que no solo no era vasallo del papa, sino soberano suyo y de Roma, y que ni Constantino ni Carlo Magno hubiesen hecho sus donaciones si previeran el abuso. Cito la de Constantino porque todos tenían por verdadera la escritura que ahora se sabe ser fingida como las decretales antesiricianas. El papa prometió quitar la inscripción del cuadro, y después de varias ocurrencias se verificó la coronación imperial. Pasado algún tiempo el orgullo pontificio no podía soportar cosa que indicase falta de ciega deferencia a sus órdenes y se embrolló de nuevo con el emperador, escribiéndole cartas en términos de amenaza de destronarle si pretendía exigir de los obispos contribuciones algunas. El emperador decía bien: dejen los señoríos, los feudos y los bienes recibidos del imperio, quedándose con diezmos y oblaciones, y no les pediré nada; pero si quieren lo uno deben sufrir lo otro. Sobre esto y otras incidencias conexas hubo cartas de parte a parte en que Adriano manifestó tanto orgullo y tanta ambición como el que más, persuadiendo que la ceremonia de ser ministro de la corona imperial probaba ser el papa un donador del imperio, que es a cuanto puede llegar la locura de un presuntuoso. Otón, conde palatino de Baviera, sacó ya la espada para degollar al cardenal legado cuando escuchó a este decir que *¿de quién había recibido el imperio su majestad sino del papa?* Fue necesario que Federico le contuviese personalmente para evitar la muerte del legado, e hizo ver que la ceremonia de poner una corona no es dar el imperio, y que Carlo Magno hizo mal de no imitar a los emperadores antiguos para excusar tan indignas interpretaciones. Entre tanto el pontífice faltó a su promesa de borrar la inscripción del cuadro de la coronación del emperador Lotario. Federico escribió al papa imitando de intento el estilo de las cartas de los emperadores romanos a los sumos pontífices en el tratamiento de primera persona del plural *Nos* a la segunda persona del singular *tú*, para hacer a Adriano entender que ni este era más que san Silvestre, ni él menos que Constantino. Hubo contestaciones acres de parte a parte, y Federico hizo ver en las suyas que siendo su potestad igual a la de Constantino, debía recelar Adriano ser reducido a los términos de san Silvestre antes de la donación. Adriano acudió a las máximas romanas de fomentar por medios ocultos rebeliones en Milán y otros pueblos de Lombardía, en cuyo estado le atajó la muerte sus orgullosos intentos.

El mismo espíritu se manifestó en los negocios de Sicilia. Habiendo muerto su rey Rogerio, y sucedídole su hijo Guillermo, pidió este al papa la confirmación del título de rey, y Adriano se negó injustamente a darla, por lo que Guillermo se apoderó de algunas plazas de armas de los estados pontificios. Deseando la paz, envió legados ofreciendo más que podía imaginar Adriano, como confesó este mismo; pero dejándose llevar del mayor número de votos de los cardenales despreció las proposiciones de paz e hizo guerra. Guillermo derrotó al ejército papal e hizo prisioneros al sumo pontífice y varios cardenales y obispos. Entonces fue forzoso admitir paces infinitamente menos ventajosas que las ofrecidas voluntariamente.

Adriano IV no procedía en todo esto por ignorancia sino por sistema, pues todo lo hacía noticioso de cuál era la opinión general de la Europa sobre el espíritu de los papas y cardenales y consecuencias que de ahí salían. Juan de Salisbury, capellán del arzobispo de Canterbury, compatriota, condiscípulo y amigo antiguo de Adriano, preguntado por este y encargado de no callarle verdad alguna, le hizo saber que Italia, Francia, Inglaterra y Alemania estaban escandalizadas de lo que pasaba en Roma; porque se veía que no era el espíritu de Dios el que reinaba sino los de soberbia, de ambición y de avaricia; que a todos los obispos y demás del clero se esclavizaba y empobrecía; que se multiplicaban las exenciones y las apelaciones por llevarse a Roma todo el dinero de Europa; que exigiendo lo que no era justo a los obispos, abades y arcedianos, se autorizaba a estos para que hiciesen otro tanto con sus inferiores; que todos los despachos de Roma eran vendidos por mucho dinero; que no se hacía nada de la potestad papal gratuitamente, por lo que la simonía, perseguida en Europa, reinaba en la santa sede, que los cardenales, los obispos y otros clérigos de Roma vivían con más lujo, molicie y escándalo que los seglares de fuera; pero que para confirmación de ser todo verdad podía preguntar su santidad a los poquísimos buenos que había en su clero pontifical, particularmente Guido Clemente, cardenal de Santa Potenciana, Bernardo de Rennes, cardenal diácono de San Cosme y Damián, y el obispo de Praeneste; y que mucho se remedaría si su santidad quisiera poner seriamente remedio. Al oír lo cual se rio Adriano, y le dijo que le agradecía la libertad con que decía las verdades. Pero no se vio remedio alguno.

170 - ALEJANDRO III

De 1159 *a* 1181

CISMA 21

Rolando de Bandineli, natural de Sena, cardenal del título de San Marcos, fue elegido papa en 7 de setiembre de 1159 con el nombre de Alejandro III, y murió en 30 de agosto de 1181. Su pontificado fue muy turbulento y triste por un cisma sangriento que duró mucho tiempo, y produjo guerras, muertes, ruinas de ciudades y familias con otras grandes calamidades. Algunos electores proclamaron sumo pontífice a *Octaviano*, cardenal de Santa Cecilia con el nombre de *Víctor III*. El emperador Federico I reconoció a este por verdadero papa, pero los otros reyes cristianos a Alejandro. Muerto el antipapa *Víctor* en 22 de abril de 1164, los de su facción eligieron por sucesor a *Guido de Crema*, cardenal de San Calixto, nombrándolo *Pascual III*; y fallecido este en 20 de setiembre de 1168 fue sustituido en su lugar *Juan, abad de Estrumo*, obispo electo de Albania, y se nombró *Calixto III*. Habiendo el emperador abandonado el cisma y reconciliádose con la iglesia, se sometió Juan de Estrumo voluntariamente al pontífice Alejandro III renunciando sus derechos y pidiendo perdón en 29 de agosto de 1177; con lo cual se acabó el cisma, pues, aunque algunos pertinaces eligieron entonces a *Landonio Sitino* de Frangipani nombrándole *Inocencio III*, este fue preso y recluso en un monasterio.

Los 19 años del cisma hicieron ver por una multitud de medios que solamente reinaba el espíritu de ambición en las elecciones y en los electos, siendo temeridad el sostener en su vista que toma el Espíritu Santo a su cargo favorecer a la iglesia católica influyendo directamente. Me parece que defender este absurdo es lo mismo que imputar al Espíritu Santo los innumerables pecados que se cometen en aquella ocasión y las calamidades que se subsiguen, lo cual es blasfemia impía; pues, caso de apartarse de la providencia ordinaria de dejar a las causas segundas que produzcan sus efectos naturales, sería para influir virtudes y bienes, no delitos y desgracias. Alejandro por su parte dio pruebas de ambición, año 1167, pues se le propuso que renunciara sus derechos por el bien de la paz y que el emperador haría en tal caso que renunciase también *Pascual III* para que se celebrase nueva elección pacífica de un sumo pontífice indudable; y Alejandro se negó a ello. Ya las había dado en 1159 cuando el emperador convocó a concilio para examinar las elecciones y declarar cuál era el verdadero pontífice; pues aunque *Víctor III* acudió al concilio, se negó Alejandro diciendo que sería reducir a la clase de dudoso su derecho cierto, y no haber nadie autorizado en el mundo para dirimir la disputa mediante que los legos carecían de potestad eclesiástica y los obispos del concilio eran inferiores en jurisdicción; todo lo cual era desatino fundado en sutilezas por espíritu de ambición; pues si quisiera seguir la verdad sencilla, vería en los archivos de Roma las actas demostrativas de que el emperador Honorio había definido la cuestión del cisma, declarando a Eulalio por antipapa, y a Bonifacio por verdadero pontífice año 418; y que 80 años después el rey de Italia Teodorico (sin embargo de ser hereje reconocido como tal) definió segunda disputa de cisma, mandando que Laurencio y Simaco fuesen a Ravena donde declaró a este por sumo pontífice, al otro por antipapa.

Fenecido el cisma tuvo Alejandro III el undécimo concilio general en San Juan de Letrán de Roma, donde se decretaron muchas cosas que manifiestan por sí mismas la extensión de límites que se había dado ya para entonces a la jurisdicción eclesiástica, exenciones del clero y potestad pontificia contra toda la doctrina de los concilios generales de los siglos IV y siguientes; de manera que quien quiera cotejar los decretos y cánones del concilio general lateranense de Alejandro III con los de los concilios generales de Nicea, Constantinopla, Calcedonia y Éfeso podrá pensar que los ministros de la religión de quienes se habla en estos cuatro son esencialmente diversos de los nombrados en el actual; que el papa es aun más diverso; que los obispos son mil veces menos que habían sido, y que los soberanos temporales son de distinta esfera muy inferior a los antiguos. Todo se dejó correr porque las escrituras fingidas de donación de Constantino y decretales antesiricianas habían trastornado las cabezas haciendo creer por práctica primitiva de la iglesia lo que solo era invención posterior al siglo de Carlo Magno, y porque la sagacidad y constancia de los romanos, auxiliadas por los monjes esparcidos en todo el orbe cristiano, había procedido avanzando siempre hacia su ambicioso y favorito designio de convertir en monarquía papal el gobierno eclesiástico, y después sujetar los soberanos temporales a su voluntad por medio del poder indirecto de la excomunión y dispensa de obligaciones juradas de fidelidad.

Entre los decretos del concilio uno dio forma para las elecciones pontificias a fin de evitar cismas. Da por supuesto ya el derecho de elegir en solos los cardenales, y manda que si no hubiere conformidad de votos, se necesite reunión de dos terceras partes en favor de una persona para que sea y deba reconocerse canónicamente elegida. Por lo respectivo al cisma pasado, se declaran nulas las ordenaciones hechas por los tres antipapas; así como las enajenaciones de bienes eclesiásticos. No se dice que sean nulos los otros actos de potestad pontificia, y en esto se fundará el culto que algunas iglesias dan al emperador Carlo Magno, titulándolo santo y venerándolo en 28 de enero sin canonización alguna papal, con solo el fundamento siguiente.

El emperador Otón III había hecho en el año de mil reconocer el sepulcro del emperador Carlo Magno en la ciudad de Aquisgrán, y parece haberlo hallado incorrupto el cuerpo, no obstante haber ciento ochenta años que se había enterrado. Algunos monjes esparcieron la noticia de que se habían hecho milagros. El emperador Federico I, habiendo celebrado dieta general del imperio en aquella misma ciudad por pascuas de navidad de 1165, hizo levantar el cuerpo de Carlo Magno para tratar su canonización a 20 de diciembre, según bula de oro, expedida por su majestad en 8 de enero de 1166. Un autor contemporáneo añade que Federico puso el cuerpo de Carlo Magno en urna de oro guarnecida de piedras preciosas; que el arzobispo de Colonia elevó a culto eclesiástico de veneración como a santo lo que hasta entonces había sido aniversario de misas y oraciones en sufragio del alma del difunto, y que todo lo aprobó *Pascual III*. Este fue antipapa que murió en 20 de setiembre de 1168 por lo cual y por la fecha de la bula de oro del emperador se deja conocer la ligereza con que se procedió en asunto de tanta consideración. A la verdad es una de las cosas más chocantes del cristianismo declarar como virtuosa en grado heroico la vida de un soberano que casó con muchas mujeres, repudiando algunas, que vivió públicamente con bastantes concubinas, de las cuales tuvo varios hijos bastardos; que usurpó por solo el derecho del más fuerte los reinos de Italia, Sajonia, Baviera y otros; que inventó modos de predicar el evangelio contrarios al de Jesucristo y los practicó en Sajonia mandando correr ríos de sangre; que hizo en fin innumerables cosas crueles, injustas, sanguinarias e inicuas, como resulta de las mismas historias escritas por sus aduladores y los de su hijo Luis I el *Pío*. ¿Qué fe se ha de dar a las canonizaciones a vista de la de Carlo Magno? Por lo cierto es que Alejandro III no la declaró nula. Su silencio no fue olvido, pues críticamente se reservó las cosas de este género, declarando que debía reputarse por una de las que se titulaban *mayores* para el objeto de pertenecer a la santa sede. No se debe dudar que lo son por el peligro que llevan consigo de proponer al pueblo cristiano como héroe de santidad digno de imitación y de culto religioso uno que tal vez sea condenado por Dios. Sin embargo posteriormente se han hecho en Roma canonizaciones que hubiera sido mejor omitirlas para no dar armas a los herejes cismáticos y enemigos de la iglesia romana.

171 - LUCIO III

De 1181 *a* 1185

Ubaldo, natural de Luca de Toscana, obispo de Ostia, cardenal del título de Santa Práxedes, fue elegido papa en 1° de setiembre de 1181 con el nombre de Lucio III, y murió en Verona día 31 de julio de 1185. Habiendo intentado suprimir los cónsules de Roma, se sublevaron los habitantes, de manera que no pudo habitar allí el papa. Manifestó grande ambición en esto, pues quiso quitar al pueblo los pequeños vestigios que conservaba de su antigua libertad contra el despotismo. Su orgullo fue causa de que irritados los romanos hiciesen crueldades por despecho, cortando las narices y sacando los ojos a muchos clérigos partidarios del papa, y envenenando las aguas que habían de beber las tropas alemanas del emperador Federico I para refrenar el tumulto. Si Lucio hubiese tenido la moderación correspondiente al sucesor de san Pedro y de los doce primeros papas hubiera precavido el peligro de tantos desastres dejando a los habitantes de Roma todas las franquezas y libertades compatibles con la sumisión de amor, que es mejor y más durable que la de temor. Lucio tenía tanta menor razón cuanto sus antecesores a pesar de ser ambiciosos habían dejado correr las costumbres que juró abolir.

Hizo con eso daño trascendental a toda la cristiandad, porque no cobrando rentas en Roma, pidió a los reyes y clérigos católicos subsidios extraordinarios para su manutención. Con este motivo se descubre también la grande avaricia pontificia; pues el clero de Inglaterra dijo a su rey que su majestad diese al papa la cantidad que creyese conveniente, la cual el clero pagaría después a su majestad, porque no convenía que contribuyera el clero directamente al papa, mediante que si esta puerta se abría, mandarían los papas otras muchas veces que le diera subsistencia el clero.

En 1184 celebró concilio en Verona con asistencia del emperador, y entre varios decretos favorables a las exenciones de los clérigos contra legos y potestad pontificia contra los derechos diocesanos de los obispos, es notable uno que preparó el formidable tribunal de la inquisición, organizado luego por el papa Inocencio III. Declaró la existencia de herejes de diferentes sectas, particularmente de los cátaros o patarinos; los humillados o pobres de Lyon; los pasaginos o josepinos, y los arnaldistas. Mandó que los convencidos de herejía (si no abjuraban en manos del obispo), fuesen entregados a la justicia secular para el castigo correspondiente; que los sospechosos (si no probaren inocencia) también abjuren con el conocimiento de que si reincidieren, no serán oídos, sino desde luego entregados a la justicia secular, y sus bienes confiscados. Que la promulgación de este decreto se repita y renueve por los obispos en las grandes solemnidades y demás ocasiones oportunas. Que los obispos por sí o por medio de sus arcedianos o de otras personas oportunas visiten una o dos veces por año los pueblos en que según la opinión común y fama haya personas sospechosas de la herejía, tomen información de tres o cuatro testigos fidedignos sobre la existencia de juntas secretas y personas sospechosas; y hagan que todos los habitantes prometan con juramento delatar los nombres de los herejes y sospechosos al obispo o al arcediano. Que si algunos habitantes rehúsan hacer esta promesa jurada, serán reputados herejes por esta sola prueba. Que los condes, barones, gobernadores y cónsules de los pueblos prometan igualmente con juramento dar a los obispos los auxilios que les pidieren para la persecución y castigo de los herejes y sus cómplices, bajo la pena de privación de sus dignidades y magistraturas, inhabilitación para otras y excomunión personal e imposición de entredicho en las tierras de sus respectivos señoríos. Que si alguna ciudad requerida por el obispo contradijere la ejecución de este decreto en cualquiera de sus partes perderá su calidad de episcopal. Que los fautores de hereje sean notados de infamia perpetua, y como tales, excluidos de ser abogados, testigos y empleados en oficio público. Que los exentos estén sujetos en este punto a los obispos como delegados de la santa sede.

Los que se llaman en este decreto *pobres de Lyon* eran los mismos que por otro nombre se nombraban valdenses por respecto a Pedro de Valdo, uno de los principales sectarios que predicando la doctrina evangélica y practicándola juntamente, dio el ejemplo de vender todos sus cuantiosos bienes y repartir su precio entre los pobres que se allanasen a seguir el Evangelio en la forma que él y sus compañeros entendían, la cual era contraria totalmente a la riqueza del clero y lujo de la corte eclesiástica. Por esta razón algunos sabios católicos de los siglos XII y siguientes opinaron que la ambición, la avaricia y el orgullo de los papas y su clero romano fueron y son el origen verdadero de todas las sectas nacidas desde entonces en Europa y separadas de la iglesia romana que suponen pervertida por el escándalo de sus jefes; y ciertamente todas han tomado la ocasión en los vicios de Roma, cuya ciudad designan con el nombre de Babilonia y corte del Anticristo; a lo cual no se hubiera dado lugar si los papas fuesen todos como los doce primeros.

172 - URBANO III

De 1185 *a* 1187

Huberto Cribeli, natural y arzobispo de Milán, cardenal del título de San Lorenzo, fue elegido papa en 25 de noviembre de 1185 con el nombre de Urbano III, y murió en Ferrara día 19 de octubre de 1187. Su muerte atajó los progresos de ambición, soberbia y avaricia que había comenzado a costa de la paz del imperio de Italia, pues sin embargo de habérsele representado los males que resultaban de su sistema y conducta estaba determinado a excomulgar al emperador Federico I, y solamente la muerte se lo impidió. Los obispos de Alemania congregados en Geilhausen le escribieron suplicando evitase la causa de tantos males. Según su relación el pontífice había fomentado la rebelión de Cremona y estaba influyendo a la de otras ciudades de Italia. Urbano había violado el concordato de investiduras consagrando al arzobispo de Tréveris sin que se la diera el emperador, ni se le prestase juramento de fidelidad por los feudos imperiales. Retenía el arzobispado de Milán contra las reglas, y hacía continuas exacciones en su diócesis y las sufragáneas, empobreciendo las iglesias de las tierras del imperio. El papa recibió en Verona esta carta, y montado en cólera quiso excomulgar al emperador y sus favorecedores. Los habitantes de Verona le representaron que se abstuviese, porque siendo buenos servidores del emperador, debía temer las resultas. Se fue a Ferrara y cortó la muerte sus proyectos.

173 - GREGORIO VIII

En 1187

Alberto, natural de Benevento, cardenal canciller, fue elegido papa en 20 de octubre de 1187 con el nombre de Gregorio VIII, y murió en 17 de diciembre del mismo año. En este poco tiempo procuró inflamar los ánimos para emprender de nuevo las guerras de cruzada en favor del reino de Jerusalén, que era la manía religiosa de aquel siglo.

174 - CLEMENTE III

De 1187 *a* 1191

Paulo Escolati, natural de Roma, cardenal obispo de Palestina, fue elegido papa en Pisa día 19 de diciembre de 1187 con el nombre de Clemente III, y murió en 27 de marzo de 1191. Hizo paz con los romanos, que se hallaban en guerra con la santa sede desde 1144 sobre uso de la potestad temporal; pero por revindicar esta consintió una condición cruel impuesta por el senado, a saber que había de sacrificar los pueblos de Túsculo y de Tívoli a la venganza de los romanos, porque habían servido con sus armas a los papas anteriores para sujetar al senado. Clemente condescendió desmintiendo su nombre, y acreditando cuanto es imaginable su ambición de mandar en Roma. Sujetó las iglesias del reino de Escocia inmediatamente a la santa sede, cuya providencia vendió como favor al rey de Escocia para que los obispos no le excomulgasen como recelaba, pero en realidad el interés era de Roma para ejercer todas las funciones de metropolitano.

Para conocer bien el estado de avaricia y corrupción en que se hallaba la curia del sumo pontífice basta la reconvención de Ricardo, rey de Inglaterra, en 1190; pues se quejó por medio del cardenal Octaviano, obispo de Ostia, de que a nombre del papa se habían recibido setecientos marcos de plata por la consagración del obispo de Mans; mil y quinientos por la legación del obispo de Eli, y cierta suma enorme por impedir la deposición de Elías de Malemort, obispo de Burdeos, acusado por su clero. *Es insoportable ya tan horrenda simonía en Roma,* decía el rey.

175 - CELESTINO III

De 1194 *a* 1198

Jacinto Bobocardi, cardenal diácono del título de Santa María de Cosmedin, fue elegido papa en 30 de marzo de 1191 con el nombre de Celestino III, y murió en 8 de enero de 1198, de edad de noventa y dos años. Entregó a los romanos el pueblo de Tusculum, conforme al tratado de su antecesor, previendo ser para vengarse cruelmente, como lo fue, abrasando las casas, y matando casi todos sus habitantes; cosa que da horror, hablando del sumo sacerdote de la religión de la humildad, paz y mansedumbre. Rogerio de Hodeben, historiador inglés coetáneo, refiere que Celestino coronó al emperador Enrique IV, dejando caer con su pie la corona imperial, para que recogiéndola un cardenal se la diese al rey de romanos. Si fuere cierta la especie, no puede llegar a más el orgullo de un sucesor de los papas que se daban por servidos de que los emperadores, hijos y nietos de Constantino, les admitiesen en su palacio a rendirles homenajes y respetos. Excomulgó a Leopoldo, duque de Austria, y puso entredicho en sus estados porque había hecho prisionero a Ricardo, rey de Inglaterra, cuando este volvía de Palestina. El hecho de Leopoldo podía ser reprensible, pero el de Celestino fue abuso de las armas espirituales por el espíritu de ambición de sujetar a su imperio pontifical todas las personas y todos los asuntos aun los más extraños y seculares. Excomulgó también al emperador Enrique VI por la misma causa; y habiendo este fallecido poco tiempo después, prohibió enterrarle en sagrado, y no concedió el permiso hasta que se restituyó al rey Ricardo lo que este había dado por precio de su rescate, y además mil marcos de plata para su santidad y cardenales. Parece que la simonía solo era prohibida para los no romanos.

176 - INOCENCIO III

De 1198 *a* 1216

Lotario de la familia de los condes de Segni, cardenal diácono del título de San Sergio y San Baco, fue elegido papa en 8 de enero de 1198 con el nombre de Inocencio III, y murió en 17 de julio de 1216. Este fue uno de los papas de mayor talento y más profunda instrucción que han ocupado la cátedra pontifical; y asimismo uno de los que más y mayores usurpaciones hicieron de poderes ajenos eclesiásticos, abusando de la opinión común de la Europa, relativamente a la potestad pontificia. Parecería increíble que los soberanos temporales tolerasen los excesos de Inocencio III en puntos jurisdiccionales si las historias originales, las bulas mismas y sus efectos permanentes no lo acreditasen. No es fácil reducir a pocas cláusulas la narración de los atentados de este papa orgulloso y avaro, doble y pérfido, ambicioso y abusador perpetuo de los textos de la escritura. Baste saber que con excomuniones y entredichos, deposiciones y dispensas de juramentos tuvo en guerra los diez y ocho años de su pontificado a todo el mundo, particularmente Alemania, Italia, Francia, Inglaterra, Constantinopla, Nicea, Bulgaria, Nápoles, Génova, Venecia y Palestina. No había rey, duque, conde ni barón, arzobispo, obispo ni abad que no experimentase la rabia, muchas veces impotente, de sus excomuniones. Se atribuyó el derecho de sentenciar cuál de tres electos al imperio tenía derecho, y vino en parar en excomulgar a los tres y a los príncipes que les seguían. Felipe Augusto y Luis VIII de Francia, Juan de Inglaterra y Pedro de Aragón, y los caballeros de los tres reinos, sufrieron entredichos y excomuniones a cada paso. El inglés fue depuesto con tanto rigor, que viendo Inocencio que le obedecían sus vasallos, aun después de dispensados de la obligación del juramento, les mandó rebelarse bajo la pena de excomunión; esto no obstante, Juan fue reintegrado con grandes elogios luego que se allanó a ser vasallo de la santa sede haciendo tributario su reino. Hizo mil injusticias por ensalzar su familia y elevar a su hermano Ricardo al rango de soberano. Enviaba legados a cada paso con cualquier motivo para que compusieran los negocios, porque hacían exacciones monstruosas para enriquecer sus propias familias y la del papa. Multiplicó enormemente las corporaciones interesadas en propagar las doctrinas nuevas de Gregorio VII con las ampliaciones posteriores. Así aprobó, de palabra o por escrito, los institutos de frailes trinitarios, carmelitas, dominicanos, franciscanos, y otros con varias congregaciones que han sido otras tantas tropas auxiliares de las máximas romanas. Congregó el cuarto concilio general lateranense, duodécimo entre los generales del cristianismo, y decretó una multitud de novedades en la disciplina y gobierno eclesiástico, algunas de las cuales produjeron fatalísimas consecuencias. Instituyó el tribunal de la inquisición contra los herejes y sospechosos de herejía, el cual ha sacrificado en la cristiandad muchos millones de personas. Promovió y fomentó guerras entre príncipes cristianos, con título de religión, canonizando la máxima detestable de Carlo Magno en Sajonia. En fin, no se puede leer la historia de su pontificado en Fleury sin escandalizarse a cada paso, no obstante que como eclesiástico y cardenal romano procuró pintar los objetos con los colores menos desagradables a Roma. Santa Lutgarda, monja cisterciense de aquel tiempo, cuenta que Inocencio se le apareció rodeado de llamas; y preguntado, le respondió que por tres causas estaba condenado al fuego eterno si no le hubiese liberado María

Santísima, alcanzándole contrición a la hora de la muerte, y que sin embargo debía sufrir aquel fuego hasta el día del juicio universal. Tomás de Cantimpré, coetáneo, dice que santa Lutgarda misma le manifestó todo esto, y designó las tres causas; pero que él consideraba oportuno callarlas por respeto a la dignidad de un sumo pontífice.

-o-o-o-

SIGLO XIII

177 - HONORARIO III

De 1216 *a* 1227

Censio Sabelli, romano, cardenal presbítero, fue elegido papa en 18 de julio de 1216, y murió en 18 de marzo de 1227. Siguió el sistema de su antecesor; y aunque anticipemos la noticia de algunas verdades, conviene saber desde ahora que todos los sucesores de Inocencio III han hecho lo mismo, sin más diferencia que la producida por el carácter personal, o por las circunstancias concurrentes en cuanto al modo de llevar adelante las ideas ambiciosas; pues algunas veces convenía la fingida humildad, aunque se hubiese ostentado el orgullo más terrible; y una gran parte de la táctica romana depende del conocimiento del genio personal de cada soberano, y del estado en que se hallen sus intereses políticos.

Honorio se mezcló en todos los de su tiempo. Apenas fue coronado, procuró que los soberanos enviasen gentes y dinero a la Palestina, donde los latinos iban ya decayendo al paso de crecer el ascendiente de los mahometanos. Los papas no podían menos de fomentar las guerras de cruzada para conservar el reino de Jerusalén y los otros de Asia, pues eran mina fecundísima de plata para Roma, ya mediante las ordenaciones de patriarcas y arzobispos, y dudas sobre las elecciones de obispos, ya porque las colectas pecuniarias que se hacían en Europa con el objeto de socorrer a los santos lugares, estaban a la disposición del sumo pontífice que usaba libremente para los objetos de su agrado como, por ejemplo, la compra de ducados o condados con sus tierras y señoríos para hermanos, sobrinos y parientes; de manera que pudieran ser reputados príncipes seculares de Italia, y celebrar alianzas matrimoniales con las familias soberanas y sus adheridas. Es muy corto el número de papas que se ha librado de esta vanidad, llegando el asunto a términos de que para llamar bueno a un papa se contentasen los contemporáneos con saber que no robaba los fondos dependientes de su autoridad, ni gravaba con nuevas contribuciones, bajo título fingido, para el engrandecimiento y la elevación de sus nepotes.

Con motivo de la muerte de Juan, rey de Inglaterra, y de la menor edad de su hijo y sucesor Enrique III, tomó tanto cuidado de arreglar los negocios políticos el papa Honorio, que no se ven en sus actas tantas gestiones relativas a los de Roma. Escribía siempre como soberano directo de aquel reino, sin olvidarse jamás de llamarlo tributario de la santa sede y dependiente de su protección. Este presupuesto servía para mandar en jefe al rey de Inglaterra, conminando cuanto conviniese a sus ideas con castigar la desobediencia imaginaria, excomulgando al rey, deponiéndole de la dignidad real y potestad soberana, dispensando a los vasallos el juramento de fidelidad, exhortándoles a rebelarse contra su majestad, mandándoles que no comuniquen con él ni aun en lo necesario para la conservación de la vida humana; ofreciendo el reino a los principales católicos que quieran conquistarlo, con tal que reconozcan deberlo a la santa sede, y se hagan tributarios de ella dependientes de la voluntad del sumo pontífice como soberano directo tenedor de las llaves de san Pedro, y de la espada de san Pablo, vicario de Cristo, *viceDios* en la tierra, y aun *Dios* en cuanto al poder (insolencia heretical que resulta del cuerpo del derecho canónico con infamia eterna del orgullo pontificio). Honorio III se condujo así en los asuntos ingleses, ya cuando trataba con estos, ya cuando quería retraer a los reyes franceses Felipe el Augusto y Luis VIII de proseguir la ocupación del reino anglicano, antes recomendada y mandada por bulas pontificias. La misma conducta y las mismas máximas se descubren en la correspondencia epistolar y curso de los negocios de los reyes de Escocia, Hungría, Portugal, Aragón, Trebisonda, Bulgaria y Constantinopla, Italia, Sicilia y Alemania. Lo mismo en los de cruzada contra los albigenses y condados de Provenza, Foix, Carcasona y demás provincias de la Gascuña. Lo mismo en Castilla con ocasión de la muerte del rey Enrique I y pretensiones de Alfonso IX de León; y lo mismo en todas partes porque fue uno mismo el espíritu, aun cuando fuesen diversos los medios.

En los asuntos eclesiásticos parecía avanzase más el despotismo pontifical, porque ya todos los obispos eran unos esclavos de la corte de Roma, obligados a prometer con juramento que irían cada cinco años a visitar el sepulcro de los santos apóstoles y besar el pie al papa. Si lo cumplían abandonaban su diócesis a un vicario, y gastaban en el viaje los dineros que se debían a los pobres diocesanos. En caso contrario necesitaban dispensación pontificia, y esto es lo que se deseaba en Roma, porque no se concedía sin grandes exacciones pecuniarias, de manera que se conocía claramente la verdadera idea del inicuo juramento.

Cuando ya estaba provisto en cuanto a los obispos cuanto parecía conveniente a los intereses de Roma, su avaricia y su ambición surgieron el proyecto de reservarse prebendas. Pretendió el papa Honorio dos prebendas en cada catedral y dos hábitos monacales en cada monasterio del imperio romano, reino de Francia y otros de la Europa. Se pueden ver en la historia eclesiástica de Fleury las poderosas reflexiones con que se demostró la injusticia del proyecto. Pero si entonces quedó suspendida su ejecución, los sucesores de Honorio lo extendieron a todas las prebendas, y aun a los beneficios de rango inferior, cuyo abuso ha prevalecido hasta el siglo XVIII en casi todas partes. Expidió bulas de aprobación de las órdenes reglares de santo Domingo, san Francisco, de la merced y del carmen. Ya su antecesor había dado de palabra su aprobación a las dos primeras.

178 - GREGORIO IX

De 1227 *a* 1241

Ugolino, natural de Anagni, de la provincia de Campania, primo del papa Inocencio III, cardenal obispo de Ostia, fue electo papa en 19 de marzo de 1227, y murió en 11 de agosto de 1241. Este sumo pontífice fue tan ambicioso, avaro y soberbio como su primo Inocencio o más. La experiencia de este pontificado, y de los que precedieron desde Gregorio VII y de los que le subsiguieron hasta Clemente XIII a mitad del siglo XVIII, nos hace demostración histórica y casi matemática de que la dominación temporal de los papas ocupaba sus ánimos más que la dirección espiritual de la iglesia católica, por más que se alegase por pretexto de todo la religión, abusando de cláusulas cortadas de la sagrada escritura, interpretadas con la mayor violencia, y aplicadas inicuamente contra sentido natural; que el abuso de la doctrina nueva de lanzar de oficio la excomunión contra los reyes, eximir los vasallos de la obligación jurada de fidelidad, promover guerra temporal contra los soberanos con pretexto de que despreciaban estos las armas espirituales de la excomunión, y declararlos herejes cismáticos enemigos de la iglesia, trastornó el orden civil de la Europa; y que ambas cosas juntas con su insaciable avaricia de oro turbaron la paz de manera que no puede causar admiración el ver tantas separaciones de la iglesia romana como vemos desde los valdenses hasta los calvinistas; pues por más que los escritores romanos de los siglos XVI y dos siguientes, han procurado desfigurar unos hechos y desmentir otros, quedan confesados tantos y tales que no es fácil disculpar a los papas mismos cuanto menos a los cardenales, obispos y clérigos de su curia pontificia.

Gregorio IX excomulgó y depuso al emperador Federico II diciendo hacerlo porque este no cumplía el voto que había hecho de ir a la guerra de Palestina, sin embargo de que su majestad le hizo ver que había estado impedido con una enfermedad gravísima. Marcha entonces al Asia, y al mismo tiempo que recobraba del soldán sarraceno las ciudades de Jerusalén, Belén, Nazaret y otras, Gregorio manda al patriarca de Jerusalén y a los maestres de las órdenes teutónica, templarios y San Juan que le abandonen, y aun le persigan porque está excomulgado y se ha ido sin licencia del papa. No contento Gregorio con tal injusticia conmueve los pueblos de Lombardía y de Sicilia para que se rebelen, y pervierte a Juan de Brena, rey destronado de Jerusalén, y yerno del mismo Federico, para que se ponga al frente de los rebeldes. Juan admite la propuesta y hace la guerra en nombre del papa contra su propio suegro, quemando pueblos y tolerando que las tropas de su santidad violen los conventos de monjas, abusen de estas y hagan cuantas iniquidades sean imaginables. Federico vuelve de Palestina, reconquista los pueblos, y pone al papa en términos de necesitar él mismo la reconciliación si no quiere verse preso y perdido. Gregorio absuelve de las censuras y hace amistades con el emperador. Pero algún tiempo después forma empeño de que vuelva su majestad a la tierra santa; y no consiguiéndolo, protege abiertamente con armas, tropas y dinero a los lombardos nuevamente sublevados. Federico, viéndose insultado, combate contra el papa y rebeldes victoriosamente, y se apodera de la isla de Cerdeña, donde pone por rey a Hensio su hijo natural. Gregorio excomulga de nuevo a Federico, lo declara privado de la corona imperial, ofrece el imperio a san Luis, rey de Francia, para su hermano Roberto, conde de Artois. El santo monarca le responde que no reconoce causa justa contra Federico para ser depuesto, ni potestad en el papa para deponerlo, ni menos para dar al imperio, a lo que añade cosas dignas de leerse. Los electores eclesiásticos, arzobispos de Maguncia, Tréveris y Colonia, los electores seculares, conde palentino del Rin, como senescal del imperio, duque de Sajonia como mariscal, y marqués de Brandeburgo como camarero, y el rey de Bohemia como botiller, escribieron al papa en términos fuertes del mismo sentido. Federico marchó con ejército, y al mismo tiempo publicó varios manifiestos contra la persona de Gregorio por sus atentados, haciendo ver que era indigno de ser jefe de la religión católica por su orgullo, ambición, soberbia y pasiones coléricas, vengativas, mal intencionadas, contrarias a la doctrina de Jesucristo y al ejemplo de san Pedro, y exhortando a los príncipes cristianos a escarmentar en su persona, temer otro tanto en las de todo rey que no se esclavice al papa, y precaver estos peligros, reduciendo los poderes pontificios a los objetos espirituales, sin permitir que se mezclen en nada temporal. Se acercó a Roma, se le hicieron proposiciones de paz, y pendientes las propuestas murió Gregorio aborrecido de los romanos, que también se rebelaron dos veces por no poder soportar las vejaciones y abusos de potestad del que se titulaba *siervo de los siervos de Dios*, al mismo tiempo que por medio de los frailes dominicos y franciscos vendían en toda la cristiandad las indulgencias y las dispensas del voto de ir a la cruzada de Palestina con escándalo general de los buenos aun partidarios del poder pontificio, y exigía del clero una décima de sus rentas con título de gastos de cruzada.

179 - CELESTINO IV

En 1241

Godfredo de Castillón, natural de Milán, monje cisterciense, cardenal obispo de Sabina, fue elegido papa en fines de octubre de 1241 con el nombre de Celestino IV, y murió día 17 de noviembre inmediato con sospecha de envenenado por parte de Román, cardenal de San Ángel, obispo de Oporto, que había tenido cuatro votos, y no era tenido por escrupuloso.

180 - INOCENCIO IV

De 1241 *a* 1254

Sinibaldo de Fiesqui, natural de Génova, cardenal del título de San Lorenzo, fue elegido papa en Anagni día 25 de junio de 1243 con el nombre de Inocencio IV, después de una vacante de año y más de siete meses, sin contar el tiempo anterior atribuido a Celestino IV. Cuando el emperador Federico supo esta elección exclamó diciendo: "*Yo he perdido un amigo en la persona del cardenal Sinibaldo, pues ahora que ya es papa, será mi enemigo*". Se verificó así en tanto grado que Gregorio IX se podría calificar de moderado en comparación de Inocencio IV. Fingiendo querer la paz persiguió a Federico hasta pronunciar sentencia de deposición formal del imperio de Alemania y del reino de las dos Sicilias en el concilio lugdunense primero del año 1245, contado como el treceno de los generales de la cristiandad, aunque sin verdaderos méritos; y haciendo que fuera elegido por rey de Alemania Guillermo, conde de Holanda, no obstante que ya se hallaba coronado rey de romanos desde 1237 Conrado, hijo del mismo Federico.

La imprudencia del papa produjo cisma y guerras civiles muy sangrientas en Alemania, Italia y Nápoles. Intentó abrasar con su tizón de la discordia los reinos de Francia, Inglaterra y otros, procurando que tomasen partido contra Federico, a lo que se negaron constantemente san Luis y los otros reyes. Uno de los capítulos de acusación contra el emperador era tratar con los sarracenos; y sin embargo Inocencio, por saciar su rabia, incurrió en la inconsecuencia de escribir al Sultán de Egipto que no se fiara en Federico, y abandonase su amistad, cuya infame diligencia tuvo el resultado bien merecido de que maltratase con palabras de justísimos insultos el soberano musulmán, respondiendo entre otras cosas: "Hemos recibido vuestra carta y oído a vuestro enviado. Este nos ha hablado acerca de Jesucristo, a quien conocemos mejor que vos, y honramos más que vos". Tal era la corte del papa Inocencio que no pudo estar en Roma porque le aborrecían; ni en Génova su patria por igual motivo, ni en toda Italia por miedo del emperador; le negaron permiso de residir en sus tierras San Luis, rey de Francia, Enrique III de Inglaterra y Jaime de Aragón, por temor de los gastos y de las usurpaciones, de cuyas resultas se fijó en Lyon, cuya ciudad era señorío de los arzobispos. El éxito confirmó la verdad de las sospechas de los tres monarcas, pues aun los leoneses no pudieron soportar los excesos y abusos de la curia pontificia.

El cardenal Fleury publicó fragmentos y cláusulas de cartas y manifiestos del emperador Federico sumamente demostrativos de que todo el mal de la Europa venía de haber sacado a los papas y al clero del estado de humildad y pobreza de los siglos antiguos. *Entonces* (decía) *el pontífice romano, los obispos y los sacerdotes sostenían a los cetros con sus oraciones y virtudes; después los destruyen con el abuso de sus riquezas y de su autoridad*. En fin los modernos más críticos del siglo XIX no pueden avanzar verdades más luminosas que dijo Federico.

Viendo el papa que a pesar de sus afanes triunfaba el emperador, incurrió en la infamia de consentir (si no lo mandó) que se buscasen medios de matarle con veneno. Se ganó a un médico, y fue casualidad que Federico lo supiese pocos minutos antes de recibir la bebida, suministrada con título de medicamento. Por fin la muerte de algunos hijos y otras desgracias continuadas acarrearon al emperador la suya. Le absolvió antes el arzobispo de Palermo, que le hizo solemnísimas exequias. Mas Inocencio, llevando su cólera más allá de los términos de la naturaleza, reprendió ásperamente al arzobispo, y le supuso incurso en excomunión por haber absuelto sin licencia suya, como si a la hora de morir hubiese reservaciones. Además de que Federico había hecho testamento, en el cual encargaba a sus hijos estar obedientes y sumisos a la santa iglesia romana. Estos lo hicieron así; pero Inocencio formó empeño de que no reinara en Alemania, Nápoles, Italia ni Cerdeña la familia imperial de Suabia, diciendo que era raza de rebeldes a la iglesia, como si el orgullo y la ambición de los papas pudieran identificarse con la santa iglesia.

No hay intriga imaginable que no emplease contra Conrado, hijo de Federico; y muerto este rey en 1254 aparentó tomar bajo su protección a Conradino, su hijo niño, porque así reinaría en Nápoles y Sicilia bajo su nombre, y con efecto se hizo jurar por regente del reino, pero le atajó allí mismo la muerte sus ambiciosos proyectos.

Los escritores romanos elogian mucho a Inocencio IV, y sus epitafios, puestos por aduladores, les ofrecen materia, pero la historia de sus procedimientos es escandalosa y no permite disculpa. Por eso no debemos admirarnos de que (además de los valdenses y de los albigenses) saliese al público en Suabia nueva congregación, llamada de *herejes*, año 1218, cuyos sectarios decían que el papa era hereje, y otras muchas cosas contrarias al dogma católico del sacerdocio y sus facultades espirituales, pues nadie se hubiera metido en impugnar la potestad espiritual si no se hubiera visto su abuso y las malas consecuencias que producía su mezcla con la temporal.

Se cuenta de Inocencio IV cierto pasaje digno de memoria. Recibió su santidad una suma grande de dinero en presencia de santo Tomás de Aquino, y dijo a este: *Ya veis que no puedo yo decir como san Pedro que no tengo plata;* y santo Tomás le respondió: *es verdad, señor, pero tampoco se ve que los paralíticos anden por milagro del sucesor de san Pedro, como anduvieron entonces.* Por último, conviene saber que hacia los años de 1780 se descubrió, con motivo de ciertas obras, el cuerpo del emperador Federico II, y sin embargo de ser pasados más de quinientos años desde su entierro se halló todo incorrupto, lo que llamó la atención y se publicó en las gacetas de Europa; cuya noticia puede servir para varios objetos de crítica.

181 - ALEJANDRO IV

De 1254 *a* 1261

Reinaldo, sobrino de Gregorio IX, cardenal obispo de Ostia, fue electo papa en Nápoles en 12 de diciembre de 1254 con nombre de Alejandro IV, y murió en Viterbo a 25 de mayo de 1261. Siguió el espíritu de su tío y sucesores. Excomulgó a

Manfredo, rey de Sicilia, hijo del emperador Federico II, lo persiguió, y promovió sangrientísimas guerras, haciendo predicar la cruzada, como contra los sarracenos de Palestina. Atentó contra la potestad civil del senado de Roma, y se hizo tan enemigo de su ciudad, que le fue forzosa la fuga para evitar la muerte. Turbó la paz interior de sus mismos siervos, intentando reunir cinco congregaciones de frailes agustinos y guillelminos en una sola. Fingiendo imparcialidad acerca de la elección de persona para el imperio de Alemania, siendo así que protegió infinito por medios ocultos y dolosos a Ricardo de Inglaterra, elegido por solos el arzobispo de Colonia y el conde Palatino en forma ilegal, al mismo tiempo que negaba todo auxilio a Alfonso de Castilla, por quien votaron conforme a las leyes imperiales del asunto el arzobispo de Tréveris, el de Maguncia, el rey de Bohemia y el marqués de Brandeburgo. Hizo en esto favor al reino de Castilla, cuya desgracia hubiera sido la reunión del imperio en la persona de su rey, como lo fue después en la de Carlos V, pero esto no disminuye la perfidia de Alejandro.

182 - URBANO IV

De 1261 *a* 1264

Jacobo Pantaleón de Court-Palais, francés, natural de Troyes, patriarca de Jerusalén, fue elegido papa en 29 de agosto de 1261 con el nombre de Urbano en Viterbo, donde se hallaba casualmente con nueve cardenales al tiempo de la muerte de su antecesor. Los tres meses de vacante habían corrido en continuas conferencias para convenir en uno de los electores, y no pudieron, prueba de que todos nueve querían ser papas; de cuyas resultas pensaron en persona extraña. ¿Dirigía el Espíritu Santo las voluntades del colegio llamado *apostólico* de los nueve cardenales?

Urbano siguió el sistema que halló en su iglesia. Renovó la excomunión y la guerra en Sicilia contra Manfredo. Quiso impedir el matrimonio del rey de Aragón, Pedro III, con Constanza, hija del mismo Manfredo, por el temor político de que pretendiera derechos de sucesión a la corona siciliana, como se verificó después. Ofreció a san Luis, rey de Francia, el trono siciliano para un hijo suyo. El santo no aceptó, diciendo con razón que le parecía ser contra los derechos de Conradino, hijo del rey Conrado y nieto del emperador Federico. El papa, mirando con preocupación ambiciosa el asunto, reputó por destituido de justicia al mismo Conradino, a quien Inocencio IV había tomado bajo su protección. Ofreció el reino siciliano a Carlos de Francia, duque de Anjou y de Provenza; y Carlos, menos escrupuloso que su hermano san Luis, aceptó y pasó con ejército contra Manfredo, a quien después de varios acontecimientos quitó la vida y la corona.

Los electores del imperio de Alemania, viendo la prolongación de la guerra civil pensaron elegir nuevo rey de romanos, dando por nulas las elecciones del inglés Ricardo y del castellano Alonso. Se proponían elegir a Conradino, último varón agnado de la casa de Suevia, que había regido el imperio por tantos tiempos; pero Urbano, consecuente al sistema de todos los papas, abandonó las apariencias de la imparcialidad, y no dejó piedra por mover para evitar esta elección, inspirando cautelosamente que lo nombrasen por juez de la duda jurídica sobre los derechos de Alonso y de Ricardo. La intriga se manejó bien, porque los romanos pontificios eran ya maestros en el arte y han proseguido siéndolo. Urbano citó ante sí a los dos competidores, pero la muerte le privó de sentenciar el pleito, llevándole al sepulcro en 2 de octubre de 1264, después de haber exasperado y movido a tumultos repetidos con exacciones y violencias a los habitantes de Roma y de Orvieto.

183 - CLEMENTE IV

De 1264 *a* 1268

Guido Foulques, francés, natural de Saint-Gilles, cardenal obispo de Sabina, fue elegido papa en Perusa día 5 de febrero de 1265 con el nombre de Clemente IV, y murió en Viterbo a 29 de noviembre de 1268. Al tiempo de su elección se halló ausente, y cuando la supo se disfrazó en fraile franciscano para pasar a Roma, recelando emboscadas de Manfredo, que aun ocupó el reino siciliano hasta su muerte, verificada en 1266. Este sumo pontífice había sido casado y viudo antes de recibir orden sacro, de cuyo matrimonio le vivían dos hijas, que se hicieron monjas después de ser sumo pontífice su padre.

Siguió la guerra contra Manfredo, y libró en 26 de febrero de 1265 la bula de concesión del reino de las dos Sicilias a Carlos de Anjou, conforme al tratado de su antecesor Urbano, sin hacer caso de la justicia de Conradino, como si no tuviese derecho de sucesión reconocido por la santa sede siendo papa Inocencio IV; antes bien, noticioso de que los electores del imperio volvían a pensar en elegirle por rey de romanos, y que él proyectaba pasar a Italia y procurar la posesión del reino de Sicilia, le escribió prohibiéndole hacer diligencias para lo uno y lo otro, bajo la pena de excomunión, y de perder el título que tenía de rey de Jerusalén. Conradino creyó con razón que no le obligaba precepto tan injusto, y pasó con ejército a

Roma, en cuya ciudad Enrique de Castilla, hijo del rey san Fernando (que ejercía la potestad civil como senador), recibió a Conradino con los honores casi totalmente iguales a los que se acostumbraban con el emperador. El papa excomulgó a los dos, y a todos los que favoreciesen la empresa de Conradino, declaró a este despojado del título de rey de Jerusalén, y del derecho a los feudos imperiales que poseía, inhabilitándolo además para obtener dignidades seculares, poniendo entredicho eclesiástico en los pueblos que recibiesen a Conradino como rey de Sicilia, lo cual hicieron casi todos donde se presentó, a pesar de que Clemente IV le titulaba *hombre de raza maldita por Dios, familia de herejes, cismáticos, enemigos de la iglesia, indignos de la confianza de los hombres.*

Carlos de Anjou prendió al infeliz Conradino, a su primo Federico, duque de Austria, a Enrique de Castilla el senador, y a muchos otros caballeros después de la batalla, y tuvo la inhumanidad de hacer cortar la cabeza en un cadalso por mano del verdugo, en la plaza pública de la ciudad de Nápoles, a todos menos al infante de Castilla y senador, Enrique.

El cardenal Fleury dice que Clemente IV no solo no consintió en esta iniquidad, sino que reprendió al rey Carlos; pero muchos historiadores graves sostienen lo contrario, y lo cierto es que manifestó varias veces gran deseo de que se extinguiera la casa imperial de Suabia, y después mostró alegría de que se hubiese verificado. Sobre todo, jamás podrá lavarse la mancha de la injusticia de haberle privado el uso de sus derechos de sucesión en la corona siciliana solo por pasiones personales. Yo lo reputo autor de las sangrientas guerras desastrosas que hubo en Sicilia, Nápoles y toda Italia por consecuencia de su enorme injusticia, en cuyas culpas tuvieron parte de los sucesores en su pontificado, como veremos.

Los escritores romanos le alaban de moderado, pero sin méritos; porque además de manifestar lo contrario, el suceso de Sicilia se verifica lo mismo con otros. Sostuvo con tesón extraordinario el empeño de proveer un arcedianato de Francia con solo el fundamento de haberse reservado la provisión de los beneficios eclesiásticos que vacasen en curia romana, y quería interpretar verificada esta circunstancia, porque la vacante provenía de la promoción del antecesor al arzobispado de Sens, cuyas bulas eran expedidas en Roma. El rey san Luis contradijo esta usurpación, y sostuvo los derechos del trono.

Se trató de reconciliación de la iglesia griega, y varios prelados de ella dijeron de palabra y por escrito que se reunirían con la iglesia romana si no temiesen las exacciones, violencias y atentados que solían hacer los papas, pues tenían miedo a su ambición, avaricia y soberbia. El emperador Miguel Paleólogo manifestó también recelos de que los latinos le incomodasen abusando del favor de los papas. Clemente IV le aseguró lo contrario, y al mismo tiempo se celebraba en su propio palacio cierto pacto entre Balduino, emperador latino, sobre reconquista de la ciudad de Constantinopla y otras con Carlos de Anjou, rey de Sicilia. ¿No era perfidia bien ajena del sucesor de san Pedro?

177 - GREGORIO X

De 1268 *a* 1276

Teobaldo Visconti, italiano, de Plasencia, arcediano de Lieja, residiendo en Palestina fue elegido papa en Viterbo día 1° de setiembre de 1271 con el nombre de Gregorio X, y murió en 10 de enero de 1276. En tres años de vacante no habían podido los cardenales convenir en persona determinada, y san Buenaventura, uno de ellos (hombre bueno en todos sentidos), fue quien, deseando evitar el escándalo, pudo persuadir a todos que se comprometiesen en la voluntad de seis cardenales, de modo que reconociesen por legítimo y verdadero sumo pontífice al que los seis eligiesen, de lo que resultó electo quien menos pudiera pensarse por su ausencia en Palestina. El electo conoció mejor que nadie las intrigas que se solían verificar en tales elecciones, pues así lo demostró en el concilio general segundo lugdunense de 1274 (catorceno entre los generales del cristianismo), estableciendo que a más tardar diez días después de la muerte del papa se cerrasen los cardenales en la cámara (que llamó *cónclave*), de manera que no tuviesen comunicación alguna de palabra ni por escrito con personas de fuera; que la cámara fuese una sola para todos, de suerte que de noche y de día se viesen y oyesen unos a otros, y no hubiese conversaciones ocultas de algunos; que se les entrase la comida para todos por una ventana, y eligiesen papa dentro de tres días; de lo contrario les diesen de comer solo un manjar por espacio de cinco días; y si en ellos no verificaban la elección, se les alimentase con solo pan y vino hasta elegir papa; en fin se acordaron en el concilio muchas otras providencias relativas al objeto, cuya ejecución hizo a los cardenales prometer con juramento. ¡Vengan ahora los escritores vendidos a Roma en los últimos tiempos a decirnos que la elección es obra del influjo directo del Espíritu Santo!

Gregorio X fue sujeto de buenas costumbres, pero no pudo desprenderse del sistema de sus predecesores en los puntos de ambición relativos a la tiara pontificia. Se apropió el poder de confirmar la elección de rey de romanos, aprobando la que hicieron los electores en Rodolfo de Austria por muerte de Ricardo de Cornualles lo cual fue tanto más injusto cuanto su derecho se había consumido, resultando electo el rey de Castilla sin competidor. Gregorio se disculpó diciendo que no habiendo sido Alfonso coronado rey de romanos en Aquisgrán, no podía su santidad coronarle por emperador, y le hizo varias concesiones para contentarle y excitarlo a renunciar sus acciones; prueba de que su santidad conocía lo justo de las quejas de Alfonso, quien finalmente cedió por complacer al papa y pacificar el imperio.

Consecuente al mismo sistema se mezcló en los asuntos políticos del gobierno del reino de Portugal, calificándolo de tributario de la santa sede, y reconviniendo al rey Alfonso III sobre libertades clericales y jurisdicción eclesiástica, en cuyos asuntos manifestó los principios erróneos de la doctrina romana, desconocida antes de los tempos de Carlo Magno, y aun del papa Gregorio VII. También abusó de las censuras contra el rey de Aragón Jaime I, excomulgándole porque no separaba de su amistad una señora (llámese *concubina* o como quiera), cosa tan común y frecuente que no escandalizaba en aquellos siglos, además de que tales providencias contra soberanos únicamente producen desprecio de las censuras, como sucedió.

Logró reunir en el concilio citado de Lyon la iglesia griega con la latina por los sinceros deseos del emperador Miguel Paleólogo; pero como los papas no mudaron de sistema, duró poquísimo la unión. Si Gregorio hubiera renunciado las prerrogativas usurpadas por sus antecesores, hubiera tal vez sido durable; pero lejos de contentarse con tomar conocimiento en las causas de las personas de los patriarcas de Constantinopla, Alejandría y Antioquia, hizo consentir que se pudiese apelar a Roma en todo género de causas del vastísimo territorio del Oriente. Como los griegos sabían las consecuencias, lo sintieron infinito, llamando *aves de rapiña y ladrones insaciables del oro* a los papas, cardenales y demás curiales de Roma.

Gregorio X conoció por continuas y dolorosas experiencias el mal que resultaba de la multitud de institutos reglares. Inocencio III había conocido lo mismo, y por eso había decretado en el concilio lateranense de 1215 que no se admitiesen institutos nuevos. Pero Inocencio mismo había contravenido al concilio, aprobando de viva voz los frailes dominicanos y franciscanos; los sucesores miraron con indiferencia el estatuto conciliar admitiendo varias reglas. El concilio lugdunense de 1274 rescindió sus aprobaciones; pero Gregorio X imitó el mal ejemplo de Inocencio y de otros papas, enseñando prácticamente la doctrina falsa de ser superiores a los concilios; pues no contento con exceptuar a los dominicanos y franciscanos, aprobó después las reglas de los siervos de María y otras. Los papas posteriores han hecho tan poco caso del decreto conciliar, que ha llegado a ser imposible saber en nuestros tiempos el número fijo de reglas que hay de frailes y monjas.

185 - INOCENCIO V

En 1276

Pedro de Tarantasio, fraile dominicano, cardenal obispo de Ostia, fue elegido papa en 21 de febrero de 1276 con el nombre de Inocencio V, y murió en 22 de junio del mismo año, sin dejar noticia remarcable de su pontificado.

186 - ADRIANO V

En 1276

Lo mismo sucedió a Otobón de Fiesqui, natural de Génova, cardenal diácono del título de San Adriano, elegido papa en 11 de julio de 1276 con el nombre de Adriano V, pues murió sin consagrarse día 16 de agosto de aquel año.

187 - JUAN XXI

De 1276 *a* 1277

Muerto Adriano, los cardenales se negaron a cumplir la constitución conciliar del cónclave para las elecciones, diciendo que su santidad había decretado lo contrario. Los vecinos de Viterbo (donde se verificó la vacante) se tumultuaron, y les hicieron cerrarse por fuerza, no creyendo lo que se afirmaba de la dispensa de la ley. Resultó electo papa en 13 de setiembre de 1276 *Pedro, natural de Portugal,* cardenal obispo de Túsculo, y fue coronado en el día 20 con el nombre de Juan XXI; pero aunque se prometía larga vida por la predicción de un astrólogo, murió en 17 de mayo del año inmediato, de resultas de las heridas causadas por la ruina de un edificio que acababa de construir por su comodidad.

En el corto tiempo que ocupó la silla manifestó su carácter libre y ambicioso. Libre porque publicó bula dispensando a los cardenales de la observancia de la constitución del concilio de Lyon sobre cónclave de las elecciones pontificias. Ambicioso porque se mezcló en las controversias de Felipe IV, *el hermoso*, rey de Francia, con

Sancho IV, *el bravo*, rey de Castilla, sobre sucesión a la corona castellana, cosa que no le pertenecía por ningún título.

188 - NICOLÁS III

De 1277 *a* 1280

Juan Cayetano de los Ursinos, noble romano, cardenal, diácono del título de San Nicolás, fue elegido papa en Viterbo a 25 de noviembre de 1277 con el nombre de Nicolás III, y murió de apoplejía en 22 de agosto de 1280. Fue ambicioso y avaro hasta lo sumo sin reparar en los medios. Hizo cardenales a un hermano, dos sobrinos y varios parientes, y los llenó de beneficios eclesiásticos, dispensando la incompatibilidad para que enriqueciesen la familia de los Ursinos, de manera que ocupasen en Europa rango de príncipes, oscureciendo el linaje de Anibaldi, que les había sobrepujado en esplendor hasta entonces. Su orgullo le inspiró casar a su sobrino Astolfo de los Ursinos con una nieta de Carlos de Anjou, rey de Sicilia. Este no consintió diciendo que la soberanía de los papas era puramente personal y de corta duración, por lo que no disminuía la desigualdad de familias. Nicolás quiso mal al rey desde entonces, y le hizo todo el daño que pudo con disimulo y perfidia. Protegió y fomentó con dolo secreto el proyecto de Pedro III, rey de Aragón, de invadir la Sicilia por los derechos de la reina Constanza, su mujer, hija de Manfredo, como se verificó en el pontificado siguiente. También influyó al emperador de Constantinopla, Miguel Paleólogo contra el mismo rey Carlos, a quien negó todo favor para reconquistar la ciudad y provincias de que se había tratado con el emperador Balduino.

Sedujo al emperador Rodolfo para que se diese a la santa sede cuanto resultaba de las escrituras de donación del rey Pipino, de los emperadores Carlo Magno, Luis I y Otón I, y de la condesa Matilde, aun incluso aquello que jamás habían llegado a poseer los papas; y para reunir todas las autoridades quitó al rey Carlos las dignidades de senador de Roma, y vicario de la santa sede en Toscana, despojando a los romanos del derecho que por concesión de los emperadores habían conservado de elegirse gobernador civil de la ciudad con el nombre de *patricio* en tiempos antiguos, y con el de *senador* en los modernos. El pueblo había elegido muchas veces a príncipes poderosos y capaces de protegerle contra los atentados de los papas y cardenales. Nicolás suprimió el empleo y mandó que el pueblo no eligiese para presidir su senado a príncipe alguno.

Finalmente abusando del ascendiente que tuvo sobre la voluntad del emperador Rodolfo, le hizo consentir en cierto proyecto, hijo de la ambición de Nicolás, reducido a partir el imperio en cuatro reinos: primero en Alemania, hereditario para los descendientes de Rodolfo; segundo en Viena del Delfinado para los de Clemencia, hija de Rodolfo y mujer de Carlos Martel, nieto del rey de Sicilia Carlos; tercero en Lombardía, y cuarto en Toscana, para los sobrinos del mismo papa. La muerte atajó los progresos de su ambición desmesurada, pero no extinguió la memoria de habérsele titulado *patriarca del nepotismo pontifical*, pues la historia nos ha mostrado que como si esta pasión fuera virtud heroica digna de quien toma en boca de continuo al pobre pescador san Pedro en concepto de predecesor suyo, han imitado a Nicolás casi todos los papas, haciendo príncipes a sus sobrinos aun cuando hayan sido plebeyo.

189 - MARTÍN IV

De 1280 *a* 1285

Apenas murió Nicolás III, intrigó el rey Carlos de Sicilia cuanto es imaginable y más para que fuera elegido papa uno de su partido a cuya cabeza estaba el cardenal Anibaldi, contra el de los Ursinos que le habían mortificado hasta entonces. El asunto fue de manera embrollándose a fuerza de intrigas de unos y otros que pasaron seis meses sin elegir papa por no guardar la Constitución conciliar del cónclave. Cuando el rey Carlos creyó tener las cosas en buen estado, promovió por mano ajena y maniobras ocultas un tumulto en Viterbo contra los cardenales. Los alborotadores los cerraron presos en una casa, y no les dieron más que pan y agua para sustentarse hasta que celebraron elección canónica en favor de Simón de Brion, francés, partidario del rey Carlos, cardenal presbítero del título de Santa Cecilia con el nombre de Martín IV en 22 de febrero de 1281.

En todos los tiempos ha habido escritores fanáticos de buena fe que han creído milagros fingidos; pero jamás han faltado tampoco propagadores de falsas maravillas por mala fe y espíritu de partido. Digo esto porque hay autor contemporáneo que dice haberse probado la santidad de Martín IV con milagros hechos en su sepulcro del convento de frailes franciscanos de Perusa, cuando allí fue enterrado por su muerte verificada en 28 de marzo de 1285. No solo tengo por fingidos los milagros, sino cuanto se quiera contar de virtudes de aquel papa que no solo comenzó a serlo por malos medios para favorecer a su paisano protector Carlos de Anjou, sino que hizo continuas injusticias por manifestarle gratitud y mandar más que podía.

Su imprudencia no tiene límites. El emperador de Constantinopla, Miguel Paleólogo, le deputó dos embajadores para arreglar algunos puntos que faltaban al complemento de la unión de la iglesia griega con la latina; y solo porque supo que Carlos de Sicilia lo aborrecía, proyectando la reconquista de Constantinopla, se negó a escucharlos y excomulgó al emperador Miguel, diciendo haber fingido querer la unión. El soberano, que no solo había procedido en este punto con buena fe, sino que se hallaba por este motivo aborrecido de los arzobispos, obispos, abades y resto del clero, enfermó y murió luego; y su hijo el emperador Andronico revocó la unión de las iglesias y volvió a establecer el antiguo sistema de independencia. ¿No fue verdadera causa del restablecimiento del cisma la imprudencia injustísima y temeraria de Martín IV?

No fue menor la de su conducta con los habitantes de las ciudades de Mesina, Palermo y otras del reino de Sicilia, pues por no haber querido escuchar a sus diputados, ni apreciar las disculpas de sus procedimientos, se dieron despachados al rey Pedro III de Aragón, y le favorecieron infinito contra Carlos de Anjou para conquistar el reino de Sicilia. Excomulgó al rey Pedro y sus adherentes, poniendo entredicho en todos los pueblos que lo admitiesen, y no logró más que desprecio de las censuras, pues los obispos, presbíteros seculares y regulares prosiguieron celebrando los oficios divinos como antes, burlándose del papa y de sus excomuniones, que titulaban *rabia impotente*. Lo declaró privado de la corona de Aragón, dio el reino a Carlos, hijo segundo del rey de Francia, Felipe III, *el atrevido*, imponiendo vasallaje y tributos en favor de la santa sede, cuyo feudo dijo ser el reino; publicó cruzada contra Pedro y sus fautores; excitó a Felipe a pasar con ejército a Cataluña para la conquista; y la muerte le arrebató sin que se acabara la guerra en que Pedro conseguía triunfos y más triunfos contra los franceses, a pesar de las excomuniones, quedándose por fin rey de Sicilia por su mujer, y de Aragón por su propio derecho.

A Eduardo I, rey de Inglaterra, que pidió las décimas de rentas eclesiásticas para ir a la tierra santa, le respondió que se habilitase para el viaje y se las daría entonces, mas no antes, porque no se invirtieran en otro objeto; y al mismo tiempo gastaba en la guerra contra el rey de Aragón las recibidas en Cerdeña, Hungría, Suecia, Dinamarca, Esclavonia y Polonia para socorrer a los de Palestina. Niega los auxilios que Alfonso X de Castilla le pide contra los rebeldes de su reino, y se contenta con librar otra excomunión inútil, complaciéndose secretamente de aquella guerra civil para que la corona de Castilla no pudiera socorrer a Pedro en Aragón. Tal es el santo de los milagros, cuya canonización vulgar, unida con otras tales hechas por algunos papas, han dado margen al mayor número de críticos para considerarse precisados a examinar imparcialmente cada canonización en particular.

190 - HONORIO IV

De 1285 *a* 1287

Jacobo Sabelli, noble romano, cardenal diácono, fue elegido papa en Perusa día 2 de abril de 1285, y murió en 3 de igual mes de 1287. Fue infinito más moderado que su antecesor, pero no pudo desprenderse del sistema de sus antecesores, aunque lo siguió sin encarnizamiento. Excomulgó a Jacobo I, rey de Sicilia, y a Alfonso III, rey de Aragón, hijos del rey de Aragón Pedro III, porque no abandonaban la empresa de Sicilia, ni daban libertad a Carlos II, rey de Nápoles, hijo de Carlos de Anjou, y preso en Barcelona adonde lo habían conducido desde Sicilia; y tampoco aprobó el tratado de este prisionero que consentía la cesión del reino de Sicilia en favor de Jacobo I por precio de su rescate; pero admitió embajadores de Alfonso de Aragón para proseguir las negociaciones, y en este estado lo cogió la muerte.

191 - NICOLÁS IV

De 1287 *a* 1292

Gerónimo, natural de Ascoli, exgeneral de la orden de san Francisco de Asís, cardenal, obispo de Palestina, fue elegido papa en 15 de febrero de 1288, después de ocho meses de vacante por discordia de los cardenales, y murió en 4 de abril de 1292. Manifestó el mismo espíritu que sus antecesores en los asuntos de Aragón y Sicilia. Muerto Alfonso IV de Aragón, y sucediéndole su hermano Jacobo II, rey de Sicilia, renovó las excomuniones y los entredichos, pero los aragoneses y sicilianos hicieron desprecio, y no quisieron reconocer por soberano de la isla a Carlos II, rey de Nápoles. En tiempo de este papa se acabó de perder la Palestina, y fueron inútiles las innumerables cartas que escribió a todo el mundo para nuevas empresas del Oriente. Roma perdió esta mina de oro; pero la Europa ganó el aumento de su población.

192 - CELESTINO V

De 1292 *a* 1294

Dos años, tres meses y algunos días estuvieron sin poder acordarse entre sí mismos once cardenales para elegir papa después de la muerte de Nicolás IV, por no guardar la constitución del concilio de Lyon. ¿Qué mayor testimonio de ser ambiciosos cuando menos ocho cardenales de los once? Carlos II, rey de Nápoles, y su hijo Carlos Martel, rey titular de Hungría, les reconvinieron exhortándolos a la concordia, sobre lo cual hubo graves contestaciones entre Carlos II y el cardenal Cayetano, que después se hizo famoso cuando fue papa con el nombre de *Bonifacio VIII*. Por fin, de resultas de una conversación casual del cardenal Napoleón de los Ursinos, resultó elegido sumo pontífice Pedro Morón en 5 de julio de 1294. El nuevo papa se nombró *Celestino V*, porque era fundador de la congregación de los celestinos, con la regla de san Benito y constituciones particulares.

Luego que fue consagrado renovó la constitución del concilio lugdunense, sobre cónclave de las elecciones pontificias, revocando las bulas de sus antecesores que habían dispensado su cumplimiento; con lo cual incomodó mucho a los cardenales que deseaban libertad para sus intrigas. Hoy es venerado en los altares con el nombre de *san Pedro Celestino*, y tal vez es el único santo verdadero que hubo entre los papas desde muchos siglos antes: a lo menos la crítica más severa no encontró por donde tachar la rectitud de sus intenciones.

Su vida privada testifica en su favor, y no poco el acto de renunciar la dignidad de sumo pontífice después de posesión pacífica. Con efecto, renunció en 13 de diciembre del mismo año, habiendo antes aprobado un tratado de paz entre Carlos II de Nápoles y Jaime II de Aragón sobre la Sicilia. Vivió hasta 19 de mayo de 1296, en que murió santamente; pero preso en el castillo de Fumona, y guardado a vista por orden del sucesor Bonifacio, que lo canonizó por santo apenas asistió a sus honras, con tanto gusto que los autores del *Arte de verificar fechas* (sin embargo de ser muy píos) dijeron con razón que Bonifacio imitó en esto a los tiranos de Roma, que concedían el apoteosis a los emperadores mismos a quienes acababan de asesinar. Esto alude a los medios inicuos con que Bonifacio procuró que Celestino renunciase y después muriese.

193 - BONIFACIO VIII

De 1294 *a* 1303

Benito Cayetano, natural de Anagni, cardenal del título de San Silvestre, fue elegido papa en 14 de diciembre de 1294 con el nombre de Bonifacio VIII, y murió día 11 de octubre de 1303. Muchos escritores le acusan de haber intrigado horriblemente para que renunciara su antecesor, y algunos le atribuyen su muerte para librarse de cuidados. Su orgullo, su ambición y su avaricia no tuvieron límites, y parece difícil la existencia de otro más atrevido para abusar de la sagrada escritura, queriendo con ella justificar sus atentados. Llegó a declarar en tres bulas por dogmática la nueva opinión de pertenecer a los papas el derecho de dar y quitar reinos, y de resolver las disputas sobre pertenencia de coronas, y ejecutar sus resoluciones por medios espirituales y temporales según consideren conveniente. Apenas hubo país católico donde no quisiera ejercer este pretendido derecho de alta soberanía divina sobre los soberanos; y se gobernó en este punto tan arbitrariamente, que no reparó en inconsecuencias si le convenía variar su conducta por ocurrencias políticas posteriores.

Por muerte del emperador Rodolfo se dividieron los votos de los electores entre Adolfo, conde de Nassau y Alberto de Austria, hijo del emperador difunto. Resultó guerra civil. Sus daños fueron enormes. Los electores, deseosos de cortarla, quisieron reunirse, anular la elección del uno y votar todos en el otro. Bonifacio lo prohibió, pena de excomunión, diciendo que solo él tenía poder ya en la materia, y daría el imperio a quien quisiese, aunque fuese distinto de los dos competidores, a los cuales emplazó para que compareciesen ante la santa sede alegando su respectivo derecho. Muerto Adolfo en la guerra imputó el homicidio a Alberto y lo excomulgó. Los electores querían reconocerlo por rey de romanos, y Bonifacio lo impidió. Posteriormente, ocurridas las grandes altercaciones con el rey de Francia, mudó su conducta, y absolviendo a Alberto, lo reconoció por verdadero rey de romanos; bien que obligándole a confesar que los papas tenían el derecho anunciado en sus bulas, y a confirmar las donaciones antiguas de que tenemos hablado.

Excomulgó a Fabrique de Aragón, hermano de Jaime II, rey de Aragón, porque retenía el reino de Sicilia; le declaró inhábil para toda dignidad, y renovó el entredicho general de la Isla, cuyos habitantes lo despreciaron eligiendo y aclamando por su rey a Fadrique, y publicando que no querían sujetarse a Carlos, rey de Nápoles. Pero mudadas las circunstancias por su discordia con el rey Felipe IV *el Hermoso*, de Francia, no paró de celebrar paces con Fadrique, absolverle, y levantar el entredicho con tal que se confesase tributario de la santa sede, y le ofreciese auxilios contra sus enemigos.

Tenía excomulgado a Jaime II, rey de Aragón, y puesto entredicho en el reino, que tampoco guardaron los aragoneses; y por la citada novedad no solo absolvió a Jaime, sino que lo hizo gonfalonier o capitán general de la santa sede, y le dio las islas de Cerdeña y de Córcega, para que auxiliase a los papas, bien que haciendo a Jaime confesarse vasallo y tributario de Roma.

Excomulgó al rey de Dinamarca Enrico VIII porque había puesto preso al arzobispo de Luden, y con este motivo turbó la paz interior de aquel reino para mucho tiempo.

Fulminó excomunión contra Eduardo I, rey de Inglaterra, por haber reivindicado el reino de Escocia feudo del suyo, y formó empeño de persuadir como cosa exenta de dudas que la Escocia era propiedad directa de los papas, y que solos estos podían disponer de su corona. No bastó acreditar Eduardo con testimonios auténticos haber comenzado a ser reino por desmembración de Inglaterra, y reconocídose por muchos reyes escoceses esta verdad. Bonifacio no era hombre de ceder a razones sino a necesidades, y solo desistió cuando se vio amenazado por Francia.

Excomulgó a Wenceslao IV, rey de Bohemia, y a su hijo Wenceslao V porque este aceptó el reino de Hungría llamado por los húngaros, a quienes Bonifacio quería poner por rey Carlos Roberto, nieto de Carlos II, rey de Nápoles, y fomentó guerra civil que acabó en favor de Wenceslao, pero después de veinte mil calamidades de todo género causadas por el ambicioso pontífice.

Citaba Wenceslao, en sus cartas por incidencia el reino de Polonia (que con efecto llegó a ocupar), y solo el citarle bastó para que Bonifacio se creyese dueño de darlo a quien le pareciese, por lo que mandó que Wenceslao y los demás que pretendiesen la corona compareciesen ante la santa sede a exponer sus razones.

En Castilla hizo una cosa buena porque le valió mucho dinero, pero si nos hubiéramos de gobernar por las reglas del derecho, ningún valor podía tener su determinación. Sancho IV *el Bravo*, había muerto excomulgado, y lo estaba su viuda María porque no habían querido separarse, aunque los papas antecesores declararon nulo su matrimonio por impedimento dirimente de parentesco. Ahora, declaró legítimos a sus hijos, con lo que Fernando IV se consolidó en el trono contra el infante de la Cerda, pretendiente de la corona en virtud de la primogenitura de su padre. Algo bueno había de hacer un hombre tan malo, pues lo fue aun en esto, ya porque no se puede revalidar el matrimonio de un muerto, ya porque no tenía poder de legitimar para honores temporales, y menos con perjuicio de derecho de tercero; ya porque lo hizo a fuerza de dinero vendiendo el uso de su autoridad pontifical.

Depuso de la dignidad de cardenales y de otras que tenían Jacobo Colona y Pedro Colona, su sobrino, y los excomulgó con todos los otros Colonas, despojándolos de los feudos y bienes solo porque se opusieron a su despotismo en las ocurrencias de asuntos relativos al imperio, cuyo partido de Gibelinos seguían contra los Güelfos; y con este motivo toda la familia de Colona descubrió muchos crímenes de Bonifacio, sin exceptuar el de concubinato y procreación de algunos hijos.

Pero nada llegó al extremo de sus desavenencias con el rey de Francia, comenzadas con ocasión de haber mandado Felipe IV *el Hermoso*, prender al obispo de Pamiers por crimen de conspiración. Bonifacio, declarándose juez de rey sin distinguir asuntos, y llamando hereje al que no confiese la doctrina de destronación, recibió la respuesta que convenía dieran siempre todos los soberanos en casos semejantes. Bonifacio excomulgó a Felipe y sus adherentes. El rey convocó asamblea general de prelados y varones del reino, y varios de estos reclamaron un concilio general para deponer a Bonifacio, prometiendo probar algunos capítulos de acusación gravísima, particularmente el crimen de simonía y el de varias herejías contra distintos artículos de fe, además de vida muy desarreglada, y uso tiránico y cruel de su potestad, con daño de la religión y de todos los reinos cristianos. Guillermo de Nogaret, no contentándose con palabras, prendió a Bonifacio en Anagni, su patria, para hacerle firmar una bula de convocación de concilio general. No completó su empresa por no haberlo trasportado a otra parte, pues los compatriotas le sacaron del arresto y lo condujeron a Roma. La rabia y furor de Bonifacio le produjeron una calentura tan ardiente, que lo llevó a la sepultura sin ver de nuevo a Roma. El año 1605 se halló su cuerpo incorrupto. Los que piensan que la incorrupción es prueba de santidad se pueden desengañar con este papa, que fue tizón infernal de discordia en todo el orbe cristiano, y dejó malditos ejemplos para su imitación. El papa Clemente V formó proceso contra su memoria por instancia del rey de Francia, y de los que le habían acusado en vida. Muchos testigos juraron haber oído al mismo Bonifacio que la alma moría con el cuerpo; que el mundo era eterno; que todas las religiones eran iguales; que la simonía no era pecado, y otras proposiciones heréticas. El papa pudo lograr del rey que desistiese de su acusación, y temió que la declaración de haber sido hereje Bonifacio produjese consecuencias contra sí mismo si se declarasen nulos los actos papales, y entre ellos los nombramientos de cardenales que habían elegido a Clemente. Así absolvió a Bonifacio de la instancia. La inquisición condena por hereje a cualquier vivo o muerto con menos pruebas que la centésima parte de las que hubo contra Bonifacio. Yo lo tengo por materialista.

-o-o-o-

SIGLO XIV

194 - BENITO XI

De 1303 *a* 1304

Nicolás Bocassini de Treviso, general de la orden de frailes dominicanos, cardenal obispo de Ostia, fue elegido papa en 22 de octubre de 1303, y murió en 7 de julio de 1304. Se cree comúnmente que su muerte fue anticipada con veneno por disposición de algunos cardenales partidarios del sistema de Bonifacio VIII, porque Benito XI no lo siguió, aunque fuese criatura suya. Su espíritu fue pacífico, pues absolvió a los Colonas, y les restituyó parte de sus dignidades, dejándoles habilitados para las demás que con efecto recobraron. Levantó la excomunión y el entredicho de Francia, y recibió con agrado la felicitación que le dirigió el rey Felipe. Finalmente, se condujo bien como verdadero padre común de los fieles, por lo que Benito XIV lo ha colocado en el número de los santos, y no hay cosa particular que objetar contra su canonización.

195 - CLEMENTE V

De 1304 *a* 1314

El colegio de cardenales estaba partido en dos facciones opuestas, una de afectos a la casa real de Francia, otra de apasionados a Bonifacio VIII contra el rey Felipe IV *el Hermoso*. Después de once meses de vacante venció por grandes intrigas el cardenal de Prato el partido francés, y de acuerdo con el citado monarca fue elegido papa Beltrán de Got, arzobispo de Burdeos, natural de Villandraut, de la misma diócesis, en 5 de junio de 1305, y murió en 20 de abril de 1314.

Admitió la dignidad suprema con positiva simonía, pues antes de formalizarse la elección le dijo el rey Felipe: *Yo tengo en mi mano elegiros papa si me prometéis tal y tal cosa*. Beltrán las prometió, y puesto de rodillas ante su majestad le dio gracias. El rey cumplió las suyas, y Beltrán fue papa. Sin embargo de ser anciano conservó su concubina (condesa de Périgord, parienta suya), causando escándalo y murmuraciones públicas. Una de las cosas prometidas a Felipe fue la extinción del orden militar de Templarios, lo que verificó en el concilio general de Viena del Delfinado, año 1311. Prosiguió el empeño de Bonifacio VIII en orden al reino de Hungría en favor de Carlos Roberto, nieto de Carlos II de Nápoles, y consiguió que los húngaros lo admitiesen después del reinado de Otón de Baviera, pero no como dado por el papa, sino como nieto de la reina María, hija de Esteban IV, rey de Hungría. Expidió bulas contra los venecianos por la ocupación de Ferrara, y conquistó esta ciudad con las armas.

Absolvió la memoria de su predecesor Bonifacio contra la resultancia del proceso por considerarse interesado en ello, y logró a fuerzas de gracias injustas que Felipe IV de Francia se apartase de la acusación. En la misma sentencia le aduló declarándolo inocente de cuanto había dicho, escrito y mandado contra Bonifacio, inclusa la prisión de la persona pontifical; lo cual fue tan injusto como absolver a Bonifacio porque Felipe no tenía derecho alguno para prender al papa que no era su vasallo.

Se entrometió a juzgar de las contestaciones entre Enrique VII de Luxemburgo, emperador de Alemania y Roberto rey de Nápoles, inculcando por fundamento la falsa doctrina de pertenecer a los papas la alta soberanía indirecta sobre todos los soberanos de la tierra. Enrique protestó no reconocer superioridad alguna en el sumo pontífice por lo respectivo a lo temporal, y habiendo fallecido luego, expidió Clemente V cierta bula contra su memoria, infamándolo como pérfido y perjuro, diciendo que le había jurado fidelidad para ser coronado emperador.

Fijo la residencia pontificia en Aviñón de Francia, junto al condado Venesino que se reputaba perteneciente a los papas por usurpación antigua sostenida con los medios injustos de las censuras. Este abandono de su iglesia produjo inmensos males y funestas consecuencias por la imitación de los sucesores en el pontificado y por fin el gran cisma.

Dio por crecidas sumas de dinero muchos obispados, y casi todas las dignidades eclesiásticas, introduciendo nuevos estilos, y ampliando la interpretación de los antiguos, relativos a exacciones pecuniarias de su cancelería para enriquecer y elevar a sus parientes, como hizo.

Finalmente, su conducta fue tan perversa que aun san Antonino, arzobispo de Florencia (sin embargo de ser fraile dominicano y varón piadosísimo), no pudo disculparla en su historia; por lo cual no debe admirarse que el Dante, poeta italiano contemporáneo dijera en su poema del *Paraíso* que Clemente V *en lugar de ser papa o padre, había sido lobo que había apartado del camino de salvación a las orejas, por lo cual estaba ya el Evangelio abandonado, las doctrinas de los santos padres despreciadas, haciéndose aprecio de solas las decretales*. El escándalo llegó a tal extremo que Federico II, rey de Sicilia contemporáneo, dijo que el estado en que veía la iglesia cristiana y el modo con que se gobernaban esta, su clero y los asuntos eclesiásticos le hacían dudar si el Evangelio y la tradición apostólica eran invenciones puramente humanas.

196 - JUAN XXII

De 1314 *a* 1334

Jacobo de Eusa, natural de Cahors, en Francia, cardenal obispo de Oporto, fue electo papa en Lyon a 7 de agosto de 1316 con el nombre de Juan XXII, después de dos años y cuatro meses de vacante, sin poderse reunir dos terceras partes de cardenales en una persona; y Juan Vilani, escritor contemporáneo, añade que aun así la elección fue un atentado, pues habiendo Jacobo logrado que los electores se comprometiesen en él dándole poderes para nombrar por sumo pontífice al que quisiese por no prolongar más el escándalo, se aseguró bien de sus facultades, y tuvo la osadía de proclamarse a sí mismo por papa, lo que consintieron los cardenales en virtud de la sorpresa extraordinaria de tan extraño suceso y temerosos de un cisma. Excedió en avaricia a su antecesor, que es cuanto se puede decir; inventó nuevos modos de aumentar riquezas, reservándose la provisión de todos los obispados, abadías, dignidades, canonjías y beneficios de todas las iglesias catedrales, colegiatas y monasteriales de la cristiandad; proveyendo en personas que dejasen algo que dar por vía de resultas, de manera que multiplicaba las vacantes monstruosamente. Si, por ejemplo, vacaba un patriarcado lo daba a un arzobispo; el arzobispado de resultas a un obispo; el obispado a un abad u otro dignidad; la dignidad a un canónigo; el canonicato a un racionero; la ración a un medio racionero; la media ración a un beneficiado; el beneficio a un capellán, y la capellanía a un clérigo cualquiera; de suerte que con la única vacante primitiva realizaba nueve provisiones, expedía nueve breves lucrativos, exigía nueve rentas de un año de cada título provisto, y para que hubiese reglas en este modo de robar, estableció tasas de los derechos que se había de pagar en cancelaria por la expedición.

Habiéndose dividido los electores del imperio entre Luis de Baviera, conde palatino del Rin, nieto materno del emperador Rodolfo I y Federico de Austria, hijo del emperador Alberto, se condujo Juan XXII altiva y pérfidamente: a los dos electos engañó con palabras y fomentó la guerra civil, la cual movida tuvo atrevimiento de avanzar la proposición de que siempre que falta unanimidad de votos de los siete electores de aquel tiempo, pertenece al papa el derecho de nombrar emperador a quien quisiere, aunque sea distinto de los que hayan tenido votos en su favor. Luis de Baviera, elegido por cinco de los siete, venció en campaña a Federico, quien hecho prisionero, renunció su derecho por conseguir libertad. Sin embargo Juan XXII no solo no confirmó a Luis, sino que lo excomulgó porque obraba como rey de romanos sin su aprobación, tratándole como acostumbraron sus antecesores en tales casos, de cismático, hereje, fautor de herejes, enemigo perseguidor de la iglesia, indigno de la dignidad imperial, real, y otra cualquiera soberana y sublime, condenando y declarando nulo el juramento de fidelidad prestado por los vasallos en Aquisgrán y Alemania, en Milán y toda Italia, y mandando a clérigos y legos abandonarle, y estar prontos a reconocer, jurar y obedecer a quien él eligiese, pues él solo era el donador del imperio como sucesor del papa que se lo dio a Carlo Magno.

Luis V por su parte no quedó corto en corresponder, pues expidió letras tratando a Juan XXII de Anticristo; lobo devorador de las ovejas de Jesucristo con el nombre de papa; derramador de sangre de cristianos por medio de guerras civiles; Satanás existente en el mundo para desgracia general de los hombres; bárbaro que se jacta de manifestar que nunca es más supremo un papa que cuando unos reyes se combaten con otros; pérfido que ha encendido la guerra entre dos competidores engañando a los dos a un mismo tiempo; Lucifer en el espíritu que dice ser semejante al Altísimo, y hace que le adoren sus pies como Alejandro y Diocleciano; por lo cual es ignominioso y abominable que un príncipe de los príncipes se postre ante el siervo de los siervos. "Si es el siervo de los siervos ¿por qué no sirve como siervo enseñando con el ejemplo? Si es buen pastor ¿por qué no apacienta bien las ovejas de Jesucristo con amor en lugar de oprimirlas con guerras? ¿Por qué no ciñe su conversación a cosas celestiales sin mezclarse en las seculares? ¿Por qué no nos deja a los demás que gobernemos nuestros asuntos temporales por el derecho de gentes como hicieron nuestros mayores? Y sobre todo ¿por qué miente tan descaradamente que me llama fautor de herejes? Yo soy cristiano cuando él es un *heresiarca*. No es discípulo de Cristo quien se burla de su vida, desprecia su pobreza, mancha su religión, profana sus cosas sagradas y vilipendia sus dogmas. Apelamos de tal hombre que se dice papa Juan XXII al senado de todo el orbe cristiano".

Luis no se satisfizo con eso: fue a Roma, se coronó emperador; hizo elegir nuevo pontífice con el nombre de Nicolás V a *Pedro Ranallucio* de Corbieres, fraile franciscano (que después se humilló ante Juan XXII) y prosiguió tratando a este de hereje. Y ciertamente no faltó fundamento pues este papa declaró en varias bulas que si Cristo y los apóstoles tuvieron propiedad y no uso solo de las cantidades de dinero y de otras cosas donadas, los frailes franciscanos la tenían en las que se consumen por el uso. El papa Nicolás III había declarado todo lo contrario en su famosa bula *Exiit qui seminat*, inclusa en el *texto de las decretales*, y no podía excusarse uno de dos escollos, ambos contrarios a Juan XXII; porque si el papa es infalible cuando resuelve en cátedra como cabeza de la iglesia, era Juan hereje creyendo lo contrario a la declaración de Nicolás; si Juan XXII seguía el partido de la verdad, faltaba la infalibilidad pontificia. Juan prefirió este segundo extremo y confesó en sus bulas del asunto que aunque así lo hubiere pensado Nicolás, sería error contrario a la sagrada escritura, de la cual consta que Cristo y sus apóstoles poseyeron algunas cosas en posesión de derecho que de lo contrario hubiera sido injusto, lo cual es blasfemia heretical.

Pero si Juan XXII encontró salida contra la imputación de hereje en este punto, no sucedió lo mismo en otra doctrina que predicó, escribió y mandó enseñar de que las almas de María Santísima, los santos y los justos, no están en el cielo ni gozan de la vista de Dios ni gozarán hasta después del juicio universal; pues habiéndola tenido por herética la universidad de París y los doctores de todos los reinos católicos, se retractó a la hora de la muerte y escribió la protestación de fe católica que refiere el cardenal Fleury.

Por su muerte se hallaron en su poder veinte y cinco millones de florines, que componían doscientos y cincuenta millones de reales; y es cosa terrible que los modernos quieran vendernos las fábulas del influjo directo del Espíritu Santo en la elección de papas, de la infalibilidad de estos, de la obligación de obedecer ciegamente a lo que manden y de venerar por santos padres sucesores de san Pedro a hombres tan malos y perversos como Juan XXII, Bonifacio VIII y otros semejantes monstruos de iniquidad.

197 - BENITO XII

De 1334 *a* 1342

Jacobo Fournier, natural de Saverdun, del condado de Foix, en Francia, monje cisterciense y cardenal presbítero del título de Santa Prisca, fue elegido papa en 20 de diciembre de 1334 con el nombre de Benito XII, y murió en 25 de abril de 1342. Fue el tercer pontífice romano francés que tuvo su corte en Aviñón, sin ver ni aun de paso su iglesia propia de Roma. Es el primero en cuya estatua se vea la tiara con dos coronas, aunque se presume que habían introducido el estilo Clemente V o Juan XXII, pues consta que los antecesores solo usaron una, y eso después de Gregorio VII porque antes la tiara estaba sin corona. Benito admitió conferencias para la reconciliación del emperador Luis V el de *Baviera*, pero puso tales condiciones que los príncipes de Alemania no quisieron admitirlas; por lo que los procedimientos de censuras pontificias se agravaron. Luis, de acuerdo con la dieta imperial, publicó un manifiesto convenciendo que el reino de Alemania llamado de romanos era electivo, independiente de la santa sede; que el reino de Italia era cierta accesión del de Alemania desde la conquista de Carlo Magno, y que los dos componían un imperio dependiente de solo Dios, siendo de ninguna importancia la ceremonia de ser coronado por los papas, a quienes ningún derecho se había cedido sobre el imperio.

Benito quiso también privar del reino de Sicilia a Pedro II, hijo y sucesor de Federico II su padre; pero Pedro II no dejó entrar en la isla a cuatro frailes franciscanos que intentaron publicar las primeras bulas, en cuya consecuencia Pedro prosiguió poseyendo la corona sin embargo de las censuras papales.

En Hungría, Polonia, Suecia, tierras teutónicas y otros países procuró Benito intervenir como soberano de soberanos y alto señor libre de las soberanías, porque los frailes agustinos, dominicos y franciscos habían hecho ya general esta doctrina teniendo por herejes a los que la negaban. Los reyes tuvieron mucha culpa pues daban valor a la mentira cuando les convenía para sus intereses particulares de agregarse algún territorio, tomar título de reyes, o destruir por medios indirectos el mayor poder de sus adversarios.

198 - CLEMENTE VI

De 1342 *a* 1352

Pedro Rogier, natural de Maumont de Limoges, en Francia, monje benito, arzobispo de Ruan, cardenal del título de San Nereo, fue elegido papa en 7 de mayo de 1342 con el nombre de Clemente VI, y murió en Villanueva de Aviñón día 6 de diciembre de 1352.

Luego que poseyó la silla pontifical hizo publicar un edicto diciendo que todos los clérigos pobres acudiesen a él dentro de dos meses en Aviñón, donde fijó su residencia como los tres antecesores, y a poco tiempo se vio allí con más de cien mil clérigos, tal era el estado en que se hallaba el clero en general por los desórdenes de la curia romana. Sin dilación Clemente se reservó la provisión de todas las rentas eclesiásticas, especialmente las prelacías, con la circunstancia de anular cuantas elecciones canónicas se hubiesen verificado en su tiempo. Algunos cardenales le representaron que jamás habían llegado a tanto sus predecesores, y respondió Clemente que no *habían sabido ser papas*. Una respuesta de tal naturaleza en los principios del pontificado, junta con injusticia tan escandalosa, manifiesta por sí misma el carácter del papa y las esperanzas que se debían concebir.

Habiéndose renovado los tratados de reconciliación con el emperador Luis V, puso Clemente VI condiciones más duras que su antecesor, queriendo que aquel reconociera y confesara pertenecer a la santa sede todas las islas; que el imperio era feudo y beneficio de la iglesia romana; que en las vacantes del imperio pertenecía su gobierno a los papas; que estos eran dueños del derecho de los electores, por lo que podían aumentar o disminuir el número y mudar la calidad; que ningún electo pudiese administrar el imperio hasta conseguir aprobación pontificia, ni llamarse emperador hasta ser coronado en Roma; que ninguno se coronase sin jurar antes fidelidad, sumisión y vasallaje de las insignias imperiales y de todo uso de potestad, sujetándose a la voluntad pontificia, confesando haber carecido de derecho para sus gestiones de emperador, reconociendo por válidos todos los procedimientos de Juan XXII y Benito XII contra él y dando al papa en rehenes sus hijos, cuya suerte había de pender también de la voluntad pontificia. Luis comunicó las condiciones a la dieta imperial de Fráncfort, y los príncipes dijeron que no se podían admitir sin ignominia del imperio; por lo que publicaron otro manifiesto mostrando que los papas eran los vasallos del emperador y debían jurarle fidelidad y sumisión como había sucedido antiguamente.

Clemente VI, llevando adelante su proyecto, expidió bula mandando a los electores elegir nuevo rey de romanos en lugar de Luis, y eligieron a Carlos IV de Luxemburgo, hijo de Juan, rey de Bohemia, nieto materno del emperador Enrique VII de Luxemburgo; para lo cual precedieron intrigas vergonzosas indignas del sucesor de san Pedro, además de hacer prometer a Carlos todo lo que se pretendía exigir de Luis (que murió luego envenenado) y el infame abatimiento de no ir jamás a Roma sino el día de su coronación, ese a pie, sin tropas ni comitiva, salir de allí en el día inmediato sin mezclarse en su gobierno, dejando este al absoluto y soberano arbitrio de los papas; que tampoco entraría en Italia sino una sola vez para coronarse en Milán, y dejaría sin protección a todos los *gibelinos*, es decir, a todos los potentados partidarios del imperio contra las usurpaciones de los papas; que reconocería pertenecer a estos y no al imperio la ciudad de Ferrara, y demás antes pretendidas por sus antecesores con les islas de Sicilia, Cerdeña, Córcega y todas cuantas hay en los mares. A todo se allanó Carlos, por lo que el famoso Petrarca y otros escritores coetáneos declamaron altamente contra la bajeza sórdida e infame de Carlos, y contra la soberbia, orgullo, ambición, codicia y torpezas de la corte pontificia, a la cual retrata con el nombre, las facciones, los colores y las propiedades de Babilonia, sin que los protestantes de los siglos XVI y XVII hayan dicho ni podido decir más y casi ni tanto como el católico Petrarca, testigo de propia vista, en lo que le acompaña Mateo Vilani, no quedando muy atrás san Antonio de Florencia, con sola la distinción de buscar frases moderadas y de contemplar algo a la curia por causa de las opiniones generales.

Consiguiente a sus principios el papa intentó gobernar el reino de Nápoles durante la menor edad de la reina Juana I, llamándose tutor suyo legítimo como soberano directo, a pesar de que Roberto su abuelo, rey anterior, había nombrado tutores y regentes para su nieta. Prosiguió sus procedimientos inútiles contra los príncipes de la casa d Aragón, reyes de Sicilia.

Expidió título de rey de las islas canarias a Luis España de la Cerda, descendiente del infante de la Cerda, con la condición de reconocerse vasallo tributario de Roma y confesar que las islas eran feudo pontificio, no obstante que se hallaban en poder de idólatras, y que la conquista había de ser a costa de Luis, lo que no se verificó.

Proveyó muchos obispados de todos los reinos cristianos a personas extranjeras de dichos reinos, y que no residían en sus iglesias, y habiéndose quejado varios reyes, particularmente los de Inglaterra y Castilla, dio respuestas tan frívolas y despreciables, que manifiestan claramente cuán poco caso le merecían aquellos soberanos.

Se multiplicaron hasta lo infinito de todas partes las quejas contra los atentados y las usurpaciones de los frailes mendicantes, pidiendo la supresión de sus institutos. Algunos cardenales apoyaron la solicitud, y Clemente la despreció, dándoles en cara con este motivo sus riquezas y vida escandalosa, sin reparar en que saberla y no remediarla era crimen propio por interés particular.

Tuvo disputas graves con el rey de Aragón Pedro IV, pero intervino dinero y se compuso todo, como sucedía con las otras cortes que se allanaban a darlo.

Excomulgó a Juan Visconti, arzobispo de Milán, por haber usurpado el señorío de la ciudad de Bolonia, y se atribuyó al arzobispo cierta carta que sonaba escrita por el *príncipe de las tinieblas a su vicario Clemente y a los cardenales sus consejeros.* Estando el papa en consistorio con los cardenales, se la dejó caer en el suelo al descuido con cuidado un cardenal partidario de la familia de Visconti; habiéndola otro cogido se propuso leerla, y resultaba de su contexto que Lucifer daba muchas gracias a Clemente y sus cardenales por lo mucho y bien que trabajaban en propagar y consolidar su reino de tinieblas, con cuyo motivo referían los méritos más brillantes del papa y del mayor número de cardenales a favor del imperio infernal, y concluía diciendo: "Vuestra madre la Soberbia os saluda con vuestras hermanas Avaricia, Lujuria y demás compañeras, las cuales se jactan de triunfar con los auxilios que vosotros les dais continuamente. Dada en el centro del infierno en presencia y con acuerdo de un crecido número de diablos". A pesar de creer Clemente que semejante carta era del arzobispo se compuso con él por una crecida suma de dinero, le absolvió de la excomunión, le dio la investidura de Milán y de Bolonia por doce años bajo la condición de confesarse vasallo de la iglesia romana y pagar doce mil florines de oro anuales. Milán era imperial y capital del reino de Italia, pero en nada se reparó.

Por eso Mateo Vilani escribía entonces mismo (continuando la historia comenzada por su hermano Juan) que la devoción a la santa sede junta con el dinero conseguía de los papas el triunfo en todo género de negocios.

Así sucedió a Casimiro III rey de Polonia, que logró ser absuelto por dinero de la excomunión que se le había impuesto por tener muchas concubinas. Así enriqueció este pontífice a sus parientes, cuya conducta fue tan depravada que cedía en deshonor del jefe de la iglesia. En el libro I, capítulo 31 de las revelaciones de santa Brígida, coetánea, se lee que Cristo se le apareció y le dijo que Clemente VI era homicida de las almas, destrozador del rebaño cristiano, más abominable que los judíos, más enemigo de Jesús que Judas, más injusto que Pilatos, peor que Lucifer.

199 - INOCENCIO VI

De 1352 *a* 1362

Esteban de Alberto, natural de Mont de Limoges en Francia, cardenal obispo de Ostia, fue elegido quinto papa aviñonés en 18 de diciembre de 1352 con el nombre de Inocencio VI, y murió en Aviñón sin ver su iglesia de Roma en 12 de setiembre de 1362. Fue uno de los pocos papas moderados sin sucesos escandalosos, pues aunque favoreció con exceso a sus parientes, tuvo la felicidad de que fuesen literatos y de buena conducta. Reformó algunos abusos de las reservas pontificias y de las encomiendas eclesiásticas.

Le sucedió un caso particular que merece contarse. Había entonces unas cuadrillas de bandidos muy numerosas que desolaban todos los países con robos, muertes, violencias a mujeres y otros crímenes; se llamaban *los tarde-venidos*. La fama de las riquezas de la corte de Aviñón los condujo allí. El papa los excomulgó, y ellos, riéndose, iban a burlarse del pontífice y cardenales con todas sus excomuniones, si el marqués de Monferrato no hubiera proyectado mejor medio. Les dio de parte del papa gran suma de dinero antes que entrasen en la ciudad, y les dijo que les daría otra mayor si querían pasar a Italia, y perseguir a los enemigos de la iglesia que se hallaban rebelados en distintos pueblos. Aceptaron, y el azote pasó a otra parte.

200 - URBANO V

De 1362 *a* 1370

Guillermo, francés, natural de Grizac de Gevaudan, en Languedoc, monje benedictino, abad de San Víctor de Marsella, fue elegido papa sin ser cardenal en setiembre de 1362, hallándose ausente de Aviñón, en Florencia, destinado a nuncio a la corte de Nápoles. Abandonó la residencia de Aviñón a pesar de las instancias del monarca francés. Salió de esta ciudad en 30 de abril de 1367; llegó a Roma en 23 de mayo, e hizo su entrada pública en 16 de octubre, siendo recibido con aquel placer que se deja discurrir, después de sesenta y tres años de ausencia del pastor; pero sin embargo aun murió en Aviñón día 19 de diciembre de 1378, porque volvió a salir, diciendo hacerlo para poner paces entre Inglaterra y Francia, bien que Francisco Petrarca dice haber sido pretexto, y ciertamente para hacer las paces no necesitaba semejante viaje.

Yendo en procesión desde San Juan de Letrán hasta el Vaticano, fue por el camino recto sin hacer el rodeo que antes habían hecho los papas en tales procesiones, por evitar la vista del sitio en que había sucedido el caso escandaloso de la papisa Juana. El abate Fleury infiere de aquí que las gentes comenzaban a tener ya por fábula el suceso; yo no entiendo semejante lógica; solo se debe inferir que Urbano V creyó ser cosa ridícula el rodear porque allí se verificase la historia verdadera, y que para borrar la memoria, uno de los medios poderosos era despreciarla.

Sacó del *Sancta-Sanctorum* las cabezas de san Pedro y san Pablo; les mandó construir estatuas de medio cuerpo de plata, colocando en ellas aquellas reliquias, y la de san Pedro tenía la tiara circundada de tres coronas, lo que influyó para que algunos historiadores hayan creído que Urbano V fue el primer papa que pusiera tres coronas en su tiara; pero lo cierto es que no consta el uso de más que dos.

Antes de su muerte hizo protestación solemne de que si antes o después de ser papa había creído, dicho, enseñado o escrito algo contra la santa fe católica, lo retractaba, sujetándose a la corrección de la santa madre iglesia católica y apostólica. Lo mismo había practicado su mismo antecesor; los cuales ejemplares, unidos al de Juan XXII, demuestran que los papas mismos no se creían infalibles, y con efecto la opinión de infalibilidad es mucho más moderna.

Urbano V también amó la paz y fue bueno. Si yo viese canonizado a este papa y su predecesor Inocencio VI, no tendría nada que criticar; pero por fuerza veo que los milagros se fingieron en favor de pontífices díscolos, escandalosos, usurpadores, origen de guerras y de grandes males por sus pasiones, disfrazadas con las apariencias del celo de la religión.

201 - GREGORIO XI

De 1370 *a* 1378

Pedro Roger, francés, sobrino del papa Clemente VI, natural de Maumont de Limoges, cardenal diácono del título de Santa María la Nueva, fue elegido papa en Aviñón con el nombre de Gregorio XI en 30 de diciembre de 1370; es el séptimo y último de los papas legítimos pacíficos que vivieron en Aviñón, porque trasladó su residencia ordinaria y toda su corte a Roma, donde hizo entrada triunfal en 17 de enero de 1377, es decir setenta y tres años después del abandono de aquella capital; y aun así proyectaba retirarse al mismo Aviñón, cuando se lo impidió la muerte acaecida en 27 de marzo de 1378 que ocasionó el gran cisma de Occidente, nueva calamidad general de la Europa, cuya duración fue de cincuenta y un años hasta el de 1429 como veremos; todo efecto del maldito sistema de ambición que había hecho a los papas creerse obispos ecuménicos universales contra la declaración de su predecesor san Gregorio Magno; pues persuadidos de no ser precisamente obispos de Roma, sino de toda la iglesia católica esparcida en todo el mundo, deducían la consecuencia de que no faltaban a la residencia de su obispado, aunque la tuvieran en Aviñón.

De aquí resultó ser franceses los siete papas elegidos en Francia. De aquí el ser franceses el mayor número de cardenales que componían el colegio pontifical. De aquí el haberse vuelto Urbano V, y quererse volver Gregorio XI a las delicias de su

Aviñón. De aquí el haber quedado enojados y tristes los cardenales franceses con la elección del nuevo papa Urbano V, natural de Nápoles, y elegir cismáticamente después otro francés llamado Clemente VII. De aquí las intrigas para que otras naciones cismontanas reconociesen a Clemente. De aquí la duración escandalosa del cisma por causa de los intereses de los soberanos de Europa. De aquí finalmente mil daños espirituales y temporales que no hubieran existido si los pontífices romanos hubiesen seguido la declaración de su antecesor san Gregorio Magno, según la cual no solamente no es obispo universal ecuménico el obispo de Roma, sino que no lo podía ser, porque se absorbería en una sola persona el obispado que constaba por el Evangelio estar en todos y cada uno de los doce apóstoles; declaración tanto más respetable, cuanto que se hizo por un papa de los más celosos que tuvo la iglesia romana para extender los límites de la autoridad pontificia, y restringir las de los patriarcas, exarcas, primados y metropolitanos, únicos con quienes hasta entonces había relaciones directas fuera de casos extraordinarios.

Por lo demás Gregorio XI si no fue tan pacífico como Inocencio VI y Urbano V, tampoco fue tan alborotador y rencilloso como los otros papas aviñoneses. Tuvo su guerra con los Viscontis de Milán y con otros cuando vio despreciadas las censuras; pero se compuso luego. Mas erró en la conducta con Wiclef, pues si no hubiese procedido con rigor al principio, no hubiera pasado adelante aquel inglés por despecho.

202 - URBANO VI

De 1378 *a* 1389

CISMA XXIII

Hemos llegado al tiempo cuyos escandalosos acaecimientos debían servir de desengaño a los hombres de buena fe para no sostener con temerario tesón la sentencia de que el Espíritu Santo tomó a su cargo dirigir las elecciones de jefe de su iglesia católica para edificación de los fieles. Si fuese cierto jamás habría cismas, y todos los papas serían buenos a cual mejor; lo contrario es imputar al Espíritu Santo falta de poder, de sabiduría o de bondad, y esto es blasfemia heretical.

Cuando murió el papa Gregorio XI en Roma, eran veinte y tres los cardenales; en Aviñón estaban seis; uno en Toscana; diez y seis en la capital; estos debían elegir sucesor; entraron en cónclave, día 7 de abril de 1378 los diez y seis, de los cuales eran franceses doce; bastaban once para elección canónica en favor de otro francés; pero las voluntades no estaban acordes; los gascones querían papa gascón; los otros uno natural de distintas provincias francesas; los cuatro italianos estaban determinados a procurar la elección de un italiano.

El pueblo de Roma se alborotó, sitió el palacio del cónclave gritando *queremos un papa que sea romano*; hubo ciertamente ocurrencias, por las cuales debe creerse que si la elección no hubiese recaído en persona italiana, los cardenales tenían peligro inminente de morir, pues el efecto manifiesta que no cesó el miedo, aun habiendo elegido napolitano; por lo cual en lugar de proclamar al verdadero electo *Bartolomé Prignani*, arzobispo de Bari, en Nápoles, fue anunciado por de pronto para que la multitud se retirase, *Francisco Tebaldesqui, cardenal de San Pedro, natural de Roma*; y solo se dijo la verdad en el día 9 de abril, en que las circunstancias hacían creer que se conservaría tranquilo el pueblo, aunque supiese que no era romano el nuevo papa, con tal que fuese italiano.

El electo fue consagrado día 18; y en el 19 los cardenales electores escribieron a los ausentes comunicando la elección, la cual dieron estos por bien hecha. Pero el electo se condujo con orgullo tan intolerable, que los cardenales le abandonaron a la mitad del mes de mayo; se retiraron a la ciudad de Anagni, en la provincia de Campania, y luego a la de Fondi, en la cual se reunieron no solamente los doce cardenales franceses, sino aun los once italianos. Reunidos los diez y seis electores circularon cartas a todos los países católicos, anunciando la nulidad de la elección hecha en el arzobispo de Bari que se titulaba papa *Urbano VI*, y la de todos los actos subseguidos a la elección porque todo había sido efecto de miedo gravísimo de muerte, sin que hubiesen tenido libertad hasta el tiempo de hallarse fuera de Roma.

Consecuentes a esta declaración requirieron varias veces a Urbano VI que renunciase para evitar cisma, pues pensaban hacer nueva elección libre. Urbano se negó a renunciar teniéndose por legítimo sumo pontífice. Los diez y seis cardenales eligieron en 21 de setiembre del mismo año en la ciudad de Fondi a *Roberto de Ginebra*, cardenal, que era uno de los diez y seis electores. Estos lo avisaron a los ausentes, los cuales adhirieron, y en su consecuencia Roberto fue coronado papa en 31 de octubre con el nombre de *Clemente VII*, y fijó después su residencia en Aviñón de Francia.

Desde entonces hubo dos papas sin que se supiera de cierto cuál era legítimo; pues por un lado constaba con evidencia la falta de libertad en la elección de *Urbano VI*, y por otro parecía ratificada y renovada por los cardenales en muchos actos, cuyo aspecto exterior presentaba las apariencias de libres y la cesación del antiguo miedo. Ello es que las naciones católicas se dividieron como los cardenales, algunas por interés, otras por opinión.

El imperio de Alemania y el reino de Nápoles tenían interés en reconocer a Urbano. Francia interesaba en que prevaleciese Clemente. Inglaterra, por oponerse a Francia, con quien estaba en guerra casi continua, reconoció a Urbano. Aragón ganaba en adherirse al papa Clemente por la vecindad en su corte aviñonesa. Navarra, por su conexión y dependencia parcial de la casa real de Francia, se hallaba en igual caso. Castilla se declaró neutral hasta saber la verdad de los hechos; pero pasado algún tiempo venció el cardenal Pedro de Luna, noble aragonés y uno de los electores de Clemente VII. Sicilia, Escocia y Chipre siguieron su ejemplo.

La verdad llegó a estar tan confundida, que en cada reino, provincia, obispado, iglesia, parroquia, comunidad, convento y aun familia se hallaban individuos de una y otra opinión; y lo que es más, hubo personas santas, ahora canonizadas, que opinaron contradictoriamente. Santa Catalina de Sena, monja dominicana, que hacía en aquellos tiempos gran papel político, muy superior al que le correspondía por su sexo, estuvo en favor de Urbano VI, y san Vicente Ferrer, fraile del mismo instituto dominicano, tan acreditado de milagros y revelaciones como santa Catalina o más que ella, reconoció a Clemente VII. Se verificó lo mismo con individuos santos de otros institutos.

El fanatismo produjo furores y persecuciones. El deseo de aumentar partido influyó a los papas la condescendencia en una multitud de cosas injustas. El ansia de aniquilar cada competidor a su adversario promovió guerras escandalosas tituladas de *religión*. Estas no se pueden sostener sin dinero, y para tenerlo Urbano y Clemente gravaron imponderablemente al clero de su respectiva obediencia con exacciones; vendieron las alhajas, los ornamentos y aun los cálices de algunas iglesias; enajenaron bienes raíces y derechos de rentas perpetuas de comunidades eclesiásticas; la Europa, en fin, se vio pobre, infeliz, triste y sujeta a calamidades sin número durante cincuenta años por una cosa que, mirada en su fondo por un filósofo cristiano, no importaba nada, y que se hubiera disipado tal vez por sí misma si los soberanos católicos no hubieran mezclado sus intereses imaginarios con los de la religión.

Si todos se conformasen en gobernar su iglesia nacional por medio de su patriarca o primado mientras los dos electos y los cardenales no se conviniesen en cuál había de ser preferido, y en no auxiliar a ninguno con hombres ni dinero, presto se hubiesen visto los dos partidos en la necesidad de renunciar para que se celebrase tercera elección decisiva.

Urbano VI es a quien yo cuento por papa para el orden de numeración, porque fue el primer electo, y porque con el curso de los tiempos ha prevalecido en los autores el estilo de referir la sucesión pontificia; pero entiéndase que no por eso debe interpretarse que opino en favor suyo contra Clemente, cuando el concilio general de Constanza se consideró sin luces para decidir la duda, y tomó el extremo de obligar a todos a renunciar, y en su defecto reputarlos decaídos del derecho que tenían.

Urbano fue mal hombre, soberbio, imprudentísimo hasta lo sumo. Su imprudencia y el mal tratamiento que dio a los cardenales apenas se creyó verdadero papa, fueron origen único del cisma. Sin su barbarie los cardenales hubieran seguido reconociéndole por legítimo. Fue cruelísimo para castigar al obispo de Aquila y a cinco cardenales creados por él mismo; solo por sospechas de una conjuración que no se les probó les hizo dar garrote después de haberles dado tormentos repetidos para que confesasen, y no solo no confesaron sino que protestaron hasta el último momento de vida su inocencia, citando al tribunal de Dios al bárbaro pontífice que presenciaba las torturas de los infelices, creaturas suyas.

Destituyó del reino de Nápoles a la reina Juana I, porque habiéndolo reconocido primero, se pasó al partido de Clemente, y dio el cetro a Carlos III, llamado *de la Paz*, duque de Durazo, biznieto agnado de Carlos II, pero desmembrando a favor de Francisco Prignani, sobrino de Urbano, el principado de Capua, el ducado de Amalfi con otras tierras del reino.

Este príncipe de nuevo cuño sacó del convento de Santa Clara de Nápoles una religiosa, joven, hermosa, de familia distinguida, la tuvo encerrada en su casa muchos días abusando sensualmente de su situación, y la abandonó después de satisfecho y fastidiado su brutal desenfreno. Se reclamó a Urbano, residente por entonces en Nápoles, y respondió que algo se había de disimular a la juventud; su sobrino pasaba de cuarenta años de edad. El rey Carlos hizo prender al reo: constó haber este procedido con feroz violencia desde el principio hasta el fin sin consentimiento de la religiosa. Los jueces lo condenaron a pena de muerte. Reclamó el papa diciendo que no podía el rey condenar a nadie a la pena capital sin permiso pontificio por ser su santidad el alto soberano de Nápoles. El asunto se embrolló de suerte que no solo quedó inmune Francisco Prignani, sino que pactó casase con una parienta de rey. Murió este, y le sucedió su hijo Ladislao; pero Urbano se negó a reconocerle diciendo que durante su vida quería ser personalmente rey de Nápoles. Hizo predicar guerras de cruzada contra Clemente, y contra las personas que lo reconocían, librando excomuniones con más rigor que contra los que hubiesen azotado a un crucifijo. En fin, murió aquel bárbaro en 18 de octubre de 1389, después de once años y medio de crueldades, sin que hubiera nadie que llorase por su muerte, como dice un escritor coetáneo.

Clemente VII no fue tan bárbaro como su competidor, pero sí más codicioso. No se puede pensar abuso que no adoptase para gravar las iglesias y el clero de su obediencia: obispados, abadías, dignidades, canonicatos, raciones, beneficios, capellanías, préstamos, pensiones y cuanto tiene relación a rentas eclesiásticas, se vendía como mercancía cualquiera. Reservas, expectativas, encomiendas, divisiones de títulos para multiplicar anatas, expolios, vacantes y otras cosas desconocidas en los siglos antiguos se frecuentaron entonces. Así es que, a pesar de los gastos enormes de las guerras que sostuvo Clemente, se hallaron trescientos mil escudos de oro por su muerte, verificada en 16 de setiembre de 1394 de resultas de una irritación de cólera contra la universidad de París que había presentado al rey de Francia cierto manifiesto demostrativo de que Clemente arruinaba los estudios con sus exacciones y otros excesos.

203 - BONIFACIO IX

De 1389 *a* 1404

PROSIGUE EL CISMA

Pedro Tomacelli, llamado el cardenal de Nápoles, fue elegido papa por catorce cardenales de la obediencia de Urbano VI en 2 de noviembre de 1389, y coronado el día 11 con tiara circundada de tres coronas, cosa que no consta hubiese practicado ningún antecesor, lo que basta para conocer cuán ambicioso y soberbio sería. Tomó el nombre de Bonifacio IX, acaso por significar tan grande orgullo como su paisano Bonifacio VIII. Amplió, perpetuó y sujetó a sistema el tributo indirecto de las *anatas* eclesiásticas; esto es, la renta de un año de cada título eclesiástico que proveía; contribución que junta con los gastos de expedición de bulas y posesión ha hecho morir pobrísimos y llenos de deudas una multitud de clérigos fallecidos a poco tiempo después de provistos.

Como en año de 1400 era jubileo, acudieron a ganarlo en Roma innumerables peregrinos, aunque no fuesen de su obediencia, porque también había publicado el mismo jubileo su competidor Benito XII, sucesor de Clemente VII en Aviñón. Bonifacio tuvo la imprudencia de tolerar que se les robase y maltratase, procedimiento impolítico e injusto que le privó de ganar amigos útiles y le multiplicó los enemigos. Fue simoníaco público vendiendo los beneficios eclesiásticos al más dante y las indulgencias del jubileo del año 1400 a los que quisieran ganarlas sin ir a Roma.

Habiéndosele propuesto por el emperador y el rey de Inglaterra, de acuerdo con el de Francia, que renunciase para la paz de la iglesia pues también se haría renunciar a Benito XIII, se negó tenazmente. Por último murió de cólera y rabia en 1° de octubre de 1504, de resultas de una embajada que su competidor le dirigió rogándole que tuviese una conferencia con él para tratar la extinción del cisma, en el pueblo que designase. Hubo contestaciones desagradables de parte a parte, y los embajadores de Benito le dieron a entender que era un simoníaco, cuya especie exaltó su bilis y le produjo fiebre aguda que le quitó la vida casi de repente.

Durante el pontificado de Bonifacio IX se verificó la muerte de Clemente VII, su antagonista, cuyos cardenales eligieron en Aviñón para sucederle, día 28 de setiembre, al cardenal Pedro de Luna, español aragonés de la primera nobleza del reino, que tomó por nombre Benito XIII. Él y los otros hicieron la elección jurando que sería sin perjuicio de adoptar los medios necesarios para extinguir el cisma, aun con inclusión de la renuncia del pontificado; pero por más empeño que formaron los reyes de acuerdo con los que reconocían a Bonifacio IX, no pudieron conseguir su allanamiento a renunciar. Él buscó cuantos subterfugios caben para aparentar que deseaba extinguir el cisma, pero sus obras y las de su competidor demostraban que ambos eran a cuál más ambicioso. La vida de Benito XIII se prolongó durante las de varios competidores, por lo que volveremos a citarle.

-o-o-o-

SIGLO XV

204 - INOCENCIO VII

De 1404 *a* 1406

PROSIGUE EL CISMA

Los cardenales romanos eligieron en 17 de octubre de 1404 por sucesor de Bonifacio IX a Cosme Meliorati, natural de Sulmona, cardenal del título de Santa Cruz, que fue coronado en 11 de noviembre con el nombre de Inocencio VII. Antes del acto de la elección, acordaron y juraron que todo se entendiese sin perjuicio de procurar la extinción del cisma, renunciando su dignidad el electo si fuese necesario. Inocencio gozó solos dos años el pontificado, pues murió en 6 de noviembre de 1406. Se negó a la conferencia propuesta por su competidor, encargando proponer otros medios para la paz de la iglesia. Promulgó celebración de concilio general; pero después abandonó el pensamiento por temor de los soberanos. Expidió bula de privación del reino de Nápoles contra Ladislao, y luego entrando en miedo de las resultas, se compuso con él y le nombró gonfaloniero de la iglesia romana. Permitió excesos de autoridad a su sobrino Luis Meliorati, quien abusó del poder en tanto grado que hizo asesinar a varios ciudadanos de Roma, miembros de su consistorio en el palacio papal donde se hallaban diputados del senado para ciertas conferencias.

Benito XIII proseguía entretanto aparentando en Aviñón gran deseo de la unión de la iglesia, pero demostrando prácticamente lo contrario con su pertinencia, y vejando las iglesias de Francia con exacciones injustas, e inventando cada día nuevos modos de sacar dinero. El rey de Francia, en virtud de dictámenes de la universidad de París, formó el proyecto de concilio general; en cuyo estado se verificó la muerte del papa romano.

205 - GREGORIO XII

De 1406 *a* 1409

PROSIGUE EL CISMA

Los cardenales romanos estando en cónclave día 23 de noviembre de 1406, acordaron y juraron lo mismo en sustancia que en la anterior vacante, añadiendo que para extinguir el cisma, no solo renunciaría el que resultara elegido, sino que se reunirían en un solo cónclave los cardenales de los dos partidos para elegir papa único general. En 30 del mismo mes fue elegido para sucesor de Inocencio VII Ángel Corrario, natural de Venecia, cardenal del título de San Marcos. Tomó el nombre de Gregorio XIII y ratificó la acta de obligación de renunciar la tiara. Tenía setenta años de edad y estaba reputado por hombre de gran virtud. Hizo saber al pueblo romano su docilidad para renunciar, por lo que se le dieron grandes aclamaciones, y los cardenales formaron concepto de que cesaría el cisma, por estar noticiosos de que el rey de Francia Carlos VI trabajaba de buena fe para que también renunciase Benito XIII.

La experiencia mostró que la virtud de Gregorio era hipocresía y ficción, como suele serlo en todos los ambiciosos. Conservó la máscara mientras pudo evitar el momento crítico, pero se la quitó cuando faltaron los arbitrios de hacer valer la hipocresía. Prometió muchas veces que renunciaría si su competidor renunciaba, porque debía empezar este las gestiones. Bendito decía otro tanto, y hubo gravísimos fundamentos de creer que los dos habían incurrido en crimen de colusión para mantenerse ambos (cada uno en su respectivo pontificado parcial), aparentando siempre conformidad de renunciar, y solamente discordia sobre quién debía verificarla primero.

Los cardenales de Gregorio llegaron a desengañarse, y queriendo de veras extinguir el cisma, escribieron a los de Benito, al rey de Francia y otros soberanos que consideraban forzoso convocar un concilio general, en el cual se reuniesen los cardenales de los dos partidos y procediesen contra los dos tenedores de la tiara pontificia.

Hubo para esto muchas dificultades que vencer; pero por último se congregó concilio general en la ciudad de Pisa de Italia, en el cual se pronunció, día 5 de junio de 1409, sentencia definitiva, declarando que Ángel Corrario (nombrado Gregorio XII) y Pedro de Luna (llamado Benito XIII) eran cismáticos, herejes, perjuros, escandalizadores de la iglesia, incorregibles, indignos de todo honor y dignidad; en consecuencia de lo cual se les prohibía tenerse por sumos pontífices, y se mandaba en virtud de santa obediencia a todos los príncipes, cuyos embajadores allí estaban, y a los demás que no reconociesen a ninguno de los dos por papa, porque la iglesia romana estaba de veras vacante mientras el mismo concilio no eligiera nueva persona para presidirla y gobernarla.

Benito XIII había tenido conducta tan impolítica, que facilitó con ella la reunión de los dos partidos para esta empresa. No contento con los excesos acostumbrados, expidió bula contra el rey de Francia, excomulgando a S. M. y a todos los demás que procurasen extinguir el cisma por medio de renuncias, y la hizo intimar sin respeto alguno a la dignidad real en cuanto al modo, por lo que Carlos VI habiendo recibido consejo de la universidad de París y de otras del reino, y celebrado asamblea numerosa de obispos, consejeros y otras personas timoratas y científicas, mandó no reconocer en adelante a Benito XIII por sumo pontífice, y hacerlo preso en Aviñón.

Esto no se verificó por la fuga de Benito a Perpiñán, ciudad perteneciente al rey de Aragón. Pero los cardenales se hallaban ya cansados de sufrir el orgullo de Benito, la dureza de su carácter, su ambición desmesurada, y la mala fe con que procedía en el negocio más interesante de la iglesia católica; por lo cual aprovecharon esta concurrencia de circunstancias para convenir con los cardenales de Gregorio y celebrar el concilio general de Pisa.

206 - ALEJANDRO V

De 1409 *a* 1410

PROSIGUE EL CISMA

El concilio de Pisa eligió en 26 de junio de 1409 por verdadero sumo pontífice a Pedro Filargio, fraile franciscano, cardenal arzobispo de Milán, que fue coronado en 7 de julio con el nombre de Alejandro V, y expidió después en 10 de enero de 1410, una bula confirmando la sentencia y lo demás ejecutado por el concilio general de Pisa.

Sin embargo el cisma no cesó porque Gregorio XII y Benito XIII, lejos de someterse a la determinación conciliar, ni a la bula de Alejandro V, prosiguieron reputándose papas, y procediendo como tales Gregorio en Aquilea, confiando en la protección de Ruperto, emperador parcial, contendiente con Wenceslao, depuesto poco antes por los príncipes, luego residió en Gaeta protegido por Ladislao, rey de Nápoles; y Benito en Perpiñán, sostenido por Martín, rey de Aragón. Cada uno de los dos rebeldes creó nuevos cardenales, formó nueva curia pontificia, y multiplicó los males de la religión y de la iglesia. Ruperto Martín y Ladislao fueron reos grandes de aquellos crímenes, pues tuvieron en sus manos el remedio del cisma, prendiendo y castigando a los dos antipapas. Pero no siendo mi objeto el hacer el retrato político de los soberanos temporales, sino el de los papas, no puedo menos de llamar la atención de mis lectores a reflexionar sobre lo que quieren los romanos persuadir que el Espíritu Santo dirige a los electores del sumo sacerdocio para que recaiga en persona digna de gobernar la iglesia de Jesucristo. Entre tanto sépase que Alejandro V murió luego en 3 de mayo del citado año 1410 con solos diez meses y ocho días de pontificado, tan triste que solía decir: *cuando fui arzobispo estaba rico; siendo cardenal fui pobre; habiéndome sublimado a papa soy un mendigo*. En su corto pontificado hizo grandes desatinos. Excomulgó y depuso a Ladislao, rey de Nápoles, por medio de bula. Concedió a los frailes franciscanos predicar y confesar contra la voluntad de obispos y curas, y recibir diezmos y oblaciones de los que quisieran darlas. Esto irritó al rey de Francia y otros. El papa Juan XXIII revocó esta bula.

207 - JUAN XXIII

De 1410 *a* 1417

PROSIGUE EL CISMA

Por muerte de Alejandro V, verificada en Bolonia, entraron allí en cónclave los cardenales, y eligieron en 17 de mayo de 1410 a *Baltazar Cossa*, noble de Nápoles, cardenal diácono del título de San Eustaquio, y fue coronado con el nombre de *Juan XXIII*. Leonardo de Arezo, secretario suyo, dice que aunque sabía mucho dirigir negocios temporales, ignoraba la dirección de los espirituales, y era de vida y costumbres muy relajadas. Había vivido en concubinato público con una señora napolitana robada a su marido. Era tan notorio simoníaco que vendía sin rebozo los beneficios eclesiásticos al que diera mayor suma de dinero. Había robado en Bolonia siendo legado cantidades inmensas, y no menos en Milán, con título de empréstitos forzosos. Platina dice que compró al peso del oro los votos para ser papa, bien que sin decirles que eligiesen su persona, sino solo que pusieran en sus manos la capa pontifical, y el la daría a quien debiera ser electo; se la dieron, y se la puso él mismo diciendo *yo soy el papa*, con lo que se conformaron los electores.

Tuvo diferentes controversias con Ladislao, rey de Nápoles, cuya moral fue tan laxa como la de Juan. Este lo excomulgó y depuso: luego se reconcilió con él, y le dispensó gracias por dinero; después se apoderó de Roma y excedió en robos y saqueos de los templos principales a los bárbaros del siglo V; renovó Juan sus censuras, y fueron continuas las alternativas mientras este ejerció su pontificado.

El emperador Segismundo formó empeño de acabar el cisma: por su influjo, diligencias y protección se congregó concilio general en la ciudad de Constanza, en el cual asistieron embajadores de todas las naciones cristianas y de sus iglesias y soberanos. Estos y los cardenales, los obispos y los doctores trabajaron mucho y bien; formaron proceso contra el mismo Juan XXIII; se le probaron grandes crímenes, entre ellos el de haber hecho dar veneno a su antecesor Alejandro V, y lo depuso del pontificado en 29 de mayo de 1415.

Gregorio XII (antes Ángel Corrario) vivía en los primeros tiempos de Juan XXIII, protegido por Ladislao, rey de Nápoles; cuando este se reconcilió, Gregorio temió ser preso, y se refugió a Rímini con tres cardenales, bajo la protección de Carlos Malatesta, señor y conde de esta ciudad, donde permaneció tres años. Después resolvió seriamente abdicar su pontificado, y dio poderes a Malatesta para realizarlo en el concilio de Constanza: su apoderado lo hizo así en 4 de julio de 1415; y posteriormente ratificó personalmente su renuncia. Murió en Rímini de noventa y dos años de edad a 18 de octubre de 1417.

Benito XIII (o Pedro de Luna) permaneció inflexible a pesar de haberle quitado la obediencia todos los soberanos que se la prestaban antes y de haber ido el emperador Segismundo hasta Perpiñán solo por convencerle. Se retiró al castillo de Peñíscola, sito sobre el mar del reino de Valencia, en una punta de tierra tan saliente que por tres partes la azotan las olas; el concilio de Constanza decretó en 26 de julio de 1417 lo mismo que había resuelto el de Pisa, y añadió nuevas cláusulas, mandando en consecuencia de todo proceder a la elección de nuevo papa.

208 - MARTÍN V

De 1417 *a* 1431

ACABA EL CISMA

El concilio de Constanza eligió en 11 de noviembre de 1417 a *Otón Colonna*, natural de Roma, cardenal diácono, para sumo pontífice, y lo reconocieron como legítimo todos los embajadores de los reyes, naciones e iglesias, bajo el nombre de Martín V.

Juan XXIII, antes Baltazar Cossa, renovó la sumisión, y fue a postrarse personalmente a los pies de Martín V, quien lo recibió con agasajo, y mandó que Baltazar fuese venerado como decano del colegio de cardenales, se sentase al lado de Martín V en los consistorios, y se pusiese para los pies una tarima menos elevada que la del papa, pero más que la de los otros cardenales. Baltazar murió en 22 de noviembre de 1419.

Benito XIII, antes Pedro de Luna, permaneció inflexible a pesar de la embajada que le hicieron a Peñíscola el emperador Segismundo y el concilio de Constanza. Murió en el castillo a primero de junio de 1424, tan obstinado que mandó a dos cardenales (únicas creaturas suyas restantes en su obediencia) elegir nuevo papa después de su muerte. Con efecto, ellos eligieron a Gil Muñoz, canónigo de Barcelona; le consagraron con el nombre de Clemente VIII; y él se reputó sumo pontífice hasta el año de 1429 en que renunció, y se sometió a Martín V prestándole obediencia después de ciertas convenciones en favor de Gil, ya cardenal obispo de Tortosa, propuestas y conseguidas por Alfonso V, rey de Aragón. Así acabó el cisma de cincuenta y un años, que hubiera durado uno solo a lo más si el emperador Wenceslao lo hubiera querido con la eficacia que Segismundo.

Martín V prometió en el concilio de Constanza reformar los abusos de la corte de Roma sobre reservas, encomiendas, expectativas, pensiones, anatas y otras invenciones que tenían empobrecida la Europa para satisfacer el lujo romano: pero no lo cumplió y dejó proseguir el desarreglo introducido antes y al tiempo del cisma. Tampoco abandonó las máximas de lanzar censuras contra soberanos y pueblos por asuntos puramente seculares, pues excomulgó al rey de Aragón Alfonso V, porque ocupó algunas ciudades del reino de Nápoles, siendo así que lo hacía como hijo adoptivo y heredero jurado de la reina Juana II, y este abuso de las censuras fue porque Martín V había tomado partido en favor de Luis de Anjou, quien jamás pudo quitar aquel reino al rey Alfonso.

Igualmente acreditó Martín V ser tan poco celosos del bien común como todos los otros papas en el poco celo que manifestó para la reunión de la iglesia griega con la latina, la cual miró con indiferencia solo porque una de las condiciones que ponía el emperador de Constantinopla Miguel Paleólogo, era que la unión fuera en todo lo de fe, moral y disciplina universal, pero sin que los papas ejercieran en las iglesias griegas y sus rentas lo que hacían en las latinas. Quería el emperador que se celebrase concilio general en Constantinopla.

Se sabe que los papas jamás han querido eso desde Carlo Magno, porque no influirían en las decisiones con el ascendiente que lo hacen en Italia. El negar abiertamente la pretensión sería testimonio indisimulable de falta de celo de la salvación de las almas. Martín respondió que desde luego estaba pronto como el emperador costease a los prelados latinos que concurriesen al concilio todos los gastos de su manutención. Sabía que Manuel Paleólogo no se hallaba en estado de soportar ese dispendio tan enorme, y por eso aparentó conformidad. No por eso cubrió su fama. En los siglos antiguos cada uno buscaba los medios de mantenerse. La diferencia entre Constantinopla, Constanza, Basilea, Florencia, Trento y otras ciudades no podría ser tal que dictase pretensión tan odiosa. Todos los sensatos dicen que Martín miraba con desafecto la empresa. Murió sin verificarse la unión de la iglesia griega, en 21 de febrero de 1431.

209 - EUGENIO IV

De 1431 *a* 1447

CISMA XXIV Y ÚLTIMO

Gabriel Condolmeri, veneciano, cardenal obispo de Sena, fue elegido papa en 3 de marzo de 1431 y coronado con el nombre de Eugenio IV. Sin dilación manifestó ser hombre que se dejaba arrastrar de pasiones, pues comenzó a perseguir a los príncipes de la casa de Colona, familia de su antecesor, con pretexto de haber sustraído y apropiádose grandes tesoros que se decía haber quedado por muerte de Martín V. Dio lugar a que pereciesen infelizmente más de cien criados de este difunto pontífice por sospechas de complicidad. Hizo guerra cruel a los Colonas, y les vendió la paz en ciento y tantos mil florines de oro después de grandes y prolongadas persecuciones.

Convocó el concilio general de Basilea conforme a lo decretado en el de Constanza; pero apenas los prelados que lo componían decretaron la reforma de los abusos de la curia romana, se conjuró contra el concilio y expidió bulas para disolverlo. No quería que lo hubiera fuera de Italia porque no influía tanto. Indicó Bolonia, Pavía, Ferrara, Florencia y Roma, y con efecto comenzó uno en Ferrara que luego trasladó a Florencia.

Los padres del concilio de Basilea le hicieron ver que una vez congregado un concilio general legítimamente, no era dueño de disolverlo el papa, ni de limitar sus facultades porque allí estaba representado todo el cuerpo místico de la iglesia, del cual solo era el papa un miembro, y aunque con efecto sea el primero y el más principal, no por eso deja de ser obligado a respetar y obedecer a la totalidad del cuerpo; en prueba de lo cual Jesucristo dijo a san Pedro, hablando de la corrección fraterna, que si su hermano despreciaba las correcciones a solas y delante de testigos, lo dijese a la iglesia; conforme a la cual doctrina el concilio general de Constanza (reconocido por todo el mundo cristiano y por el mismo papa Eugenio como legítimo y ecuménico) había declarado que todo concilio general legítimamente congregado (y como tal representante de la iglesia católica) era infalible por asistencia del Espíritu Santo y superior al papa, el cual estaba y debía estar sujeto al concilio en cuanto a los dogmas, extinción de cismas y reforma de abusos generales de su curia relativos a toda la cristiandad.

Hubo contestaciones de parte a parte. Asignó el concilio términos a Eugenio para comparecer por sí o por medio de legados a dar satisfacción contra las acusaciones que por su pertinencia en disolver el concilio se le hicieron de ser perjuro contradiciendo al decreto de reforma, habiendo él mismo sido uno de los cardenales que había votado la necesidad en el concilio de Constanza, uno de los que juraron contribuir a ella, y por último aprobado la convocación del de Basilea para reformar los abusos del gobierno de la iglesia en la cabeza y los miembros. Se prolongaron y aun se multiplicaron los términos a petición del emperador; resultando inútiles, decretaron los padres amonestar y exhortar con la conminación de proceder adelante. Pasados muchos términos, le suspendieron del ejercicio de su pontificado. No bastó, y después de nuevas dilaciones lo depusieron en 22 de junio de 1439.

Día 5 de noviembre eligieron por sumo pontífice sucesor de Eugenio IV a *Amedeo, duque de Saboya,* que vivía retirado al desierto, y tenía opinión de santo. Lo coronaron en Basilea en 24 de julio de 1440 con el nombre de *Félix V.* He aquí nuevo cisma cuando apenas se vio expirar el grande de 51 años. No hay dudad fundada ni debe haberla por más que los romanos intenten ofuscar que la sentencia del concilio de Basilea fue válida y justa en la parte que declaró al papa Eugenio digno de ser depuesto por prevaricador, pérfido, perjuro y fautor de cisma. Válida, porque había potestad en el concilio para pronunciarla, como estaba reconocido, declarado y practicado en el general de Constanza. Justa, porque las calidades del papa en que se fundó la sentencia eran ciertas. Eugenio debió aprobar y consentir los decretos conciliares de reforma en la cabeza y miembros de la iglesia, no solo por tenerlo antes prometido y jurado, sino también porque la necesidad era mayor que nunca mediante que los bohemianos, discípulos de Juan Hus, combatían entonces la religión católica por todos los artículos relativos a la potestad del papa y abusos que se hacían de ella contra las libertades y bienes de las iglesias y de los clérigos.

Eugenio murió en 23 de febrero de 1447, muy consolado porque ya estaba disuelto el concilio de Basilea y creía extinguido el cisma en atención a decírsele que Félix V era virtuoso y renunciaría; pero aún tardó esto a verificarse más de 2 años.

Los romanos y otros escritores que leen la historia con preocupaciones elogian mucho a Eugenio por lo que habló al fin de su vida, pero el retrato político de los hombres no se ha de formar por sus palabras, sino por sus obras. Los autores del *Arte de verificar fechas* confiesan que Eugenio cometió faltas enormes en su pontificado; él fue vengativo quitando el capelo a los cardenales que votaron contra su persona en el concilio. Confiesa Fleury que prefirió el engrandecimiento de su autoridad a la paz de la iglesia. Enriqueció infinito a un sobrino a costa de las iglesias y de crímenes enormes. Fue causa del motín que hicieron los romanos por no poder soportar las tiranías del sobrino, y tuvo la culpa de la necesidad en que se vio de huir de Roma disfrazado de fraile para salvar su vida. Si Eugenio hubiera sido señor secular de una ciudad, diríamos que fue muy malo; porque fue sumo pontífice se quiere que digamos lo contrario.

210 - NICOLÁS V

De 1447 *a* 1455

FIN DEL CISMA XXIV

Por muerte de Eugenio IV fue elegido para sucederle *Tomás de Sarzana*, cardenal obispo de Bolonia, natural de Luni, en Toscana, día 6 de marzo de 1447, y coronado con el nombre de *Nicolás V.* El rey de Francia contribuyó mucho a extinguir el cisma; pero Nicolás fue generoso y merece mil elogios en esta parte. Concedió cuanto se le propuso, y Félix V renunció en 9 de abril de 1449 después de haber aprobado y confirmado el concilio de Basilea, quedando cardenal legado perpetuo a *latere* del papa en Saboya, con preeminencia de lugar y voto sobre todos los cardenales. Los creados por este conservaron su dignidad, como todos los que siguieron su partido, y fueron reintegrados en las suyas los despojados por Eugenio IV. Se confirmaron todos los actos de potestad pontificia hechos por Félix, y se revocaron los de Eugenio contra los individuos del concilio de Basilea. En fin Nicolás V dio testimonio de que prefería el bien de la iglesia a todos sus intereses y caprichos en este artículo.

Su carácter pacífico le proporcionó la unión de la iglesia griega con la latina en 1451. Perdida la ciudad de Constantinopla en 1453, dio asilo a todos los sabios griegos que quisieron ir a Italia. Con este motivo enriqueció la biblioteca pontificia con muchos y muy preciosos manuscritos; hizo traducir a lengua latina las obras de santos padres griegos que no lo estuviesen; protegió a todos los hombres de letras y fomentó en Roma las artes proporcionando a sus profesores obras continuas en la ciudad de Roma y sus principales iglesias y otros edificios. En fin fue uno de los mejores y más santos papas que hubo en todos los siglos, y no está canonizado. ¿Cuál será la causa? ¿Acaso el no haber tenido celo del engrandecimiento de la santa sede por medio de guerras y excomuniones?

211 - CALIXTO III

De 1455 *a* 1458

Alfonso de Borja, natural y arzobispo de Valencia, en España, cardenal de los Santos Cuatro Coronados, fue elegido papa en 8 de abril de 1455 con el nombre de Calixto III, teniendo la edad de 78 años, y murió en 8 de agosto de 1458 con solos 3 años y 4 meses de pontificado. Había sido secretario del rey de Aragón Alfonso V, que ahora mismo vivía poseyendo también el reino de Nápoles con el de Sicilia, y por sus respetos había obtenido Alfonso de Borja el capelo de cardenal. Parecía que esta circunstancia, junta con la de ser el papa vasallo del rey y tener todos sus parientes en los dominios de S. M., había de producir amistad entre ambos, pero sucedió todo lo contrario.

Calixto III tenía más grados de ambición que años de edad; elevó tres sobrinos y otros parientes cuanto pudo en su corto pontificado, sin reparar en injusticias. Hizo al uno duque de Espoleto con perjuicio de Alfonso V, y se propuso hacerlo rey de Nápoles. Con este fin procuró mortificar a Alfonso de modo que este le diese ocasión de excomulgarlo, privarle del feudo napolitano y darlo al sobrino.

El rey Alfonso carecía de sucesión legítima, pero tenía un hijo natural con el nombre de Fernando, legitimado por los papas Eugenio IV y Nicolás V para suceder como sucedió en la corona de Nápoles. Calixto no solo no quiso confirmar las legitimaciones ni darle la investidura, sino que le hizo guerra y procuró que se la hiciesen otros potentados, en cuyo estado le cogió la muerte.

Había reunido tanto dinero que, según san Antonio de Florencia, escritor coetáneo, dejó en monedas de oro 150.000 escudos. Los tres sobrinos elevados por Calixto fueron indignos de los honores que les dispensó. Uno de ellos fue Rodrigo de Borja, cardenal que llegó a ser papa, Alejandro VI, de quien por consiguiente deberemos hablar a su tiempo. Algunos escritores elogian mucho el celo de Calixto por excitar a todos los príncipes cristianos a la guerra contra el turco para echarlo de Constantinopla. Yo no creo que sea esto materia de justos elogios en un sumo sacerdote. Jesucristo no quiso que su religión se propagara con guerras que llevan consigo siempre la ocasión y los peligros próximos de multitud de pecados. La experiencia de las cruzadas de los siglos anteriores debía retraer de nuevos proyectos de esta clase.

212 - PÍO II

De 1458 *a* 1464

Eneas Silvio Picolomini, cardenal obispo de Siena, en Toscana, fue elegido sumo pontífice día 17 de agosto de 1458 con el nombre de Pío II, y murió en 15 de agosto de 1464. Acreditó con experiencia propia el proverbio antiguo de que los honores mudan las costumbres y las opiniones. Había sido secretario del concilio de Basilea, partidario acérrimo suyo, por lo que fue legado conciliar a varias cortes. Defendió vigorosamente de palabras y por escrito en la *historia* y otras obras suyas la superioridad del concilio sobre el papa, la subordinación de este al otro, la obligación de sujetarse a sus decretos en los asuntos de dogma, moral y cisma, la nulidad de censuras pontificias contra los vocales del concilio, las apelaciones de los decretos y bulas del pontífice al concilio futuro si no lo hay presente, y todo lo demás de jurisprudencia canónica consiguiente a estos principios.

Hecho papa mudó totalmente las ideas y no tuvo rubor ninguno de librar bula en 26 de abril de 1463 condenando a Eneas Silvio Picolomini y sus obras, diciendo sin honor ni vergüenza que hasta el nombre de Eneas manifestaba ciertos rasgos de la gentilidad, por lo que se gloriaba de que Pío condenase a Eneas. Vean mis lectores el aprecio que merecen algunas condenaciones de libros hechos por papas.

¿No es evidente que solo el interés ambicioso del empleo produjo aquella bula que le deshonrará para todos los siglos? En 18 de enero de 1460 había expedido ya otra condenando las apelaciones al concilio. El procurador general del parlamento de París la recibió en su verdadero valor. Había en ella ciertas cláusulas contrarias al derecho de la corona, iglesia y nación francesa y su pragmática sanción, y tomó de aquí ocasión para protestar contra la bula y apelar de ella y del sumo pontífice al primer concilio general futuro. Si todos los soberanos hicieron otro tanto siempre, no haría tanto mal a las naciones la curia romana. También se indispuso Pío II con Jorge, rey de Bohemia, y con Segismundo, duque de Austria, de manera que manifestó bien haber adoptado el sistema de sus antecesores para tomar partido en todos los negocios políticos de la Europa.

213 - PAULO II

De 1464 *a* 1471

Pedro Bardi, veneciano, cardenal del título de San Marcos, sobrino del papa Eugenio IV, fue elegido en 31 de agosto de 1464 con el nombre de Paulo II, y murió en 28 de julio de 1471, en su edad de 54 años.

Fue soberbio, presuntuoso y cruel; algunos añaden que fue también deshonesto y sodomita, que tuvo una hija bastarda y que murió envenenado por un marido resentido de su deshonor.

Disolvió el colegio de abreviadores pontificios, cuyos individuos eran los más sabios de Roma; se quejaron pidiendo justicia por haber comprado los empleos con la calidad expresa de vitalicios, y Paulo II los hizo prender, imputóles crimen de lesa majestad y de herejía, y darles cruelísimos tormentos para que se confesasen reos, lo que hicieron algunos por no poder resistir la tortura. El historiador Platina fue uno de los atormentados y perseguidos que pudieron resistir, como cuenta él mismo.

Era Paulo tan amigo de parecer bien que se pintaba la cara como las mujeres del mundo cuando había de presentarse al público. Siendo cardenal decía que si llegase a ser papa se debería nombrar *Formoso*, pero no se atrevió a realizarlo. Construyó una tiara llena de diamantes y piedras preciosas de todos los géneros conocidos, y procuraba que los peregrinos se detuvieran en Roma hasta la primera función para que lo viesen y pudiesen informar en sus países sobre la grandeza del papa. Con esta misma idea disponía grandes aparatos magníficos y suntuosos para las propias solemnidades, y mandó que los cardenales llevasen vestidos de color rojo, pues antes eran negros o de colores oscuros.

Tuvo grandes desavenencias con muchos soberanos por seguir el sistema de mandar con despotismo en todos los reinos, abusando de las censuras como sus predecesores; particularmente en Francia, sobre la *pragmática sanción*, y en Bohemia sobre deponer al rey Jorge como fautor de los herejes husitas, y dar el reino al de Hungría, al de Polonia u otro que quisiera recibirlo como feudo de la iglesia romana. En fin es uno de los papas que dejaron memoria de hombre mundano más que de sucesor del pobre san Pedro pescador.

214 - SIXTO IV

De 1471 *a* 1484

Francisco Lavescola de la Rovere, fraile franciscano, hijo de un pescador de Celles de junto a Savona, en Italia, cardenal, fue elegido papa en nueve de agosto de 1471, y murió en cuatro de agosto de 1484, teniendo setenta y un años de edad. En la obra titulada *Il Nipotismo* se afirma que Sixto fue el primer papa que lo redujo a sistema, declarando que fuesen príncipes romanos los sobrinos del papa. Algunos creyeron que Riario era hijo suyo, aunque sonaba sobrino. Weselo de Groninga, conocido comúnmente con el renombre de *ley del mundo*, dijo en su libro de las *indulgencias papales* "que Sixto IV permitió a petición de sus sobrinos cardenales, Robere y Riario y del cardenal de San Lucas, ejercer la sodomía en los meses calurosos de junio, julio y agosto, poniendo al margen de las preces *fiat ut petitur*, esto es, *hágase como se pide*". El mismo autor y Cornelio Agripa en sus *declamaciones a los de Lovaina* dice otro tanto; y en el capítulo 64 *de la incertidumbre y vanidad de las ciencias,* refiere que Sixto IV estableció lupanares públicos en Roma con tributo anual a favor del erario pontificio, cuyo importe excedía de veinte mil ducados; con cuyas rentas premiaba el mérito algunas veces como si fuesen beneficios eclesiásticos. "Contándose *(dice)* las rentas de un clérigo se suele decir: *Sempronio tiene un curato de veinte escudos de oro, un priorato de cuarenta y tres putas del burdel"*. Otros autores añaden que la enfermedad de que murió Sixto era efecto de la conducta desordenada que había tenido en materia de lujuria.

Un papa de esta clase fundó la inquisición de España por su bula de 1478, que Fernando V puso en ejecución año 1480, como consta de la *historia crítica de la inquisición de España*. Discúrrase cuál sería el verdadero celo que le moviese; pero ya se hace ver en dicha historia que fue beneficiar esta mina de oro para Roma, pues ella sola hizo extraer de España para la capital pontificia muchos millones con la segunda ventaja de aumentar su influjo, poder y jurisdicción con daño incalculable de la monarquía.

También se dejó llevar Sixto de otras pasiones humanas muy aborrecibles, entrando en conjuración contra los Médicis de Florencia por quitarles el mando de la república. Fomentó y dio motivo a varias guerras que costaron mucha sangre sin utilidad alguna; y por último dio el mal ejemplo (después imitado muchas veces) de conceder el arzobispado de Zaragoza a Alfonso de Aragón, niño de edad de seis años, hijo natural no legítimo de Fernando V, rey de España. En compensación sacó de este monarca mucho partido para enriquecer a los sobrinos de su santidad y aumentar su jurisdicción en Nápoles y Sicilia. De resultas de haber muerto Sixto, apenas se hizo la paz en Italia turbada por él se publicó este dístico:

> Sistere qui nullo potuit cum federe Sixtus
> Audito tantum nomine pacis obit.

Esto es en sustancia:

> Sixto que no subsistió
> Sino rompiendo tratados,
> Al punto que vio firmados
> Los de paz, expiró.

215 - INOCENCIO VIII

De 1484 *a* 1492

Juan Bautista Cibo, natural de Génova, de familia noble, originaria de Grecia, cardenal de Melfi, fue elegido papa en 29 de agosto de 1484, se nombró Inocencio VIII, y murió de edad de sesenta años en 25 de julio de 1492.

Los electores no pudieron moverse a favor de Inocencio por el buen ejemplo, pues mantenía públicamente hijos naturales, testimonio permanente de su antiguo concubinato (que creyó Fleury equivocadamente haber sido matrimonio). Es forzoso pues que otras ideas promovieran su elección, pero Inocencio comprobó después lo que debió antes recelarse.

Procuró enriquecer y elevar a sus hijos y parientes sin reparar en los medios. Casó a su hijo Francisco con la hija de Lorenzo de Médicis, señor de Florencia, y por intereses puramente humanos excomulgó a Fernando II, rey de Nápoles, procurando destronarlo. Onofrio Panvino (a pesar de ser italiano y fraile) dice que Inocencio fue muy avaro, pero que procuraba disimular su avaricia con sales y chistes en la conversación.

El pueblo de Roma no solo no le alabó al tiempo de su muerte, sino que prorrumpió en execraciones públicas porque no había socorrido a los pobres y porque había empleado en la guerra de Nápoles y grandeza de sus hijos el dinero recibido de las naciones católicas con título de cruzada para la guerra contra los turcos.

Dos sucesos particulares hay del papa Inocencio que merecen saberse. *Primero.* Zizimo, hermano del emperador turco Bayaceto, prisionero de guerra, fue presentado al papa que le recibió con grande ostentación y aparato en solio pontificio rodeado de cardenales, obispos y otros prelados y clérigos. Un maestro de ceremonias había instruido al príncipe turco de las reverencias y ceremonias con que debía llegar al trono pontificio, y postrarse y besarle sus pies. El príncipe hizo todo lo que se le previno hasta el trono; pero en lugar de postrarse y besar los pies abrazó al papa y le besó en la boca. El maestro de ceremonias y otros le advirtieron creyendo ser una equivocación, pero él respondió: "Un príncipe turco de raza de emperador no besa los pies a nadie, aún menos a un cristiano, y mucho menos a un hombre que solo por casualidad es príncipe". Fue necesario sufrir el desaire porque ya no tenía remedio. La vanidad lo produjo sin las previsiones que la prudencia humilde hubiera tenido.

Segundo. Inocencio II concedió, año 1489, a los sacerdotes de Noruega que pudieran decir misa sin vino mediante habérsele manifestado que no podía ser conducido el vino allí sin que se volviera vinagre por la gran frialdad del clima. Es muy singular el caso porque los escritores de compendios de teología moral suponen que la materia esencialmente necesaria del santo sacrificio de la misa es el vino tanto como el pan, conforme a lo que el papa Eugenio IV celebrando concilio florentino dijo en la introducción a los armenios; y según esta doctrina los sacerdotes de Noruega no hacían sacrificio usando las facultades de Inocencio. También es digno el error en física que se da por causa de la concesión, pues ahora vemos que los vinos caminando hacia el Norte no solo no se vuelven vinagre, sino que antes bien ganan mucho en vigor y calidad, tanto que los ácidos dejan de serlo; se hacen buenos los medianos; y los buenos pasan al grado de generosos.

216 - ALEJANDRO VI

De 1492 *a* 1503

Rodrigo de Borja, español, natural de Valencia, sobrino carnal materno del papa Calixto III, cardenal arzobispo de su patria, vicecanciller de la iglesia romana, fue elegido sumo pontífice día 11 de agosto de 1492 siendo de edad se sesenta y dos años y murió en Roma día 18 de igual mes de 1503 con el nombre de Alejandro VI.

Muchos autores aseguran que compró con dinero los votos para su elección. A la verdad no pudo ser bueno el impulso que la promovió, porque la conducta de Alejandro no era buena y siempre había sido escandalosa. Había vivido en concubinato público con Catalina Vanoci mucho tiempo, y tenido de ella varios hijos, le vivían cuatro y una hija.

Vendió todos los obispados y beneficios eclesiásticos al más dante para enriquecer y elevar los frutos de su escándalo. Luis de Borja, su hijo mayor, fue primer duque de Gandía; casó con una hija bastarda del rey de Nápoles Alfonso II, y murió sin sucesión. Juan de Borja, segundogénito, fue duque de Gandía. César Borja, hijo tercero, fue primero cardenal, obispo de Pamplona y arzobispo de Valencia; después, dispensado por su padre, casó con Carlota de Albret, hermana del rey de Navarra Juan de Albret, y fue duque de Valentinois, par de Francia. Jofré de Borja, hijo cuarto, fue príncipe de Esquilache, y casó con Sancha de Aragón, hija del rey de Nápoles Alfonso II. Lucrecia de Borja, hija única, casó en primeras nupcias con Juan Esforcia, señor de Pesaro, hijo del duque de Milán; en segundas con Luis de Aragón, príncipe de Tarento, hijo del rey de Nápoles Federico III; y en terceras con Alfonso de Este, duque de Ferrara. Ninguno de los cinco desmintió la iniquidad del padre: todos fueron a cuál peor, y escandalizaron a Roma, Italia y toda Europa. Solo diré con respecto a Lucrecia, que Jacobo Sannazaro, poeta célebre de aquel tiempo, escribió este epitafio:

Hic yacet in tumulo Lucretia nomine, sed re
Thais ; Alexandra filia, sponsa, nurus.
El cual podía ser en español como sigue:
Aquí yace con nombre de Lucrecia
la que mostró ser Thais en su vida;
hija, nuera y esposa de Alejandro.

La especie de nuera y esposa se funda en la opinión común de los escritores de aquel tiempo que aseguran haber sido Lucrecia concubina de su padre Alejandro VI, y de sus hermanos Luis y César Borja, de cuyas resultas este hizo asesinar a Luis y arrojarlo al Tíber.

Siendo público el vicio de simonía en que Alejandro pecaba diariamente vendiendo los obispados, las dignidades y los beneficios eclesiásticos, le satirizó el citado Sannazaro con este dístico:

"Vendit Alexander sacramenta, altaria Christum,
Emerat ille prius. ¿Non ipse vendere potet ? »
Cuyo concepto se puede manifestar en español de este modo:
Vende Alejandro por oro
Las cosas espirituales.
¿Qué mucho habiendo comprado
Primero las facultades?

La ambición de Alejandro y su perfidia le sugirieron proyectos encontrados, con los cuales turbó la paz de España, Francia, Nápoles, Milán, toda Italia y aun Europa, de cuyas resultas persiguió a las familias de los Ursinos, Colonas, y otras patricias de Roma, para confiscar sus bienes, estados y títulos, y darlos a sus hijos sacrilegios, por lo cual se le aplicó este otro dístico:

Sextus Tarquinius, sextus Nero, sextus et ipse :
Semper sub sextis perdita Roma fuit.
Los cuales versos quieren decir en substancia:
Tarquino fue sexto rey
Nerón sexto emperador
Reina un sexto. Siempre Roma
Por los sextos se perdió.

Prosiguiendo el sistema de que los papas son dueños del mundo, adjudicó a los reyes de Castilla y Portugal todo lo que no estaba poseído por príncipes cristianos, para lo cual mandó tirar de Norte a Sur una línea divisoria conocida vulgarmente con el nombre de *línea alejandrina*, la cual se hizo famosa por haber dado motivo a ella el descubrimiento de la América, y servido en los principios a los castellanos y los portugueses en las empresas de conquista. ¿Quién dio semejante poder a los papas? Jesucristo no quiso ni aun partir una herencia entre dos hermanos.

Alejandro fue tan inicuo que llamó a los turcos a Nápoles por oponerse al rey de Francia, y le persuadió grande interés en ello, para lo cual le prometía firme amistad perpetua, como soberano del rey de Nápoles y de los otros soberanos.

El emperador Bayaceto le prometió auxilios y le pidió que hiciese cardenal a Nicolás Civo, arzobispo de Arlés, pariente del papa Inocencio VIII, que lo preparaba para el capelo. Le rogó también que procurase hacer que muriese Zizimo, hermano de Bayaceto, prisionero en Roma desde los tiempos del citado Inocencio, prometiendo dar al papa por esta perfidia trescientos mil ducados y amistad perpetua. Zizimo murió, y varios autores dicen que envenenado por orden de Alejandro.

La muerte de este papa fue horrible. Su mal hijo César, de acuerdo con su mal padre, preparó veneno en una botella de vino para matar a tres cardenales ricos y heredar sus caudales conforme al estilo de aquel tiempo. Antes de la hora de la mesa quisieron ambos beber, y el servidor, equivocando las botellas, dio el vino envenenado. César como joven, salió del peligro de muerte a fuerza de robustez y remedios; Alejandro como anciano sucumbió a la fuerza del veneno. Por fin tuvo tiempo para recibir los santos sacramentos. Su memoria siguió infamada para todos los siglos.

-o-o-o-

SIGLO XVI

217 - PÍO III

En 1503

Francisco Picolomini, sobrino carnal del sumo pontífice Pío II, hijo de su hermana Laodamia, cardenal diácono llamado de Sena, fue elegido papa en 22 de setiembre de 1503, y murió en 18 de octubre del mismo año, con solo un mes escaso de pontificado. Algunos escritores dicen que no era sobrino sino hijo del papa Pío II. Los mismos y otros aseguran que su muerte fue con veneno dado por Pandolfo Petrucci, gobernador de Sena.

218 - JULIO II

De 1503 *a* 1513

Julián de la Revere, sobrino del sumo pontífice Sixto IV, cardenal de San Pedro *ad vincula*, obispo de Aviñón, fue elegido papa en 1° de noviembre de 1503, y murió en 20 de febrero de 1513.

Muchos escritores respetables aseguran que compró los votos, unos al peso del oro, y otros con promesas de empleos y dignidades. Algunos añaden que se debe creer de Julio II esta maldad y otra cualquiera, porque su conducta fue relajadísima y que no se contentaba en la lujuria son solas mujeres, porque también era sodomita. Casó a su hija Felicia con Jordán de los Ursinos, y a su sobrina Lucina con Antonio Colona. Abusó de dos jóvenes enviados a Roma por la reina Ana, mujer del rey de Francia Luis XII. Después de subir al pontificado fue cruel, sanguinario, fiero, y más propio para general de ejércitos que para pastor pacífico de la Iglesia.

Metió en guerras a toda la Europa, particularmente al emperador de Alemania y reyes de Francia, España, Inglaterra y Nápoles, haciendo desgraciada la Italia que le sirvió de teatro porque deseaba dominar él solo toda ella. Libró excomuniones contra los reyes de Francia y de Navarra y república de Venecia, y puso entredicho en los dominios de estas potencias por disputas únicamente seculares.

Declaró por cismático injustamente al rey de Navarra Juan de Albret, y lo depuso de su corona dando poder a cualquiera príncipe católico para conquistar sus tierras. El cardenal Fleury no quiso creer la existencia de esta bula, pero la creería hoy si viviese, pues podía leer su contexto y su publicación en los apéndices a la historia de España escrita por Juan de Mariana, publicados por los editores de la impresión de Valencia en la oficina de Monfort. Aun estos literatos pudieron añadir otras pruebas si hubieran hecho leer los acuerdos capitulares de la iglesia catedral de Calahorra donde consta la publicación y *fijación* de copias en las puertas del templo.

La conducta de Julio II en el pontificado fue tan ajena de un sucesor de san Pedro, que saliendo a guerra contra otros varios potentados de Italia echó al río Tíber unas llaves, símbolo de las espirituales, diciendo: *Pues que no me valen nada las llaves de san Pedro, las arrojo y tomo la espada de san Pablo.* Permitió que el duque de Urbino asesinase a presencia suya al cardenal de Pavía.

Prometió con juramento antes y después de su elección pontifical convocar concilio general para la reforma de abusos *en la cabeza y miembros de la iglesia.* Se le requirió muchas veces inútilmente para su cumplimiento, recordándole el decreto del concilio de Constanza que mandó congregarlo de diez en diez años. En su falta lo hicieron los cardenales para la ciudad de Pisa, cuyos procedimientos llegaron a suspender a Julio del ejercicio de la potestad de sumo pontífice y hubiese llegado a la deposición tal vez si el emperador Maximiliano I no hubiese movido de partido por intereses particulares. Julio II convocó entonces otro concilio a San Juan de Letrán de Roma; pero convienen los escritores en que fue con mala intención y ánimo pérfido; pues en nada pensó menos Julio que en reformar los abusos de un poder arbitrario con que multiplicó el número de los desgraciados de Italia. Excomulgó al rey de Francia y a su ejército; al duque de Ferrara y los que le auxiliasen; a los venecianos y sus adherentes. En fin murió aborrecido y mirado como monstruo feroz, guerrero, díscolo, sanguinario, enemigo de la paz, por lo que nadie lloró ni manifestó pesar de su muerte.

219 - LEÓN X

De 1513 *a* 1521

Juan de Médicis, natural de Florencia, cardenal diácono, fue elegido papa teniendo solos 36 años de edad, en 11 de marzo de 1513 y murió en 15 de abril de 1521. Se le atribuye la gloria de haber sido el autor de la restauración del buen gusto en la literatura. No es cierto el elogio, aunque lo sería si solamente lo llamasen protector, porque antes eran ya sapientísimos críticos Antonio de Lebrija en España, Desiderio Erasmo en Róterdam y otros en otras partes; pero aun cuando lo fuese, jamás tales elogios pueden cubrir las iniquidades personales del papa, ni compensar los daños que produjeron sus pasiones.

Siendo cardenal aficionado sumamente a la poesía, música, festines, y todo género de placeres, consiguió el pontificado por conspiración de otros cardenales jóvenes que querían y lograron papa joven. Los historiadores contemplativos de Roma dicen que no intervino simonía, pero su contemporáneo Pico de la Mirandola, examinando la cuestión de si los pontífices y los concilios pueden errar en su libro de *fide et ordine credendi,* habló de León X en estos términos: "Nos acordamos de haber tenido y adorado por pontífice a quien, no creyendo la existencia de Dios, llegó a la cúspide de la infidelidad, y daba testimonio de ello ya en la compra del pontificado, ya en la práctica de todo género de iniquidades, pues confesó delante de algunos domésticos que ni antes ni después de ser papa no creía la existencia de Dios".

Por eso el autor de la *Recusación del concilio tridentino* escribió que León X hizo disputar dos filósofos en su presencia sobre la inmortalidad del alma, después de comer; y que habiendo ellos dejado la decisión al sumo pontífice dijo esto: "Muchas y muy agradables razones ha dado el defensor de la inmortalidad, pero me parecen más fuertes las de su adversario". El erudito Bembo, que después fue cardenal, le quiso persuadir una vez en confianza cierta proposición con un texto del Evangelio, y León X le dijo enfadado: "*Qué ¿me quieres convencer con textos de novelas?*". Si a esto agregamos la venta de las indulgencias con título de gastos de la fábrica de la iglesia de san Pedro, no deberemos hacer el retrato político de León X por las narraciones de las bulas pontificias ni por los elogios nacidos del miedo a Roma. Sus obras, su conducta y los testimonios públicos de su magnificencia toda secular nos debe suministrar los colores.

Su ambición de mandar en toda Italia y de ensalzar su casa de Médicis, como lo hizo, al rango de los soberanos de Europa, le hizo ser injusto, promovedor de guerras, derramador de la sangre humana, empobrecedor de la Italia, fomentador de las guerras entre Carlos V, emperador de Alemania, rey de España y de las dos Sicilias, y Francisco I rey de Francia; y pérfido en sus tratos con uno y otro monarca.

Se suele ponderar el celo que manifestó de la pureza de la religión católica contra Martín Lutero y sus sectarios. Yo tendría por justo el elogio si viese que León había quitado la materia de las declamaciones de Lutero y demás protestantes reformando su curia eclesiástica y las reglas de cancelaria conforme a los decretos de los concilios de Constanza, Basilea y Pisa; pero nada de esto hizo, sino irritar más a los que saltando por despecho la valla del dogma, pusieron el asunto en peor estado después de las bulas de León X contra Lutero. ¿Cuáles son los efectos de su conducta? Los que vemos en Inglaterra, Suiza, Sajonia, Baviera, Holanda, Alemania, Wurtemberg, Hannover, Prusia, Suecia, Dinamarca, Rusia y parte de Francia, Estados Unidos de América y otros varios países ultramarinos subordinados a las potencias indicadas. El catolicismo romano se ha reducido a un tercio de la Europa sin otro principio verdadero que los abusos de Roma, no remediados por León X aun en medio de la tempestad.

Desde el siglo XII comenzaron las separaciones de la iglesia romana hechas por los valdenses, continuadas por los albigenses, los wiclefistas, los husitas y otros hasta Lutero. Todas fundaban su origen en el desorden de ambición, avaricia y despotismo de los papas adictos al sistema de Gregorio VII en fines del siglo XI. Todas publicaban que Roma se había convertido en Babilonia y el papa en Anticristo. Todos los varones piadosos exclamaban pidiendo respetuosamente la reformación de los abusos a fin de que los herejes no tuviesen pretexto para separarse de la iglesia. Los concilios de Constanza y Basilea trataron seriamente del asunto. Sin embargo los papas habían despreciado la ejecución de los decretos pensando solo en aumentar su grandeza temporal.

Yo creo pues que León X es el autor de cuanto vemos. Si él hubiera sido como debía ser, hubiera conocido que fray Martín Lutero tenía razón en el principio para declamar contra las indulgencias vendidas. Sin el sonido de venta, y deseoso de evitar consecuencias ulteriores, hubiera mudado todo el sistema, volviendo al modo de gobernar la iglesia en la primera mitad del siglo XI, ya que no fuese, como debía ser, al modo de los siglos IV y V respecto a los soberanos temporales, y al de los siglos I y II respecto a los obispos y negocios eclesiásticos. Lutero, Calvino, Zuinglio, Ecolampadio, Melanchthon, Bucero y otra multitud de disidentes del siglo XVI hubieran permanecido en la iglesia. Los husitas de Bohemia y de otros países se hubieran reconciliado. Los rusos y todos los griegos estarían reunidos. Los reyes de las monarquías protestantes no tendrían interés en formar iglesias, desunidas de Roma.

En fin, sean los papas como los doce primeros, y no habrá soberano, nación, ni patriarca que tengan reparo en confesar el primado de Roma reducido a los verdaderos límites resultantes de los libros canónicos del testamento nuevo, de los cuatro primeros concilios generales y de la historia eclesiástica de los seis primeros siglos.

220 - ADRIANO VI

De 1522 *a* 1523

Adriano Florente, natural de Utrecht, cardenal obispo de Tortosa, inquisidor general de España y maestro del emperador Carlos V, fue elegido papa mientras él estaba en España en 9 de enero de 1522, y no mudó de nombre, cosa no verificada desde muchos siglos antes, tanto que ya se creía obligación mudarlo: pues

Amedeo, duque de Saboya, quiso conservar el suyo cuando el concilio de Basilea lo eligió papa viviendo Eugenio IV, y se le dijo que no podía ser mediante que Jesucristo había hecho que se llamase *Pedro* quien antes se llamaba *Simón*.

Adriano VI murió en 24 de setiembre de 1523, sospechando algunos que fue por efecto de veneno; y no es increíble, pues en su corto pontificado manifestó intenciones de reformar los abusos de la curia romana; y esto bastaba para tener muchos enemigos poderosos y atrevidos. No pudieron estos llevar en paciencia, ni aun después de su muerte, que escribiendo Adriano a la dieta imperial de Nuremberg sobre las cosas de la religión turbada por Lutero, confesase haber Dios permitido esta persecución contra su iglesia por las culpas de los prelados, y prometiese imitar a Jesucristo que para corregir al pueblo comenzó por el templo. "Sabemos (*proseguía*) que aun en la santa Sede se han hecho por espacio de algunos tiempos muchas cosas abominables, abusos en los asuntos espirituales, excesos en las providencias, en fin perversidades en todo; y estando enferma la cabeza no es extraño que se hayan contagiado los miembros, pasando el mal desde los sumos pontífices a los otros prelados inferiores ... Por lo que a Nos toca prometerás (*decía a su legado*) que procuraremos con toda eficacia que ante todas cosas se reforme nuestra curia como fuente de que ha dimanado todo el vicio, para que así como ella produjo todo el daño que han hecho los desórdenes de los otros prelados, así también influya con otro buen modelo a la reforma de los inferiores, a la cual empresa nos vamos a dedicar con tanta mayor eficacia, creyéndonos obligados a ello, cuanto más grande vemos ser el ansia general que todo el mundo cristiano manifiesta de la reforma". No podía gustar a los romanos el propósito; y aun Palavicino, en la historia del concilio tridentino, no dudó adular a los papas diciendo que Adriano VI fue imprudente en confesar con exceso de candor lo denigrativo de los papas. No nos admiremos de que muriese luego. Estaba en el orden anticipar su deposición definitiva del pontificado.

Siendo inquisidor general en España adoptó una doctrina de otro inquisidor subalterno suyo, que debió retractar y no retractó después de ser papa. Albertino, inquisidor de Mallorca, que después fue obispo de Patti, en Sicilia, defendió que se podía y debía revelar el sigilo de la confesión sacramental en cuanto al fondo del asunto comunicado en ella con solo ocultar quién lo había confesado, si el uso de la noticia convenía para evitar el mal del próximo. Esta doctrina se defendió con ocasión de haberse revelado el proyecto de matar a un inquisidor.

221 - CLEMENTE VII

De 1523 *a* 1534

Julio de Médicis, primo hermano del papa León X, hijo natural de Julián de Médicis, fue legitimado y hecho cardenal por su primo, como también arzobispo de Florencia. Le eligieron para sumo pontífice los cardenales en 19 de noviembre de 1523, y murió en 26 de setiembre de 1534. Fue tan ambicioso y más que su primo. No paró hasta poner su familia en el rango de soberana. Logró de Carlos V que hiciese a Cosme de Médicis gran duque de Toscana, y casase a Margarita de Austria, hija natural del mismo Carlos, con Alejandro de Médicis, hijo bastardo de Lorenzo, haciéndolo duque de Florencia. Después consiguió que Catalina de Médicis, hija legítima del mismo Lorenzo, celebrase matrimonio con Enrique II, rey de Francia; y todo esto fue por intrigas.

Aumentó el número de los eclesiásticos notablemente, aprobando el instituto de los clérigos regulares barnabitas y el de los frailes capuchinos. Precisado a mostrar su disposición de ánimo preparado a la reforma, envió legado a la dieta de Nuremberg y engañó a todos los príncipes de Alemania proponiendo solamente la reforma de los abusos del clero de segundo orden, poquísimo de los del superior y nada de los de la curia romana, y tratando de herejes a todos los que murmuraban de los papas y de la santa Sede. Los individuos de la dieta se disgustaron en sumo grado de una conducta tan contraria a lo que dictaba el interés de la religión católica, cuyos negocios fueron desde entonces a peor, aumentándose imponderablemente los adictos a la religión reformada y disminuyéndose los súbditos espirituales de Roma. Clemente VII fortificó la obra de su primo León X contra el catolicismo, y por los mismos medios de preferir los engrandecimientos temporales de los papas al cuidado espiritual de los sucesores de san Pedro.

222 - PAULO III

De 1534 *a* 1549

Alejandro Farnese, natural de Roma, cardenal obispo de Ostia, decano del colegio de cardenales, fue elegido papa en 13 de octubre de 1534, siendo de edad de 68 años, con el nombre de Paulo III, y murió en 10 de noviembre de 1549. En una obra impresa en París año de 1591 por Eustaquio Vignon con el título de *Estado de la iglesia con el discurso de los tiempos desde los apóstoles hasta nuestros días,* se dice que Alejandro VI lo había hecho cardenal en premio de haberle cedido su hermana Julia Farnese para concubina.

Siendo cardenal se disfrazó para celebrar matrimonio nulo, de mala fe de su parte, con una dama de Bolonia, a quien persuadió que era secular libre y mayordomo del cardenal lego. Tuvo de ella dos hijos sacrílegos de su parte, Pedro Luis y Constanza; el hijo fue después duque de Parma por gracia del sumo pontífice su padre y tronco de la casa de Farnese, conexionada desde el pontificado de Paulo con todas las soberanas de Europa. Constanza casó con Bosión Esforcia, del cual escriben algunos historiadores que murió envenenado por el suegro, lo cual no es inverosímil, como sea cierto lo que también le imputan, de haber quitado la vida con veneno a su propia madre, haber tenido por concubina su hija Constanza; haber vivido amancebado con una hermana, matado a un hijo de ella y luego a la hermana misma por celos y por heredar lo que ella había heredado de su hijo difunto. Estos y otros crímenes horribles se cuentan en aquella obra. Con solo ser cierta una parte del todo es necesario reputar a Paulo III como monstruo horrible de su tiempo.

La donación de Parma y de Plasencia en favor de su hijo Pedro Luis necesitaba ser confirmada por el emperador como feudos dependientes de Milán. Hubo grandes contestaciones en el asunto; pero al fin se vencieron las dificultades casando Octavio Farnese, hijo de Pedro Luis y nieto del papa, con Margarita de Austria, hija del emperador Carlos V y viuda de Alejandro de Médicis, duque de Florencia. Después de muchas disputas con la corte de Francia se terminaron también por matrimonio de Horacio Farnese, duque de Castro, hijo bastardo del citado Pedro Luis y nieto del pontífice, con Diana de Angulema, hija bastarda del rey Enrique II.

Persiguió a los luteranos y demás secuaces de la iglesia reformada, excitando al emperador y a los reyes de Francia y España para que los castigasen con pena capital de fuego, abandonando las máximas del carácter sacerdotal, y no quitando la ocasión, la causa ni el origen de aquellas pretendidas reformas, pues no solo no cortó los abusos de Roma, sino que los autorizó con su mal ejemplo personal y político.

Queriendo persuadir lo contrario encargó a cuatro cardenales y cinco prelados proponer los puntos que necesitasen. Los comisionados lo ejecutaron con claridad admirable. Descubrieron todos los abusos, vicios y delitos de la corte pontificia, exponiendo que solo su reforma podría impedir los progresos de la herejía. Paulo aparentó conformidad, pero después procedió en sentido contrario con el pretexto que cuenta Palavicino, de que sería contra el honor de la santa sede confesar tanta iniquidad.

Convocó el concilio tridentino contra toda su voluntad, porque ya llegaron a faltarle disculpas y pretextos; pero receló que siendo fuera del estado pontificio la reunión de tantos prelados, podrían resultar decretos desagradables a los papas por la disminución de potestad usurpada contra los decretos del concilio de Constanza, y no paró hasta trasladarlo a la ciudad de Bolonia. El emperador y los obispos alemanes y españoles contradijeron y protestaron la traslación, y se suspendió el concilio. ¿Cabe testimonio más claro de que los objetos principales no eran el dogma ni la moral? En estos dos puntos todos los obispos habían decretado una misma cosa en Trento que en Bolonia; el recelo era solo acerca de la disciplina.

Esta empeoró durante la dirección de Paulo III, pues inventó, año 1536, la famosa bula llamada *in coena Domini*, porque se publicaba todos los años en el jueves santo de la cena del Señor, lanzando excomuniones y otras censuras contra cuantos hiciesen la menor cosa de aquellas que los papas decían ser contrarias a las prerrogativas y derechos de la santa Sede. Casi todos los soberanos reclamaron contra ella con mil protestas, pero ella prosiguió publicándose, y Pío V, Paulo V, y Urbano VIII aumentaron capítulos a la bula. Clemente XIV suprimió ya su publicación.

Es indecible cuánto daño hizo esta bula, porque casi todos los libros de sumas de teología moral son posteriores a ella, con cuyo motivo los autores embrollaron la doctrina de absolución de pecados reservados al papa; y aunque ya no se publica semejante bula, los maestros de moral siguen sus principios y consecuencias como antes.

En 27 de setiembre de 1540 aprobó el instituto de los jesuitas, a pesar de las grandes contradicciones que halló san Ignacio de Loyola, su fundador. Todo el mundo sabe las consecuencias que produjo el establecimiento de aquellos clérigos reglares suprimidos también por Clemente XIV; pero no hay que admirarse de que ahora Pío VII los restaure si reflexionamos que hacen un cuarto voto más que todos los reglares, y no es menos que seguir, obedecer y ejecutar en todo la voluntad pontificia.

223 - JULIO III

De 1549 *a* 1555

Juan María del Monte, natural de Roma, cardenal del título de San Vital, fue elegido papa en ocho de febrero de 1550 con el nombre de Julio III, y murió en 23 de marzo de 1755.

Muchos historiadores coetáneos aseguran que no solo era sodomita, sino que hizo cardenal a su cómplice, dándole su propio título de San Vital; y llevando a bien que el favorito se llamase *Cardenal del Monte*, como se había llamado Julio. El nuevo purpurado carecía de todo mérito eclesiástico, y aun en servicio de la casa no tenía oficio público más que el de cuidar de una mona con que solía divertirse el papa. Fue Julio tan poco cauto y tan inmodesto en este vicio que se multiplicaban en Roma los pasquines diarios contra Júpiter y Ganimedes. Juan de la Casa, arzobispo de Benevento, llegó al extremo de escribir un poema latino en que citaba los grandes personajes que en todas las naciones y en diferentes eras habían preferido el vicio sodomítico al del uso femenino, y las razones en que lo fundaban; dedicó al mismo papa esta obra, siendo así que aparentando reconocer como vicio aquel placer, lo pintaba con colores tan agradables que Julio admitió la dedicatoria como si fuese de un tratado dogmático bien escrito contra Lutero. El cardenal Paulo Vergio escribió la crónica escandalosa de aquellos sucesos. Onufrio Panvinio, Papirio Masson, el presidente Truano, y otros autores gravísimos refieren lo bastante para que se conozca que Julio III en su pontificado escandalizó más que Enrique VIII en Inglaterra.

Tampoco estuvo exento del vicio del nepotismo pues favoreció con distinción a sus parientes y procuró que Cosme de Médicis, gran duque de Toscana, hiciese marqués del Monte de San Severini a Balduino, hermano del mismo Julio. Continuando los excesos de sus antecesores, procedió con censuras contra el rey de Francia Enrique II porque favoreció al duque de Parma; lo excomulgó amenazándole además con entredicho general; bien que retrocedió de resultas de haber Enrique mandado que ningún francés acudiese a Roma para nada, sino solo a los obispos diocesanos, y que no se extrajesen dineros bajo graves penas. Este sería el verdadero camino de reformar la curia romana sin aguardar que los papas la reformen, pues no se verificará jamás de otro modo.

Volvió a convocar concilio para la ciudad de Trento porque no había podido surtir efecto en Bolonia, como quería su antecesor; pero habiéndose celebrado algunas sesiones, suspendió nuevamente su continuación con pretexto de haber guerra entre los príncipes cristianos; en realidad fue por miedo de que los prelados decretasen algunas cosas contra los abusos de Roma, pues algunos obispos proponían para discusión ciertos puntos en que manifestaban bastante cuál había de ser la opinión común. En fin murió aborrecido de todo el mundo, y aun de los romanos que infamaron su memoria por mal estilo.

224 - MARCELO II

En 1555

Marcelo Cervino, natural de Roma, cardenal presbítero, del título de Santa Cruz, fue elegido papa en nueve de abril de 1555, conservando su nombre propio; y murió en treinta del mismo mes y año con solas tres semanas de pontificado. Varios escritores indican la sospecha de que se le quitó la vida con veneno. Yo lo tengo por muy verosímil mediante constar que apenas fue papa manifestó ánimo vigoroso y propósito firme de reformar a toda costa la curia, de suerte que los enemigos de la iglesia romana no tuviesen cosa que dar en cara con verdad. El empeño era vasto y casi del todo impracticable, pero los interesados en la continuación de los abusos creyeron que Marcelo procedería de buena fe conforme a sus palabras porque siempre había sido bueno, justo y deseoso del honor verdadero de la iglesia. No quisieron exponerse a perder las ocasiones del robo, de la estafa y de la intriga con el sobrescrito hipócrita de la religión y del decoro de la santa Sede. Por desgracia el arte de disponer venenos de mil modos estaba sabido y practicado en Roma más que en todo el mundo conocido. Palavicino confiesa la dificultad de reformar los abusos de la curia; y el papa Marcelo que lo conocía prorrumpió en la mesa diciendo con una palmada en ella: *No veo modo de que se puedan salvar los papas.*

225 - PAULO IV

De 1555 *a* 1559

Juan Pedro Carrafa, noble de Nápoles, obispo de Teati del Abruzo, cardenal romano, fundador con San Cayetano del instituto de clérigos reglares *de la Providencia*, fue elegido papa en 23 de mayo de 1555, siendo de edad de 79 años. Tomó el nombre de Paulo IV y murió en 18 de agosto de 1559. Las profecías del abad Joaquín relativas a los papas decían que "*Intrabit velut draco, sederit velut alter leo, inmitis in populo*", esto es: "entrará como dragón y ocupará el solio como león formidable al pueblo"; y sucedió así; pues apenas se vio pontífice persiguió inhumanamente con crueldad y fraude de un dragón a los Colonas, los Esforcias y otros patricios de Roma con fingidos pretextos para confiscarles sus feudos y títulos y darlos a sus sobrinos Carrafas, hombres indignos, viciosos, alborotadores de Roma y aun de Italia; tan malos en fin que su tío mismo se vio precisado a desterrarlos.

Se declaró enemigo capital de la casa de Austria, y no podía sufrir con paciencia ser vasallo de Carlos V como rey de Nápoles, por lo que trató de despojarle de su posesión, ofreciendo el reino al rey de Francia. Se negó a confirmar la sublimación de Fernando, rey de Hungría y de Bohemia, rey de romanos a la dignidad de emperador, porque Carlos V su hermano no había pedido su consentimiento para renunciar y tuvo atrevimiento de escribir que solo él, y no los electores, tenían facultades y derecho para admitir tales renuncias, porque solo él hacía emperadores. No conoció aquel orgulloso pontífice que había cesado ya el tiempo de la barbarie, y que la superstición estaba ya desterrada de Alemania. Las resultas fueron en parte como correspondía que fuesen. Los electores y Fernando se burlaron de las amenazas de aquel necio, y acordaron que no se acudiese jamás al papa para titular emperador al que ya fuera electo rey de romanos, cuando le correspondiera ser jefe del cuerpo germánico, ni el emperador fuese coronado por los papas pues para nada se necesitaba. Paulo IV se vengó excomulgando a Carlos V, a su hijo Felipe II, rey de España y al virrey de Nápoles, duque de Alba; bien que pronto lo puso este con su ejército en estado de pedir misericordia, y le hubiera costado más cara la fiesta que a Clemente VII, si Felipe II de España no hubiera sido tan supersticioso.

Fue autor verdadero del cisma de Inglaterra con su imprudencia. La reina Isabel, aunque seguía en su corazón la religión reformada, diputó embajador extraordinario a Roma para comunicar al papa su elevación al trono y prestarle obediencia. Paulo IV recibió mal al legado, diciendo que Isabel no podía heredar el trono por ser hija de Ana Bolena y como tal bastarda de Enrique VIII; que la Inglaterra era feudo de la iglesia romana, y por eso faltando sucesor legítimo era derecho del papa conceder esta corona a quien le pareciese. Isabel irritada proscribió la religión romana, y se condujo de manera que jamás contase la Inglaterra con los papas para nada, siendo los reyes los jefes de la iglesia anglicana.

Con igual imprudencia orgullosa trató a los romanos, pues no contento con haber influido en tiempos anteriores al papa Paulo III el establecimiento de la inquisición general de Roma, le aumentó sus facultades ahora por sí mismo; creó la congregación llamada del *Índice* para condenar libros, con lo que se prohibió la lectura de muchos muy preciosos, únicamente porque descubrían las usurpaciones pontificias; la cual conducta le hizo tan odioso como se vio al tiempo de su fallecimiento.

El pueblo se conmovió gritando execraciones contra Paulo: destruyeron y arrojaron al Tíber la estatua de su persona que se había hecho por intrigas en el principio de su pontificado; quemaron la inquisición, sus papeles y aun el edificio en parte, sacando libres a todos los presos; quisieron insultar el cadáver y fue forzoso enterrarlo pronto en secreto para evitar oprobios, y en fin infamaron la memoria y el nombre de Paulo IV para todos los siglos.

226 - PÍO IV

De 1559 a 1565

Juan Ángel de Médicis, natural de Milán, cardenal del título de santa Prisca, fue elegido papa en la noche del día 25 al 26 de diciembre de 1559, con el nombre de Pío IV, y murió en la noche del día 8 al 9 de diciembre de 1565. Onufrio Panvino dice que Pío fue glotón y vinoso, propenso a placeres, envidioso, impaciente, ambicioso, disimulado hasta la ficción, avaro e incapaz de tener amistad sino con quien y en tanto que le fuese útil para sus ideas. Ofreció de propio movimiento a Fernando la coronación imperial, pero se le despreció la oferta. Era ya tarde para que pudiera prevalecer la envejecida máxima romana de manifestar orgullo mientras se sufra con sumisión, y hacer bajezas cuando aquel no producía efecto. Posteriormente quiso dar título de rey al gran duque de Toscana; mas también era pasada la era de tolerar a los papas tales usurpaciones. El emperador Maximiliano se opuso haciendo decir a Pío IV: "*Italia non habet regem nisi Caesarem*. La Italia no tiene otro rey que el emperador".

Congregó de nuevo el concilio tridentino, aunque contra su voluntad, por instancias repetidas del emperador y del rey de España, pero procuró su continuación de manera que venciera el partido italiano en todas las controversias relativas a la potestad pontificia y derechos episcopales o regalías de príncipes; y sus legados no permitían decretar nada en punto alguno sin consultar primero la voluntad y opinión de Pío, como había sucedido también en las otras convocaciones de Paulo III y Julio III. El emperador y otros soberanos se quejaron altamente de que no había libertad en el concilio, y esto era tan cierto que no es necesario apelar a la historia de fray Pablo Sarpi, o Suave, porque la de Palavicino mismo, defensor pontificio contra Suave, refiere los hechos que lo acreditan. Los monumentos impresos lo demuestran; y el embajador de España don Alfonso de Bargas escribía en sus cartas a España desde Trento que el Espíritu Santo no inspiraba nada en el concilio hasta que se enviaba un correo a Roma pidiéndole fuese a Trento, después de la cual diligencia iba el Espíritu Santo *metido en unas alforjas desde Roma*; expresión con que significaba la respuesta del pontífice a los legados.

Así es que los príncipes y ciudades protestantes no quisieron reconocer aquella congregación como ecuménica representativa de la iglesia sino como un conciliábulo dirigido por un solo hombre, y protestaron de nuevo al futuro concilio general ecuménico y libre. Por esta causa la religión católica no conquistó nada con las declaraciones conciliares, pues por lo respectivo a los abusos romanos no se remedió ninguno; por lo tocante al dogma los protestantes prosiguieron sus creencias puramente evangélicas, y por lo respectivo a la unión de los miembros, se separaron de la cabeza dos terceras partes de Europa.

227 - PÍO V

De 1565 *a* 1572

Miguel Guisleri, natural de Boschi en Toscana, fraile dominicano, cardenal del título de Santa María de la Minerva, fue elegido papa en 7 de enero de 1566 con el nombre de Pío V, murió en primero de mayo de 1572, y está canonizado como santo por Clemente XI en 1712. Poco después de su elección dijo que mientras había sido religioso confiaba salvarse; cuando lo hicieron cardenal temió condenarse, pero que ya elevado a papa casi desesperaba de su salvación. Sus costumbres personales fueron puras, y si tratásemos de un religioso dominico particular, podría sostenerse haber sido digno de canonización; pero como sumo pontífice, solo podía canonizarlo quien tuviera interés en consagrar como santas las máximas erróneas que servían de base a Pío V para su conducta política; porque aunque fuera humilde y desinteresado en los asuntos personales, fue ambicioso de los honores y potestad de la santa Sede, imbuido hasta lo sumo en las opiniones curiales acerca del papado, y tan austero y rigoroso en cuanto al celo de la fe muy mal entendida que, ofuscado por principios erróneos, abrazó el rigor y aun la crueldad.

Había tenido parte en el establecimiento de la inquisición general de Roma; fue inquisidor sanguinario y furibundo en Como; después siendo ya cardenal influyó infinito en los medios crueles que abrazó Roma contra los herejes, abandonando los suaves y benignos, usados antes de Paulo III. Sublimado a papa siguió el propio sistema y aumentó las crueldades del horrible tribunal. Todo se le contó como mérito de celo de la religión católica para su canonización; pero Jesucristo se condujo de un modo totalmente contrario con los samaritanos; pues no quiso que bajara fuego del cielo contra estos cismáticos aunque se lo pidieron los apóstoles, hombres bien imperfectos entonces, como dice san Juan Crisóstomo.

Las providencias y bulas de Pío V en todos los puntos de disciplina eclesiástica relativos a los obispos y frailes fueron injustísimas, pues para ensalzar la potestad pontificia deprimió la episcopal infinito más que permiten los libros de la santa escritura y de los cuatro primeros concilios generales. Lo mismo sucedió con respecto a los soberanos. Excomulgó a las reinas de Inglaterra y de Navarra, empeorando la causa del catolicismo y no sacando partido alguno de sus necias censuras. Contestando a la queja del emperador Maximiano sobre haber librado al duque de Toscana título de gran duque, respondió que tenía poder no solo para eso sino para dar el de rey a quien quisiera. No es fácil probar este derecho como sucesor del pescador san Pedro.

228 - GREGORIO XIII

De 1572 *a* 1585

Hugo Buencompagni, natural de Bolonia, cardenal obispo de Vesti fue elegido papa en 13 de mayo de 1572 con el nombre de Gregorio XIII y murió de edad de ochenta y tres años en 10 de abril de 1585. En su juventud había tenido un hijo natural nombrado Jacobo Buencompagni. Siendo ya pontífice lo elevó y favoreció notablemente como a todos sus parientes, de manera que prevaleció el nepotismo aunque no los elevase a la dignidad de príncipes seculares. Dicen algunos que Gregorio era de carácter pacífico y suave; pero hay algunos sucesos que contradicen mucho el concepto.

Aprobó y celebró con demostraciones públicas el asesinato de setenta y dos mil y más franceses hecho por órdenes del rey Carlos IX, solo porque eran protestantes, cuya tragedia es conocida con el nombre de la *Matanza del día de san Bartolomé*, la cual no pudo verificarse sino quebrantando el rey la promesa jurada de paz en que los protestantes habían confiado. Un sumo sacerdote de la religión de paz y de mansedumbre no debía aprobar tan atroz caso ni menos hacer pintar su historia en el Vaticano como uno de los cuadros de triunfo de la religión católica. Lejos de ser triunfo redundó en perjuicio de ella y de sus máximas, pues encarnizó los ánimos de manera que resultaron nuevas guerras, infinitos pecados y muchos males gravísimos por largo tiempo. El celo de la religión mal entendida produce fanatismo y este fomenta las crueldades más inicuas.

Por eso Gregorio XIII influyó a que en el Japón se formase conjuración contra el soberano legítimo a instancia de los misioneros jesuitas, solo porque no abrazaba la religión cristiana que adoptó un príncipe persuadido que sería rey con el favor de los misioneros y de los convertidos. Aquel reinó se turbó, corriendo ríos de sangre; hubo mortandad inmensa, y el cristianismo fue proscrito en lugar de multiplicarse.

Jesucristo no enseñó la doctrina de las conjuraciones cuando mostrando la moneda con el retrato de un César tan cruel como Tiberio, dijo que se le dieran los tributos y respetos que le correspondían. Contra esta doctrina procedió también Gregorio aprobando la liga francesa, llamada católica, sin más excepción que la de que no mataran al rey Enrique III y se contentaran con asegurar su persona. Semejantes modos de extinguir herejías solo fueron hijos del mal espacio de venganza y de reacción nacidos en tiempo del emperador Constantino, y robustecidos en los siglos posteriores contra el Evangelio.

229 - SIXTO V

De 1585 *a* 1590

Félix Pereti, natural de Montalto, en la Marca de Ancona, fraile franciscano, cardenal del título de san Gerónimo, conocido comúnmente con el nombre de cardenal de *Montalto*, fue elegido papa en 24 de abril de 1585. Se quiso llamar Sixto V con relación a Sixto IV que también había sido religioso de su orden; y murió en 27 de agosto de 1590.

Fue hipócrita en sumo grado por ambición de la dignidad pontificia; después de obtenida se quitó la máscara y mostró la fiereza de su carácter. En lugar del indulto acostumbrado en las elecciones pontificales hizo ajusticiar cuatro reos este día. El resultado pudo ser útil; pero el corazón que lo producía daba testimonio de poca humanidad. Posteriormente lo dio de bárbaro inhumano presenciando por gusto los últimos suplicios, y apresurando los procedimientos para la ejecución. El terror que infundió su persona dictó adularle con la dedicación de estatua; pero el pueblo que suele hacer justicia cuando mueren los poderosos destrozó la de Sixto V como había destrozado la de Paulo IV.

Aprobó el regicidio perpetrado por Jacobo Clemente contra el rey de Francia Enrique III y lo elogió en consistorio de cardenales; lo cual equivale a canonizar la doctrina condenada en el concilio de Constanza y adoptar un error heretical.

Renovó la excomunión contra la reina Isabel de Inglaterra y el entredicho en su reino; y auxilió con dineros e indulgencias a Felipe II de España para conquistar la isla y poseer aquel reino en concepto de feudo romano.

Expidió iguales censuras contra Enrique IV de Francia declarando a todos los Borbones privados del derecho de reinar; y me admira leer que aquel papa fue afecto a Enrique IV y a la reina Isabel y enemigo de Felipe II de España cuando las obras testifican todo lo contrario.

Conoció los perjuicios de la existencia del instituto de los jesuitas como manifestó a su sobrino cardenal de Montalto diciendo: *Mejor sería confesar yo a los jesuitas que tomar a un jesuita por confesor.* Sin embargo los dejó proseguir como hasta entonces solo porque hacían el cuarto voto de obedecer ciegamente al papa.

Aunque mostró en los principios desprendimiento de los afectos de carne y sangre, adoptó después el nepotismo como todos, enriqueció y sublimó sus parientes hasta casar sobrinas con las familias de Ursino y de Colona que eran las primeras de Roma; siendo el papa hijo de un pastor de puercos, y la madre de las novias una lavandera.

Bartolomé Morisoto en la vida de Enrique IV escribió que Sixto V murió sofocado en su cama por un fraile franciscano o asesino vestido de tal, y buscado por la facción de Felipe II de España y de los jesuitas de Roma. Los criados publicaron al día siguiente que el demonio lo había sofocado por ser más malo que Alejandro VI.

230 - URBANO VII

En 1590

Juan Bautista Castagni, natural de Roma, cardenal arzobispo de Rosano, fue elegido papa en 15 de setiembre de 1690. Se nombró Urbano VII y murió en 27 del mismo mes y año con solos trece días de pontificado.

231 - GREGORIO XIV

De 1590 *a* 1591

Nicolás Esfrondato, natural de Cremona, cardenal obispo de su patria, fue elegido papa en 5 de diciembre de 1590. Se llamó Gregorio XIV y murió en 15 de octubre de 1591 con solos diez meses y diez días de pontificado. En ellos manifestó las máximas antievangélicas que había de seguir. Enriqueció y elevó sus parientes hasta lo sumo, con abadías y beneficios eclesiásticos a los eclesiásticos, y a los otros con bienes y títulos confiscados injustamente a distintos poseedores. Halló cien millones en el tesoro pontificio destinados por Sixto a la compra o conquista de un reino para la iglesia romana; y los destinó a la liga franco-hispana contra Enrique IV, a quien excomulgó de nuevo librando monitorio a los prelados y pares de Francia para que lo abandonasen bajo excomunión y otras penas. El clero de Francia declaró por nulas y despreciables aquellas bulas. El parlamento las mandó quemar por mano del verdugo. A su sobrino, hecho duque de Monte-Marciano le encargaba recoger dinero mientras viviera el tío para sostenerse después. El nuevo duque seguía el consejo con tanta perfección que recogiendo ciento para la iglesia, ponía diez en el tesoro pontificio y se reservaba noventa. Si san Pedro resucitase, ¿conocería el pontificado ni a los pontífices?

232 - INOCENCIO IX

En 1591

Juan Antonio Fachineti, natural de Bolonia, cardenal obispo de Nicastro, fue elegido papa en 29 de octubre de 1591. Quiso nombrarse Inocencio IX, y murió de setenta y dos años de edad en 30 de diciembre del mismo año con solos dos meses de pontificado que pasó en la cama donde daba las audiencias por conservar el poco calor natural que ya conservaba. Si lo sabían los cardenales, ¿por qué lo eligieron? ¿Lo inspiró el Espíritu Santo?

233 - CLEMENTE VIII

De 1591 *a* 1605

Hipólito Aldobrandini, natural de Fano en las costas del mar Adriático, cardenal, fue papa en 30 de enero de 1592. Quiso nombrase Clemente VIII, y murió en 5 de marzo de 1605 de edad de sesenta y nueve años. Adoptó perfectamente las máximas del nepotismo. Enriqueció y elevó mucho a sus sobrinos y otros parientes. Capelos, obispados y otras rentas eclesiásticas, ducados, marquesados, condados y empleos civiles y militares, legacías y comisiones, todo era poco para ellos. Expidió tercera excomunión contra Enrique IV y franceses: sus efectos fueron como los anteriores. Después se allanó en absolverle siendo absuelto ya en Francia; intentó sonrojarle haciéndole ir descalzo a Roma y repetir la escena del emperador Enrique IV de Alemania. Se le hizo ver que había pasado aquel tiempo. Se contentó con legados a quienes hizo la sonrojosa ceremonia pública de los azotes. Se apropió con intrigas y dinero del ducado de Ferrara contra el hermano de Alfonso de Este a pretexto de ser bastardo. Quiso darlo al sobrino: los cardenales lo resistieron. Supo y aprobó las conjuraciones para matar a la reina Isabel de Inglaterra y después al rey Jacobo; las cuales fueron bien fraguadas por los ingleses católicos de concierto con los jesuitas. Se descubrieron antes de tiempo y quedaron inútiles, pero no fue por falta del papa. ¿Enseñó san Pedro la doctrina del regicidio?

-o-o-o-

SIGLO XVII

234 - LEÓN XI

En 1605

Alejandro Octavio de Médicis, llamado el cardenal de Florencia fue elegido papa en primero de abril de 1605. Tomó el nombre de León con respecto a su pariente primer papa de su familia; y murió de edad de setenta años en 27 del mismo mes y año sin dejar cosa particular que tenga relación a nuestro objeto.

235 - PAULO V

De 1605 *a* 1621

Camilo Borghese, natural de Roma, cardenal de san Crisógono, fue elegido papa en 16 de mayo de 1605 y murió en 21 de enero de 1621. Se nombró Paulo V. Su elección tuvo circunstancias particulares: estuvo ya elegido papa por cuarenta y cuatro votos el cardenal de Regio, Dominico Tuspui; le llevaban a la capilla de san Sixto para adorarle y aun le habían adorado algunos cardenales en particular. El cardenal Baronio movió cierta sedición clamando que no se publicase tal elección, por ser efecto de intrigas del partido español. Otros gritan entonces que se celebre nueva elección y sea en el cardenal Baronio. Vuelven todos al cónclave, los votantes se comprometen en los cardenales Aldobrandini y Montalto; y estos eligen a Camilo Borghese. Vengan ahora los romanos a decirnos que el Espíritu Santo inspira las elecciones a los vocales.

Siguió las reglas del nepotismo con perfección enriqueciendo a sus sobrinos dándoles mando y elevando el rango de sus parientes. En los demás asuntos manifestó las pasiones humanas.

Apenas fue papa movió guerra espiritual y preparó la temporal contra le república de Venecia porque había promulgado leyes justísimas que refrenasen las adquisiciones excesivas de bienes raíces acostumbradas por el clero, y cortasen otros abusos perjudiciales al bien del estado. Se escribió mucho en pro y contra. Paulo excomulgó al Dux, senadores y demás consejeros, y mandó poner entredicho en sus iglesias. No querían los romanos conocer haberse pasado ya el tiempo de apreciar censuras nulas hijas del interés y de las pasiones humanas. La guerra militar estaba preparada. El éxito hubiera sido funesto para el soberano de Roma y los venecianos amenazaban indirectamente con separarse de la obediencia pontificia. Tuvo que ceder Paulo y dejó esta lección a sus sucesores. Los sucesos verificados en el siglo anterior con Alemania de resultas del rigor usado con los príncipes de Sajonia y otros en el abuso de censuras produjeron a lo menos el buen efecto de hacer más cautos a los papas y dejar tranquilos a los soberanos sin darles ocasión de cismas.

Entre los muchos libros y papeles que se escribieron por parte de la república de Venecia, especialmente los de fray Paulo Sarpi, no quedó cosa por decir para convencer a los papas de que no se podían mezclar en negocios seculares de los imperios, reinos y repúblicas, sin abandonar el espíritu de Jesucristo, de san Pedro y de los papas santos de los seis primeros siglos. Pero Paulo V ni los demás romanos no estaban en estado de poder ser convertidos en este punto. Lejos de eso, Paulo fomentó en Alemania guerras sangrientas entre los príncipes confederados en la que titularon *Liga católica,* y los otros príncipes que protegían a los protestantes y se unieron en otra liga denominada *evangélica,* y se puede bien asegurar que de aquí provino el regicidio verificado en la persona de Enrique IV de Francia; pues resultó que Ravaillac proyectó su maldad desde que oyó que aquel monarca quería favorecer la liga evangélica.

Para testimonio de que no abandonaba Paulo el sistema romano, condenó y prohibió todos los libros escritos contra los abusos suyos y de su curia pontificia en Venecia y fuera; la historia de Francia escrita por el presidente Mr. de Thou; el alegato de Mr. Arnault contra los jesuitas; el decreto del parlamento contra el regicida

Chatel; y otras varias de mérito distinguido. Pero no debemos admirarnos de ello a vista de lo que le hicieron creer sus aduladores; pues permitió que en varios libros impresos en Roma, Bolonia y Nápoles, le llamasen *ViceDios; monarca invictísimo de la república cristiana; conservador acérrimo de la omnipotencia pontificia*; que le aplicasen lo que Jeremías había dicho con alusión a solo el rey de Babilonia: *la gente y el reino que no se te sujeten morirán por hambre, guerra y peste"*; y que le aplicasen lo que Daniel había dicho, solo para el Mesías: "*Dios le dio la potestad y el reino, y le servirán todos los pueblos. Su potestad será eterna, y su reino no corrompido*"; y el otro texto de Isaías: "*los reyes serán tus alimentadores y las reinas tus nodrizas. Estas y aquellos se prostrarán en tu presencia y lamerán el polvo que tú hagas"*.

236 - GREGORIO XV

De 1621 *a* 1623

Alejandro Ludovici, natural de Bolonia, cardenal arzobispo de su patria, fue elegido papa en 9 de febrero de 1621, en edad de sesenta y siete años. Se nombró Gregorio y murió en 8 de julio de 1623.

Con dos años y cinco meses de pontificado manifestó las mismas ideas que sus antecesores. En cuanto al nepotismo fue muy extremado: no se contentó con llenar de rentas, honores y dignidades a sus parientes, sino que al sobrino principal Luis Ludovici (hecho cardenal al instante que fue papa) confió toda la dirección del pontificado, encargándole mucho que acumulase riquezas por si él moría pronto como León XI. Lo hizo el sobrino tan a gusto del tío que se tomó todo el dinero del tesoro pontificio, con lo cual y lo que juntó en dos años tenía, cuando murió el tío, doscientos cincuenta mil escudos de renta anual de bienes raíces, además de varios palacios y casas de campo.

Persuadió Gregorio al elector de Baviera que le remitiese para su biblioteca vaticana todos los manuscritos de la del Elector Palatino provenientes de los monasterios suprimidos por los protestantes, diciendo que le pertenecían por la muerte civil de los monjes. ¡Qué bellos principios de jurisprudencia civil y de moral! Fomentó y auxilió la guerra del emperador contra los protestantes; pretendió que el duque de Saboya les quitase la ciudad de Ginebra y los pasase a cuchillo, y exhortó al rey de Francia Luis XIII a hacer otro tanto contra los de su reino, abusando de los textos de la sagrada escritura para que no cumpliese Luis el tratado de su padre

Enrique IV, que había concedido ciertas ciudades para seguridades de los protestantes. Si no constase con evidencia, parecería increíble tanta reunión de máximas sanguinarias contra la doctrina del evangelio en el sumo sacerdote que se gloriaba de ser el conservador y defensor del evangelio mismo.

237 - URBANO VIII

De 1623 *a* 1644

Mafeo Barberini, de Florencia, cardenal arzobispo de Nazaret, fue elegido papa en 6 de agosto de 1623 con el nombre de Urbano, y murió en 29 de julio de 1644.

Su elección fue precedida de sucesos lastimosos. Roma se dividió en facciones para manifestar su voluntad. Los homicidios se multiplicaron en calles y plazas; lo mismo sucedía con robos, estupros y violencias que suelen acompañar las conmociones populares. Los cardenales estaban igualmente divididos: unos querían al cardenal Missini; otros a Borromeo; los franceses, venecianos y saboyanos a Barberini por desafecto a España. En esto se descubre fundada sospecha de haberse puesto veneno en la comida o bebida del cónclave, porque diez cardenales murieron con algunos obispos y abades allí reclusos, y otros muchos enfermaron con peligro de muerte. Casi de repente salió entonces electo Barberini trayendo a consecuencia, no sé por qué, haber visto volar un enjambre de abejas hacia el museo del cardenal y tener este por divisa las abejas en su escudo de armas. Por eso después de la elección la estatua de *Pasquino* apareció al día inmediato con el escudo de armas del nuevo papa que contenía las abejas, y este verso de un partidario francés: *Metta dabunt Gallis; Hispanis spicula figent,* es decir: *Estas abejas darán la miel a los franceses, y clavarán su aguijón a los españoles.* De cuyas resultas al día siguiente se vio en la propia estatua el mismo emblema de las abejas, y este verso de un partidario de España: *Spicula si figat, emorietur apes,* que significa en castellano: *como la abeja clave su aguijón morirá,* y al otro día se halló en la estatua otro pasquín con las abejas y este dístico de un afecto al nuevo papa:

Mella dabunt cunctis, et nulli spicula figent;
Figere namque nescit princeps apum.

Con lo que todo el público se dio por satisfecho, pues quieren decir los dos versos que las abejas de Urbano VIII *darán miel a todos y no clavarán sus aguijones a ninguno porque la reina de las abejas no sabe hacer mal.* Pero no sucedió así; pues siempre fue Urbano contrario a Felipe IV de España en todos los asuntos políticos que ocurrieron durante su pontificado y le mortificó por mil modos. Cuatro veces le hizo mudar de embajador en Roma, quejándose del modo con que se condujeron los tres primeros, siendo así que no hacían más que manifestar con atención las quejas de su soberano, en substancia porque no se dejaban seducir con las intrigas romanas. Cuando se verificaron las rebeliones de Cataluña y Portugal, favoreció indirectamente a los primeros por medio del rey de Francia y a los segundos negando las bulas para confirmar los obispados que presentaba Felipe. Las cosas llegaron a términos de haberse supuesto que se procuró dar veneno a Urbano por parte del gobierno de España, y este fue uno de los capítulos de acusación que se hizo ante el rey, contra el duque de Olivares después de haber perdido su ministerio de estado y privanza favorita.

En cuanto al nepotismo excedió Urbano a todos sus antecesores. Sus cuidados continuos eran cómo enriquecerlos y condecorarlos. Dio capelo de cardenal a su hermano fraile capuchino Antonio, y a sus dos sobrinos Francisco y Antonio, arzobispados y obispados a niños que mamaban, y abadías a los que no estaban engendrados, pactando en capítulos matrimoniales de la sobrina que todas las abadías que vacasen cuando naciera el primer niño se le conferirían. A su hermano Tadeo hizo capitán general de la iglesia, príncipe, duque, marqués, conde, barón y señor de muchos lugares. El último príncipe de la casa de Rovire (que era la del papa Sixto IV) dejó muchos estados y títulos a disposición de la iglesia romana y Urbano los dio a Tadeo. Quiso hacer guerra y despojar del ducado de Parma y Plasencia a Eduardo Farnese para darlo al mismo Tadeo, pero el duque supo sostenerse con la protección española y se hizo temer. Intentó revolucionar a Nápoles contra el rey Felipe IV de España para coronar allí a su hermano, pero tampoco pudo. Por último pensó hacer hereditario el pontificado pactando con los cardenales que votasen todos a favor de su sobrino el cardenal Francisco para papa sucesor suyo, y que este daría a cada cardenal una ciudad de los estados pontificios, en señorío usufructuario y honorario durante la vida del cardenal y del sobrino o pariente que cada uno designase; pero ni tampoco pudo reunir los votos necesarios. Entonces se redujo a enriquecerlos y lo hizo en grado escandaloso. Es fácil conocer cuántas injusticias se cometerían en la provisión de rentas eclesiásticas, y contra los que tuviesen derecho a su obtención. Hubo muchos sucesos particulares que demuestran el sumo desorden del gobierno eclesiástico por mano de los sobrinos. Algunos chistosos se pueden leer en la obra italiana impresa en 1667 con el título de *Il nepotismo di Roma.*

Hizo que el jesuita Santarella y otros escribiesen obras para probar que los papas tienen poder para destronar a los reyes y dar sus reinos a otro benemérito de la iglesia, y que no es esto en solo el caso de herejía sino en cualquiera otro de falta de obediencia y sumisión a los mandatos pontificios. Esta empresa era inútil porque la experiencia tenía ya justificado que se despreciaba en la práctica semejante doctrina. A mayor abundamiento en Madrid otro jesuita confesor del conde duque de Olivares, aunque con nombre fingido, escribió contra Santarella convenciendo que todo poder pontificio en asuntos temporales y contra personas seculares era nulo y tenido por sola usurpación; y que lo mismo sucedía en el poder espiritual fuera de Roma; que el papa era inferior al concilio, y las censuras de la bula de la cena todas nulas y despreciables.

Castigó a Galileo por hereje, solo porque anunció cierta verdad que ahora conocen todos los astrónomos y buenos físicos y aun los romanos mismos; esto es que el sol es el centro del sistema solar, y no corre como se cree vulgarmente, sino que permanece inmóvil en su órbita, y que nuestra tierra es un planeta que circula alrededor del sol. Dejó sin decidir las controversias sobre gracia, libre albedrío y auxilios para que los jesuitas y dominicanos prosiguieran disputando eternamente a costa de odios disimulados con la hipocresía. Practicó lo mismo con los dominicanos y franciscanos sobre si María madre de Jesucristo fue preservada o no del pecado original en el primer instante de su ser; cosa que nadie puede averiguar.

238 - INOCENCIO X

De 1644 *a* 1655

Juan Bautista Pamphili, natural de Roma, cardenal, fue papa en 15 de setiembre de 1644 con el nombre de Inocencio, en la edad de setenta y dos años, y murió en la noche del 6 al 7 de enero de 1655. Todo su pontificado fue continuo escándalo por la despótica disposición del gobierno eclesiástico en manos de doña Olimpia Maldachini, su cuñada. El abad Gualdo, domiciliado entonces en Roma, escribió la historia y vida de esta matrona, y dice que el cardenal Pamphili, desde muchos años antes de ser elevado a la dignidad pontificia, vivía en amistad tan íntima con su cuñada, que las gentes sospechaban que la buena conducta exterior del cardenal era efecto de los consejos de la dama intrigante para proporcionar el pontificado, como por fin lo logró. Pero apenas Inocencio fue pontífice, se quitó la máscara: creyó que teniendo ya la edad de setenta y dos años nadie podía interpretar en mal sentido sus confianzas, y la hizo tan escandalosamente dueña de los negocios eclesiásticos, que la hacía presenciar los consistorios, las embajadas y otras audiencias, escondida por decencia detrás de una cortina del solio papal;

pero sabiendo todos que la dama escuchaba las proposiciones y conferencias, a las que alguna vez salió. Cualquiera conocerá cuál sería el abuso. Los embajadores de los príncipes cristianos que tenían pretensiones en Roma no hacían caso del papa ni aun de los cardenales nepotes demasiado jóvenes, hijos del papa y no de su hermano en opinión de algún escritor, sino de la madre de ellos. Los regalos se hacían a proporción de la importancia de los asuntos. Ella vendía los capelos de cardenales, los patriarcados, arzobispados, obispados y demás dignidades y beneficios eclesiásticos al más dante, y llegó a juntar millones de escudos romanos, sin incluir lo que recibían sus hijos separadamente por hacer empeños con la madre.

Unida con los cardenales Barberini, sus antiguos enemigos, tramó, de acuerdo con el papa, una conspiración para que se sublevara el reino de Nápoles contra Felipe IV de España, con la idea de reducir todo su territorio a varios principados sujetos inmediatamente a la santa Sede, y repartirlos entre las personas de las familias Panfilia y Barberina. El cardenal nepote, adoptivo Astali, reveló el secreto a la corte española, y se desbarató el proyecto, por lo que Inocencio revocó la adopción de Astali, mandó que no se apellidase Panfili, le desterró de Roma, y le impuso grandes penas.

El venerable don Juan de Palafox, obispo de la Puebla de los Ángeles, después arzobispo y virrey de Méjico, escribió al papa los excesos de los jesuitas en América, y los daños que la religión católica padecía por eso. No se acomodó al modo fácil de victoria que tenía en su mano, enviando a doña Olimpia los tesoros que podía de plata americana. El asunto quedó como estaba, y los daños crecieron por días.

En 1648 se verificó la famosa paz general de Westfalia, que ha servido de presupuesto como máximas del derecho de gentes para los tratados posteriores diplomáticos de la Europa, prueba de haber sido bien meditada y prudente. Sin embargo, Inocencio la reprobó y condenó diciendo ser nula, injusta, ilícita, contraria a la religión, y ofensiva a los derechos de la iglesia y del papa. El emperador y los príncipes de Alemania, los reyes de España, Francia, Inglaterra y demás potencias despreciaron la bula de condenación como ella merecía. ¿En qué se fundaba el papa? En que se concedieron ciertas ventajas y preeminencias a los electores protestantes y sus territorios con respecto a la libertad de culto y pertenencia de templos y bienes. Jamás los papas han querido recibir la luz de la verdad, de que solo tienen derecho a mezclarse en el punto de dogma, moral y disciplina universal, como los doce primeros papas, siendo usurpado lo demás que se toleró a los sucesores.

239 - ALEJANDRO VIII

De 1655 *a* 1667

Fabio Chigui, natural de Sena, cardenal romano, fue papa en 7 de abril de 1655, nombrado Alejandro, y murió en 22 de mayo de 1667. Su elección resultó de innumerables intrigas de los cardenales divididos en tres facciones: unos deseaban pontífice adicto a la casa de Austria; otros a la de Francia, y otros querían que saliera un cardenal de Inocencio X. Por fin reunidas las dos últimas por cartas del primer ministro de Francia, cardenal Mazarino desde París, salió electo Alejandro VIII. Mazarino, ateísta, casi ya sin disimulo, fue el espíritu inspirador. Escarmentado de lo que había observado en la opinión pública de Roma y fuera sobre las odiosísimas murmuraciones contra su antecesor, hizo juramento de no *recibir a sus parientes en Roma*; y su hermano, don Mario, que se puso en camino apenas supo la elección, recibió carta de volverse a Sena sin pasar adelante. Pasquino apareció entonces con un papel en que Alejandro estaba retratado como bajando del cielo: debajo estaban escritas estas palabras del símbolo *Descendit de coelis*. El jesuita Palavacino imprimía en aquel tiempo la historia del Concilio tridentino contra la publicada por el servita fray Paulo Sarpi. Había impreso en ella veinte mil adulaciones al papa para conquistar el capelo que logró efectivamente; pero las más personales eran el altísimo elogio del desprendimiento del nepotismo.

Entre tanto Alejandro quiere mudar de sistema, trayendo a Roma su hermano y cuñada con tres hijos y una hija, otros dos sobrinos, hijos de distinto hermano difunto, y otros de una hermana. Consulta con su confesor Palavacino su promesa jurada, y el jesuita benignísimo le dice que todo es compatible, porque solo había jurado no recibir a sus parientes *en Roma*, y dejaba cumplida su promesa si salía al camino una o dos jornadas, y los recibía *fuera de Roma*. ¿Cabe teología moral más cómoda? El jesuita ¿hubiera encontrado tan bellísima interpretación para un pobrecito en el confesionario? El papa se conformó con el dictamen de su confesor, arrancó más de veinte páginas impresas de su historia, las reimprimió suprimiendo las cláusulas necesarias sobre nepotismo, y Pasquín presentó al pueblo romano la imagen de Alejandro retratado en el viaje, y teniendo debajo las palabras del símbolo que se siguen a las del primer pasquín *Et incarnatus est*.

Por adular al pontífice se hicieron fiestas y arcos triunfales para la entrada de los parientes: en uno de ellos se pusieron las palabras siguientes de un salmo *Orietur in diebus nostris justitia et abundantia pacis*. Mas hubo atrevido que por la noche puso una *m* al principio del elogio, y convirtió la *n* en *c* de la última dicción, por lo que al día siguiente leyó el público lo contrario al elogio, pues la letra decía *Morietur in diebus nostris justitia et abundantia panis.* Lo peor fue haber resultado cierta la profecía, porque no se puede leer sin escandalizarse lo que dijo entonces mismo, viviendo Alejandro, el autor de la obra ya citada *Il Nepotismo di Roma,* impresa en italiano, sin decir dónde, año 1667, en dos tomos en-dozavo.

Fomentó las disensiones y guerras intestinas de los católicos entre sí, expidiendo las bulas que quisieron los jesuitas contra las cinco proposiciones atribuidas a Jansenio, obispo de Ipres, y formando empeño de favorecer un partido, solo porque defendían la opinión de que le papa era infalible aun estando fuera del concilio general ecuménico cuando define *ex catedra*, esto es, como jefe de la iglesia, no solo en las dudas de derecho, sino aun en las de hecho. Acaso ignoraba el buen Alejandro que los jesuitas seguían en España prácticamente la doctrina contraria en la causa propia de condenación de las proposiciones del jesuita Juan Bautista Poza; pues Urbano VIII no pudo lograr obediencia ni sumisión a sus bulas condenatorias, burlándose los jesuitas españoles de las determinaciones pontificias con diferentes pretextos.

El orgullo romano sugirió al pontífice Alejandro negar al rey de Francia Luis XIV la justa satisfacción que se le debía por una injuria hecha al embajador francés por unos soldados corsos de la guardia papal. No dejó piedra por mover en todas las cortes de los príncipes católicos de la Europa para que favoreciesen su vanidad. Todos conocieron que la causa era común, y Luis XIV preparó su ejército para vengar la injuria y conquistar el respeto debido a los soberanos. Alejandro abatió su orgullo entonces, y destinó a París un legado que pidiera perdón.

Si los soberanos católicos fuesen todos ilustrados en sus verdaderos intereses, no permitirían que ningún papa tuviera más corte que los doce primeros sucesores de san Pedro, y cesaría la multitud de intrigas romanas en asuntos seculares. Muerto Alejandro manifestó el pueblo romano su odio persiguiendo a sus parientes y saqueando sus casas.

240 - CLEMENTE IX

De 1667 *a* 1669

Julio Rospillosi, natural de Pistoya, cardenal del título de San Sixto, fue papa en 20 de julio de 1667, y murió en 9 de diciembre de 1669, con el nombre de Clemente IX, de edad de setenta y cuatro años. Fue bueno, y procuró la paz de los teólogos divididos en facciones sobre jansenismo y molinismo; si no la consiguió total, logró a lo menos la tranquilidad exterior durante algún tiempo en virtud del breve de 28 de setiembre de 1667 sobre formulario de la conformidad con la bula de condenación de las cinco proposiciones atribuidas a Jansenio.

241 - CLEMENTE X

De 1669 *a* 1676

Juan Bautista Emilio Altieri, natural de Roma, cardenal, de edad de ochenta años, fue elegido papa en 29 de agosto de 1670, después de ocho meses de vacante por no haberse podido conciliar dos terceras partes de votos a favor de una persona. Seis eran las facciones; una del partido español; otra del francés, tercera de los barberinis; cuarta de los chisis; quinta de los rospigliossis; y sexta que se llamaba *volante* compuesta de los disidentes. Sin duda el Espíritu Santo dejaba conducirse libremente las causas segundas, pues aun después de tantos debates solo pudieron los cardenales conformarse en un caduco que volviese a dejar luego la silla vacante, y mientras tanto se dejase gobernar por ellos para conservar la vida. Siguió las máximas del nepotismo con tanta perfección, que a falta de sobrinos adoptó uno mandando apellidarse Altieri, lo hizo cardenal Altieri, y le dejó mandar tanto que los romanos decían tener dos papas, uno puramente nominal, otro verdadero sin nombre. La historia de los pontificados anteriores me excusa de repetir desórdenes particulares del de Clemente X que murió en 22 de julio de 1676.

242 - INOCENCIO XI

De 1676 *a* 1689

Benito Odescalchi, natural de la ciudad de Como en el Milanesado, cardenal obispo de Navarra, fue elegido papa en 21 de setiembre de 1676. Tomó el nombre de Inocencio XI, y murió en 12 de agosto de 1689. Conoció los daños del nepotismo, y prohibió a su sobrino Libio Odescalchi tomar gobierno alguno, y recibir visitas políticas con título de sobrino del papa. El pueblo romano apreció tanto la constancia de Inocencio en esta parte que le bastó para reputarlo santo al tiempo de su muerte robando y repartiéndose cualesquiera ropa o cosas que hubiesen tocado el cuerpo. De aquí se puede inferir cuán escandalizado estaría de los pontificados nepotistas.

En tiempo de Inocencio el clero de Francia congregado aprobó las cuatro proposiciones publicadas por la universidad literaria de París, año 1682, reducidas a que el papa ni la iglesia no tienen poder alguno en los negocios temporales, ni sobre los reyes para deponerlos ni para librar a los súbditos de la obligación jurada de obedecerles. Que el concilio general ecuménico es superior al papa conforme se declaró en el de Constanza, sin que se pueda esta doctrina limitar a las ocasiones de cisma perteneciendo a todos los tiempos. Que el ejercicio de la potestad pontificia es limitado a la conformidad con los cánones y concilios generales, y sin perjudicar a los derechos de las naciones ni a los de los soberanos. Que el papa tiene la parte primera y principal en las causas de fe, pero que sin concurrir la autoridad de la iglesia no es infalible en sus decisiones. Los romanos sintieron mucho esta declaración; quisieron condenarla; el obispo Bossuet las defendió, y por más que han hecho los papas posteriores no hay en Europa canonista ni teólogo de algún mérito que no reconozca la verdad de las cuatro proposiciones del clero galicano. También tuvo Inocencio disputas con la corte de Francia sobre preeminencias de embajadores que suprimió el papa en bula de 12 de mayo de 1687. El embajador de Francia apeló al concilio futuro, celebró los oficios de Navidad en su capilla de San Luis. El papa puso entredicho en aquella iglesia, y murió sin dejar fenecidas las controversias. ¿No es lástima que hombres buenos como fue aquel papa se dejen llevar de sugestiones de los malos por tener estos mayor astucia?

243 - ALEJANDRO VIII

De 1689 *a* 1691

Pedro Ottoboni, natural de Venecia, cardenal, obispo de Frascati, fue elegido papa en 6 de octubre de 1689 con el nombre de Alejandro, a su edad de setenta y nueve años. No debe apartarse de la imaginación de mis lectores el doble objeto que los cardenales se proponen en tales elecciones de ancianos imposibilitados para trabajar, o expuestos a morir luego por la fatiga y los cuidados. Este doble sistema es el verdadero espíritu que influye para sus votos. En vano quieren persuadir ser obra del Espíritu Santo la de sus pasiones personales. Alejandro murió en primero de febrero de 1691, después de condenar las cuatro proposiciones del clero de Francia, cuya bula fue repelida y condenada en el reino.

244 - INOCENCIO XII

De 1691 *a* 1700

Antonio Pignatelli, natural de Nápoles, cardenal, arzobispo de su patria, fue elegido papa en 12 de julio de 1691 con el nombre de Inocencio, y murió en 27 de setiembre de 1700 a su edad de ochenta y seis años. Fue bueno y pacífico. Se reconcilió con el clero de Francia sin ruido ni escándalo. Tanto puede la fuerza de la opinión. En otros tiempos hubieran sido excomulgados los arzobispos y obispos franceses autores de las cuatro proposiciones del clero galicano de 1682. Inocencio supo contentarse con una *explicación* que, aunque los romanos llaman *retractación*, está concebida en términos demostrativos de la firmeza y constancia en la verdad y de la docilidad necesaria para ceder cuando la paz lo exige. Inocencio expidió bula en 28 de julio de 1692 aboliendo el nepotismo y mandando que todos los cardenales presentes y futuros prometiesen con juramento sujetarse a cumplir lo mandado en la bula si llegaban a ser papas. Esto bastaría por sí solo para que fuesen justos todos los elogios; pero Inocente añadió el mérito heroico de sustituir los pobres de Jesucristo a los nepotes para distribuir los dineros del erario pontificio.

-o-o-o-

SIGLO XVIII

245 - CLEMENTE XI

De 1700 *a* 1721

Juan Francisco Albani, natural de Pesaro, cardenal diácono del título de San Silvestre, fue elegido papa en 23 de noviembre de 1700, después de cuarenta y cinco días de cónclave, y murió en 19 de marzo de 1721. Fue discípulo del cardenal Esfondrati, autor de la obra teológica famosa intitulada *Nodus predestinationis disolutus,* y tan preocupado como su maestro en todos los principios jesuíticos. Así es, que lejos de contribuir a la tranquilidad eclesiástica, encendió más el fuego de la discordia en todo sentido. Por lo tocante al supuesto jansenismo libró tres bulas en 1705, 13 y 15, cuyo efecto agradable a los jesuitas, hizo enemigos del pontífice a todos los sabios de la Europa, mirándolas como tizón de discordia infernal. El verdadero principio de su expedición no fue celo de la pureza de los dogmas sino interés romano, porque los titulados jansenistas sostenían opiniones conformes a la disciplina general, pero contrarias al despotismo pontifical.

Clemente vivía tan imbuido de las opiniones erróneas de la curia, que libró bula en 20 de febrero de 1715, suprimiendo en Sicilia el tribunal nombrado *Monarquía de Sicilia*, que conocía sin apelación de todos los asuntos eclesiásticos desde el 5 de julio de 1098, en que Urbano II había concedido a Rogerio, conde de Sicilia, para sí y sucesores, las facultades de legado pontificio. El rey de Sicilia reclamó contra la bula de Clemente porque no había sido pura gracia la concesión de Urbano, sino concordato por bien de la paz que produjo grandes ventajas a la santa Sede.

No debían los soberanos apelar jamás a tales defensas, sino a la verdadera, esencial y no susceptible de réplica, reducida a que ningún monarca debe permitir a los papas más autoridad que la de los doce primeros sucesores de San Pedro, pues la demás es usurpada por tolerancia. Quiso también Clemente que prevaleciera su despotismo en España; pero Felipe V se acercó más a los verdaderos medios de contener el orgullo de los papas. Mandó que no se acudiese a Roma por despachos algunos, ni se llevasen allí dineros, y que los obispos y ordinarios exentos usaran de sus facultades natas. ¡Ojalá no hubiese revocado luego sus decretos por instigaciones injustas del cardenal Judice!

246 - INOCENCIO XIII

De 1721 *a* 1724

Miguel Ángel Conti, natural de Roma, cardenal, obispo de Viterbo, fue elegido papa en 8 de mayo de 1721 con el nombre de Inocencio, y murió en 7 de marzo de 1724.

Cuando se trataba de hacerlo papa prometió muchas cosas contra las bulas de Clemente XI para cortar el origen de las discordias que cada día eran más lastimosas entre molinistas y jansenistas, pero después no hizo nada dejando en este punto las cosas tan mal como las halló. Tanto más careció de disculpa, cuanto conoció a fondo la malicia de los jesuitas; pues vio y palpó que los ritos idólatras de la China condenados por su antecesor en 1715 eran permitidos y aun aprobados por los misioneros jesuitas residentes en aquel vasto imperio con tolerancia, sino aprobación, del general y asistentes que vivían en Roma, proponiéndose por único móvil su conducta de no perder las inmensas riquezas que les venían por mar desde aquellas remotas regiones.

Inocencio estuvo tan informado de todo, que se propuso extinguir el orden de los jesuitas, y por de pronto les prohibió recibir novicios. Mientras disponía la supresión murió no sin sospechas de haber sido envenenado por disposiciones ocultas de los jesuitas.

247 - BENITO XIII

De 1724 *a* 1730

Pedro Francisco de Orsini, hijo del duque de Gravina, religioso dominicano, cardenal, arzobispo de Benevento, fue elegido papa en 29 de mayo de 1724 con el nombre de Benito, a los setenta y cinco años de su edad. Quiso publicar una bula con doce artículos relativos a las disputas de gracia y predestinación para pacificar los partidos de molinistas y pretendidos jansenistas; pero los jesuitas intrigaron tanto, que ganaron el mayor número de votos de los cardenales para no consentir su publicación. No ignoraban el modo de negociar con los cardenales, usando con oportunidad de las riquezas de la China y de América. Sin embargo, libró por sí solo un breve dirigido a los frailes dominicanos, exhortándoles a sostener con vigor la doctrina de la predestinación y gracia eficaz como dogmas inconcusos y segurísimos de San Agustín y Santo Tomás. Después celebró concilio en San Juan de Letrán, año 1725, y por intriga jesuítica el secretario puso en uno de los decretos, sin acordarlo el concilio, que la bula *Unigenitus* expedida por Clemente XI en 8 de setiembre de 1713 fuese tenida como regla de fe. Benito no podía llevar a bien una superchería en que se le hacía decir lo contrario de lo anunciado en su breve de 6 de noviembre de 1724; pero se le procuró ocultar durante su vida, y la corte pontificia ganada por los jesuitas dejó correr la doctrina.

248 - CLEMENTE XII

De 1730 *a* 1740

Lorenzo Corsini, natural de Roma, cardenal, obispo de Frascati, fue elegido papa en 12 de julio de 1730, después de cuatro meses y siete días de cónclave. ¡Cuántas facciones habría! ¡Cuántas serían las intrigas! ¡Cuántos los expectantes del pontificado! ¡Cuántas las discordias para sufrir más de cuatro meses de clausura! Por fin, convinieron los cardenales en un anciano de setenta y ocho años, cual era

Clemente XII. ¿Qué había de hacer un octogenario? Cuidar de la prolongación de sus días, dejando a los cardenales mandar lo que se les antojase.

249 - BENITO XIV

De 1740 *a* 1758

Próspero Lambertini, natural de Bolonia, cardenal, arzobispo de su patria, fue elegido papa en 17 de agosto de 1740 con el nombre de Benito, y murió en 3 de mayo de 1758. Fue sapientísimo y bueno, pero pudo y debió ser aún mejor. Si no hubiera sido tan sabio, yo le disculparía en ciertos artículos; pero él sabía las verdades de teología, cánones, historia eclesiástica y política que se necesitaban para reformar todos los abusos de sus antecesores y de la curia.

Sabía que lo temporal era usurpado sucesivamente contra el imperio de Occidente y otros soberanos; y lo eclesiástico relativo a reservas contra los obispos diocesanos; que las exenciones concedidas a monasterios y congregaciones reglares eran contrarias a la doctrina de San Pablo, según la cual el Espíritu Santo encomendó todo el rebaño de la iglesia particular al obispo Timoteo, sucediendo lo mismo a los demás.

Esto no obstante conservó las reservas, y las exenciones en el estado que los halló, y en su obra *de Sinodo diocesano* pondera la potestad pontificia y extenúa la episcopal; de manera que solo permite a los obispos, sin concesión del papa, ordenar clérigos y confirmar bautizados, pues aun para oratorios particulares, reducción de misas fundadas y otras bagatelas quiere que acudan a Roma, dejando en esqueleto la dignidad episcopal. ¿Cómo lo disculparé? ¿Fue por ignorancia de la primitiva disciplina? No, porque la sabía profundamente. Fue porque así daba gusto a la corte pontificia, y no es digno de alabanza en ello.

Tampoco lo considero tal en haber lanzado excomunión contra los masones. No puedo creer que ignorase las constituciones y costumbres de las logias. Si las hubiese prohibido como reuniones destituidas de todo apoyo legal, las despreciase como inútiles, impertinentes, y aun las reprobase sin censura eclesiástica por necias, extravagantes y ridículas, yo elogiaría su prudencia y juicio; pero anatematizarlas con censura como si fuesen opuestas a la religión católica, de que prescinden, fue injusticia y falta de previsión de que eso mismo les daría la importancia que no tienen, y engendraría en muchos el deseo de ser francmasones por curiosidad. Yo he leído la copia de una carta que un caballero de Nápoles le escribió de resultas de haber visto la bula. "¿Con que me habéis excomulgado? le decía. Bien sabíais que yo era francmasón hace algunos años. Pero no acabo de admirarme de vuestras opiniones en este punto. ¿Cuáles son los méritos sobre que recae la excomunión? ¿Son los actos de beneficencia que a lo menos por vanidad se ejercen? Pues excomulgáis las buenas obras. ¿Son las ridiculeces de las pruebas para el ingreso? Pues ridiculizáis la excomunión. ¿Son los juramentos execratorios del secreto? Pues dais importancia grande a lo que solo es fórmula de estilo. Revocad, revocad vuestra bula, y no hagáis agravio a vuestro talento, vuestra sabiduría y vuestra buena fama. Dejadnos divertir en estas extravagancias, pues solo son un capricho que a nadie ofende, sea lo que se quiera sobre su origen y su objeto". No he visto la respuesta de Benito XIV; pero he oído decir que se rio mucho con la carta de su amigo, y le contestó que por su empleo no pudo proceder de otro modo, pero que no temiese a la tal excomunión, porque no le secaría como cuentan que secaba en los tiempos antiguos a los excomulgados. Si la respuesta fue cierta, equivale a decir que había librado la bula por complacer a los cardenales tontos.

En cuanto a su conducta con los soberanos manifestó bastante juicio, prudencia y conformidad con su conocimiento profundo de la historia. Muchos cardenales quisieron que lanzara excomunión contra el rey de Portugal, Juan V, porque despreciando repetidas amonestaciones escandalizaba tratando con monjas en amores deshonestos. Benito se negó constantemente previniendo los peligros de que despechado el rey imitase a Enrique VIII de Inglaterra. "¿Expondré yo, decía, por unas putas todo el reino a caer en un cisma? No por cierto. El rey se cansará, o Dios le dará una enfermedad para que se arrepienta". Sucedió así. Juan V enfermó por largo tiempo, y dio muchos indicios de verdadero arrepentimiento.

La España debe a la prudencia y luces de Benito XIV las grandes ventajas de hacerse las provisiones eclesiásticas en Madrid, sin necesidad de llevar el dinero a Roma. Pasaban de doce millones de reales de vellón por año los que salían para la curia pontificia. Conocía tanto Benito el disgusto de esta y los peligros suyos, que las conferencias para el concordato del año 1753 con el rey Fernando VI fueron personalísimas entre el mismo sumo pontífice y don Manuel Ventura de Figueroa, representante español, a quien dijo su Santidad con la mayor eficacia que callase todo como si fuese materia de sigilo sacramental, porque si llegasen los curiales a traslucir el asunto antes de concluirse, le quitarían la vida con veneno para evitarlo. ¡Cuán a fondo conocía Benito las gentes de su corte!

La obra que escribió *de festis* es testimonio eterno de su grande crítica en la historia eclesiástica. Manifiesta lo que hay de verdad en cuanto a la *Verónica*, imagen de Jesús, que con el curso de los siglos ha sido convertida en mujer santa con muchas particularidades de su vida; lo mismo en los magos que visitaban a Jesús, dados a conocer en el siglo VI con los nombres antes ignorados de Gaspar, Melchor y Baltasar, y tenidos por reyes en el siglo XII; otro tanto en diversos puntos de historia eclesiástica relativa a la liturgia y actas de santos. Por eso no le perdono yo que sabiendo las muchas patrañas escritas en las lecciones del segundo nocturno de maitines del oficio de santos y santas, haya dejado el breviario romano intacto con todas ellas como lo encontró, para que los frailes las anuncien en los sermones panegíricos al pueblo cristiano, como verdades constantes que dicen ellos propone la santa madre iglesia para la creencia, siendo así que no pasa de permitir su lectura. ¿Qué hizo en esto sino fomentar la mentira y la superstición? Conozco su disculpa que se reduce al miedo que le daría el peligro de desengañar al vulgo eclesiástico. Es lástima que no hubiese tenido el corazón de un Hércules.

Con este motivo me parece que no debo dejar en silencio un ejemplo de las patrañas de breviario. En las lecciones de la beata Mariana de Jesús de Madrid se dice que fue monja mercenaria solemnemente profesa; y esto es mentira tan grande que no había en Madrid convento alguno de monjas mercenarias cuando murió la beata. El de don Juan de Alarcón y el de San Fernando son más modernos. Solo hubo de verdad que Mariana vivía cerca del convento de frailes mercenarios descalzos de santa Bárbara, vistiendo el hábito de monja. Si de veras hizo algunos votos, serían simples y no solemnes en mano del fraile confesor suyo. ¡Cuánto hay de esto en el breviario! Así hay una obrita francesa en dos tomos en dozavo, impresa en 1698 por Mr. Pedro José con el título de *Frailes recibidos en empréstito,* en la cual se refieren los muchos santos que los frailes de casi todos los institutos se han apropiado, pintándolos como individuos de sus respectivas órdenes, sin que jamás lo fueran en su vida. La congregación de ritos no permitiría estos fraudes si el dinero no hiciese a sus fiscales y jueces tan indulgentes. Estos engaños hacen gran mal a la religión, porque los protestantes tienen en sus iglesias reformadas hombres sapientísimos de una crítica muy fina, los cuales descubren y demuestran la mentira, de que forman armas poderosas para persuadir que otro tanto sucedería en las demás narraciones históricas de santos milagrosos por la regla del proverbio antiguo de Castilla que dice: *Los milagros de hogaño me hacen no creer los de antaño.* ¡Cuánto mejor sería impedir esas fábulas como estaban impedidas en los primeros siglos, a pesar del crecido número de mártires! El que desee ver reunidos los elogios de Benito XIV en pocas cláusulas, lea su artículo en la obra *Arte de verificar las fechas.*

250 - CLEMENTE XIII

De 1758 *a* 1769

Carlos Rezonico, natural de Venecia, cardenal obispo de Padua, fue elegido papa en 6 de julio de 1758. Tomó el nombre de Clemente, y murió en 2 de febrero de 1769. Su pontificado dejó testimonio del daño que producen las preocupaciones juntas con el interés. Clemente XII, si atendemos a su conducta personal, era hombre justo; pero sus afectos particulares y el no reconocer la fuerza de la opinión pública le perdió. Era ciego apasionado de los jesuitas, y sin embargo cuando llegó a ser sumo pontífice condenó contra su voluntad la obra del jesuita Berruyer, intitulada *Historia del pueblo de Dios* en español y en italiano, renovando y aumentando las condenaciones dos veces hechas por Benito XIV. Los escandalosos sucesos de Portugal y otros que hubo en Nápoles, hicieron a las cortes de París, Madrid, Lisboa, Nápoles y Parma pedir la extinción del orden de los jesuitas. Esta solicitud tenía por apoyo una multitud de acaecimientos criminales de todos los reinos católicos de los siglos XVI, XVII y XVIII, pero muy particularmente los del Paraguay y los de la China que acababa de condenar Benito XIV nuevamente, por no haber bastado las de los anteriores pontífices. Cuando pendía el asunto, Clemente libró en 30 de enero de 1768 cierto breve intitulado *Monitorio* contra el duque soberano de Parma Felipe de Borbón, hermano de los reyes de España y de Nápoles, y primo del de Francia. Su tenor era muy conforme a los de Gregorio VII, Bonifacio VIII y semejantes, llamando suyo al ducado de Parma, como si viviera en los siglos en que la conquista de un país hecha por el soberano temporal a costa de guerras dispendiosas de dinero y sangre humana se reputaba nula, inútil y despreciable, mientras el papa no echaba su bendición para que la tierra conquistada fuera feudo perpetuo de la santa Sede. Le prohibía poner tributos a las tierras adquiridas o que adquiriesen las personas o corporaciones eclesiásticas; condenaba la limitación que Felipe había puesto al aumento de bienes raíces de manos muertas, y otras varias providencias relativas al gobierno temporal. En fin, imponía la excomunión al duque con privación de estados y toda la artillería de clausulones romanos que hacían a los emperadores y reyes temblar en otro tiempo; y que ahora, gracias a Dios, producen risa y desprecio como se lo merecen en tales materias.

Las cinco cortes unidas reclamaron contra el breve mirando el negocio con interés común, y pidieron a Clemente lo revocase dando satisfacción pública de la ofensa. La corte de Roma se negó a ello, y la de Madrid hizo escribir la obra intitulada *Juicio imparcial sobre el Monitorio de Parma*. Sus autores fueron los condes de Floridablanca y de Campomanes, fiscales del real y supremo consejo de Castilla, quienes desenvolvieron en ella los principios de jurisprudencia en cuanto a las censuras eclesiásticas y otros puntos, pero aun omitieron avanzar a los verdaderos que debían regir en cuanto a la soberanía temporal de los papas. Bien quisieron hacerlo y comenzaron, pero dos arzobispos y tres obispos convocados por el rey Carlos III a consejo extraordinario, llevaron a mal que se profundizase tanto la materia por la trascendencia de sus bases a la potestad y jurisdicción de todos los prelados eclesiásticos. De consejeros del rey se convirtieron en abogado de causa propia, resolviendo suprimir la primera impresión y publicar la segunda que corre ahora y se tradujo a casi todas las lenguas europeas.

Los cinco soberanos estrecharon terriblemente al papa, ocupando Luis XV la ciudad de Aviñón y condado Venesino; Fernando IV el ducado de Benevento, y amenazando todos con el despojo de Bolonia, Ferrara, y otros estados pontificios. Clemente se vio tan oprimido que se determinó a ceder, dando plena satisfacción a las cortes. Pero los curiales romanos conocieron ser este golpe mortal a sus máximas, y para probar fortuna con un papa nuevo dieron veneno a Clemente XIII la noche misma del día en que había de firmar. Fue opinión común que los jesuitas ayudaron a la empresa recelando que parte de la satisfacción fuera suprimir su instituto; y no fue temerario el juicio.

251 - CLEMENTE XIV

De 1769 *a* 1774

Juan-Vicente-Antonio Ganganelli, natural de Sant'Arcangelo, cerca de Rímini, religioso claustral del orden de San Francisco de Asís, cardenal romano, fue elegido papa en 19 de mayo de 1769, y murió en 22 de setiembre de 1774 con el nombre de Clemente, teniendo sesenta y nueve años incompletos de edad.

Ya se deja conocer que habría dos partidos entre los cardenales, uno de los jesuitas y de los curiales; otro de los cinco soberanos. El cardenal Chigui, biznieto de un hermano de Alejandro VII, estuvo expuesto muchas veces a salir papa en los tres meses de cónclave, pero el partido jesuítico no pudo nunca reunir dos terceras partes de votos. Ganganelli era el único cardenal que había reglar; y esta circunstancia influyó para que los menos tenaces de la facción jesuítica cediesen, esperando que tomaría interés en cerrar la puerta de supresiones de institutos reglares. Su esperanza se frustró. Clemente XIV era de los hombres más ilustrados del siglo XVIII como demuestran sus cartas y su conducta pontifical.

Reconcilió las cinco cortes dando satisfacción a todas, particularmente a las de Lisboa y Parma que eran las más ofendidas. Mandó que no se publicase más la bula llamada *In coena domini* que tanto hería los derechos de soberanos temporales y de sus pueblos. Para tratar del asunto de los jesuitas formó una congregación de cinco cardenales y muchos juristas: todos votaron la supresión, y Clemente la hizo en breve de 21 de julio de 1773. Al tiempo de firmarla dijo: "lo hago con gusto porque he meditado bien en pro y contra. Si no lo hubiese ya firmado, lo haría de nuevo; pero preveo que me costará la vida". No erró; muy pronto le dieron veneno que lo fuese matando gradualmente; luego fue perdiendo fuerzas; aún se animó el día de la Ascensión a concurrir al Vaticano para publicar la bula del jubileo de año 1775. Sus enemigos tuvieron la osadía de anunciar que no lo vería, y aun de poner en su palacio pontifical un pasquín con estas letras I. S. S. S. V. cuya lectura íntegra parece haber sido *In settembre sara sede vacante* que significa en español *En setiembre será la sede vacante*; y se verificó con efecto en el día 22 del mes anunciado en mayo. ¿Será juicio temerario culpar al partido jesuítico?

252 - PÍO VI

De 1774 *a* 1799

Juan ángel Braschi, natural de Cesena, cardenal romano, fue elegido papa en 15 de febrero de 1775. Tomó el nombre de Pío, y murió en Valencia del Droma en Francia, año de 1799. Será ociosos detenerme a persuadir que el espíritu de intriga inspiró la elección. Los soberanos querían un papa enemigo de los jesuitas; estos un apasionado suyo; cinco meses de cónclave no bastaron para que cediesen los unos y los otros. El conde de Floridablanca estaba en Roma por parte de España, y tuvo grande parte en la elección, porque sugirió la idea de escoger a un cardenal de los que se decían indiferentes: tal era Braschi. Floridablanca se ingenió bien ganando a costa de millones de España las damas romanas, amigas de cardenales, para que por medio de sus cartas conquistasen votos. Le auxiliaron por iguales medios los embajadores de Francia, Portugal y Nápoles, y venció. El suceso, con una multitud de anécdotas particulares, resulta del proceso criminal formado en

Madrid contra el conde de Floridablanca en 1792, después que cesó de ser ministro secretario de estado y de justicia. Véase de cerca el influjo directo del Espíritu Santo en las elecciones. Su pontificado hizo ver cuán mudada estaba la opinión pública sobre los derechos de soberanos y los de Roma.

El emperador de Alemania José II suprimió muchos monasterios, conventos y comunidades religiosas, dispuso de sus bienes a favor del estado, y providenció varias cosas relativas a la disciplina exterior de la iglesia sin pedir permiso ni aprobación al papa, ni contar con su voluntad. Pío VI le escribió varias cartas procurando persuadirle se abstuviese de las reformas, supresiones y demás providencias ofensivas de los derechos de la santa Sede, José II contestó que no los había violado ni los violaría, porque todos sus reglamentos pertenecían a la potestad temporal. Sus predecesores Enrique IV, Enrique VI, Federico I, Federico II y Luis de Baviera, fueron destronados pontificalmente por mucho menos, o mandados ir personalmente a Roma descalzo en forma de penitentes, y postrarse como reos a pedir perdón a los orgullosos papas inexorables.

Pío VI conoció bien haberse pasado ya la era del orgullo pontifical, y en lugar de citar ante su tribunal al emperador José II, sale de Roma para buscar a su majestad imperial en Viena. José le sale a recibir, pero no él lleva las riendas del caballo a pie, sino que abraza y besa respetuosamente al sumo pontífice, quien tampoco exige humillaciones vergonzosas como sus antiguos antecesores, y acepta el asiento de la carroza que le ofrece aquel soberano. Hospedado en el palacio imperial de Viena ve Pío de cerca la continuación del sistema sin novedad, y tiene que regresar a Roma sin conseguir nada en sus objetos. No por eso excomulgó a José, ni lo trató de hereje y perseguidor de la iglesia como en casos menores habían hecho los papas anteriores a la reforma de Lutero, antes bien alabó la religión y las virtudes de José II en discurso que se imprimió en Viena estando aún allí su Santidad; y se le dio la comunión por sí mismo.

Con este motivo decían los franceses con gracia: "el papa ha ido a celebrar dos misas en Viena; una sin *Credo* para el emperador; otra sin *Gloria* para sí". No era menos picante cierta estampa alegórica a la caída del poder pontifical que se publicó en Viena. "El águila imperial quita de la cabeza del papa la tiara de tres coronas; los muchachos juegan a la raqueta con el chapín del papa, y con las llaves del cielo; si el fanatismo está en el fondo del cuadro rechinando los dientes de rabia, los frailes se dejan ver abatidos por la fuerza del dolor, y el jefe de la iglesia se queda sin más apoyo que el de su báculo pastoral".

Ocho años después la revolución de Francia ocupó de nuevo a Pío VI. Los franceses formaron su constitución nacional, de la que una parte tenía relación con el clero, y se tituló *Constitución civil del clero de Francia*. Se pidió al papa su aprobación, y su santidad la negó diciendo ser injusta, nula y contraria a las instituciones divinas y derechos de la silla de san Pedro. Se le hizo ver que todo era conforme a los seis primeros siglos de la iglesia, y que se oponía únicamente a los abusos y usurpaciones que tuvieron lugar en siglos posteriores, por lo que se insistió en que aprobara el juramento que se había mandado prestasen para su observancia todos los clérigos. Pío VI reprobó el juramento, lo declaró ilícito, injusto, nulo, y prohibió prestarlo bajo la pena de excomunión a los que lo prestasen, y de poner entredicho general en la Francia. Escribieron algunos obispos unas exposiciones al papa llenas de doctrina sólida y católica, en que se hacían demostraciones de proceder Pío VI sin fundamento canónico suficiente, y estar obligado a mudar de rumbo en la dirección del negocio para evitar un cisma en el clero francés. El papa, lejos de acceder a la propuesta, libró nuevos breves, amenazando con declarar excomulgados y cismáticos a los que jurasen. De aquí resultó la emigración de muchos obispos y clérigos; pero quedaron en Francia los necesarios para suplir su falta.

La conducta de Pío VI con la Francia fue chocante, si se compara con la que tuvo en los asuntos de Alemania, porque había muchos puntos de contacto en las providencias del emperador José y la constitución civil del clero de Francia. La diferencia estuvo en que muchos obispos interesados en no perder los diezmos, los señoríos temporales y las rentas de bienes raíces persuadían al papa que si no cedía, todo volvería luego al estado antiguo, porque, según su opinión el cuerpo general de la nación francesa estaba contra la constitución civil del clero, y caería el poder de los constituyentes que ellos titulaban de aparente, usurpado y faccioso, pero momentáneo. Haciendo creer esto produjeron al papa gravísimos sentimientos, porque la revolución francesa fue a más en lugar de ir a menos, y la religión perdió mucho entonces dejando como separada de la comunión romana la iglesia galicana, cuyo gravísimo daño estaría evitado con solo aprobar la constitución, bien que nunca llegó a ser declarada cismática. El único efecto fue interceptarse las relaciones de comunicación directa.

Las ocurrencias posteriores demostraron que Pío VI hubiera aprobado la constitución sino por las sugestiones de los emigrados; pues creciendo por días el poder de la república francesa, y llegando a dominar gran parte de la Italia, se creó allí otra república llamada *Cisalpina*, la cual formó constitución del clero al nivel de la francesa sobre las mismas bases con todas sus consecuencias y casi con las mismas palabras. Entonces Pío VI, que no tenía emigrados cerca, y recelaba con razón la permanencia de la nueva república, entró dentro de sí mismo, y prefirió carecer de los derechos poseídos durante algunos siglos, al peligro de tener en Italia un estado en concepto de cismático. Aprobó con bula especial la constitución civil del clero cisalpino, y por eso después se publicaron en varias gacetas grandes elogios de la prudencia de Pío VI; pero con la reflexión picante de que desmentía lo dicho por el mismo Pío en los antiguos breves dirigidos a Francia.

La razón era muy sencilla, porque si de veras creía oponerse a las instituciones divinas, no pudo aprobar la constitución del clero cisalpino; y si no lo creía de veras, debió confirmar la del galicano. Pero el mal estaba hecho: es de creer que si entonces se lo pidiese la Francia, hubiese condescendido para manifestar consecuencia con lo que hacía en Italia; mas se había pasado el tiempo de suplicar a Pío la república francesa cuando ya lo tenía muy humillado y en términos de pender su vida misma de la voluntad de los gobernadores de Francia, quienes por último se vengaron de la terquedad antigua de Pío, trayéndole al territorio republicano, donde falleció.

No se puede negar a Pío VI el elogio de pacífico y prudente por su conducta en los asuntos de Alemania y de la república cisalpina; pero tampoco la historia podrá menos de imputarle tenacidad en la conservación de los derechos usurpados por sus antecesores en la Francia. ¡Es cosa terrible que los papas no acaben de conocer la fuerza de la opinión pública, y que antepongan las grandezas del poder humano y temporal a la doctrina y ejemplos de Cristo y de san Pedro!

-o-o-o-

SIGLO XIX

253 - PÍO VII

De 1799 *en adelante*

Bernabé Chiaramonti, natural de Cesena, monje benedictino, cardenal romano, creatura de Pío VI, fue elegido papa en Venecia en 14 de marzo de 1800. Tomó el nombre de Pío como su antecesor y vive ahora mismo en la edad de setenta y cuatro años. La vacante duró siete meses por las circunstancias en que se veía la Europa, particularmente la Italia. Es muy cierto (aunque se procure ahora desfigurar la verdad) que hubiera estado la santa sede vacante por mucho más tiempo sino por Napoleón Bonaparte, primer cónsul entonces de la república francesa. Este la gobernaba de un modo dirigido a sofocar las divisiones antiguas y reunir la nación a las ideas generales del bien común. Creyó que sería fácil restableciendo el culto católico público, suprimido casi totalmente desde los tiempos de Robespierre, y proporcionando en Roma un sumo pontífice con quien tratar el negocio de manera que no sirviera de obstáculo la mansión de clérigos constitucionales y clérigos no juramentados a quienes abrió las puertas de la Francia. En su consecuencia facilitó y auxilió la reunión de cardenales en Venecia para que con plenísima libertad hiciesen elección canónica de sumo pontífice romano. Resultó Pío VII, y su corazón será ingrato si negare que debe a Napoleón Bonaparte la libertad y facultad de sus electores y la pacífica posesión de su silla en Roma.

En su consecuencia llevó adelante sus ideas el primer cónsul hasta concordar con Pío VII el modo de restablecer el culto público, mantener el clero y sujetar a ley fija las relaciones de la iglesia galicana con el jefe de la religión católica. Se formó un reglamento y Pío VII lo aprobó, llenando de pomposos elogios al primer cónsul. En el breve de confirmación canoniza Pío VII a Napoleón, titulándolo varón *justo, restaurador de la religión católica de Francia y protector especial del culto público*. Con efecto (digan ahora los franceses lo que quieran por la mutación de circunstancia) el hecho cierto es que Napoleón hizo lo que confesó entonces Pío VII, y que si él no hubiera querido, la Francia estaba ya en estado de proseguir tranquila sin culto público de la religión, con solo el privado que las personas particulares se procuraban.

Los franceses quisieron elevar su primer cónsul a la dignidad de emperador y Pío VII fue de Roma a París muy contento para coronarle, como lo hizo en gran ceremonia con solemnidad incomparable. Posteriormente los negocios políticos tomaron otro aspecto, y el emperador despojó a Pío VII de la soberanía temporal de los estados romanos. Este es el origen verdadero de las nuevas discordias. Yo no extraño que Pío VII lo sintiese, porque no es agradable al corazón humano verse privado de los honores temporales que se poseen. Pero debo extrañar que Pío apelase a cortar las relaciones espirituales como si estuviéramos en los siglos inmediatos al mal ejemplo de Gregorio VII. La conducta posterior de Pío con Napoleón manifestó que los consejeros íntimos de su corte tenían las mismas ideas del siglo undécimo, y que procuraban poner por medios indirectos espirituales al emperador en estado de restituirle sus antiguos señoríos temporales, o a la nación francesa en términos de sublevarse contra el emperador con pretexto de religión.

Semejantes medios no conforman con las luces del tiempo, ni con el ejemplo de los primeros papas santísimos que nunca negaron por motivos humanos, ni para conseguir bienes seculares, los oficios del ministerio pastoral de las almas.

Napoleón ha perdido su imperio, y la corte de Pío VII ha manifestado pasiones próximas a la de venganza, no obstante la edad de setenta y cuatro años. No expidió las bulas del arzobispo de París y de otros obispados a las personas electas por Napoleón conforme al concordato. Esto fue tanto más notable cuanto su Santidad tenía preconizadas ya las mitras en favor de los electos, y ciertamente no hacía en ello más que justicia porque todo presentado la tiene para que se le confirme, si no es indigno. La muerte natural del patrono no destruye los efectos de presentaciones ya hechas en tiempos legítimos; cualquiera sabe que sucede lo mismo con la muerte civil.

De resultas de las desgracias de Napoleón reina Fernando VII en España. Durante la revolución hubo algunos presbíteros seculares y regulares que abandonando la mansedumbre sacerdotal y tranquilidad eclesiástica dejaron sus iglesias y se hicieron jefes de bandidos, que se titulaban soldados defensores de la libertad española contra la ocupación francesa, y pasaban su vida en robar y matar, no a los franceses (de quienes continuamente huían como no hallasen alguno aislado y solo) sino a los españoles con el pretexto de imputarles adhesión al rey José; para lo cual bastaba ser rico o presumirse que lo era, pues al que no tenía dinero se miraba con indiferencia. Hubo muchísimos frailes que dejando los hábitos de su instituto eligieron el mismo rumbo, y tanto estos como los clérigos añadieron a los vicios de asesinos y ladrones el de lujuria desenfrenada y vida escandalosa en todo sentido. Como las apariencias eran las de favorecer la causa de Fernando VII, ha mirado el papa Pío VII con benignidad nunca vista los delitos de tales monstruos, cuyas iniquidades tal vez publicará la historia, y ha librado a petición de Fernando VII una bula dispensando cualesquiera irregularidades y censuras en que hayan ocurrido. Esto ha sido contra todas las disposiciones de los cánones y contra el ejemplo de sus predecesores, León X, Adriano VI y Clemente VII que mandaron procesar criminalmente al obispo de Zamora y a todos los clérigos y frailes que tomaron armas en la guerra civil llamada *de las comunidades*, reinando Carlos I de España y V de Alemania; siendo ciertísimo que aquellos lo hicieron en verdadera defensa de la libertad española, y que no cometieron tantos crímenes como los bandidos llamados *guerrilleros* de la revolución española. La conducta del papa es tanto más extraña cuanto se ha negado pasar el más leve oficio al rey Fernando VII en favor de los eclesiásticos que por librarse de la muerte con que les amenazaban aquellas mismas bandas se refugiaron en Francia, sin tener delito alguno más que haber reprobado y detestado la conducta facinerosa de los malos clérigos y frailes guerrilleros. Aún causa mayor admiración el ver que contra los principios comunes de la curia romana permite que la potestad temporal declare vacantes las prebendas de los ausentes, con desprecio de la naturaleza perpetua de la colación canónica.

El modo con que la corte de Pío VII se ha conducido en Roma después de reintegrado en su antigua soberanía, no le hará honor en la historia. Una de las cláusulas de los tratados de paz general de la Europa fue que nadie fuera mortificado por opiniones políticas, aun cuando hubiese tenido adhesión al gobierno anterior cesante. Pío VII, como vicario del Dios de paz, de misericordia y de bondad, estaba obligado a cumplir este artículo con más exactitud que los otros soberanos; y por desgracia sucedió lo contrario. El emperador de Rusia, los reyes de Inglaterra, Prusia y otros que Pío VII trata de herejes y de cismáticos, han manifestado las virtudes cristianas de moderación y perdón de ofensas en forma heroica; cuando la corte del jefe de la religión católica ejercía sus venganzas con hombres de mérito relevante a favor de la patria, solo porque habían mostrado placer de verla libre de la soberanía eclesiástica.

La historia no perdonará tampoco a los soberanos, autores del tratado de paz, la injusticia y mala política de haber vuelto los estados romanos a la dominación papal. Sabían los de Rusia, Prusia, Inglaterra y otros estar separados de la comunión de la iglesia romana, únicamente por consecuencia de los desórdenes que ellos descubrieron y probaron provenir de la mezcla del poder temporal de un territorio particular con el espiritual universal de todo el orbe cristiano; y después de ver extirpada la raíz del mal, vuelven a plantarla para que fructifique abrojos y espinas de discordias mientras subsista el vicio de ambición en Roma, que será eterno supuesta la restitución. Si creían convenir para la política la existencia de un estado particular en los estados romanos, ¿por qué no los daban al rey de Etruria? ¿No han quedado cubiertas de infamia con la injusticia de no restituir a esta rama de la augusta familia de Borbón ni la Toscana ni Parma, que se le debían de justicia?

Pío VII acaba también de publicar otra bula que le dará malísima nota en la historia. Ha restablecido el orden de los jesuitas, suprimido por Clemente XVI a petición de todos los soberanos de la real familia de Borbón y de otros varios, por unos motivos infinitamente justos, poderosos y verdaderos; y no contento con eso, es panegirista de los jesuitas en otro breve a Fernando VII, elogiándole mucho por haber acogido favorablemente a los jesuitas, anunciándole muchas felicidades de su admisión nueva, y significando haber sido calumniosas las acusaciones hechas contra ellos. ¿Por qué no ha leído primero sus propios archivos pontificios? ¿No resultan en ellos completamente probados los delitos del Paraguay y la China contra la religión católica en favor de los ritos idólatras? ¿No consta en los de París la intervención para varios regicidios de los monarcas Borbones? ¿No se conservan en Lisboa los testimonios de conjuración contra el rey de Portugal? ¿No están en Madrid los infinitos papeles reunidos por el consejo extraordinario para ver los daños que habían causado en España? Léanse los libros impresos en que dejaron eternas noticias de tener por lícito el regicidio, el juramento de restricciones puramente internas y otros desórdenes morales, con cuanto podía contribuir a la mayor autoridad y riqueza de su corporación sin reparar en medios. Diga después la corte de Pío VII que ha sido calumnia cuanto se imputó a los jesuitas. No lo diría, si no se desentendería de la investigación de la verdad sino por el cuarto voto de los jesuitas, de hacer en todo la voluntad del papa, de resultas del cual son los mayores agentes del despotismo pontifical.

NÓMINA

Nómina
de los pontífices romanos después de san Pedro, con expresión del año en que cesaron

-o-o-o-

SIGLO PRIMERO	*Años*
San Pedro, del año 43 de Cristo al de	67
1° Lino	78
2° Cleto	91
3° Clemente	100

SIGLO II

4° Evaristo	109
5° Alejandro I	119
6° Sixto I	127
7° Telesforo	139
8° Higinio	142
9° Pío I	157
10 Aniceto	168
11 Sotero	177
12 Eleuterio	192
13 Víctor I	202

SIGLO III

SIGLO IV

SIGLO V

SIGLO VI

SIGLO VII

SIGLO VIII

SIGLO IX

106 Adriano II	872
107 Juan VIII	882
108 Martín II	884
109 Adriano III	885
110 Esteban V	891
111 Formoso	896
112 Bonifacio VI	896
113 Esteban VI	897
114 Romano	897
115 Teodoro II	898
116 Juan IX	900

SIGLO X

117 Benito IV	903
118 León V	903
119 Cristóbal	904
120 Sergio III	911
121 Anastasio III	913
122 Landonio	914
123 Juan X	928
124 León VI	929
125 Esteban VII	931
126 Juan XI	936
127 León VII	939
128 Esteban VIII	942
129 Martín III	946
130 Agapito II	955
131 Juan XII	964
132 León VIII	965
133 Juan XIII	972
134 Benito VI	973
135 Domno II	974
136 Benito VII	983
137 Juan XIV	984
138 Bonifacio VII	985
139 Juan XV	985
140 Juan XVI	996

141 Gregorio V	999
142 Silvestre II	1003

SIGLO XI

143 Juan XVII	1003
144 Juan XVIII	1009
145 Sergio IV	1012
146 Benito VIII	1024
147 Juan XIX	1033
148 Benito IX	1044
149 Gregorio VI	1046
150 Clemente II	1047
151 Dámaso II	1048
152 León IX	1054
153 Víctor II	1057
154 Esteban IX	1058
155 Nicolás II	1061
156 Alejandro II	1073
157 Gregorio VII	1086
158 Víctor III	1087
159 Urbano II	1099
160 Pascual II	1118

SIGLO XII

161 Gelasio II	1118
162 Calixto II	1119
163 Honorio II	1124
164 Inocencio II	1130
165 Celestino II	1143
166 Lucio II	1144
167 Eugenio III	1145
168 Anastasio IV	1153
169 Adriano IV	1154
170 Alejandro III	1159
171 Lucio III	1181
172 Urbano III	1185

173 Gregorio VIII	1187
174 Clemente III	1187
175 Celestino III	1191
176 Inocencio III	1198

SIGLO XIII

177 Honorio III	1216
178 Gregorio IX	1227
179 Celestino IV	1241
180 Inocencio IV	1241
181 Alejandro IV	1254
182 Urbano IV	1261
183 Clemente IV	1264
184 Gregorio X	1268
185 Inocencio V	1276
187 Juan XXI	1276
188 Nicolás III	1277
189 Martín IV	1280
190 Honorio IV	1285
191 Nicolás IV	1287
192 Celestino V	1292
193 Bonifacio VIII	1294

SIGLO XIV

194 Benito XI	1303
195 Clemente V	1304
196 Juan XXII	1314
197 Benito XII	1334
198 Clemente VI	1342
199 Inocencio VI	1352
200 Urbano V	1362
201 Gregorio XI	1370
202 Urbano VI	1378
203 Bonifacio IX	1389

SIGLO XV

204 Inocencio VII	1404
205 Gregorio XII	1406
206 Alejandro V	1409
207 Juan XXIII	1410
208 Martín V	1417
209 Eugenio IV	1431
210 Nicolás V	1447
211 Calixto III	1455
212 Pío II	1458
213 Paulo II	1464
214 Sixto IV	1471
215 Inocencio VIII	1484
216 Alejandro VI	1492

SIGLO XVI

217 Pío III	1503
218 Julio II	1503
219 León X	1513
220 Adriano VI	1522
221 Clemente VII	1523
222 Paulo III	1534
223 Julio III	1549
224 Marcelo II	1555
225 Paulo IV	1555
226 Pío IV	1559
227 Pío V	1565
228 Gregorio XIII	1572
229 Sixto V	1585
230 Urbano VII	1590
231 Gregorio XIV	1590
232 Inocencio IX	1591
233 Clemente VIII	1591

SIGLO XVII

234 León XI	1605
235 Paulo V	1605
236 Gregorio XV	1621
237Urbano VIII	1623
238 Inocencio X	1644
239 Alejandro VII	1655
240 Clemente IX	1667
241 Clemente X	1669
242 Inocencio XI	1676
243 Alejandro VIII	1689
244 Inocencio XII	1691

SIGLO XVIII

245 Clemente XI	1700
246 Inocencio XIII	1721
247 Benito XIII	1724
248 Clemente XII	1730
249 Benito XIV	1740
250 Clemente XIII	1758
251 Clemente XIV	1769
252 Pío VI	1774

SIGLO XIX

253 Pío VII	1799

ANTIPAPAS

		Años
1	Novaciano	251
2	Ursicino	366
3	Eulalio	418
4	Laurencio	498

5	Dióscoro	530
6	Teodoro	686
7	Pedro	686
8	Pascual	687
9	Teodoro	687
10	Constantino	767
11	Felipe	768
12	Zizimo	824
Sin núm.	Juan Anglicano, o papisa Juana	855
14	Anastasio	856
15	León	963
16	Benito	964
17	Franconio	972
18	Filagato	997
19	Gregorio	1013
20	Juan de *Sabina*	1038
21	Juan Graciano	1044
22	Juan de Veletri	1058
23	Cadaloo de Parma	1062
24	Guiberto	1088
25	Alberto	1106
26	Teodorico	1106
27	Maginulfo	1107
28	Mauricio de Bourdin	1119
29	Pedro de León, Anacleto	1130
30	Gregorio Víctor	1138
31	Octaviano	1159
32	Guido de Crema	1164
33	Juan de Estrumo	1168
34	Landomio de Frangipani	1170
35	Pedro de Corbieres	1320
36	Roberto de Ginebra, reconocido por el papa Clemente en Aviñón y varios reinos	1378
37	Pedro Luna, Benito XIII en Aviñón y varios reinos	1390
38	Gil Muñoz, de Tortosa	1424
39	Amadeo, duque de Saboya	1459